U0444402

《光明日报》国学版丛书

國學 精华编

梁枢 主编

商务印书馆
The Commercial Press
2011年·北京

图书在版编目(CIP)数据

国学精华编/梁枢主编.—北京:商务印书馆,2011
(《光明日报》国学版丛书)
ISBN 978-7-100-08287-7

Ⅰ.①国… Ⅱ.①梁… Ⅲ.①国学—中国—文集
Ⅳ.①Z126.27-53

中国版本图书馆 CIP 数据核字(2011)第 062795 号

所有权利保留。
未经许可,不得以任何方式使用。

《光明日报》国学版丛书
国 学 精 华 编
梁 枢 主编

商 务 印 书 馆 出 版
(北京王府井大街36号 邮政编码100710)
商 务 印 书 馆 发 行
北京市白帆印务有限公司印刷
ISBN 978-7-100-08287-7

2011 年 8 月第 1 版　　开本 787×960　1/16
2011 年 8 月北京第 1 次印刷　印张 30½
定价:52.00 元

國學

中石 題

告 读 者

原载：国学版（光明日报2011.1.10第15版）

　　今天，是本刊五周岁的生日。五年前，我们在国学版的创刊号上，刊载了一则"告读者"。五年后的今天，我们把这段文字再度刊出，以志纪念。也以此方式，向五年来不断给予我们关爱的广大读者、作者表示衷心谢意。同时，在这个特殊的日子里，我们向生前对本刊曾给予亲切关怀和指导，五年间先后辞世的朱伯崑、孙以楷、肖萐夫、任继愈、卞孝萱、丁冠之、范敬宜等国学学者表示深切的怀念。

　　国学是中国人的精神家园。这个"家"很大。它不仅凝聚了五千年的文明历史，也将承载十三亿中国人的未来。经过一个月的紧张筹备，《国学》版从今天起正式推出了。我们愿和广大读者朋友共同品味在"家"的感觉。（2006年1月10日）

目录

序 ··· 许嘉璐（001）
《光明日报》国学版创刊五周年感言
············ 胡占凡 汤一介 余敦康 张岂之 李学勤 邢福义（006）

第一单元 国学与二十一世纪

国学访谈
国学与二十一世纪············ 任继愈 汤一介 袁行霈 余敦康（002）

国学讲演厅
摆脱羁绊 沉静深思····································· 许嘉璐（011）

国学漫谈
我对孔子的认识······································· 谷 牧（020）
如何看待国学热······································· 陈 来（027）
国学的当代意义······································· 纪宝成（032）
儒家思想与现代经济成长······························· 孙 震（035）
国学提供"支援意识"······························ 吴根友 张三夕（042）
国学是国民教育的思想宝库····························· 彭 林（044）
大国学即新国学······································· 冯其庸（050）
关于国学本科教育的几点建议··························· 张岂之（053）
中国高校应以孔子为友································· 蒙培元（057）

国学争鸣
质疑《"国学"质疑》································· 牟钟鉴（061）

"四书"应该进中学课堂……………………………… 郭齐勇（064）
"四书"进中学课堂应该缓行……………………… 丁兆存（069）
语文课的出路：回归传统………………………… 马智强（071）
不应漠视"国学"概念的非科学性………………… 姜义华（075）
不能用非理性的方式批评"国学"
　　——与姜义华教授商榷………………………… 陈文新（079）
关于倡导国学几个问题的质疑（摘要）…………… 刘泽华（087）
论国学研究的态度、立场与方法
　　——评刘泽华先生王权主义的"国学观"……… 梁　涛（090）

三字经修订

三字经（修订版·征求意见稿）……………………………（097）
任继愈先生给《三字经》修订工程的贺信………………（106）

国学动态

国学与少年……………………………………………（007）
国学给莱西的孩子带来什么…………………………（045）
安徽大学成立中国传统文化研究院…………………（049）
四川大学成立儒学研究院……………………………（052）
沈阳皇姑区中小学国学教育进课堂…………………（056）
国学讲座首次走入中央党校…………………………（068）
北师大成立国学研究所………………………………（070）
株洲举行国学精华进万家活动………………………（078）
国际儒联成立国际儒学研究基金……………………（078）
首支"国学股"在深交所挂牌上市……………………（084）
北京大学儒学研究院成立……………………………（085）
武汉大学国学博士点正式招生………………………（086）
尼山圣源书院泗水河畔成立…………………………（096）
《三字经》（修订版）首发式在京举行………………（107）
《三字经》进幼儿园，好不好？………………………（108）
王应麟学术研究引起学界重视………………………（109）

第二单元　中国式生命

国学 讲演厅

儒家、道家与日神、酒神……………………………… 陈　炎（112）
九伦 ………………………………………………………… 姜广辉（122）
"亲亲相隐"………………………………………………… 郭齐勇（132）
国学略说——易、儒、道三句真言……………………… 张立文（143）

国学 茶座

小词中的儒家修养………………………………………… 叶嘉莹（154）
中国雪神考………………………………………………… 田兆元（159）

国学 漫谈

中国式生命………………………………………………… 王　博（164）
"和"论 …………………………………………………… 李中华（167）
"半部《论语》治天下"…………………………………… 栾贵川（174）
论老子之善………………………………………………… 刘固盛（178）
北冥有鱼　其名为鲲 ……………………………………… 陈鼓应（182）
安顿价值　培育精神 ……………………………………… 宋志明（187）
国学与江南文化刍议……………………………………… 刘士林（190）
从儒学的特质看中国哲学的拓展………………………… 李宗桂（193）
古代的时间意识…………………………………………… 瞿明刚（198）
道之别名——读《老子》札记…………………………… 陆建华（201）
趋时：《周易》的大智慧 ………………………………… 曲庆彪（204）
"三十而立"立什么 ……………………………………… 陈卫平（206）
三十而立：传统流变与当代诠释………………………… 李翔海（211）

纪实文学

变局：百年国学纪事（一）……………………………… 陈代湘（214）

国学动态

手掌中的四书五经 …………………………………… （131）
五杰广场 ……………………………………………… （142）
一张清代殿试卷 ……………………………………… （158）
北大举行朱伯崑追思会 ……………………………… （163）
季羡林先生书信征集工作启动 ……………………… （166）
手抄本袁枚日记现身 ………………………………… （177）
挽季羡林先生，用杜甫长沙送李十一（衔）韵 …… （186）
新发现胡适佚文一则 ………………………………… （189）
庚寅年黄帝故里拜祖大典拜祖文 …………………… （196）

第三单元　古典何在

国学讲演厅

中国学术的源起——兼谈孔子之"集大成" ……… 李学勤（220）
国学精魂与现代语学 ………………………………… 邢福义（230）
谈玄说无 ……………………………………………… 庞　朴（241）

国学茶座

《乐经》何以失传 …………………………………… 项　阳（252）
我读《汉书·五行志》 ……………………………… 彭　曦（257）
"钟嵘序"辨伪 ……………………………………… 卞孝萱（261）
拨开云雾见"则仙" ………………………………… 李汉秋（264）
开卷未必有益 ………………………………………… 崔富章（269）

国学漫谈

"六经"早成 ………………………………………… 王中江（274）
何谓宋学 ……………………………………………… 龚延明（278）
古典何在 ……………………………………………… 徐新建（282）
再读《天下》篇 ……………………………………… 熊铁基（285）

邵雍的"加一倍法"就是严格意义的"二进位制"…… 姜广辉（289）
楚简《恒先》与"八股文"…………………………… 邢　文（295）
附：八股文范文《大学之道在明明德
　　在亲民在止于至善》…………………………… 归有光（302）
《本草纲目》释名之误………………… 邵则遂　张　蕾（304）
说"文"谈"字"………………………………………… 任继昉（307）
考"赖"…………………………………………………… 周桂钿（309）

国学动态

废纸堆里捡出佛经………………………………………（240）
东山书院与《梦溪笔谈》………………………………（240）
学者研讨古籍数字化……………………………………（256）
《国际儒藏·韩国编》首发………………………………（263）
华东师范大学召开《子藏》论证会……………………（273）
北大乾元国学教室开通短信版…………………………（277）
《厦门大学国学研究院集刊》出版……………………（281）
《国学四十讲》面世……………………………………（284）
数字化开创宋史研究新局面……………………………（303）
《儒藏》精华编首批推出两本分册……………………（306）
《中华国学研究》创刊…………………………………（308）
吐鲁番：历史之门正徐徐开启…………………………（311）

第四单元　圣贤气象

国学漫谈

国学大师与学位………………………… 张三夕　桑大鹏（316）
鲁迅的笔名与《周易》………………………………… 赵献涛（320）
那"一园花树　满屋山川"
　　——台北素书楼登临记……………………………… 钱婉约（324）

國學 讲演厅

宋明学案：为往圣继绝学 …………………………… 陈　来（327）
从名士风度到圣贤气象 ………………………………… 朱汉民（337）

國學 茶　座

国学家的精神世界
　　——对章太炎与"《苏报》案"的再认识…… 章开沅（347）
"恪"字究竟怎么读…………………………………… 王继如（350）

國學 动　态

《诸子学刊》推出创刊号 ………………………………………（319）
海洋贝瓷工艺盘上雕刻"孔子"像 ……………………………（323）
孔子铜像在中国政法大学落成 …………………………………（323）
蔡元培和汤用彤学术讲座在京举行 ……………………………（336）
"朱子民本思想与当代"学术研讨会在黄山召开 ………………（354）

第五单元　中国文化西来说的终结

國學 漫　谈

重建形上学的中国路径 ……………………………… 郭　沂（356）
链接：百年以来中国哲学家形上学建构之路 ……………（360）
道家，花开他乡 ……………………………………… 刘笑敢（364）
异文化交流中的《老子》 …………………………… 李均洋（367）
国学与汉学 …………………………………………… 杨煦生（371）
中国文化西来说的终结 ……………………………… 刘学堂（375）

國學 争　鸣

我们有没有"是" …………………………………… 许苏民（380）
我们有什么"是"——与许苏民先生商榷 ………… 周浩翔（384）

国学动态

有一本书叫《明心宝鉴》……………………………………（361）
日本小学悬挂文天祥遗训……………………………………（366）
中西文化哲学会通……………………………………………（374）
儒学在全球化趋势中的历史责任……………………………（377）
挺立自家传统　融会西方新潮………………………………（379）
两岸清华携手研究"汉学的典范转移"………………………（387）
一次跨越文明边界的对话……………………………………（388）
首届海外中国学文献研究与服务学术研讨会召开…………（389）
中国哲学三十年………………………………………………（390）

第六单元　解读清华简

解读清华简

周文王遗言……………………………………李学勤（398）
《保训》十疑…………………………………姜广辉（401）
对《〈保训〉"十疑"》一文的几点释疑………王连龙（408）
怎样成为君王………………………………[美]艾　兰（416）
"中"是什么……………………………………………（419）

国学动态

清华大学"出土文献研究与保护中心"成立………………（415）
清华简《保训》座谈会纪要…………………………………（426）

附录

附录一：国学版办刊实施方案（2005年12月9日）………（432）
附录二：读者对国学版创刊号的反应………………………（435）
附录三：国学版备忘录（2006.1—2010.11）………………（437）
附录四：国学版五年总目录…………………………………（443）

序

许嘉璐

《光明日报》国学版，今年五岁了。五岁之于人，还是儿童，但语言能力已经接近成人。"国学版"似乎就像一个人：虽然年岁不大，但却很善于表达：叙说了五年来国学的现状，包括国学复苏的态势、趋向、困惑和喜悦。国学版和商务印书馆合作，编辑了《国学精华编》和《国学访谈录》，在我看来，恰似是为贺其"大"寿而准备的鸡蛋或蛋糕*。

两本书里的大部分文章在发表时我就读过，受益多多；为写这篇序，日前又把两本书的样稿通读了一遍，感觉又有所不同：但觉满目琳琅，异彩纷呈，大家云集，新秀蜂出——这是《国学》五年来蹒跚、健步和跨跃的浓缩展示。

近年来，《国学》在争辩声中渐渐复兴。这实为势所必然。"国学"——暂且把对它的内涵外延的不同意见放一放，仅就对其认识的最大公约数而言——之复兴，是民族的需要，是追求"非物质"、"非肢体"享受者的需要。因为非物质的精神和信仰，犹如空气和水，人人须臾皆有，时时不得离；而作为民族文化的核心，从来是代代相传，难以中止，又与时俱进的。所以任继愈先生说："这种文化的继生性特点对于一个国家和民族来说是无法否认的。没有传统就没有今天，大家都是在旧文化基础上建设新文化。"（《精华编》2页）现在我们正在努力建设社会主义新文化，自然缺少不了传统文化的营养和经验；甚至可以说，如果以"国学"为根本标记的传统文化为中国多数人所生疏，就等于没有牢固的地基却要建造摩天大厦。眼下"国学"之所以在国内微热，不是哪个或哪些人"掀"起来的，而是"当春乃发生"的。

对"国学"以及《国学》有所争议，也是势所必然。从上个世纪初"国学"一词出现之时起，围绕着它就出现了不同声音；尔后曾经消停了很久，那是因为它在中国大地上已经没有了踪迹。现在之复

---

* 我家乡的俗语说庆祝生日，"大人一顿饭，小孩一个蛋"，这里即取此意。

出,是耶,非耶?福与,祸与?此乎,彼乎?都成了研讨争辩的内容。何况"国学"此词此事于此时重现,既是历史的延续,从一定意义上说,又是个新事物,起码对许多年轻人来说是新的概念。凡是新事物,无论其性质、作用,还是应有的方式、方法,都有很多未知,仁智之异自属当然;国学既有重出的一面,则旧有的歧见势必随之被重新拾起。

这是好事。说明人们,至少学术界的人们关注它了,思考它了;所有的意见都对从事这一领域研究以及关心它的社会人士有所启发——便于人们从正反、两侧、上下、古今、内外多个角度审视反思。看看现实,近些年国学不正是在争辩声中前进成长的吗?当前国学之"热",就是在种种意见的纠结中一点点地探索,一步步地创造着"创造之路",在磨砺准备异日收割庄稼的镰刀。其间有对过去的回顾,有对当下的深思,有对未来的预测,这从一个侧面体现了中华民族对于文化的自觉、自信和自强。

当今对国学的思考虽然和上个世纪初有许多相似之处,但"语境"却已经有了很大不同。相似者,都有一个中西间的交流、比较和融通,古今间的继承、发展与弘扬以及这两组关系纠缠在一起的问题。不同者,昔日国家积弱积贫、痛感自家落后的舆论为主流,而西学的弊病其时尚未充分显现,因而呼唤树立民族文化主体性的声音微弱;今天的交通和信息传输速度为一个世纪前所不敢想象,内外研究成果和普及读物可称海量,但也优劣真假混杂;当时所谓的传统,专指自先秦以迄明清的文化积淀,百年来,中华儿女已经用汗水和鲜血铸就了近代的传统,另一方面,20世纪西方对自己文化的反思也成潮流,因而古和今、中和西两组四项的交叉也较昔时复杂得多;研究国学所需要的基本而重要的工具,如"小学",当年几乎是学人皆备的基础知识和技能,而今早已成了翡翠"手件儿",不但研究者理解与诠释典籍急需之,而且"小学"本身也急需充实发展;……

过往的五年,是未来的基础和起点。《国学》专刊创办,《光明日报》之功巨矣;瞻念未来,难处不会略少。国学下一步的困难就是《国学》的困难。我相信所有关心它的人们会与之同心,一起知难而进。

在我看来,未来的困难不仅仅在于学术水平的提高需要时日,普及既需从上到下逐级进行，更将旷日持久，而且在于国学身处上述的当代语境需要回答一系列世界性难题。恐怕起码以下几点是未来五年首当其冲的：

1. 国学的发展、弘扬、复兴，一要深入研究，二要生活化，因而只有学者的自觉是远远不够的，最需要的是社会的"自觉"。只有当中华优秀文化内化于全国人民的心里时，国学的力量才能显现出来，为全民所珍惜捍卫，民族才能立于不败之地。一方面，需要学者关注社会，关注普及，关注民心（这也是古昔之"士"的必备品格）。只有学者的自觉才有社会的自觉；只有社会自觉了，方有学者的广阔天地。国学的纯学术化是可怕的，是违背国学的本质特征的。另一方面，国学的一些内容需要逐步进入学校教育体系，此事之难不言而喻。为此，我们再花上十年的力气行不行？

2. 香港中文大学的刘笑敢教授说："中国跟西方接触以来，在很多地方已经西化了。我们的大学体制是西化的，我们的学科分类是西化的，我们的思维方式已经受到了数学、物理、化学的影响。在这个意义上，或在潜意识、无意识的意义上我们实际上没有办法避免用西方的思维方式或西方的思维概念来观察思考中国哲学或中国文化中的问题。"（《访谈录》156页）所以有的学者就哲学问题分析道："中西哲学是两个不同形态的哲学。我们不能因为没有西方以知识为中心的哲学就妄自菲薄，认为自家没有哲学，更不能用西方背景下的哲学观念硬套中国固有的哲学。哲学本无固定的形态，不同的文化背景凸显不同的哲学形态，而哲学自身也在发展变化。我们当下的工作是在现有的语境下深入挖掘中国特有的哲学智慧，而不是跟在西方哲学的后面亦步亦趋，随便比附。否则，我们将无法使我们中国传统哲学所蕴含的广大精深的智慧开显出来。"（《精华编》393—394页）

这两位先生的话触及了当前国学研究的关键问题之一。任何民族文化，总是从与异质文化的接触、冲撞和相互吸收中获得前进的动力和营养的。在这过程中关键是要有自身文化的主体性。在几乎完全被动，被强势文化压得抬不起头，因而多少带些盲目性时，如果思维没有浸透自己文化的核心（宇宙观、方法论等）并通观人类历史进程，就难免穿着高跟鞋扭秧歌，按咏叹调的旋律唱《打龙袍》。但是，要做到"避免用西方的思维方式或西方的思维概念来观察思考中国哲学或中国文化中的问题",不比附,就需真正深入到中国传统文化——国学中去修养心性,而并非把传统文化——国学只当作谋职求生的手段。要走到这一步恐怕也需要若干年吧。

3. 在地球变得越来越小的当代,国学如果只是在中国境内"热",哪怕已超出了学界范围,恐怕也还不能说是复兴了;我认为,只有在国学真正成为世界学术界显学之一时,才能算是"热"了,也才能说是复兴了。国学必须走出去,因为我们自信"中国特有的哲学智慧"可以成为世界多元文化中重要的一元,可以为世界走向和谐做出贡献。因此在研究和普及国学的过程中,无可回避的几个关系到世界未来发展道路的问题便提到我们面前:

经济发展的速度是不是越快越好?为了保障人类生活得幸福,经济发展需要怎样的速度?

经济的全球化和文化的民族化应该是怎样的关系?与此相关的是,人类的物质享受和精神富足应该是怎样的"比例"?

自然科学发展的速度和人文科学研究的速度如何相称?制度(包括法律)作用于社会的力度和道德力量如何协调?

遍及全球的价值混乱、环境恶化、恃强凌弱、贫富差距拉大、社会动荡不安、国际冲突不断等问题的根源是什么?国学研究的成果怎样才能转化为促使世界安宁的力量,人类怎样才能幸福?

国学的研究一向基本着眼于中华民族自身的现在和未来,所以对这类问题很少涉及,而它一旦与世界其他一些文化相遇,就不能仅限于自我介绍、一般论说,必须针对当代世界的种种危机做出我们的回答。

4. 国学要走向世界,还有一个话语习惯转换的问题。不同民族、不同文化的表述方式、方法是有很大差异的,有时相差还比较大。到现在为止,中国人看外国人的著作(原文的和翻译的)远远多于外国人看中国人的著作,欧美之不关心、不理解中华文化尤其严重,因此或许中国人看外国叙事在某种程度上已经比较习惯了,而对方则尚未习惯我们的话语。这虽然是思想表达问题,并不完全涉及文化的内涵,但是却是这些年来中外交流中时时遇到、迄今还没解决的难题。人们常说中国学术在世界上的话语权太小,这除了政治、历史

等原因外，话语习惯隔膜的影响也不可小觑。须知，愿意接受"喜闻乐见"形式的表达，是人类的共性。

5. 工欲善其事，必先利其器。前面所提到的"小学"是国学各个领域都必须具备的。如果说国学一些内涵的生活化需要相关内容进入学校体系，那么，在大学的人文社会学科的教学中则应该把文字、音韵、训诂、版本、校勘以及出土文物和文献的运用列为必修。这样，再过二三十年，国学领域的年轻学者在掌握研究的"工具"方面可以登上一层楼，从而对经典诠释的准确和开掘的深度必有巨大的提高。

《国学》五岁，于其"华诞"本应只说些恭喜恭喜之类的话，我却说了一堆前方的坎坷甚或泥泞，这并非担忧它的命运多舛，而是期望它眼界再宽些，想得更远些，和众多作者、学者、支持者一道，在未来，至少在今后五年做出更大的成绩。我对国学和《国学》是有信心的。

《光明日报》国学版创刊五周年感言

办好"国学"版
建设中华民族共有精神家园
光明日报社总编辑 胡占凡

讲到国学,可谓说来话长。中华几千年文明沉淀在里面,其中既有中华智慧的珍宝,也有糟粕混迹其间。我们这里所倡导的,当然是优秀的中华传统文化,不可笼而统之。"国学"是中国固有的文化与学术传统,是中华文化在应对西方文化过程中逐渐成长起来的一种新型学术传统。近年来,随着中国综合国力的迅速提升与国际影响力的日益增强,"国学"日渐成为表述中国文化的"主词"。

五年前,在中宣部领导的亲切关怀和指导下,《光明日报》国学版于2006年1月10日正式创刊。国学版的创刊,与中国人民大学成立国学院、北京大学创办乾元国学教室,共同被视为新世纪中国大陆"国学热"兴起的标志性事件;五年来,国学版在光明日报编委会的领导下,依托广大作者与读者的信赖与支持,以认真学习的态度,及时反映当代国学研究与普及的新情况、新进展、新趋向,努力探索"新闻纸上办学术"的特色之路。五年来国学版共出版185期,总计160万字。呈现在广大读者面前的这两本书——《国学精华编》、《国学访谈录》就是从中精选,结集而成的。

国学是中国人的精神家园。而以"文化"为主打词的光明日报来做这件事再合适不过了。五年来,国学版以新中国成立以来主流媒体唯一的国学专刊的方式,客观地反映"国学热",及时地报道"国学热",全方位地观察"国学热"。从这个意义上说,国学版是"国学热"的一个旁观者。但是与此同时,国学版还实际地参与到"国学热"之中,成为"剧中人"——

2007年11月,国学版组织实施的《三字经》修订工程,引发了社会上对诵读经典、"四书"进课堂等问题的热烈讨论;

2009年4月,于国内率先开辟"解读清华简"专栏,赢得海内外学界的高度关注;

2009年12月，率先发起"国学"学科问题讨论，引发了包括有关部委、大学校长以及百余位学者在内的社会各界的持续关注；

2011年3月起，开辟"中国路径"专栏，实际推动中国文化、中国哲学于当代的"主体性"建构。

五年来，国学版赢得了广大作者的信任与读者的爱戴，成为传播中华传统文化的重要平台。

这两部书的出版，是对既得成绩的总结，同时又是走上新征程的起点。党的"十七大"提出"弘扬中华文化，建设中华民族共有精神家园"的部署，这是指导我国进行当代文化建设的战略方针。《光明日报》以弘扬中华民族优秀文化传统为己任，继续办好国学版是时代赋予我们的责任与使命。今后，《光明日报》要进一步加强对国学研究与普及工作的关注与报道，努力为建设社会主义先进文化，构建和谐社会提供用之不竭的思想资源。

对"国学"应做全面的整体研究
北京大学教授 汤一介

《光明日报》国学版创刊已经有五年了，它对推动"国学"的研究和对中国传统文化的普及起了很好的作用，受到了广大读者的欢迎。对此，我们必须对编辑"国学版"的同志们表示感谢。

当前"国学"的研究与普及已成为我国社会各界的热门话题，但对它也有种种的看法和批评。甚至对"国学"能否成为一门学科也多有质疑。这里我想介绍一种对"国学"我比较赞同的看法。

1938年，马一浮先生应浙江大学校长竺可桢约，至该校讲"国学"，他说："今先楷定国学名义。举此一名，统摄诸学，唯六艺足以当之。""今楷定国学者，即是六艺之学，用此代表一切固有学术，广大精微，无所不备。"这个说法确有其独特见地。盖"六艺之学"为中国学术文化之源头，其后之学术文化皆源于此，而代有发挥，并在其间又吸取其他文化以营养之。这里也许可以特别注意的是马一浮先生用"楷定"说"国学名义"，而不用"确定"说"国学名义"，颇有深义。他说："学问，天下之公，言确定则似不可移易，不许他人更立异义,近于自专。今言楷定,仁智楷定,则仁智各见,不妨各人自定范围,疑则一任别参,不能强人必信。"盖学术文化最忌"定于一尊",而以"百家争鸣"为好。马一浮先生之学术成就,正因其有海纳百川之胸襟,博通中西古今之造诣,而为世所重。

作为中国学术文化之源头的"六艺",其中必有"普世价值"的意义。正如作为西方学术文化之源的希腊文化其中也有其"普遍价值"的意义。任何民族的学术文化都是在其特定的历史境界下形成,它都是有其特殊意义的文化,而学术文化的"普世价值"往往是寄寓于其"特殊价值"之中。既然学术文化之"普世价值"往往寄寓于各民族文化的"特殊价值"之中,就此意义说"六艺不唯统摄中土一切学术,亦可统摄现在西来一切学术"。(马一浮语)盖因"人同此心,心同此理"也。人类社会所遇到的问题常常是共同的,人类对解决这些问题的思考往往也是大同小异的。因此,我中华民族当然就要由自身学术文化中寻求有益于人类社会生活的"普世价值",别的民族文化亦可从其学术文化中寻求其"普世价值"。古云:"道并行而不相悖"也。马一浮先生说,弘扬"六艺之学","并不是狭义地保存国粹、单独地发挥自己的民族精神,是要使此种文化普遍地及于人类"。当然,我中华民族也必须认真地吸收、融化其他各民族文化中所具有"普世价值"意义的思想资源,这不仅有益于中华文化的发展,而定会由这种交流中都得以受益。

如果我们把"国学"楷定为"六艺之学",也许有利于对中国传统文化有综合性地全面理解和更深刻的把握。这是因为,"六艺之学"所包含的内容可以说涉及文、史、哲甚至到要涉及政治、法律、经济等等诸多学科的内容。要真正了解中国文化的源头及其历代的诠释和发展,必须花工夫对它进行综合性的整体研究。例如五经中的每一经,它既是文学,又是历史学、哲学、政治学、经济学、法学等等,如要了解和领悟其中之总体真意,必须具备多方面的知识才有可能。不仅中国学问在一定条件下须要作综合性的整体研究,西方学问也是一样,例如"圣经学",如果只对它分科进行,分成宗教的、哲学的、文学的、历史的、社会的等方面的研究,或可取得部分成果,却是很难综合性地整体把握《圣经》的真谛。

我认为,把人文学科、社会学科等分科进行研究是适应近代工业化要求而有的，并不是自古以来皆如此。我国自古以来并未有绝对化的分科学术研究，其实西方在古希腊时也是如此，例如亚里士多德，他的书那么多，虽然可以从每个方面进行研究（例如哲学、美学、伦理学、逻辑学，等等），但要全面地了解亚里士多德思想，就必须进行综合性的多学科研究。

当前学术发展有一个重要的趋势，这就是跨学科研究，而对自中华文化的源头《五经》到历代对它的诠释和发展，其本身就是一种必要的跨学科研究，因此，我认为对"国学"的研究将会促进我们对中国传统文化综合性整体研究，进而真正把握中国文化精神之所在。就这一点说，大学分科过细，并不一定是大学必行之路。我认为，掌握多种学科的知识，通晓古今中外学术，很可能会在学术上更具有创造性。

我看国学热
中国社会科学院研究员 余敦康

《光明日报》国学版是在国学热中创刊的，而国学热的兴起是和中华民族文化复兴的宏观历史背景密切联结的。上个世纪80年代，改革开放刚刚起步，并没有出现国学热，兴起的是以电视剧《河殇》为代表的站在西化的立场批判国学的思潮。进入上个世纪90年代，这股西化思潮受到抑制，国学在学院派的范围内似乎显露出一点热的迹象，但是很快又受到主流意识形态的批判，认为国学封建复古，不应该提倡。到了21世纪，特别是2004年党的十六届四中全会，正式提出在中国构建和谐社会的宏伟目标，几位文化精英也在这一年发表了"甲申文化宣言"，把开展国学研究以促进中华民族文化复兴提到构建和谐社会的高度来认识，这才澄清了一些思想障碍，为国学热的兴起揭开了序幕。作为一个标志性的事件，在建国以来的60年或者五四以来的90年中，国学热是直到2004年即甲申年才算是真正的兴起，至今仅仅延续了六个年头。

在这六个年头中，国学确实是热了起来，成绩不小，但是也有显著的不足。最大的不足在于缺少正本清源、返本开新的研究，为当代中国构建一种得到普遍认同的主流文化,参与全球化的进程。比如2010年,由联合国发起的"世界文明对话日"首次在中国山东的尼山召开,在筹备这次盛会的高层座谈会上,吴建民先生坦率地指出:"我们中华文化是什么,怎么能够比较简单地讲清楚。恕我直言,我们现在对外讲的东西,条条多,例子少,听不明白。我们中国存在一个构建主流文化的问题。主流文化,这是需要几代人下工夫来做的。主流文化没有建立起来,中国不可能长治久安。"如果国学热在世界文明对话的大背景下不能清楚明白地回答"我们中华文化是什么"的问题,不能为构建和谐社会提供主流文化认同,只是停留在整理国故的层次,既不关注现实,也不着眼于未来,这就失去了根本,热不了多久,很快就会衰竭的。

关于国学的两点看法

西北大学名誉校长 张岂之

"国学"一词渊源甚早。西周时,学校包括国学与乡学两个系统。国学指的是中央官学,乡学是地方官学,故有"学在官府"之称。先秦以降历代的经史子集的学问,都可归为国学。19世纪末,随着西方科技和社会科学大量传入我国,与这种"西学"相对的"中学"或"国学",主要专指中国本土的学问。1925至1929年清华大学办"国学研究院",所谓"国学"即指中国传统文化的整体(包括古代的自然科学)。这种意义上的"国学"一直沿用至今。

五年来,《光明日报》开设"国学"专版,传播新知,振奋精神,反映了我国传统文化研究和普及的进展情况,沾溉学林,为人瞩目,已无须赘言。这里,略谈关于国学的两点看法,既表对"国学"版刊印五周年的贺忱,也供朋友们批评参考。

一、"百家之学"是"国学"的优秀学术传统和特色

从表面看,"国学"广博而杂乱,难以捉摸,但实际上,回顾中国古代学术史,其演变脉络清晰可辨,其中重要的传统和特色之一就是"百家之学"。先秦诸子争鸣,彼此促进,形成了春秋战国子学与史学的繁荣;汉唐时期,儒道释三教融通,共同发展,开创了宋明

新儒学、新道家、新佛学的昌盛局面；西学东渐，中西会通，方兴未艾，促成了中华文化发展的新态势。

不同学派间思想的差异和融合，是学术繁荣和发展的生命，反映了相反而相成的学术精神与"和而不同"的文化观。清初，黄宗羲、全祖望撰《宋元学案》，以理学家为主干，但并不排斥其他学派的学者，如永嘉学派的陈亮、叶适，王安石新学，苏氏蜀学，强调不同学派的交流影响，相反相成，正如《明儒学案·发凡》所说："有一偏之见，有相反之论，学者于其不同处，正宜着眼理会，所谓一本而万殊也。以水济水，岂是学问！"

"百家之学"培育和滋养了中华文化的精神根基和发展动力。受时代激荡，它也具有现实的关怀与精神诉求。如唐代中期经济与社会急剧变动，舍传求经的解经新风悄然形成，韩愈《原道》将"尧舜之道"与"周公之礼"融合起来，便不仅仅出于一种对儒家道统的认同，而且是对庶族与士族、淳朴无为与礼法清俭的现实与理想矛盾解决的尝试。总之，从中华古代文化自身发展的连续性与逻辑性来审视，犹如奔腾不息的大河。如果只有一个学派、一种观点，哪里会有丰富多彩的中华文化呢？

二、继承和发展前人在中国传统文化研究上的成果，这是国学研究保持生命力的关键

历史上国学旨在"载道"、"明道"。《庄子·天下篇》和《史记·论六家要旨》评判当时的各种学术，均以见道的高下远近为根据。《明儒学案·序》主张学术史研究要努力反映各种学术体现"道"的曲折过程，"学术之不同，正以见道体之无尽"，学术虽有学派的不同，但都是"道"的体现。今天来看，不论在学术研究上持何种论点，只要是做出成绩的，几乎都在历史与逻辑的统一上有所贡献。没有脱离具体历史的文化，也没有无文化的历史。在历史与逻辑的统一上，今天的学者还有许多工作要做，衷心希望《光明日报》国学版在这方面多加关注。

国学研究与普及相辅相成。精深的专门的系统化的中国传统文化研究，有助于推进和提升国学知识与精神传播的水平；而科学严谨、生动活泼的国学普及工作，也有助于宣传和推广中国传统文化研究的新成果。

报纸上的学术文章要力求简明

清华大学教授 李学勤

《光明日报》国学版创刊迄今已五周年,这是一件非常值得祝贺和纪念的事。这几年来,我和众多学术界同人一样,每星期都在期待着读国学版。

在报纸上开辟定期的学术专版,是清末民初有了报纸以来一直持续的优良传统。不妨回想一下,在近代现代学术史上,有多少重要关键的成果在报纸上发表,有多少影响深远的讨论在报纸上展开。由于报纸出刊及时,流传普及,给了学术界很大的帮助。《光明日报》国学版在这几年"国学热"中所起重大作用,是大家周知的。

我特别喜欢读国学版上那些简短明快的作品。这使我想到,国学的一个重要传承,就是写简明扼要的学术文字。古远的不说,人人都知道的顾炎武《日知录》,王念孙父子的《读书杂志》、《经义述闻》,真是言简意赅,绝非所谓"饾饤"文章可比。近世许多位大家,所撰之作也是如此。

学术论著自然有长有短,应该以说明问题为度。列举文献史料,征引前人论点,也没有必要细大不捐,务求全面过细。这样,不少长篇大论的文章,就可以缩短,适合在报纸的专版上刊登,而且不降低内容质量。

因此,希望《光明日报》国学版发扬学术专版的特有风格,多发表短小精当的研究讨论文字,进一步推进国学的建设。

"国学"和"新国学"

华中师范大学教授 邢福义

《光明日报》国学版的创刊,有如一石击出千层浪,引起了学术界、教育界以及社会各界众多人士的高度关注。对于一门学科来说,五年时间太短了。然而,就这么五年的时间,"国学"这一概念却已经得到了令人惊讶的历史性发展。

2006年8月，在《国学精魂与现代语学》一文中，我谈过国学的定格和涌流，指出国学已经定格在了中国历史的框架之上，而国学精魂则一直涌流在中国文化承传的长河之中。这两年，我的看法有所改变，认为客观上已然形成"新国学"的概念。这一概念的形成，表明了学者们并非固守原来的国学阵地，而是在新的起点上研究国学，做继承创新的促进派。

任何概念都有其内涵与外延。新国学与原义国学相对比而存在，都在特定历史背景下产生。原义国学专指国故，范围相对确定，词典里可以列出词条，加以解释；新国学却是当今中国在继承原义国学的基础上发展起来的国学，范围十分宽泛，正处在形成和演变之中，想要确认其内涵与外延，恐怕还需要若干年。从概念之间的关系来说，既然有原义国学和新国学的并列，二者的上位概念自然便是"国学"。这样，"国学"便有了狭义和广义两个含义。狭义国学指原义国学；广义国学则指包括原义国学在内的新国学，即当今国学。《光明日报》国学版上发表的文章，总体看，是广义国学的文章。

是不是每一个国家都有"国学"？从理论上讲，是这样。但是，不一定每一个国家都会提出该国"国学"的概念。因为，这一概念是建立在特定的文化根基之上，并且在特定历史背景下产生的。中国之所以出现"国学"的专名，是因为：第一，中国的学术文化有悠久的历史渊源，上下数千年；第二，中国的传统学术文化极其辉煌，并且具有独特性和多样性，有益于全人类；第三，在特定历史背景下，中国的古代学术文化面临外学的挑战，处于受欺凌、受排挤的状态。当年，西学东渐，"国学"的概念正是在西学的侵逼下提出的。今天，我们又一次面对西学的侵逼，就语言学而言，其严重程度比当年更强，强到几乎要让人高呼：警惕中国成为某一个国家的学术殖民地或半殖民地！正是在这样的状况之下，国学热潮又一次掀了起来。我以为，当今兴起的国学热潮，既有利于中华文化的伟大复兴，又有利于助产具有中国特色的学术流派。这一点，意义极为重大。新国学的巨大生命力，就在于此。

那么，"新国学"应该如何处理跟外来理论的关系？以汉语语言学来说，百余年来，没有外来理论的引进，便没有中国汉语语言学的今天。但是，"引进"和"汉化"必须成为历史征程中先后衔接的两大阶段。"引进",是先发的第一个大阶段,重点在于把国外理论应用于汉语研究,举出若干汉语例子来加以演绎;而"汉化",即中国化,重点在于让国外理论在汉语事实中定根生发,使国外理论溶入汉语研究的整体需求,从而建立起适合于汉语研究的理论和方法。"古为今用,洋为中用",这是永远正确的一条原则。其中的"今"和"中",指的是"当今中国"。从古代承传下来的理论也好,从外洋引移而来的理论也好,都必须统一到服务于当今中国的应用实践上面来。这样,外来理论也许有可能溶入新国学,成为充实新国学内容的潜因素。

《光明日报》国学版,可以用"影响巨大"来评价。《礼记·中庸》:"博学之,审问之,慎思之,明辨之,笃行之。"这几个小句,我觉得,很能表达国学版五年来在视野、思路、策划、作为等等方面给广大读者留下的深刻印象。

第一单元 国学与二十一世纪

▌国学▌访谈
国学与二十一世纪

▌国学▌讲演厅
摆脱羁绊　沉静深思

▌国学▌漫谈
我对孔子的认识
如何看待国学热
国学的当代意义
儒家思想与现代经济成长
国学提供"支援意识"
国学是国民教育的思想宝库
大国学即新国学
关于国学本科教育的几点建议
中国高校应以孔子为友

▌国学▌争鸣
质疑《"国学"质疑》
"四书"应该进中学课堂
"四书"进中学课堂应该缓行
语文课的出路：回归传统
不应漠视"国学"概念的非科学性
不能用非理性的方式批评"国学"——与姜义华教授商榷
关于倡导国学几个问题的质疑（摘要）
论国学研究的态度、立场与方法——评刘泽华先生王权主义的"国学观"

▌三字经▌修订
三字经（修订版·征求意见稿）
任继愈先生给《三字经》修订工程的贺信

國學 访谈

国学与二十一世纪

原载：国学版（光明日报2006.1.10第5版）

外国的历史讲不了一千年，美国讲两百年，再往前追，就是印第安纳史了，要不就是欧洲移民史。

欧洲文化中心论已经破产了，不能再搞中国文化中心论。这是不明智的，也做不到。

我们平心静气地回顾这段历史，不能不承认：国学不能救中国，也不能引导中国走向现代化。

千万不能把国学只当作国故，只是过去的、古老的东西，成了一个故事堆。那样的话国学就

回到上世纪："国学"的问题背景

任继愈（国家图书馆名誉馆长）：我们这代人主要生活在20世纪。20世纪的中国历史可以分成两半。前一半是受屈辱的时代，八国联军侵华就是20世纪开始的那年发生的；后半段，新中国成立了，中国人民站起来了，这是一个很大的变化。这后半段又可以分为两半来看：前一半搞运动比较多，后一半搞建设比较多。文化的特点是它像流水一样不容易隔断。中国的文化有多少年就得算多少年，有三千年就得算三千年，五千年就是五千年。这种文化的继生性特点对于一个国家和民族来说是无法否认的。没有传统就没有今天，大家都是在旧的文化基础上建设新的文化。接上去，发展，这是国学的目的，国学就是传统文化。

汤一介（北京大学哲学系教授）："国学"的提出实际是从清末开始的。当时我们国势衰败，西学传入。西学是强势文化。当时西学的传入与印度文化传入不一样，印度文化是和平传入。西学带着武力，依靠船坚炮利传入。正因为有西学的传入，才有"国学"的提法，不然"国学"很难

普及。20世纪前半叶，西学与中国传统文化的争论一直没有间断。看待西学的冲击，一方面要看它的破坏作用；另一方面，正是由于西学的冲击，它刺激了我们，使我们反省，反省我们自己的缺陷，把他们好的东西拿来充实我们自己。不吸收是绝对不行的。从历史上看，没有佛教的传入，就不大会有宋明理学的出现。西学冲击刺激了我们。我们才发现自己也有哲学。我们经过梳理，从经学、子学中分离出了现代哲学独立学科。有人讨论中国哲学的合法性，我认为是没有意义的，经学、子学里本来就有大量的哲学学说。

袁行霈（北京大学国学研究院院长）：1840年以后，中国的一些有志之士努力向西方寻找救亡图存之道，西学东渐成为社会的潮流。在这个过程中一部分学者担心自己国家固有的学术文化衰微，遂又提倡国学，于是出现了关于中学与西学的各种不同观点和争论。现在我们平心静气地回顾这段历史，不能不承认：国学不能救中国，也不能引导中国走向现代化。然而，现代化并不是全盘西化，在实现现代化的过程中，必须充分重视中国的国情。国情既包括中国的现状，也包括中国的历史，以及中国的学术和文化传统。从这个意义上讲，深入研究国学是很有必要的。何况国学中的确有许多值得继承和发扬的东西，这些优秀的文明成果可以对中国的现代化产生积极的作用。

余敦康（中国社科院宗教所研究员）：抗战时期，一大批国学大师涌现，抵抗日本，爱国救亡。包括冯友兰、贺麟、熊十力、梁漱溟、钱穆、陈寅恪等都是这时候出来的，当时对于鼓舞中国人民的士气起了很大作用。他们都有留学背景，提出新儒学、新心学等。所以他们绝不是脱离时代的，不是书斋式地研究国学，而是与民族与时代主题息息相关的。

上世纪70年代末，国门打开，外国人来观光，提出要看孔庙。可是"批林批孔"把孔子给批倒了。于是就找了李先念同志，他当时任副总理。李先念同志找到《历史研究》，让写篇文章。这个任务交给了庞朴。庞公当时是副总编。庞朴就找我们来商量，说这怎么搞啊，掉脑袋的事呀。七想八想，孔子政治家别说了，哲学家也别说了，教育家总可以说吧：伟大的教育家，第一个把官学变成私学，三千弟子七十二贤人。这么一写，然后就在《历史研究》发表，后来《人民日报》转载了。这是我们给孔子第一次平反。后来形势慢慢好了，又有了《孔子再评价》等文章。

21世纪的中国：国学和我们在一起

任继愈：我们中国与世界上别的国家的历史有很大的不同，外国的历史讲不了五千年，一千年都讲不了，美国讲两百年，再往前追，就是印第安纳史了，要不就是欧洲移民史。英国、法国的历史也不长。古巴比伦文化，成了现在的伊拉克。真正几千年不断的只有我们一家。这很特殊，为什么没有断，不但不断，还有发展？这很值得研究。"国学"题目就两个字，可做起来是做不完的。怎么让中国的文化获得新发展，开拓出新局面，这是我们的任务。温故而知新。这个"故"需要我们重新认识。

汤一介：21世纪弘扬国学，一要打牢根基，二要吸收先进的文化。费孝通先生在文化问题上提出一个观念，叫文化自觉。他概括了四句话："各美其美，美人之美，美美与共，天下大同。"这四句话的意思是强调，各种文化要知道自己文化的美，要学习展现别人文化的美，美的文化要放在一起共享，这样就天下大同了。文化自觉的提出，我认为有深刻意义。一个民族不知道自己民族的价值，这个民族怎么存在？不知道别人文化的好处也不行。我从来不认为儒家思想都是正确的，都适应现在的社会。但儒家思想是我们民族精神之所在，是我们文化传统之所在。打断这个传统是不可能的，也是不明智的。儒家思想中对解决人类的三大问题都有很好的资源。第一，人与自然的关系。西方自笛卡尔后就讲"主客二分法"，一直主张认识自然、利用自然，让自然为人类服务，所谓"人类中心论"。结果发展到后来，人破坏了自然。但中国不一样，中国传统文化讲"天人合一"。朱熹有句话讲得特别好："天即人，人即天。人之此生得之于天，既生此人，则天又在人矣。"人与天是不能分离的，有了人，天的使命就在于人。第二，人与人的关系。儒家也提出了很多这方面的理论。孟子的仁政学说，其核心是"有恒产则有恒心"。百姓没有恒产，怎么能有良好的道德规范？这就是孟子的仁政思想。第三，人的自身问题。人的身心问题有内外两个方面。现在社会问题多，原因之一就是人的内部外部问题没有解决好。宋明理学提出"孔颜乐处"的命题，就是追求人的身心内外的和谐。孔子说："知之者不如好之者，好之者不如乐之者。"达到这个境界，人的身心内外

就和谐了。儒家思想里有很多资源，我们要整理出来，解决当今的人类社会所存在的问题。

袁行霈：我在1992年写的《国学研究》"发刊辞"中有这样一段话："不管愿不愿承认，也不管是不是喜欢，我们每天都生活在自己国家的文化传统之中，并以自己的言谈行为显示着这个传统的或优或劣的特色。而国学作为固有文化传统深层的部分，已经渗进民众的心灵，直接或间接地参与现代生活。"我今天重申这段话是想表明：对国学不是要不要的问题，而是必须认真面对、认真研究，吸取其精华，剔除其糟粕。应当抱着分析的态度、开放的态度、发展的态度来对待国学。要把国学放到中国和世界的大格局中加以研究，使之为中国的现代化和全人类文明的进步做出贡献。现在中外文化交流呈现明显的入超状态，有人统计，文化的进出口比例为14∶1，这未必是精确的统计，但值得我们注意。随着经济的全球化，我们在广泛吸取世界上一切优秀文化成果的同时，有责任将优秀的中华文明介绍给世界，与各国人民共享。

余敦康：中国人自古以来一直有一种精神在支撑着。为什么中国能够凝聚这么多人，这么多中国人组成一个多民族的大家庭？有外国人参观中央民族大学，看了以后说，这在我们那儿是不可能的。可是中国56个民族，不管什么宗教、民族，都能和睦相处。这里面有一种内在的凝聚力。协和万邦，万邦都能和谐共处，这不就是联合国的宗旨吗？国学的重要性就在这里。国学就是文化，文化不是纸面上的东西，而是中国人的生命方式，根深蒂固地活在中国人心里的传统，成为基因。你不了解这个基因，违背了它，你就会失败。当年搞人民公社，把家庭取消，吃食堂，搞大兵团作战，男队女队，结果全国人民没饭吃。改革开放搞家庭联产承包。这场发自农村家庭的改革，国家没有投一分钱，粮食问题两年就解决了。就是两个字，家庭。家庭是中国文化的基本，天下之本在国，国之本在家。几千年都是如此，家庭是个经济体、生活体，又是个血缘体，还是个文化体。这个文化是不是国学？它没有学，可是它与国学血脉相通。国学在这里不是一种理论形态的东西，而是文化，人的生活方式。一个人可以没有学过、接触过经典的东西，但是在文化上、精神上都会有一种认同感。

态度很重要：国学是无用之大用

任继愈：开办国学版，就是要在媒体上加强中国历史传统教育。我们的历史光辉灿烂，也很丰富，经验很多，奋发图强的经验，克服困难的经验，抵抗外族侵略的经验，发明创造的经验，都是有价值的。要把它们继承下来，首先就得让人们知道。媒体跟学校不一样，一个学校才几千人、万把人，而媒体的读者要多得多，影响是全社会的。所以，责任重大，也很艰巨。

汤一介：我认为当前把国学在报刊的版面推出来，对文化的建设，对民族精神的建设发扬，对加强民族凝聚力，对我们在世界展现自己的面貌等方面无疑都是有积极意义的。但我们要记住，不能只要国学。只讲国学，我们就孤立自己了。所谓21世纪是中国的世纪等提法是不对的。要美美与共，要共同享受美好的文化。欧洲文化中心论破产了，不能再搞中国文化中心论。这是不明智的，也做不到。

袁行霈：国学是几千年积累下来的内容十分丰富的学问，不要以实用主义的态度对待它。如果仅仅满足于从国学中寻找某些对工商管理、金融、经济、公关等等有用的技巧和方法，那就太简单化了。国学能丰富人的精神世界，增强民族的凝聚力，协调人和自然的关系以及人和人的关系，能促使人把自己掌握的技术用到造福于人类的正道上来，这是人文无用之大用。在21世纪国学仍然不可能成为全社会关注的热点，真正从事国学研究的人不可能很多，也不必太多。从事国学研究的学者要耐得住冷板凳，以历史唯物主义的态度，实事求是地从事严格意义上的学术研究；同时要做好优秀传统文化的普及工作。

余敦康：《光明日报》办国学版影响面很大。国学不单单是一个知识性的东西。千万不能把国学只当作国故。那样的话国学就只是过去的、古老的东西，成了一个故事堆。我们的国学是中华民族几千年来创造的传统文化的一个总称。应该去这么讲，是回答我们现在中国人生存的主题。可是我们没有把它提出来，把自发的东西搞成自觉的东西。国学版还是要面向大众为好。现在很多外国人学习汉语，学习的地方起个什么名字呢：孔子学院。它怎么不叫秦始皇学院、汉武帝学院？孔子代表一种文化、一种符号。国学就是中国的根。不要把国学看作具体的东西，唱个昆曲，学段京剧，就是弘扬国学，不要这么理解国学。国学是广义的中国文化，是传统。

（录音整理：张文瑞）

国学动态

国学与少年
——山东省实验中学国学教育观察

原载：国学版（光明日报2006.4.5第5版）

1912年1月，民国政府第一任教育总长蔡元培颁令废止读经，传统意义上的国学教育从此在课堂上消失。当时的情形，尊孔已尊到盲目神化的地步，读经读出了僵化封闭的结果。废读经而兴新学乃强国之正道，已成教育界共识。

20世纪90年代末，新的读经运动在各地蓬勃兴起，随之而来的是激烈的批评和争论。经过数十年的风吹雨打，国学的面目此时已模糊难辨。在不少人的意识里，国学还是"封建落后"的代名词。在更多人的意识里，国学教育就是"读经"；而一提"读经"，难免让人眼前浮现出稚子学童摇头晃脑、"之乎者也"的情景。

2006年2月，记者来到山东省实验中学，看到了国学教育的另一番景象。

一堂《论语》课

这是钟红军老师为高二学生上的一堂《论语》课。

在讲这堂课之前，钟老师做了一些准备。她先请同学们用一句话概括自己心中的中华传统文化，"博大精深"、"封建落后"、"非常神秘"等五花八门的回答，真实地反映了这些十六七岁的学生对传统文化的认识。接下来，钟老师提出：两千五百多年的历史风尘已使孔子的面目变得复杂神秘，请同学们利用课余时间查找资料，选择适当的角度，分组合作，探究、恢复孔子的本来面目。

于是有了课堂上学生的精彩发言。

学生1：我们小组确定的研究课题是《"爱的奉献"与"仁者爱人"》。我们先请大家欣赏一首歌曲（播放歌曲《爱的奉献》）。每当听到这首歌，我们的内心都会被一种温暖的爱所包围。两千多年前，孔子就是唱着《爱的奉献》走进了人们的视野（笑）。

我们用WORD软件对《论语》中的"仁"字进行了查找，发现"仁"在其中出现了109次，是使用最多的一个词。"仁"无疑应该是孔子思想的核心。"仁"的思想已深深扎根于中华民族的历史土壤中，对中华民族性格和文化形成产生了深远的影响。大家都知道，我们学校有个规模很大的学生社团叫"爱心社"，每个班都有很多"爱心社"的成员。为了更好地说明我们的研究成果，我们小组邀请本班的"爱心社"成员，上台为同学们展示"实验中学版"《爱的奉献》……

学生2：我们小组的研究课题是《从我校的教育、教学改革看孔子的教育思想》。

在合作研究中，我们小组发现，从我们学校很多的教育、教学改革中都可以看到孔子教育思想的影子。不信？就让我们来听听研究成果。

学校提出"能飞则飞，能跑则跑"的教学思想。在培养出大批优秀毕业生和国际奥林匹克竞赛金牌获得者的同时，也考虑到了学习基础较差的同学，实行分层次教学、分层次作业、分层次考试。孔子说："中人以上，可以语上；中人以下，不可以语上。"因材施教的做法让我们今天还身受其益。不过我不喜欢以"中人"做分水岭，把我们分为上、下两等，还是"能飞则飞，能跑则跑"听了更舒服一些。

学生3：这学期的期中考试我们班申请了"诚信考场"。在无人监考的情况下，全班同学经历了诚信的考验，我们用行动实践了孔子"知之为知之，不知为不知，是知也"的要求。诚信的考试是一个起点，我们还会构造起一个诚信的人生。

学生4：我发现今天这节课上，风头都被同学们抢尽了，钟老师显得有些落寞，这是因为开放自由的学习环境已经给了我们这样的能力和自信："当仁不让于师。"

学生5：我们小组的研究主题是：《"人"之孔子、"圣人"孔子、今天的孔子、世界的孔子》。我们找到了这样一幅孔子像。孔子面带微笑，如同一位和善的长者，更为贴近孔子作为"人"的本性。孔子说："吾十五有志于学。"他首先应该是一位孜孜不倦的学者；孔子提出了"己欲立而立人，欲达而达人，己所不欲勿施于人"的处世标准，说明他是一位兼善天下的仁者；孔子非常欣赏"一箪食，一瓢饮，人不知其忧，回也不改其乐"的生活态度，这说明他还是一位乐天知命的通者。除此之外，孔子还是个音乐"发烧友"，听一首好曲子就高兴得"三月不知肉味"。孔子脾气挺大，生了气就这样骂学生："朽木不可雕也，粪土之墙不可圬也。"孔子有时挺虚伪，他见了美女南子后，子路不高兴，孔子就指天发誓："予所否者，天厌之，天厌之！"回归"人之孔子"，我们觉得离他很近。

钟老师以国学大师钱穆先生的一段话作为这次探究活动的总结："当信任何一国之国民，尤其是自称知识在水平线以上之国民，对其本国已往历史，应该略有所知。所谓对其本国已往历史略有所知者，尤必附随一种对其本国以往历史之温情与敬意。"

原来"经"也可以这样"读"。听了这样的一堂《论语》课，即使是"读经"的反对者，怕也要颔首解颐了。

因为了解而喜欢

实验中学有意识地将国学教育引入校园是在六年前。

1999年底，上任不到半年的刘堃校长提出，变以往的新年联欢会为京剧联欢会。当时负责筹办的苏旭勇副校长说："我当时心里直犯嘀咕，京剧，学生能喜欢吗？会不会冷场啊？"

为把京剧联欢会办好，刘校长、苏校长登门拜访省京剧团得过"梅花奖"的著名演员张春秋、宋长林等，得到了他们的热情支持。联欢会上除了名家的表演，还特意设置了很多学生参与的节目：学亮相、舞水袖、京剧知识问答，大受学生欢迎，气氛之热烈，出乎意料。不少同学兴奋地说：我从今天开始喜欢京剧了。联欢会后的几天里，课间休息时，教室走廊里总能听到学生哼唱京剧。学校随即成立了"京昆社"，请专业演员指导学生学习京剧和昆曲。京剧联欢会也两年一届办了下来。从第二届开始，京昆社的学生社员上台演出。2002级的一位女生盛装彩唱《贵妃醉酒》，轰动全校。举办到第三届，居然有已毕业的学生专程坐火车从外地赶来参加，盛况空前。

说起当年办京剧联欢会的动机，刘堃校长说，在国外访问时，发现一般外国人对中国知之甚少，但却都知道中国古代有一个KONGFUZI（孔夫子），犹如美国之华盛顿、法国之拿破仑。这让他感慨不已。自古至今，帝王将相、风流人物何止万千，却都不及一个孔夫子。遂萌生将传统文化教育引入校园的想法。举办京剧联欢会，是"投石问路"之意。

京剧联欢会的成功引发了学校领导对传承民族传统文化的思考：现在的孩子们并不像人们想象的那样，对传统文化没有兴趣，而是"因为不了解，所以不喜欢；因为不喜欢，所以不了解"。要开展传统文化教育，教育者就必须有所作为，打破这个"怪圈"。"举办京剧联欢会让我们找到了传统文化进校园的切入点，很快打开了局面。"

以京剧联欢会的成功为起点，传统文化教育在实验中学迅速升温。继京昆社之后，国学社、民乐团和诵读经典的雅风社纷纷成立。同时，"齐鲁文化大讲堂"、"学子论坛"、"实验学子修身行动"、"给齐鲁历史文化名人写信"等文化活动也有开展得有声有色……

国学社的"齐鲁文化考察行"、"龙山文化探源"、"四书五经研读"、"读《论语》，学做人"等活动吸引了越来越多的学生参加。

"实验学子论坛"至今已举办了20多期，学生走上讲台，从《梦回唐朝》、《前清漫叙》讲到《走进梨园》、《济南史话》，广征博引，侃侃而谈。

"齐鲁文化大讲堂"先后聘请了山东师范大学的五位教授，开设了10学时0.5学分的校本课程。学校的传统文化教育链接到了更高端的教育资源。

民乐团排练的打击乐七重奏《打春》，荣获全国首届中小学艺术展演一等奖，在首届世界汉语大会上与国内顶尖专业演出团体同台献艺。

为弥补社团活动覆盖面的不足，使每个学生都能从传统文化教育中受益，从2002年起，在全校推广太极拳。如今，人人会打太极拳，课间全校合练，已成为实验中学的一道风景。"以传统体育之形，传民族文化之神。"三年多的实践证明，太极拳成了民族传统文化向学生全员渗透的一个重要依托。为外宾表演太极拳的同学说："今天我才真正理解了这句话——只有民族的，才是世界的。"

为将传统文化教育固化为日常教学内容，彻底避免传统文化教育沦为形式的可能，学校自编教材，设置了国学、陶艺、剪纸等八门选修课，给予相应的学分。

"下一步，我们准备提出这样的育人目标：做有优秀传统文化底蕴的现代'实验人'。"苏旭勇副校长说。（王大庆）

国学讲演厅

摆脱羁绊 沉静深思

许嘉璐

原载：国学版（光明日报2007.3.29 第9版）

就乾嘉"汉学"的整个流派说，是对儒家学说或者说是对国学的极大的破坏。因为乾嘉只注意器，而未注意道。

刚才有先生说到在中国大陆上现在蓬蓬勃勃地出现了、发展着儒学的非常好的形势，我不客气地回应一下……没那么回事。

哪有五十弦的瑟啊？他是说妻子"无端"地死了，二十五弦一断就成五十了，所以以前没了妻子叫断弦，再娶叫续弦。

我们的学术、学养、专业、教研室的设置，恐怕如果不改革，儒学无法前进，中国永远出不了大师！

时间：2006年12月1日
地点：中国人民大学逸夫国际会议中心

演讲人简介：许嘉璐，全国人大常委会副委员长，1937年6月生，江苏淮安人，民进成员，1959年参加工作，北京师范大学中文系毕业，大学文化，教授。1954年至1959年在北京师范大学中文系学习。1959年至1987年任北京师范大学助教、讲师、副教授、教授、教研室副主任、教研室主任。1987年至1994年历任北京师范大学副校长，中国训诂学研究会副会长、秘书长、会长，国家自然科学名词审定委员会副主任，国家教委全国高校古籍整理工作委员会副主任，国务院古籍整理出版规划小组成员，中国语言学会常务理事，北京语言学会副会长。

非常高兴参加孔子研究院的国际研讨会。这次研讨会的中心议题是"儒家思想与跨文化交流"。我觉得这个题目正符合儒家的思想，也正符合当今时代对儒家思想的期待。

我是跟随着各位专家努力地学习的。由于喜欢"它",甚至是信奉"它",所以我常常思考"它",这个"它"就是儒学。我在这里,就着儒家思想与跨文化的交流,谈一点自己的期望,算是我向专家请教,向人民大学和孔子研究院的一个汇报。

第一点,研究儒家思想,任何时代大概都回避不了对儒家原始经典的诠释。

这就是为什么大约每过五百年就有一次注释儒家和其他方面经典的高潮出现的原因,只有清代乾嘉时期距现在不过二百五六十年。为什么不符合五百年左右的周期,打破了这个规律呢?那是因为这二百五十几年里出现了一次废除文言文、推广白话文的运动,人们对古代的文献极为隔膜了,同时这一时期发生了制度的质的飞跃,因而必须缩短这个周期。

任何对儒家经典的诠释都有它的时代性与诠释者的个性在里边,因而无不打上各个时代和那个时代诠释者个人的烙印。今天我们有更先进的思想、先进的工具来研究儒家思想,就应该做到以下几点:

第一点,真正地复原原始儒家。弄清了"原",才能够对战国时期的孟荀、两汉时期的董仲舒和其他人,一直到南北朝、唐宋以及以后的诠释家的著作,分清楚哪些是诠释者个人的、哪些是他那个时代的、哪些是孔子原来的。经过这样一个清理才能够把握儒学思想的红线、经脉或者说核心。这个核心,以及围绕着这个核心的种种文化形态历代都在演变,在演变过程当中出现很多新的东西。"新",不一定都好。站在今天的高度,我们才能分出是与非、优与劣,这恐怕是研究的第一步。当然,现在诠释儒家著作,也有今天的局限,只不过我们自己不觉得罢了:今人的局限恐怕需要后人去评判,那时他们就又前进了。唯有自觉地站在时代的巅峰,才能发扬光大"我"之认为好的东西,才能使之为今天的人,而不是为古人服务。

在这一过程中,我觉得有两点特别应该引起注意:第一就是要摆脱乾嘉诸老的牢笼。在很多的学术史著作里边,从皮锡瑞开始,说清代是汉学的高潮,而且乾嘉诸老也打着汉学的旗号。我有一个不太一样的想法,说出来请教。我认为乾嘉最大的贡献是他们用客观的、真正的语言与文字的视角与方法解释了先秦的经典,但是就乾嘉"汉学"的整个流派说,是对儒家学说或者说是对国学的极大的破坏。因为乾嘉只注意器，而未注意道。他们提倡的"实事求是"也是回归，但是仅限于器，汉、唐的经学家是言"道"的，训诂直接为"道"服务，乾嘉诸老在这一点上并没有回归。皖派是乾嘉的中坚，以至于说"乾嘉学派"就指皖派。戴震还是道器兼治的，而且在道的阐述和创造上是有成就的，但他的弟子们几乎都只得其考据学中的一体，至于哲学、思想史，都不继承。皖派成为学术主流，别的学术，特别是对"道"的研究，就被淹没了。后来出现的思想家，几乎都是没有受到皖派直接熏陶的（到清末出现章太炎，则是外部力量冲击的结果，又是一次逆向回归）。这是什么原因造成的？可以研究。其中一个很重要的原因是，当时的道只在皇帝的脑子里：天下事由我管，你管得着吗？想管，杀头！这是个原因，但是还有别的原因，学术的原因、社会的原因等等。形成这样一个流派之后，所谓乾嘉学派，不断地向前走，真理向前跨进一步，就成了谬误。因此，在清代的考据学中，特别是晚清，稀奇古怪的解释就出来了。如果我们不摆脱乾嘉诸老的这种思想上的牢笼、治学思路的牢笼，就走不出新路来。当然，所谓摆脱他们的牢笼并不等于不要文字、训诂，考据、版本，但它只是工具而不是目的。

第二点，要摆脱"五四"以来的羁绊。"五四"在中国历史前进的道路上是一座丰碑，特别是挑战传统文化，引进"德先生"与"赛先生"，形成了我们近代社会的新的传统。但是毋庸讳言的是，我们的先驱者，从陈独秀到胡适，他们对science和democracy的理解是肤浅的，外国人怎么说他们就怎么学，同时他们不了解第一次世界大战所暴露的东西，更不会看到在经历了第二次世界大战后人们对西方近代文化所提出的质疑。他们拿着自己理解的德先生和赛先生回头观照我们的儒学，也是扭曲的。至今这一思想还是中国大地上的主导思想，这点不突破，不敢挑战"五四"时期先驱们的一些思想，儒学无法前进，无法回答这样的问题：为什么八十多年前你们打倒孔家店，现在又要重塑孔家店？当然这话是不对的，我们不是重塑孔家店，孔学也成不了垄断一切的店。我们是把随着脏水泼出去的孩子再抱回家里，脏水并不收回，也收不回。今天和"五四"时代有着非常近似的社会状况，这就是不戴眼镜的话是两只眼，戴上眼镜是四只眼，一直盯着西方，常常拿着西方的东西来批判我们固有的东西。刚才有先生说到在中国大陆上现在蓬蓬勃勃地出现了、发展着儒学的非常好的形势，我不客气地回应一下：没那么回事。大陆只是在极少的学者和学生中、极少的刊物中经常发表要重新审视儒学的呼声，在十三亿人中，在九百六十万平方公里上，能看到儒学和它的影响的地方还很少，即使在学术界，现在弥漫着的还是欧洲的东西，欧洲中心论引导下的东西。

我不妨举几个学术的例子。第一，哲学。哲学这个词我们是向日本同仁学来的。按照它的原始本义，哲者，智也，所谓哲学就是智慧之学。中国有没有？胡适先生说老子是第一个哲学家，前老子时期有没有？老子是从天上掉下来的？在《尚书》里边、今天所见到的甲骨文的一些文献中，有没有哲学？胡适先生认为没有。为什么？因为他所说的哲学就是他跟杜威先生所学的，唯思辨。西方哲学的思考受天启论的影响，是从圣经派生出来的，思辨上帝存在不存在，是三位一体还是三位三体，得不到实证只能抽象思考，于是养成思维定式。中国的哲学从来不欣赏、不追求（但也不拒绝）这种抽象的思辨，中国讲现实，讲实用，讲据实推理。中国的哲人们即使进行思辨，方式、内容、目的也和西方的不一样。世界上的哲学就一种模式吗？难道那些费了半天劲也弄不明白的话才叫哲学吗？今天中国哲学界是不是也有这种现象呢？第二，自然科学。例如天文学，曾经有一段时间，说中国的二十八宿来自巴比伦（笑）。不要笑，连李约瑟先生都这么说。是这样吗？我们的音乐，有人说也是从巴比伦输入的。我们已经发现距今七千年的古笛已是七音节，所发现的八千年前古埙已有五个音节，六千年前已经可以吹奏五个八度。《尚书》中所说的瑟，出土了，二十五弦，也有五千年了。不发现这个瑟还真读不懂李商隐的诗："锦瑟无端五十弦，一弦一柱思华年。"哪有五十弦的瑟啊？他是说妻子"无端"地死了，二十五弦一断就成五十了，所以以前没了妻子叫断弦，再娶叫续弦。中国人如此聪明，难道我们的七音节也要从巴比伦输入吗？再有，中医。中医在中国人眼中，至少是过去的中国人眼中，是自然科学，但又不是纯自然科学，同时是人文科学，是哲学，所以中国有句古话："儒医不分"。儒者在学习经典、学习做人的过程中很自然地受中医的熏陶，乃至十几岁的贾宝玉看了医生给晴雯开的药，马上说这药怎么能吃，什么滥医生开的虎狼药。古代的儒学家都懂天文，都粗通音律。这就是为什么在他们的哲学理念中，在天人关系、人际关系以及人本身的各个部分的关系上理念是一样的，都讲和谐。欧洲哲学怎样？人是部机器，可以拆

成一个个小零件，只要我把每个零件都认识清楚了，然后再一整合，我们就了解整个人了，此谓之"还原论"。不错，这个思想推动了西方医学的发展，推动了医疗手段（仪器设备等）的发展，乃至今天两毫米的癌肿瘤，都可以通过仪器发现。但是感冒治不了，脚气治不了，来一次流感把西方朋友吓坏了，因为很多人都经不起流感这一关而西去：分析的结果是还原不了。中国有历史记载以来的五千年，连绵不断，战争之后人口迅速恢复，以至于西方古代的一些政要和学者都惊叹18世纪的中国就有三亿人，又过了两百年我们有十三亿多人。请问在这片土地上如果没有科学的医疗，这个民族能这么繁荣吗？多少次的瘟疫大流行都是靠中医预防、治疗挽救了中华民族的。第一次世界大战的时候，欧洲出现了鼠疫（有人说是类似禽流感的传染病），为此付出了两千多万人（一说五千万）的生命。中国作为农业社会，老鼠多极了，可是中国从来是出现一个瘟疫之后就能很快把它制止住。可是按照机械论、二元论的思想，用那套术语来检验中医，不科学！什么阴啊阳啊，什么五行啊，什么虚啊实啊，什么望闻问切啊，被判为不科学，不能进入西方社会。现在英、美、德医学界开始出现了可喜的变化，对中医说：中医的那些东西，目前我们的科学解释不了。请注意，原来说的是用我们的科学看你们的医学，你们的是不科学的，现在说的是我解释不了。当然中医里面也有不科学的内容，这正是需要我们研究、排除的。我们应该借助西方医学的长处，大家同舟共济，共同造福人类。但是这个路是很长的。比如一个中药方，十二味药，西方医生化验后说里边有重金属，不能吃。他就不懂这十二味药分成君、臣、佐、使，有的药里有重金属，方子里就有消解重金属的，把十二味药一一单独化验就是不行。根本的理念不一样。又比如艾滋病，中医在非洲和国内的试验，可以让艾滋病患者恢复体力，让他有正常生活质量的保证，可以从事生产，中医认为这就是治好了。但是西医抽血化验，只要是阳性，就说中药没用。那好，用鸡尾酒疗法，费用高，一千个人能有五个变阴性的就算不错的了。治病是为什么？为了救活人，让他跟正常人一样生活。达到这个目的不是很好吗？总比花了大笔钱最后还是死了强吧，总比许多人因为药贵吃不起眼睁睁地等死要好吧。在座的老师和同学们不妨做个实验，都到医院去化验，结核或是其他的细菌，每个人都有，我们不是在正常地生活吗？它在身体里和别的细菌或器官达到一种平衡，发作不了，正常地生活就可以了。所以在哲学、天文、乐理、中医等领域，在社会生活里，在后现代的绘画、音乐等领域全是美欧传来的影响。所以我说在中国大陆上恢复儒学，任重道远。今天如果弹奏古筝、古琴，吹吹箫，演奏民乐，在社会上卖票，这乐团能活下去吗？但是穿上露脐的衣服，来个脐钉，来个耳钉，再来个什么钉，拿着话筒，甩头发，跺脚、握手，最后来个飞吻，人们趋之若鹜。我们是在谈学术，但是学术根植于社会。在这样一个社会环境下，要振兴儒学，道路太漫长了。学生们努力吧，让我们学生的学生的学生继续努力吧！一个文化的复兴，不是以年计，也不是以十年计，常常要以百年计。宋代的儒学是经过唐代佛教的中国化，加上韩愈所说的道统的恢复、积累，以及南北朝对儒家经典的解释、唐代的十三经正义（义疏）之学，还有道家的长期影响，这样才酝酿出一个程朱理学呀。

这是我说的第一点，儒家思想要从诠释开始，诠释要摆脱一些羁绊和牢笼，一句话要破除迷信，要像我们"五四"的先驱者那样，对于权威打个问号，包括李大钊与鲁迅，才能走出新的境界。

第二点，跨文化的交流，目的是什么？

我同意刚才有学者所说的，让中国人民、亚洲人民向世界人民奉献另外一种样子的文化，这样，中华文化与伊斯兰文化、印度文化、欧洲文化、美国文化共存、共长。你学习我、我学习你，可能在22世纪或23世纪出现那种混杂的、非你非我、有你有我的新文化。这就是六十几位诺贝尔奖金获得者在巴黎发出宣言的目的。

千万不要以为儒家文化能够救中国、救世界，如果有这种思想，我们就掉到了欧洲中心论的窠臼里，变成了中国中心论。人类世界必须是多种文化的融合，才能推动历史前进。当然，世界上有普世性的道理存在于各个国家的文化之中，但同时各个国家的文化都带有自己的个性。即使天主教，在各国的形式也并不完全一样。要想做到与世界各种文化共存共荣，我们就不仅仅要向外国文化学习，还要弄清楚外国的文化背后的人们是怎么思考的，还要了解外国的学者对儒家经典的解释是出于什么目的。换句话说就是换位思考。这一点已经有人做出了很好的探索。我知识面很窄，看的书不多，但是我认为美国的哲学家安乐哲与郝大维二位在20世纪80年代后期所做的一系列的探讨，是值得我们借鉴的。他们就是像刚才我所说的，从最基本的概念——儒家的概念诠释开始，尽量恢复它的语境，求得它的原始意义，破除三四百年来从用拉丁文翻译儒家经典开始的对儒家经典的误释。

第三点，研究儒家需要透过现象看本质。

被现象羁绊这是"五四"的时候先驱者们所犯的一个通病，当时中国人民苦难深重，先驱者们在寻求救国之路，当然首先对封建礼教开刀，这是历史的必然。但是今天回头看看，比如胡适先生《中国哲学史》的上册（只出了上册），以及鲁迅先生所写的一些杂文，他们是：第一，打得对；第二，他们打的是儒家思想投射出来的形态（政治、习俗等），没有再深入下去；第三，那个时代需要。所以我们不能责怪先驱们，今天我们需要的是透过现象抓住本质，抓到儒家思想的底层。至于儒家思想的底层有哪些，可以见仁见智，我们来研究。但是儒学有一点与西方的一些伦理学和哲学不一样，这就是：西方的源头在天启，是神的启示；儒家思想是讲人理、天理，是自然规律；西方哲学家大多持本性恶论，是与宗教的原罪说相呼应的，中国占主导地位的是性善论，虽然荀子也提出性恶论。又比如刚才各位领导、学者谈到的中国的和合文化，重视人生、以人为本等等，就是它的底层。

第四点，儒学的形态，特别在原始阶段，是综合的，社会、人文、历史都有。

今天我们按照西方办学的办法，学科越分越细，就和医院里的科越分越细一样。这里说个笑话。我到南方视察，一位副省级干部跟我说，他胳膊有点痛，后来变得麻木。他到医院看神经科，神经科说这不是我们治疗的，你到麻木科去。他走错了，进去，医生说我这是疼痛科，你上麻木科去。在麻木科又敲又打，看不出所以然来。他一生气，不看了，找中医，吃了三服药，全好了。我们现在也有点这样，中文系变成文学院，里面分系、分专业；哲学系变学院，分系、分专业；不只分专业，专业下还有"方向"。既然现在我们研究的是一个混沌的整体，研究必须是多学科的综合，那么这就带来一个问题，我们的学术、学养、专业、教研室的设置，恐怕如果不改革，儒学无法前进，中国永远出不了大师！因为研究儒学，你不能不研究道学、道家、道教；你不能不研究佛学、佛教。而道学、佛学，单一部道藏、龙藏（乾隆时期刻的佛教经典），多少？只是上中文系、上哲学系，学中国哲学最熟悉的可能是王阳明，现在来看儒学，就需要补课！不懂佛学就读不懂王阳明，王阳明在贵州的顿悟就是从佛教来的，从慧能那儿来的，而慧能又是从竺道生那儿来的，竺道生是从《大般若经》来的，这些不知道你怎么研究？因此我就希望将来哪个学校能够把文史哲三个学院打通。当然这还不够，我们中学语文的底子太差了，这是必须解决的啊。怎么在大学阶段做一点补救啊？我为什么说这话？我看在座的很多同学是研究生，恐怕应该趁着自己年轻的时候如饥似渴地从自己的专业"旁骛"出去，触类去，旁通去，眼界要宽。当然，严格地说，单在文史哲里摸爬滚打还不够，最好还要学一点自然科学知识，至少要了解科学发展的现状和前沿。

第五点，我们研究儒学的人千万别忘了，儒学的品格中有一个要点，就是知与行的合一。

刚才很多领导与学者都谈到了儒家的一些思想，像"知之为知之，不知为不知，是知也"。我们能不能够都做到呢？能不能不强不知以为知呢？这在社会上还少吗？在我们学术界还少吗？在我们的学术刊物上还少吗？"己所不欲，勿施于人"。我们在学习期间、研究期间，能不能事事做到？"己欲立而立人，己欲达而达人"，这两句话要比"己所不欲，勿施于人"要求更高啊！"己所不欲，勿施于人"是消极的，我不想要的东西，也不让别人要，不强加给别人。但是我想立，要让别人同时立；我要想达到目的地，同时也让别人达到目的地，更难哪！这和今天的竞争完全是不一样的，竞争，竞争，竞争，再跨出一步就是互相残杀啊！我们能不能在日常生活里做到？儒学主张和而不同，在学术讨论时，在宿舍里，在谈恋爱的时候，在组成了小家庭以后，能不能和而不同呢？今后自己学成了，到了外面工作，别的人晋升了，自己没有晋升，能不能做到"人不知而不愠"呢？能不能自认为达到了"不亦君子乎"？有的同学将来可能进入商界，经营得好，发财了，发财之后能不能"富而知礼"呢？能不能"克己复礼"？等等。我们现在来学习它、研究它，就应该在行动上体现它。否则，我们的研究就是"对人不对己"，就是真正的"假道学"。

　　总而言之，一句话：时代、人类的历史总是循环上升，或者说是波浪式地前进的，常常在经过一段时间之后，要回归过去。人们津津乐道的文艺复兴不就是回到过去吗？但谁也没有想到再过古希腊、古罗马的那种生活。所谓"回归"，是反思，是回味，是恢复记忆，是再到祖宗的怀里吸吮民族的营养丰富的奶汁。我们现在这种回归是历史的必然，虽然现在还是点点滴滴的星火，但是其势不可当，因为它是"道"，它是"天"！而要达到这个目的，需要我们扎扎实实地学习、扎扎实实地研究。这期间会有些东西阻碍我们，诸如规定博士生在读期间必须有两篇到三篇在核心刊物上发表的文章，教授每年都要报出这一年发表了多少文章等等来决定明年的津贴是几级……就在这样熙熙攘攘、为利来为利去的社会里，我们能不能沉下心来，像儒家的先哲们告诉我们的那样，沉下心来，学不可以已，日复一日、年复一年地积累，厚积薄发？这对我们儒学研究是真正的考验，是儒学能不能复兴的一道关口。让我们静下来，手牵手，一块闯这道关，为了祖国，为了未来，为了亚洲，为了世界的和平！

國學漫談

我对孔子的认识

谷牧

原载：国学版（光明日报2009.3.23 第12版）

我们党的第一代领导人均出生在清朝末年，他们在少年时代肯定都是要读圣贤书的。在改革开放新时期，中央最高领导人公开对外发表关于孔子评价的言论，这是首次。苏格拉底、柏拉图、亚里士多德，号称欧洲文明鼻祖。孔子与之相比，不但毫不逊色，而且独具光彩。

　　我们党的第一代领导人均出生在清朝末年，他们在少年时代肯定都是要读圣贤书的。而我们第二代领导人多出生在民国初年，虽说科举制度早已废除，但新式教育制度的推广尚有一个过程，所以我们这一代仍有相当数量的人少年时是在乡下接受私塾教育的。我在20世纪20年代，曾经用心读了些孔子之书、孔门之书。之后当我再读高小、读师范接受新式教育时，又曾受"五四"新文化运动影响，对孔孟之道持批判态度。有趣的是，六十年之后的上世纪80年代，我进入老年，却又担任了孔子基金会名誉会长。

邓大姐点将

　　给我派这个活的倡议人，是"文革"后期在"四人帮"搞的以"儒法斗争"解释历史的批林批孔批"周公"运动中首当其冲的"大儒"——周恩来总理的遗孀邓颖超同志。事情是由她到曲阜视察引出的。

　　1983年夏，时任政协主席的邓大姐去山东视察工作，特意到了曲阜。

曲阜当时是怎么一种状况呢？在"文革"开始后不久的1966年冬，北师大造反派头头谭厚兰，带领"讨孔战斗队"，到曲阜造孔子的反，胡乱折腾。虽然周总理马上出面制止，但被合称为"三孔"的孔林、孔庙、孔府等古迹，已遭到他们严重破坏。两千多年来受到历代中国人景仰和尊重、被称为"万世师表"的孔圣人竟然受到现代中国最著名的师范大学造反派的侮辱，这实在是斯文扫地！邓大姐视察时看到"三孔"一片破败的景象，不禁扼腕叹息。陪同她的山东省委书记苏毅然同志介绍说：1979年，经胡耀邦同志批准，山东省和曲阜县已着手对孔林、孔庙、孔府进行修复，但资金缺口比较大，建议成立一个孔子基金会，多方筹集经费，进一步整修"三孔"，并请邓大姐出面领衔主持。邓大姐赞同成立基金会，但认为她不宜出面。她说，有个很合适的人选，就是谷牧同志，虽然他长期在中央、国务院分管经济工作，但在30年代他是个左翼文化工作者，又是你们山东人，对孔子的事情也比较明白，可以推举他。

我想邓大姐推荐我还有一些没说出，或在当时那种思想解放尚不够深入的形势下不便说出的理由：就是我在周总理领导下的长期工作中从来没有偏激的行为，可能孔子的中庸之道在我身上有些体现。邓大姐还建议，邀南京大学校长匡亚明同志也参加此事。

邓大姐回到北京后，向中央提出了上述建议，得到同意。1984年9月，中央书记处决定成立国家支持的群众性学术团体中国孔子基金会，确定我任名誉会长，匡亚明同志任会长。中央办公厅为此专门发出了通知，有关方面都表示赞同。

孔子基金会创办初期的工作

中央交代的事，我当然认真去办。此后，同有关同志一道，建立了由有关方面代表人士一百多人组成的理事会，创办了《孔子研究》学术杂志（当时是季刊，后改为双月刊），进行了经费筹集工作，开展了国际孔子、儒学研究的学术交流。1989年10月，孔子基金会与联合国教科文组织合作，在北京—曲阜举行了孔子诞辰2540周年国际学术讨论会。五大洲25个国家和地区三百多名学者参加。当时分管外交工作的副总理吴学谦同志主持开幕式，我做了主题讲演。新任党中央总书记江泽民同志接见了部分海外学者，发表重要谈话。他说，中国古代有孔子这样一位思想家，我们应引以为自豪。孔子思想，是很好的文化遗产，应当吸取精华，去其糟粕，继承发扬。他在谈话中引用了孔子主张的"毋意、毋必、毋固、毋我"，强调不要思想僵化，不要主观主义，并建议编辑出版这次学术讨论会的文集。在改革开放新时期，中央最高领导人公开对外发表关于孔子评价的言论，这是首次，表明了中央对中国传统文化思想的重视，影响很大，也支持了孔子基金会的活动。

应当说，孔子基金会的工作，已经初步开展起来了。当然今后还要进一步开拓。这些工作，是靠基金会里其他负责同志和学术界的热心人士去做的。我主要拿了些主意，疏通解决了些问题，从各个方面争取一些支持。我担任的社团名誉职务有二十多个，比较起来，孔子基金会的事情，我管得多些。

对孔子历史地位及其学说的再认识

担负了这个社会职务，也促使我进一步思考孔子和儒学方面的事情。

正是由于复杂的历史因素，由于许多同志在党内多次政治运动中形成的"宁左勿右"的思维定式，对孔子的研究和评价，在新中国建立后相当长的时间里，成为敏感问题。许多人对此不愿或不敢涉足。鉴于贯穿大半个世纪的反传统思潮的扭转有一个过程，而且说老实话，我也是在接受这方面工作后经反复思索才逐渐加深了对儒学的认识，我在一些讲话中循序渐进地强调了三点想法。

第一点是强调孔子一些最基本的贡献。无论对孔子如何评价，我认为他在中国历史上的存在和影响是不能回避的。出生在两千五百多年前，活了七十多岁的孔子，当时就是博学多能的重要人物。他一生办了三桩足堪称道的事。一是创立了以"仁"为中心、有着深刻内涵和广泛外延、颇具人本主义色彩的儒家学派；二是整理编录古代典籍，集他那个时代之前中国夏、商、周三代文化之大成；三是创办私学，突破了在此之前"学在王官"的状况，扩大了知识传授，号称弟子三千，贤者七十有二。我以为，这三桩事都是具有开创性的。从中国思想文化发展的进程看，应当说孔子在春秋时代上下各两千五百多年之间起着承前启后的作用。孔子作为大学问家闻名于当时。许多诸侯国的当政者，遇到重大问题，往往要请教于孔子。激烈反对孔子的墨子（稍后于孔），也说他"博于诗书，察于礼乐，详于万物"。我们称孔子为杰出思想家、伟大教育家、著名社会活动家，当不过分。

尽管孔子在世时并不得意，甚至曾厄于陈蔡，饿了肚子，而他在死后却大大尊荣起来，封王、称师、号圣。由汉唐到明清，中国的封建皇帝，无论是汉族或少数民族，都尊崇孔子、利用孔子；封建社会的良相能臣，乃至近代资产阶级改良派，都要从孔子那里吸取治世学问，寻找精神支柱和思想营养。这说明，孔子确立了一个影响深远的学派，留下了重要的思想资料。当然，孔子的学说，有正确的，也有谬误的；它对后世的影响，有积极的方面，也有消极的方面；后代对孔子的利用，有时起了进步的作用，有时起了阻碍的作用。不过，把这一切总起来看，不能不承认他对中国历史发展特别是思想文化方面产生了深远影响。

还应当把孔子放在世界思想文化发展的大背景上来观察。古希腊师承相传的三位先哲——苏格拉底、柏拉图、亚里士多德，号称欧洲文明鼻祖。孔子与之相比，不但毫不逊色，而且独具光彩。孔子的出生，更早于苏格拉底80多年，早于柏拉图120多年，早于亚里士多德160多年。东汉之后，孔学东传朝鲜、日本，南渐越南等国，长期成为这些国家的"国学"。17世纪以后，经利玛窦等传教士介绍，孔子和儒家学说又传播到西方，得到法国学者霍尔巴赫、狄德罗和德国哲学家莱布尼茨的称赞，对欧洲思想启蒙运动起了促进作用。孔子，与中国古代文明、东方思想文化体系联系在一起，是公认的世界古代思想文化巨人。孔子和孔子之学，是世界思想文化的一个重要单元。

在我国实行改革开放的新时期，在我们坚持解放思想、实事求是、从实际出发的思想路线，开拓理论、学术、历史研究的新局面的大形势下，对孔子、儒学无疑应当正面直对，认真地加以研究。如果对之采取回避态度，中国的历史和思想文化的发展，中国文化在世界文化中的地位和作用，以及与世界文化的关系，就很难甚至根本不可能说得清楚。上述这些是我对孔子的第一点看法。

第二点是，要科学地广泛深入地研究孔子。在中国历史上，尊孔是主流，但也有反孔的现象、反孔的历史时期存在。无论是尊孔或反孔，都有个共同的缺陷，即搞的是一点论，而不是两分法。我们现实的研究，不应当再步入"尊"和"反"的误区，要坚持实事求是，尊重历史，立足于孔子思想与活动的实际，把孔子作为科学探讨的对象进行深入研究。

研究孔子，当然必须坚持辩证唯物主义和历史唯物主义。孔子的学说反映了当时统治阶级的利益和意志，孔子是他们的代言人和学术代表。但是，如果因此就全盘加以否定，未免简单化、绝对化。照这样的思维逻辑，很可能流于民族虚无主义。

研究孔子，还应当注重孔子本人的思想和实践同后世加在孔子身上的东西这两者的区别和联系。汉代五经博士塑造的孔子，宋明理学阐发的孔子，康有为笔下的孔子，乃至普通百姓心目中的孔子，与本来的孔子是不同的，甚至相去甚远。中国人解释的孔子与外国人解释的孔子，更是很不一样。利玛窦等西方传教士，用孔子的某些学说宣扬他们的教义；法国百科全书派认为孔子的某些学说近于唯物论和无神论；德国的古典哲学家却从孔子那里看到了辩证法。对于中外各种解释孔子者，应当加以系统研究，但不能把他们的解释当成本来的孔子。

因为孔子之学是个广博、复杂、良莠并存的体系，后来对孔子的解释、演绎又是五花八门，所以，研究孔子应当多层次展开。我对孔子基金会的学术研究活动，多次提出从以下五个方面展开：一是孔子本人的思想和社会实践；二是孔子创立的儒学及其后世的演变；三是以儒家学派为骨干的中国传统文化；四是以中国传统文化为辐射源的东方文化；五是东西方文化比较研究。当然，在研究中要注意这五个方面的相互联系，而不能割裂地孤立研究。

当代中国是中国共产党领导的社会主义国家，马克思列宁主义是指导我们思想的理论基础。我们研究孔子，应当坚持和提倡以马列主义、毛泽东思想为指针。同时，也要尊重他人用其他观点和方法获得的有科学价值的成果，贯彻"双百"方针，欢迎不同学术观点的讨论，繁荣有关孔子的学术研究。无论在国内或在国外，这样做都很重要。这也是面向实际的科学态度。

第三点是研究孔子，要古为今用。在建设中国特色社会主义进程中，批判地继承中国优秀的传统思想文化，批判地吸收国外先进的思想文化，以创造高度发达的社会主义精神文明，这是我们党和国家的重要宗旨。批判地继承我国的传统文化，孔子的学说是当然的重要对象。研究两千多年前的孔子，是为了用以服务现实，我们毫不讳言这个功利主义的目的。一向为封建统治阶级利用的孔子学说，其中有许多东西仍然可以为中国的工人阶级政党所利用，我们应当敢于公开申明这个观点。

孔子学说中可为今用的部分，我以为有三个方面：第一是可以直取而用之的。比如孔子关于教育、学习的许多论述，至今仍很有光彩，可直接拿来为我所用。比如《论语》讲的"学而时习之不亦乐乎，有朋自远方来不亦乐乎，人不知而不愠不亦君子乎"，不就是正确的治学之道、交友之道、个人修养之道吗？第二是可以剖取而用之的。孔子的政治思想，总体来说，是为了维护剥削阶级统治的长治久安服务的，但其中某些具体部分却具有某些普遍合理性，比如"节用而爱人，使民以时"，"博施于民而能济众"，这些"爱民、安民、养民、富民"的思想，则可以像马克思、恩格斯对待黑格尔学说那样，将其原来的意义加以扬弃，剖取出合理的部分，在新的历史条件下加以借鉴运用。第三是可以借取而用之的。孔子有许多关于道德修养的主张，比如"己所不欲，勿施于人"、"躬自厚而薄责于人"、"无求生以害人，有杀身以成仁"，还有"吾日三省吾身"、"君子求诸己"、"不患人之不己知，患不知人也"等等。这些命题，当然都有孔子的阶级烙印，是从属于孔子的政治主张的。但同时，在一定程度上反映了社会发展的客观需要，具有相对的真理性。我们可以借为改造使用之。当然，讲可以批判继承孔子的思想学说，运用于今日，并非全面肯定和接受他的整个思想体系，而是要取其精华，去其糟粕，以马列主义和毛泽东思想为指南，按照建设社会主义精神文明的要求，加以改造继承，用以发展中国的社会主义思想文化。

以上是就思想文化来说的。除此之外，孔子的历史遗迹，是中国的重要人文旅游资源。仅1993年，曲阜就接纳游客110万人次，收入6.26亿元。从改革开放至1993年总计15年来，曲阜由旅游业获得的效益超过42亿元。以"三孔"为主的旅游业成为当地重要经济支柱，并带动有关行业的发展。当年，孔子曾周游列国，现今山东、河南、湖北三省，可以借孔子作发展旅游文章的地方，除曲阜之外，还有许多处，应当都有计划、有步骤地搞起来。办孔子遗迹的旅游业，宜将经济与文化紧密相结合，赋予增长知识、启迪思想的内容，注重高格调。

实践还说明，抓紧抓好科学地研究孔子这个课题，对于促进祖国统一大业，加强中华民族的认同感，做好海外华侨和华裔的工作，增进与各国人民的友谊合作，有着重要的作用。1991年10月在曲阜举行海峡两岸孔子研究学者对话会，台湾有八所大学、两家重要杂志的著名学者前来。这是大陆与台湾隔绝四十多年之后两岸学者第一次面对面交流科研成果。陈立夫先生虽因各种原因未能应邀来访，但亲笔回了信，对我们"宏（弘）扬圣教，不遗余力"表示钦佩。1988年，宫达非、马仪、朱青同志率孔子基金会代表团出访欧洲，与对孔子、汉学有很大兴趣和一定造诣的希腊船王乐济世先生建立了联系。他除赞助10万美元的研究孔子基金外，还捐款1000万美元支持中国农村的经济建设（此款交农业部掌握使用）。1988年秋，在中韩尚未建交的条件下，孔子基金会的几位专家应邀访问汉城，得到当时韩国总统的接见。可见办好有关孔子的事情，能够为发展爱国统一战线和增进国际交往贡献力量。所以，经中央批准，1994年10月，在北京举行纪念孔子诞生2545周年的活动，并借这个国际性学术会议，成立国际儒学联合会，由我任会长，后由叶选平同志接了我的班。

编后：本文摘自新近出版的《谷牧回忆录》（中央文献出版社），标题为编者所加。

国学漫谈

如何看待国学热

陈来

原载：国学版（光明日报2010.8.2 第12版）

一

　　"国学"作为汉字词汇，在历史上最早是指周代在国都建立的国家官学。18世纪日本出现"国学"学派，以"国学"指日本自己的古学，以与来自中国的学术相区别；这种把"国"作为"本国"意义的用法，在近代日本发展出"国粹"派，主张保存本国文化，反对欧化主义。受此影响，20世纪初，我国学者提出"国学"的概念，总体上是作为"西学"的对照概念来使用的，其中的"国"是指"本国"，"学"是指学术文化。中国人所使用的"国学"当然是指区别于外来文化的、中国本有的学术文化，这是近代国学概念产生的最初意义。在此后的文化论述中，渐渐形成了三种国学的用法：第一种是指中国固有的学术文化，即西方文化在近代输入以前中国文化在几千年的历史中所创造的学术体系，所谓学术文化意指学术形态的文化，而不包括非学术形态的文化，如民俗等。第二种是用来泛指中国传统文化，其范围大于学术文化，一切传统文化形式都包括在内。第三种则是指近代以来我国学者采用古今结合的方法对传统学术与传统文化所做的研究体系，即国学研究。明了国学概念的三种意义，我们就可以知道，目前文化界一般所说的"国学热"，就其现象来说，其实是传统文化热，其国学概念是在第二种意义上使用的。

二

在经历了20世纪大半时间内对于中国传统文化的批判否定，伴随着社会主义市场经济的初步确立，20世纪90年代中期迎来了第一波"国学热"。不过当时的所谓国学热，无论从规模还是从性质上，都还只是中国文化"一阳来复"的初始。进入新世纪以来，全方位的国学热四面兴起并持续升温，其中媒体的参与固然起了很大作用，而来自民间的对传统文化的热情和需求成为主要的推动力量。新世纪国学热兴起和持续的根本原因，在于中国现代化进程自上世纪90年代以来快速和成功的发展，及其所引致的国民文化心理的改变。从历史上看，后发现代化国家处在现代化工程初期时，多采取启蒙式的文化动员，批判传统，引进西方文化；而在现代化受挫期，更容易全盘否定自己的文化传统，反映了追求现代化而不得成功的集体焦虑。当现代化进程驶入快速发展的轨道、经济发展取得成功之后，国民的文化自信便会逐渐恢复，文化认同也随之增强。这在后发现代化国家现代化史上是常见的。在上世纪90年代中期以来的中国，与传统文化不同程度地隔绝了多年之后的人们，在文化信心得以恢复的同时，便急切地想要了解自己祖先创造的灿烂文化，促成了对国学资源的全面需求。从这一点来说，国学热的出现是中国现代化成功发展的文化表象，是有其必然性的。

三

中华文明是世界上唯一几千年连续不断、有古有今的文明，为人类的文明发展做出了巨大贡献。而中华民族百余年来曾遭受了沉重的屈辱和曲折，因此中华民族文化自信的恢复对于民族生命的畅通和发展有着重要的意义。国学热使我们意识到，不能孤立地看待上世纪90年代以来的中国现代化过程，而必须从中华民族整体发展及其近代曲折的历史来认识，必须

把它和中华民族的生命力与生命过程联系起来，把它视为中华民族奋斗史的新篇和中华文明史的新开展，看成中华民族精神发展历程的一部分，从中华民族的角度理解它的成就。换言之，改革开放以来三十年的发展成就使得越来越多的人意识到，这些伟大成就的取得归功于中国人民的勤劳与创造，归功于中华民族的文化与价值。当代的国学热提示着中华民族自我意识的觉醒，体现了民族自尊与自信的高扬，开启了民族文化的自觉，这对于中华民族的复兴是有其重要意义的。

四

这也涉及文化传统与民族精神的关系。中华文化是中华民族生命根源之所在。中华民族的精神是在几千年的中华文明史中滋养、壮大起来的，因此中华民族的民族精神形态及其内涵是不能离开中国传统文化的，中国传统文化是中华民族精神得以形成的主要土壤和环境。民族精神是一以贯之的，但其表现会受到各种社会因素的影响，因此有时彰显而发扬，有时黯然而平淡。应当说，人们越有文化的自觉，民族精神就越能充满而完整地得到发扬。国学热表明，与中国在世界崛起相伴随，中国人对传统文化的认识和态度已经或正在发生根本性的转变，中华民族的民族精神正在经历从自在转变到自觉的过程，这正是弘扬民族精神的关键时期。国学热所体现的正是中华民族的文化自觉的开始。文化自觉就是认识自己文化的发生、成长、发展的历史，认识自己文化的独特性、存在价值及其普遍意义，把个人连接、融入到这一历史文化长河中建立文化认同。对于中国文化这一连续不断的古老文明而言，文化自觉是促进文化复兴的重要条件，文化自信促进了文化自觉，增强了民族生命力，振奋了民族精神。在这个意义上，当前的国学热是中华文化复兴的初级阶段的文化标志。

五

同时，国学热反映了广大人民群众在建设精神家园方面对本土传统资源的热切渴求。社会转型需要一种与革命时代不同的意识形态，由此促进的文化转型，构成了当代文化景观的大背景。在现代化市场经济发展的同时，社会道德秩序和个人安身立命的问题日益突出起来。社会道德秩序的建立离不开传统道德文化，这已经是后"文革"时代转型期执政党和人民的共识。安身的身、立命的命则都归结到心灵精神的安顿，从而心灵的需求比以往更加突出。市场经济的发展带来了人与人关系的新的变化，也使得年青一代在寻找人际关系处理方法等方面把眼光转向古老文明的人学智慧。中国古代文化的宝库已经成了现代人待人、处世、律己的主要资源，与其他外来的文化、宗教相比，在稳定社会人心方面，传统文化提供的生活规范、德行价值及文化归属感，起着其他文化要素所不能替代的作用。几千年以人为本的传统文化，在"心灵的滋养、情感的慰藉、精神的提升，以及增益人文教养"方面，为当代市场经济社会中的中国人提供了主要的精神资源，在心灵稳定、精神向上、社会和谐等方面发挥了重要的积极作用。

六

国学热的另一个作用是有助于破除"西方文化中心主义"及其文化霸权对我们的影响。百余年来，我们大力学习西方文化，谋求现代化，这无疑是正确的，而且要继续扩大开放。但在学习西方先进文化的同时，也产生过全盘西化的思潮，对民族文化持虚无主义的态度，导致了民族文化的主体性意识彻底失落。这既不利于现代化，使现代化失去民族精神的支撑，又易导致食洋不化，不能把先进文化的普遍性与中国具体国情结合起来，一切照搬西方经验和西洋原理，忽视中国的历史文化经验与中国原理。历史学家早已指出，中国有几千年连续不断有记载的历史，这在世界文明史上是独一无二的，一切社会科学的原理必须接受和通过中国历史的经验的验证，才能证明其真理性。国学热有助于人们对西方文化以特殊为普遍的立场进行反思，对引进或移植自西方的学术体系进行反思，通过中国经验和中国智慧来建立中国文化的主体性，促进世界多元文化的平等交流。这种重视中国经验与智慧的努力，在实践领域尤为突出，如在西方管理思想之外，积极寻求基于中国文化的概括、提炼、引导的管理之道，已成为中国企业家最热门的追求。

七

就国学热与国学研究的关系而言,应当说国学热本身并不等于国学研究热,目前的国学热还是分布在大众教育和国学知识传播方面,相对于国学的学术研究,多属于文化普及的层面。大众教育和传播的热络并不能自然带来国学研究品质的提升和发展,这是要区分清楚的。但是这样一种传统文化热的文化氛围,改善了社会公众对于传统文化的态度,对青少年的影响很大。从小熟悉传统文化,将使这一代青少年对国学的向往越来越深,有利于新的一代人传承中华文化,也使得国学研究有了更好的文化生态的支持。事实上,中华民族精神的历史发展,并不是学术研究层面独立发生作用,在相当程度上是靠人民群众通过普及渠道所获得的文化信念与价值,在实践中坚持、信守、付诸于行为,在历史舞台上演出轰轰烈烈、可歌可泣的壮丽故事。而人民群众的文化信念也转过来影响着从事理论论述的文化精英。在这个意义上,传统文化的普及化,不能只从普及的角度来评价,要深刻认识其中华文化传承的意义和培育民族精神的意义。

由此看来,当前所谓国学热的出现和流行,对于中华民族复兴的进程,对中国现代化的深入开展,对社会和谐的实现,都是必然的,也是合理的、积极的,应当予以充分的肯定和支持。但是,传统文化并不是包治百病的药方,传统文化并不能解决我们现实生活遇到的一切问题。传统文化只是我们的文化根基,在其基础上如何建构起适应人民需要的现代政治、经济、法律、文化体系,发展政治文明、持续经济增长、健全法制生活,繁荣文化发展,需要全社会的创造性的努力。同时也需要通过适时的引导,帮助人民分辨传统文化的精华与糟粕,分辨永久的价值和过时的东西,使传统文化的资源更能够结合时代的要求发挥其作用。

国学漫谈

国学的当代意义

纪宝成

原载：国学版（光明日报2006.4.5 第5版）

编者按：3月18日，来自中国人民大学与复旦大学的十余位国学学者聚会上海浦东证大丽笙酒店，举行题为"国学与和谐社会"的论坛。中国人民大学纪宝成校长在论坛上做了长篇讲话，全面论述了国学对于建设和谐社会的当代意义。本刊摘要发表，以飨读者。

在中国人民大学上海校友联谊会的联络之下，中国人民大学与复旦大学联合举办"国学与和谐社会"高峰论坛，致力于探讨国学与建设和谐社会的关系，意义十分重大。

建设"和谐社会"，原本是古今中外思想家、政治家普遍追求的一种美好理想。在西方，从柏拉图的《理想国》到法国的空想社会主义，在中国，从先秦儒家"大道之行也，天下为公"到清末康有为的《大同书》，都在致力于描述和讴歌以"和谐"为特质的理想社会。

在《礼记·礼运》篇中，记载了孔子关于"大同社会"和"小康社会"的一席谈话，其中心意思是说，在小康社会之上，有一个"天下为公"的大同社会，在那个社会中，夜不闭户，道不拾遗，充满了"和谐"

的色彩；而由禹、汤、文、武、成王、周公所治理的小康社会，虽然讲究礼义，政教修明，但毕竟是"各亲其亲，各子其子"的私有制社会，因而仍然比不上大同社会。这种对"大同社会"的向往，可以说是一种原始朴素的"和谐社会"的理想。

推崇和谐，不仅仅是孔子和儒学的主张，在国学所包容的学术流派之中，我们可以看到许多充满智慧和境界的论述。这样的观察，这样的推定，这样的告诫，在今天建设社会主义和谐社会的进程之中，难道不值得我们认真学习和借鉴吗？

20世纪90年代以来，世界进入经济一体化、信息高速化和文化多样互补的新时代。在新的时空语境下，有必要对孔子的思想命题做出新的阐释。

在我看来，重振国学对构建社会主义和谐社会的重要意义至少有以下四点：

1. 对于促进"马克思主义的中国化"、巩固马克思主义在中国的指导地位有重要意义。毛泽东同志在1940年撰写的《新民主主义论》中就明确指出，"中国共产主义者对于马克思主义在中国的应用也是这样，必须将马克思主义的普遍真理和中国革命的具体实践完全地恰当地统一起来，就是说，和民族的特点相结合，经过一定的民族形式，才有用处，决不能主观地公式地应用它。"我记得池田大作先生在与汤因比先生在"展望二十一世纪"的对话中就曾经认为中国的传统文化为共产主义在中国的生根发芽提供了良好的精神环境。他说，"中国之所以比较容易接受共产主义，可能是中国人在传统上具有合理主义的思想。"中国传统文化是资源丰厚的文化，批判其糟粕，吸收其精华，非但不会影响以马克思主义为指导的社会主义文化体系的主导地位，而且还能够与之交融，促进并推动马克思主义的中国化。也许可以这样说，毛泽东同志把马克思主义与中国革命实践相结合，从而创立了新中国；今天要建设社会主义和谐社会，也必须把马克思主义与中国国学的优秀传统相结合，只有这样，我们才能成功建设中国特色的社会主义和谐社会。

2. 重振国学对于传承中华文明、实现文化认同与民族认同意义巨大。一个民族要想自立于世界民族之林，就必须要有自己的特色自己的文化。重振国学可以扭转一个时期以来中国人对本民族文化的陌生和疏离，通过培养对本民族文化的自豪感来实现中国人的文化认同和文化归属。国学是中华民族共同的血脉和灵魂，不论大陆，还是香港、澳门、台湾都拥有同一部历史，同一种文化，同一种语言，同一种文字。我们的传统文化是连接华人世界的文化之桥、心灵之桥、血脉之桥，在实现祖国统一大业中有着无可替代的作用。

3. 对于提升国人道德水准、维持良好的社会秩序意义重大。改革开放二十多年来，随着社会主义市场经济的深入发展，人们思想活动的独立性、选择性、多变性、差异性日益增强，人们的价值观念发生了巨大的变化，从某种意义上可以说，中国正处于一种新文化新道德养成的关键时期。在构建社会主流价值观、建设社会主义先进文化的过程中，传统文化中的一些道德准则和伦理规范，如"仁义礼智信温良恭俭让"等是具有普世价值的，完全可以在与时俱进的基础上加以利用。

4. 对增强我国文化竞争力、增强国际影响的意义重大。当今时代，虽然文化多元化的要求已成为全球性的呼声，然而，现代社会的话语霸权、文化霸权同样存在。在与强势文化的争夺中，放弃自身固有的传统文化就意味着全盘西化，就意味着放弃自己的优势。从这个意义上来讲，弘扬中国民族传统文化、振兴国学，不仅是我国政治、经济、文化协调发展的需要，而且也是应对日趋激烈的国际竞争、增强综合国力、实现中华民族伟大复兴的需要。中国传统文化博大精深，世界各地的汉学家都在积极研究并加以利用，我们更没有丝毫道理不去继承、不去推动、不去发展。

由此可见，国学不仅是我们建构和谐社会赖以取资的文化资源，而且是思想理念资源，是我们不可或缺的精神资源。

最近我读到台湾名作家张晓风女士的一篇散文《我有一个梦》，她梦想在这号称中国的土地上，除了能为英文、为生物、为物理、为化学、为太空科学设置实验室之外，也有人肯为国学建一栋古色古香的书院式讲堂，让老师可以设置古风情境，身临其境地传道授业，让学生可以在传统文化的氛围里耳濡目染，在琴韵书香中吟诗唱词，潜移默化。这个和谐社会的美丽的梦想，即将在中国人民大学实现，我们已经决定在人民大学中建造一栋"国学馆"，让"国学"在中国人民大学茁壮成长，并且愿意与天下有共同理想和追求的学者和各界人士，共同推进这一利国利民的事业。

国学漫谈

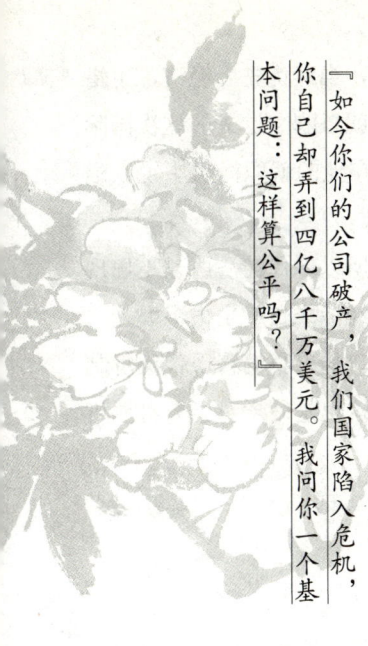

儒家思想与现代经济成长

孙震

原载：国学版（光明日报2010.7.5第12版）

儒家重视财富，但不鼓励热心追求财富，正符合当时的技术条件。十五六世纪中，中国市场经济活跃，越来越多人"弃儒入贾"，他们"以义制利"。

斯密宁愿借助利己的努力去达到利他的目的。这是斯密和中国儒家最大的不同。

"如今你们的公司破产，我们国家陷入危机，你自己却弄到四亿八千万美元。我问你一个基本问题：这样算公平吗？"

编者按： 由国际儒学联合会与台湾"孔孟学会"等单位联合主办的"2010年海峡两岸儒学交流研讨会"日前在台北举行。来自海峡两岸的数十位专家学者，围绕"儒学的核心价值"等论题展开为期两天的讨论。应主办方之邀，孙震先生在开幕式上就儒家传统与现代经济社会的关系问题做了专题演讲。经作者同意，本刊摘要发表。

孙震，1934年生，山东省平度县人。台湾大学经济系与经济研究所毕业，曾任台湾大学校长、台湾新竹工业研究院董事长等；现为台湾大学名誉教授，台湾"中华企业伦理教育协进会"理事长。主要研究方向为经济发展、国际经济学，主要著作有《总体经济理论》、《成长与稳定的奥秘》、《迈向富而好礼的社会》、《台湾经济自由化历程》等。

一

三十多年前，我在一次讲习会上遇见一位先生，他对我说："你来谈经济,我来讲道德。"道德是君子立身处世之本,当然优先于经济,可惜这些年全世界经济挂帅、道德沉沦,令人忧心。就以刚刚过去的这次国际金融危机而言,美国总统奥巴马2009年1月20日在他的就职演讲中说:当前经济的困境是由于很多人"贪婪和不负责任"。

很多人认为儒家思想重视伦理不重视财富,所以现代经济成长不出现于中国,资本主义重视财富而不重视伦理,所以经济成长产生很多弊端。这话虽然不是很准确,但是也颇符合历史的现实。如果我们将现代经济制度加上伦理,则经济发展一定会有更好的成就。这也是儒学对当前世界可以产生的重大贡献。

二

我想先谈谈儒家对财富的态度。我觉得我们不能笼统地讲,而是应分成三方面,就是人民、政府官员和儒者自己。

对人民而言,财富当然重要。孔子适卫,看到卫国人口众多,曰:"庶矣哉!"弟子冉有问他:"既庶矣又何加焉?"曰:"富之。"再问:"既富矣又何加焉?"曰:"教之。"(《论语·子路》)使人民富裕是重要的施政目标。财富对人民重要,政府负责任的高官当然要重视,但应重视的是增加人民的财富,不是聚敛政府和自己的财富。《大学》:"德之本业,财者末也。外本内末,争民施夺。是故财聚则民散,财散则民聚。"所以冉求为季氏聚敛,孔子很生气,曰:"非吾徒也!小子鸣鼓而攻之可也。"(《论语·先进》)

至于对儒者而言,财富虽好,但必须符合原则才接受,否则宁愿没有财富,因为人生还有比财富更重要的价值。孔子说:"富与贵是人之所欲也,不以其道,得之不处也;贫与贱是人之所恶也,不以其道,得之不去也。"(《论语·里仁》)又说:"饭疏食,饮水,曲肱而枕之,乐亦在其中矣。不义而富且贵,于我如浮云。"(《论语·述而》)孔门高弟有"家累千金"的子贡,也有"一箪食,一瓢饮,在陋巷"不改其乐的颜回和匿居乡野"不厌糟糠"的原宪。

在孔子的时代,农耕是所得的主要来源,所得积累而为财富。当时人力相对于土地稀少,所以各国招徕人口以辟土地,增加生产。当时虽然也有工商业，但是还没有现代生产的观念。生产是经济价值的创造。一切经济价值，甚至一切价值（包括非经济价值），来自人欲望的满足。欲望满足产生效用，效用产生价值。农业和工业固然创造了新增的经济价值，现在叫作"附加价值"（added value），商业改变商品供给的时间和空间，使其效用提高、价值增加，同样创造了价值。可惜这样简单的道理要等两千多年大家才明白。我们中国多年来轻商，因为不知道商业是生产性的。在西方，重农主义以为只有地里长出粮食才是生产，重商主义以为经由对外贸易，赚到金银财宝才是生产，直到18世纪亚当·斯密（Adam Smith）的《国富论》出来，才知道劳力所生产供我们享用的必需品和便利品是财富。再后来，才知道这些必需品和便利品是因为能满足我们的欲望，我们愿意花钱去买，才产生价值。

一国的生产能量，最后决定于这个国家的技术条件。国人追求财富的努力，以及引导国家精英人才追逐财富，可能导致创新，使技术水准提升，国家所能产生的总生产量增加，但持续不断的技术进步使总生产量与人均产量或所得持续不断增加，是现代技术研发出现以后才有的现象。这种现象就是"现代经济成长"，因此，儒家重视财富但不鼓励热心追求财富，正符合当时的技术条件。不顾技术条件的限制，对财富过分热衷，不但使个人更不满足，而且引起社会争夺不安，以致伦理不容易维持。

虽然孔子博学多能，"多能鄙事"又懂得各种技艺，但是我们不能认为在他那个时代，有人知道经济增长、技术进步，更不用说技术进步与经济成长之间的关系。《论语》樊迟请学稼，孔子说他不如老农，请学圃，他说不如老圃，孔子说：

"上好礼则民莫敢不敬，上好义则民莫敢不服，上好信则民莫敢不用情。夫如是，则四方之民襁负其子而至矣！焉用稼。"（《论语·子路》）

孔子更重视的是礼乐教化。《论语》有另外一段故事：

子之武城，闻弦歌之声。夫子莞尔而笑曰："割鸡焉用牛刀？"子游对曰："昔者偃也，闻诸夫子曰：'君子学道则爱人，小人学道则易使也'"子曰："二三子！偃之言是也。前言戏之耳！"（《论语·阳货》）

儒家所追求的是完美的人格，成就德才兼备的君子，"用之则行，舍之则藏"，有机会就"出仕"为国家做事，为百姓谋福利，没有机会就独善其身，凭着高洁的人格和丰厚的学养，一样可以自得其乐，活出人生的价值。这就是我在前面所说的：人生还有比财富（比功名利禄）更重要的价值。

最近恰好读过余英时《中国文化史通释》第三章《近世中国儒教伦理与商人精神》（43—58页），让我引用余先生的高见，在这里补充一下。余先生认为：大体来说，自汉至宋，儒学思想对商业与商人保持消极甚至否定的态度。宋代的朱熹认为经商致富足以害道，对于子弟经商只给予维持衣食无虞的最低限度。明代的王阳明虽然说"古者四民异业而同道"，但又说治生"不可以为首务，徒起营利之心"。只有"调停得心体无累"，我猜想就是对金钱不放在心上，才能"不害其为圣为贤"。十五六世纪中，中国市场经济活跃，越来越多人"弃儒入贾"，他们"以义制利"，以正常化营利的行为，使赚钱合于"道"，而赚了钱从事公益活动，觉得并不是只有"治国平天下"才有贡献，商人一样可以对社会有贡献。

2001年我在山东聊城"山陕会馆"看到一副对联：

"非必杀身成仁，问我辈谁全节义；漫说通经致用，笑书生空谈春秋。"

商人一样有高洁的人格。"山陕会馆"位于古运河之畔，为清初山陕商人所建，正殿供奉关圣帝君，关羽忠义诚信正是正派商人仰望的典型。

三

说到资本主义，大家可能立刻想到资本主义经济第一位理论大师亚当·斯密的一句名言：每个人追求自己的利益，冥冥中如有一只看不见的手，带领达成社会全体的利益，而且比蓄意达成社会利益更有效。这就是斯密的私利公益调和说。

为什么追求自利可以达成公益？在什么条件下追求自利才可达成公益？难道为了自己的利益去抢劫、欺骗，也可以达成公益吗？当然不是！斯密是苏格兰格拉斯高（Glasgow）大学道德哲学教授，在当时伦理学和经济学都是道德哲学的一部分。

斯密在其《道德情操论》中指出，人性有利己的成分，也有利他的成分。利己让我们追求财富以及社会地位与名声，由此引申出"审慎的美德"（the virtue of prudence）。为什么追求自己的利益会成为美德？因为人要生存发展，不能不有一点物质财富，而人在社会中需要被认同、被肯定，有一点地位和影响力，觉得活着有意义。难道不能照顾自己由别人照顾自己才算美德吗？利他出于同情，看到别人幸福感到欣慰，看到别人不幸感到悲哀，由此引申出公平的美德（the virtue of justice）和仁慈的美德。公平是不减少别人的利益，仁慈是增加别人的利益。斯密的同情很像孟子的恻隐之心；恻隐之心人皆有之。然而利己之心强烈，利他之心薄弱，这是人性的本能。就像孟子所说的"恻隐之心仁之端也"，但是，"苟能充之，足以保四海，苟不充之，不足以事父母"（《孟子·公孙丑》）。所以，斯密宁愿借助利己的努力去达到利他的目的。这是斯密和中国儒家最大的不同。用现在流行的话说，真是颠覆了传统的想法。

在利他的美德中，公平是积极的义务，必须要求；仁慈是非积极的义务，只能期待。社会如能进入仁慈的境界，当然很好，但是最重要的是公平。公平才能和谐无争，使社会在安定和秩序中产生效率。斯密《国富论》中的经济理论建立在公平的基础上。每个人在追求自己利益的过程中，如果未伤害到任何其他人的利益，则唯有为社会创造了新增的利益，自己才可能得到利益，而他所创造的利益，才是社会净增加的利益。

任何生产事业，不论工业和商业，必须为社会创造增加的价值，自己才能从中取得一部分作为利润。市场上的竞争汰弱存强，使社会有限的资源流入效率最高因而利润最大的事业，使所有生产事业创造的总产值最多。因此我们不必每天想着如何利他，如何对社会有贡献，只要努力而又公平无欺地追求自己的利益，就可以有效成就社会的利益。亚当·斯密说，我们得到晚餐，并非由于屠宰商、制酒者和面包师傅的恩惠，而是由于他们认为对他们自己有利。这是何等简单有效的机制！不过如果生产者和享用者都存着感恩的心，社会就更美好了。

在资本主义制度下，个人追求自己的利益，结果促进了社会的利益，使经济持续增长，其所需要的技术条件，就是17世纪于欧洲兴起的现代科学和18世纪从英国开始的工业革命。工业革命提升了生产技术的水准，而科学研究的成果使技术取得持续进步的可能性。有持续不断的进步，才有持续不断的经济成长,就是所谓"现代经济成长"。这是中国在追求现代化以前所没有的现象。斯密在他的《国富论》中曾经说:中国虽然富有,但却没有进步(成长)。

斯密所说的公平近似儒学所说的义。个人在追求自利的过程中维持公平的原则,犹如明代士人"弃儒入贾"所强调的"以义制利"。不过务实的亚当·斯密对人的利他意志并不是很有信心,他宁愿让市场发挥公平的作用。企业生产过程中,不论购买原材料、出售货物或劳务、借钱、租房子、聘雇员工,都各有其市场决定买卖双方都接受的价格。不过问题是,市场不是都公正可靠;市场有时候被垄断或操纵。我们如果太鼓励追求自利,有时候会牺牲公平。所以孔子说:"放于利而行,多怨。"(《论语·里仁》)让利牵着鼻子走,以致侵犯到别人的利益,当然会引起怨恨,甚至发生冲突,让大家都受到伤害。

此外,生产活动对自然环境的影响,以及自然资源耗竭的问题,在斯密的时代尚未受到重视,然而,孟子已经注意到了。孟子强调不能"竭泽而渔",也就是缺少所有权的公共财富使用问题。由于无人主张所有权,所以缺少市场和价格节制,只有靠伦理或外在的规范来约束。

四

按照亚当·斯密人生三美德的说法,财富可称为经济价值,地位和名声可称为社会价值,合称世俗价值,公平和仁慈可称为伦理价值。

人的行为一方面受价值引导,一方面受规范约束。社会的价值系统(value system)如果对各种价值有平衡的安排,使社会分子在追求功名利禄、世俗价值同时也重视伦理价值,社会就可以在富裕进步中,维持和谐,增进幸福。

然而,在当前全世界热衷于追求快速经济成长的文化中,经济成就被置于最优先的地位,经济价值高于一切,伦理价值日愈退居不重要的地位;追求财富,不择手段,弊端就会不断发生。在这种情形下,自利不能充分达成公益的目的,利润也不能完全反映对社会的贡献,这次国际金融危机就反映了这样一种情况。2008年美国雷曼兄弟破产后,众院政府改革监督委员会主席魏克曼(Henry Waxman)责问雷曼执行长傅德(Richard

Fuld）说："如今你们的公司破产，我们国家陷入危机，你自己却弄到四亿八千万美元。我问你一个基本问题：这样算公平吗？"

　　2001年12月安隆案爆发后，美国国会于2002年7月迅速通过沙宾法（Sarbanes-Oxley Act），加强公司和外部监督。企业经营是否从此可以弊绝风清？答案大家都知道：不可能。美国麻省理工学院的梭罗（Lester Thurow）教授说过一个很好的比喻：那些为了防范弊端发生所设计法规，就像还在打上一场战争的将军，这些法规如果存在，今天的弊端就不会发生，但不防止明天的弊端，因为明天的弊端会从新的漏洞出现。孔子说："道之以政，齐之以刑，民免而无耻；道之以德，齐之以礼，有耻且格。"（《论语·为政》）外来法规的节制虽重要，但更重要的是内心对伦理价值的坚持，让我们有所不为。这正是儒家思想对当前这个功利社会能够做出重大贡献的地方。

国学漫谈

国学提供"支援意识"

原载：国学版（光明日报2006.10.31第5版）

吴根友 张三夕

20世纪90年代后期，伴随着中国经济持续高速增长，中国与欧美发达国家的经济摩擦增多，文化冲突的频率也增多，民族文化的自觉意识也在增强。近六七年来逐渐明朗的国学热，其实透露了这样一种消息：那就是民族文化认同感的增强。中国固然要继续不断地向西方学习，但中国固有的文明究竟有什么样的现代价值？能否为当前多元的文化世界提供可资借鉴的东西？

经济的全球化与文化的多元化是并行不悖的。每个民族发展自己固有的文化传统，以应对现代化过程中的文化同质化倾向，是一种非常健康的民族文化复兴运动。当前中国社会出现的"国学热"对于增加中华民族的文化认同，可以提供"支援意识"（博兰尼）。

民族国家自我身份的认同，除了维护政治上的国家主权之外，另一个重要的手段就是加强民族文化的认同。一个缺乏文化认同的民族国家其社会成员在国际交往过程中就会产生一种精神焦虑。对于具有悠久文明的中华民族而言，在多元文化并存并相互竞争的当代国际社会，每个成员从文化上认同自己民族的文化价值秩序，以及有关善的生活图式，对于民族身份的自我确认，具有至关重要的作用。中国人不能在现代化的浪潮中找不到自己生活的方向感与身份认同感。当众多的中国人活跃在国际社会的各个角落时，别人会问，你自己也会追问，作为中国人的中国性何在？而这种"中国性"正是要通过民族文化来给予回答。正是从这一角度说，国学中蕴涵的文化精神为现代中国人的身份认同可以提供一种"支援意识"：

第一，中国传统文化中固有的道德心性修养，琴棋书画的艺术生活方式，为补救现代人的生活之偏，培养出有中国式文化教养的现代人，可以提供丰厚的"支援意识"。

第二，秦汉以后的中华民族深受以儒家为主流的文化传统的影响，宗教感比较淡薄，伦理文化传统资源比较丰厚。国学中所包含的种种伦理资源，可以为部分中国人提供安身立命的精神资源。

第三，国学与现代化、马克思主义等并不是完全矛盾的学术文化，其中包含着人类文明的普遍价值。儒释道墨等各家文化中都包含着尊重人性、人的生命、社会秩序、道义等积极的思想内容，正是通过发扬国学中这些积极的思想内容，为中国的现代化与马克思主义的中国化提供"支援意识"。在一个文化沙漠的国度是建立不起有根基的现代化国家的，也谈不上丰富和发展马克思主义。

现代社会物质生活的趋同性往往导致精神生活的同一性，使得现代人的生活非常平面化、单调化，国学中所具有的博大精深的文化艺术内容，恰恰能为中国人提供丰富多彩的精神生活模式，避免成为一种"单向度的人"。

总之，中国人要想建立不同于西方人的现代生活模式，恰恰可以从国学中汲取无穷的"支援意识"。

国学是国民教育的思想宝库

国学漫谈

彭林

原载：国学版（光明日报2008.10.13第10版）

长期以来，中国传统文化被说得漆黑一团，令人望而生畏，避之唯恐不及，以致完全不知道《四书》、《五经》究竟说的是什么，但凡一听到"国学"二字，就联想到"封建"和"腐朽"。其实，只要将儒家经典拿来读读，就可以知道它并没有想象的那么糟糕，恰恰相反，其中有许多值得我们继承的思想精华。例如《诗经》，大多数是民歌，少量的是史诗或士大夫生活的描述，不过内容健康的居多数。《尚书》是虞夏商周四代的官方文诰与文书，主题是明德、慎罚、勤政、无逸，其中对周代民本主义思想的表述极之精彩。《仪礼》记载先秦的冠礼、婚礼、士相见礼、乡饮酒礼、乡射礼等，恭敬谦让，尊老敬长，相当的人文。《乐经》在秦火之后失传了，现在的《礼记》中有《乐记》篇，由此可知儒家提倡德音雅乐，希冀以此来陶冶人的心性，以求得人心与社会的和谐。《周易》讨论事物的消长与变化，富于哲理；又论天道与君子，清华大学的校训"自强不息，厚德载物"就取自《周易》。《春秋》是鲁国史书，经过孔子的整理，奠定了古代中国传统的历史观。

我这几年为大学生讲儒家经典，学生的反应相当正面，他们往往很惊讶，我们的老祖宗怎么还有这么好的东西！时下人们的物质生活越来越丰富，而人的思维却越来越肤浅，经典使他们沉静下来，重新审视自己的生活，思考如何变化自己的气质，做一名德才兼备的君子。总之，对他们的人生大有裨益。当然，国学并非仅仅是儒家经典，它还包括道家、佛家等等，浩瀚无涯，中华的人文关怀、道德理想、人生智慧等等，无不蕴涵于其中，是取之不尽、用之不竭的思想宝库。本文只是就笔者的专业领域所及而言。

《庄子·逍遥游》有这样一段话："且夫水之积也不厚，则其负大舟也无力。覆杯水于坳堂之上，则芥为之舟，置杯则胶，水浅而舟大也。"意思是说，水要是太浅，是没有力量浮起大船的。将一杯水倒在堂上的小坑里，它只能浮起芥菜籽，放个杯子就会搁浅。中华民族是一艘扬帆远航的巨轮，理应需要五千年文明的深厚积淀来承载它。

国学动态

国学给莱西的孩子带来什么

原载：国学版（光明日报2008.5.5第12版）

莱西，一个人口72万的县级市，位于山东半岛几何中心。近年来，该市调动行政资源，在国内率先把国学启蒙教育从体制外引入教育体系内，把诵读传统经典活动从一些家长零散行为、一些学校自发行为变成了教育系统有计划、有组织的行政行为，并因此引起方方面面的关注和思考。那么，这场以国学启蒙为焦点的"教育改革"给莱西的孩子们带来了什么呢？

一

"天地玄黄，宇宙洪荒；日月盈昃，辰宿列张……""弟子规，圣人训：首孝悌，次谨信……"站在莱西月湖小学课间操场上，听着1280个孩子洪亮的声音诵读国学经典，欣赏着学校独创的国学经典韵律操，每一个人都会在心灵上受到震撼。

从2004年11月开始，莱西教育体育局就在该市滨河小学等城区几所小学进行国学经典启蒙教育实验，2005年开始在全市普及推广。目前这个市的小学生全部加入到了国学经典启蒙教育中来。现在的莱西，每天上午课间，很多学校的操场上都会响起气势恢宏的经典诵读声。他们新编了《千字文》徒手操、《百家姓》广播操、《三字经》校园舞等，孩子们一边背诵，一边整齐地做着学校独创的韵律操。小学生创造性、积极性由此被调动起来，他们把国学经典诵读融进丢手绢、老鹰捉小鸡、跳皮筋等十几种游戏中。丰富多彩的经典诵读活动，唤醒了学生学习的乐趣，开启了他们乐此不疲的文化追索。

在莱西的每一所学校，都会看到老师们精心地利用一切可利用的空间传播国学经典内容：在教学楼外墙、校园围墙甚至厕所外墙上，以诗配画的形式写上经典篇目；利用学校文化园地、宣传栏、广播站等宣传阵地，定期开办古诗文专栏，让学生随时随地欣赏诗词文赋。

二

莱西国学启蒙教育搞得如此轰轰烈烈，一方面得益于中华传统文化复兴的大气候：党的十七大明确提出，弘扬中华文化，建设中华民族共有精神家园。另一方面，莱西还有一个得天独厚的小环境。在这里国学启蒙教育是作为一个行政区整体进入，并由政府部门动用行政资源，让国学教育进入教育体内循环。

莱西的国学经典启蒙教育经历了"试点动员—推广普及—纠偏扶正"这样一个过程，其中每一个阶段，政府部门都在其中发挥了重要作用，同时也得到了各级领导的关注和支持。山东省教育厅、青岛市、莱西市的各级党委政府、人大政协的领导多次深入到莱西视察学校国学经典教育活动，并提出了很多指导性意见。国际儒联的有关专家在考察时感叹道："国学启蒙教育作为政府行为，上面有这么多的领导重视，莱西教育界的同仁是幸运的，莱西的下一代是幸运的。"

莱西的国学经典教育能够得到深入、持久推进的另一个原因，就是教育内部的干部教师参与进来了。干部教师参与经典诵读一方面拓展自己的人文视野，涵咏情性，滋养人格；另一方面，在经典诵读面前不做门外汉，不做旁观者。

三

在莱西国学启蒙没有死角，也没有人掉队。正如该市教体局领导所描述的："我们做的就是打开了国学经典的一扇窗子，剩下的事情就简单了。"

教育部门和学校打开的这扇窗户，实际就是搭建了一个国学传播的平台。他们的操作方法简单得不能再简单，就是两句话：坚持"三不"原则，坚持不懈"诵读"。

所谓"三不"原则：一是不增加家长经济负担。他们从"三百千"、"四书五经"、"诸子百家"等篇目中每篇节选1000字左右，加上注音，配上录音，由教体局出资制作成"中华国学经典诵读卡"，免费赠送给学生诵读。并把这些内容长期挂在莱西教育网上，供学校和学生及时下载。二是不增加学生课业负担。学生诵读过程中不布置作业，不考核，只是由老师带领集体诵读，天天坚持，两个月轮换一次诵读篇目，不强求学生背诵，能背多少算多少，让孩子们在一种轻松的气氛中保持高昂的诵读兴趣。三是不增加教师教学负担。教师每天带领学生诵读一遍，重在天天坚持，学生诵读情况不列入教师工作考核目标，师生都在一种轻松的常态下自然诵读。

四

当社会上很多人还在争论国学启蒙教育是复古倒退还是复兴进步的时候，当很多人还在犹豫、迟疑、彷徨的时候，莱西人已经在幸福地收获了：

国学启蒙让教育返璞归真。开展国学经典活动，就是从生命成长的意义上解放学生，它还原了教育的本质：化民成俗。经过三年来的实践，莱西市小学生家长和老师们惊奇地发现，孩子们的行为习惯发生了明显的变化。不少教师讲，由于学校学生大都是独生子女，自私、任性、不懂礼貌等现象在学生中比较普遍，自从孩子们接受国学教育之后，变得更加谦让、团结同学、尊重师长了。在采访一些家长的时候，他们主动地向记者反映，如今孩子们和没有开展国学经典诵读之前比变化可大了，懂得为下班的父母端茶倒水；吃完饭主动收拾碗筷、扫地；对长辈的礼貌也多了……

国学启蒙唤醒孩子沉睡的记忆潜能。记者在姜山中心小学采访于玲、苏秀芹老师时，她们就惊叹学生的记忆力之强，《论语》一篇几十章的内容，小孩子不用多长时间就能够熟读成诵。记忆力的提高，还形成了一种良性循环，孩子对背诵产生越来越浓的兴趣。经典语言系统一旦进入孩子的大脑，沉睡的记忆潜能就会被唤醒，背诵的速度就会越来越快。于是，在学生中读上三四遍甚至一两遍即可背诵者已非个别现象。孩子对背诵不再视为畏途，而是当作追求快乐的精神享受。

国学启蒙让孩子们自信力普遍提升。经典诵读给予孩子的，不只是记忆能力的加快和知识储备的增多，还有自信力的提升。一个人的成与败、快乐与悲哀，与拥有的知识能力有关，而更为重要的是有无自信心。从这个层面讲，经典诵读对孩子一生生命成长起着不可小觑的作用。在采访中，记者发现，孩子们在诵读经典过程中，不但为记忆力的步步攀升心感愉悦，为学有所用深感欣慰，更重要的是，他们的自信心越来越强。自我的认可比学到某种知识更重要，因为在这种自信提升过程中，激活了孩子各个方面的生命活力。

国学于生活中展现出的魅力，使得国学启蒙教育从一开始教育部门和学校的独角戏，逐步演化成了一个"小手拉大手"的全民文化工程，经典诵读活动在广大家长中引起强烈反响，很多家长在孩子的影响下，自觉地加入到了国学经典的学习中来。在滨河小学采访过程中，记者听到了很多"亲子互动"学习经典文化的新鲜事。这个学校从2005年开始，就对"家校合作学经典、提高学生家长人文素养的研究"这一课题进行了深入的探索研究。通过"诗香书香满校园、国学经典进家庭"活动，组织起"亲子经典学习研讨班"，开展了背诵比赛、集体背诵展示、"研读经典、叙说故事"家长演讲赛、征文比赛、"感恩行动在我家"等系列活动。学校组织的亲子经典背诵大赛，每次都有一百多个家庭报名参加。

五

莱西的国学启蒙教育既不是哪一个人的心血来潮，也没有搞成一阵风。这离不开这项活动的倡导者和组织者张为才，一位人称专家型的教育体育局局长。

莱西在启动经典诵读活动之初，虽说是教育部门的行政行为，但还是有不同的声音传回来。有人认为，国学经典这些"之乎者也"类的"老古董"，已经失去了现代意义，让中小学生诵读这些东西，担心其中的封建糟粕影响孩子幼小的心灵。持这种观点者不只有学生家长，也有教师甚至校长。对此，张为才提出了以下几个观点：

中华传统文化以儒家思想为主体，融合道家、法家、墨家等多个思想流派，内涵丰富，广博精微。而国学经典是传统文化的载体，是我们不可或缺的精神力量。

诵读国学经典不能包治百病，但诵读经典对一个人品格的形成、知识结构的构建或多或少会产生一定影响。我一直反对神化、夸大经典教育作用的做法，更反对追求短期效应。国学经典对人的影响会随着一个人阅历的丰富越来越明显，越来越深刻，甚至会影响人的一生。

诵读国学不是复古。在人类社会发展进程中，学习和借鉴是必不可少的环节。学习经典文化不是复古，而是以退为进，吸收、积蓄能量后，更好地向着时代正确的方向前进。国学经典篇目中许多内容时至今日仍有很强的现实指导意义。我们让师生诵读经典就是让他们以博大精深的中华传统文化为基础，站得更高，行得更远。

诵读国学有利于促进社会和谐。国学经典中对人与自然的和谐、人与人之间的和谐、人自我内心的和谐等内容都有着十分系统的论述。

要与时俱进地解读经典文化。学习经典与现代社会提倡主张的"学以致用"，理论与实践相结合，与素质教育重视学生动手能力的培养是完全统一的。

要排除功利思想。经典诵读是在踏踏实实地做事，不能片面追求形式，不能急功近利，期望读后做人、作文水平立竿见影。学生读而成诵，久诵能背，日后能用，吸收与内化都需要时间。

如今，外来文化、网络文化等所谓"流行文化"对孩子们的影响越来越大，不少孩子不但在文化素养方面出现严重"营养不良"，还不同程度地表现出浮躁、自私、好逸恶劳等不良心态。张为才坚信，通过经典文化的诵读，可以用传统文化为其打亮生命的底色，让他们在中华传统文化的滋养中健康地成长。（柳　霞）

国学动态

安徽大学成立中国传统文化研究院

原载：国学版（光明日报2006.1.24第5版）

由黄德宽校长兼任院长的安徽大学"中国传统文化研究院"近日成立，李学勤等知名学者到场祝贺并为研究院揭牌。

安徽大学"中国传统文化研究院"将整合文、史、哲等学术资源，发扬皖派文化学术精神，从古老而悠久的徽学文化、老庄道家文化、江淮文化里汲取智慧，使之发扬光大。（施保国）

大国学即新国学

国学漫谈

冯其庸

原载：国学版（光明日报2008.10.13第10版）

国学的概念虽然近代才有，但是国学的内容古已有之。有人说，不同时代有不同的国学，这是对的。但是又问，我们要搞哪个时代的国学？这个问题问得好。我们要研究的当然就是我们今天的国学，我们不可能倒退到乾嘉或者清末时代去，今人研究国学有今人的观点和方法，有今人的时代需求。今人即使研究秦汉六朝的学问，那还是今天的学问。时代具有主体性，这是谁也改变不了的。

不错，每个时代都有每个时代的国学，这说明国学一直处在变化发展之中。诸子百家出现在春秋战国时代，《史记》、《汉书》出现在两汉，唐诗宋词元曲、唐宋散文、宋明理学、明清小说，这些相对稳定的学术概念，几乎都有时间限定，都是一个时代的标志。每一个时代的国学，都是在前代国学的基础上发展起来的，今天我们研究的国学，就是涵盖以往任何时代的中国学术。

近百年来，甲骨文、金文的发现，战国秦汉魏晋南北朝简牍的大量出土，敦煌宝藏的意外面世，西部古代简帛文书不断地呈现，……这些一方面极大地丰富了我们对国学的认识，另一方面也极大地扩展了国学的领域。近代以来，西学东渐，中国受到西方的多方面影响，很多新的学科就是在西学的影响下建立起来的，在西学的影响下国学也呈现出不同以往的新面貌。今日我们研究国学，能够绕过国学的百年历程吗？当然不能。国学的领域扩大了，这就是大国学的概念，与此同时，这也是国学的新拓展新进步，所以大国学就是新国学。

国学研究，我的理解，有三个方面的含义。一是研究对象。对此，大国学、新国学就是反对画地为牢，不能人为地说这可以研究，那不可以研究。国学作为新的时期刚刚开始，刚刚开始就到处设置篱笆，是不利于长远发展的。凡是现在属于我国内的学问都应该收入我们的研究范围之中。大家知道无锡国专的校长是唐文治，他是著名的经学大师，但是他就是坚持让学有专长的先生都来上课，所以无锡国专没有变成经学院。有人说，国学太宽泛了，边界太模糊了。我认为，现在我们的国学研究状况总体上并不发达，这个时候边界模糊一些是很自然的，只要坚持大国学的理念，就会愈研究愈清楚。

二是研究方法。义理、词章、考据，凡是有利于学术问题解决的都是方法。近代以来，西学给中国带来很多东西，其中一个就是方法论，研究讲究方法。王国维先生能够提出"二重证据法"，显然得益于近代西北考古的启发。很多新的研究方法是被证明行之有效的，如马克思主义的研究方法、唯物主义的研究方法，就能够很好地应用到我们的国学研究中去。大国学要有大思维，凡是人类的积极文明成果，都应该吸收，研究方法当然也要吸收。

三是研究立场。学术研究是否有立场问题，恐怕这是一个仁智之见。国学这么多年最大的问题，就是中国人不敢坚持中国的学术立场，以至于国学概念都不敢提及。西学全面否定国学的存在价值，一方面是西方中心论的具体体现，另一方面是国人不能坚持，这与其怪人家，不如从我们自身上找原因。学习西方不意味着一定要否定中国。我们比较熟悉的国学大师，不论是王国维还是陈寅恪，他们都是在没有放弃中国立场的前提下学习西方学术的。在民族国家存在的背景下，学术的国家民族立场存在是正当的、自然的。

中国文化源远流长，生生不息，国学研究有着广阔的前景。我们研究国学是为了让国学的优秀传统能够在今后发扬光大，让中国文化为人类做出更大贡献。学习外来文化是必须的,那是中国文化发展的重要途径。但是一味地学习他人,对本国传统数典忘祖,那就走向了偏颇。要明确,学习别人是为了发展自己,不是把自己变成别人。我们不会主张让中国文化解决全世界的所有问题,但是我们至少要让中国文化在世界文化中占有重要地位,按照数千年世界文化发展的实际来说,事实也是如此。人类文化的丰富多彩,是人类的幸事,中国文化至今未能中断,是中国的幸事。中国的学者,可以有不同的文化观,但是对自己国家的历史和文化缺乏研究,甚至略无所知,能说是光彩的吗?虽然说中国文化未曾中断,但是近代以来的危机还是严重的,现在的状况更不能乐观。研究国学,传承文化,要我说,是国家和民族走向兴旺、发达的重要方面,也是今天的民族大义。

中国人民大学设立国学院,招收本硕连读学生,到今年已经三年了。当初因为国学院开办而出现的争论也渐渐平息了。很多事情,还要到多年以后才会有定评。与其放着研究不做来争论名词概念,不如先研究起来再说。看见学生们的进步,我作为一名老师,感到特别高兴。孔子说后生可畏,希望还在于年轻人。他们今日熟悉中国文化经典,来日就会更好承传下去的。

国学动态

四川大学成立儒学研究院

原载:国学版(光明日报2009.11.16第12版),本书有删节。

我国西部高校第一所国际儒学研究院近日在四川大学挂牌成立。作为一个跨院系的文科研究平台,这所国际儒学研究院整合了四川大学文、史、哲等相关学院及古籍所的主要研究力量,以"弘扬儒学、服务社会、面向世界、刚健笃实"为建院方针,主要从事儒学的学术研究、儒学文献的编纂与整理、儒学研究人才的培训、儒学文化的推广与应用。国际儒学联合会、中国孔子基金会等合作单位,将利用自身的国内国际联系和学术平台,为川大国际儒学研究院建设提供支持,促进川大国际儒学研究院与政府部门及社会各界的沟通和交流。

巴蜀儒学,源远流长。汉景帝时文翁在蜀郡兴学,开启了巴蜀大地"重文尊儒"的学风,史称"蜀学之盛,比于齐鲁",奠定了四川大学这所千年学府在儒学教育和经学研究方面的优良传统。

国学漫谈

关于国学本科教育的几点建议

张岂之

原载：国学版（光明日报2008.11.10第12版）

  我国人文学者都在关注中国人民大学国学院的进展，因为在本科生阶段进行国学专门教育，中国人民大学是第一家。大家都希望办好、办成功。

  中国人民大学有完整的人文学科，如中文、历史、哲学宗教学等，国学院与这些学科有联系，但并不等于是这些学科的简单综合，那么，国学院的特点在哪里？

  "五四"以后，我国大学的学科分类受科学主义影响，产生了两面性。一方面，学科分类比较细，使学科的专门化得到保障，推动了具体学科的发展；但另一方面，难以从宏观上去开拓学科的新领域。那么，如何在现有学科分类的背景之下，走出科学主义的樊篱，实现国学教育的"综合创新"？

  这些问题都很值得我们讨论。如果我们把"国学"教育厘定为以中国传统人文学术为研究对象的学科，那么，其中最主要的就是为国学院本科生制订合适的培养方案和教学计划，在教学实践中检验、修订、成型，使得从这里毕业的本科生掌握有关国学的基础知识、理论和专门技能，能够在相应的机构（如文化机构、教育教学部门以及非物质文化遗产研究机构）中胜任工作。

为此，我想提几点建议。

1. 国学院设立关于文献学类别的课程。从某种意义上说，"国学"就是文献学；作为"国学"的经、史、子、集，即着眼于文献学。我在这里所说的文献学，是指国学中的专门学问，如目录学、版本学、校勘学、辑佚学、考据学、训诂学等。这些国学的专门知识，不必按文、史、哲去划分，而是以中国传统人文学术中的重要文献资料作为讲述和研究对象。在我国高等教育中，有些综合性大学将文献学专业设置在中文系；有的则设置在历史系，形成具体的历史文献专业等。如果超越学科的界限，一定会有助于突出中国古典文献学的综合性和基础性特色，推动文献学教学与研究，对各相关专门学科的发展也会起到促进作用。

2. 设立关于考古学及其成果类别的课程。自从20世纪20年代王国维提出"二重证据法"以后，迄今将近九十年，以文献资料与考古材料互相印证，取得许多重大的学术成果，这已经是有目共睹的事实，毋需论证。作为国学专业的专门人才，要有一定的考古学知识，特别是对出土文书，要有一些基础知识（不是做专门研究，在大学本科没有条件做深入的研究）。对于国学院的本科生来说，不可能也没有必要像考古学专业的本科生那样，用相当多的时间去进行田野考古，但是关于考古学通论、考古学方法、中国考古学一百多年来的发展等，开出若干课程，也是不可缺少的。

3. 设立经学研究类课程。经学是国学的灵魂，儒家的"十三经"是国学的精髓。儒家的经书从西汉"五经"到东汉"七经"，到唐朝"九经"，再到宋代"十三经"，体现了古代社会不断扩大儒家经书范围的过程。历代官方版刻经籍、社会启蒙读本、民间乡约村规，在思想观念上都与经学有关。儒家经书从读书人（士学）的道德修养、立身处世到社会责任、实现理想，甚至如何调节个人的喜怒哀乐，都有所记述。其中所体现的包容性、伦理性、普遍性，成为中国封建社会最适用的百科全书，使得中国人很早就对本民族（中华民族）的文化有了认同。研究国学，不能不研究儒家的经书。当然，为国学院本科生开课，并不限于儒学，应扩大眼界，引导学生认真阅读若干本有关中国古代所谓"百家之学"的代表作，

这很有必要。

4. 世界学术之介绍。国学院所要培养的，是既有世界学术眼光，又有本国传统文化学术基础的专门人才。众所周知，自文艺复兴以后西方人文社会科学的发展，得益于经济学、社会学、地理学、人类学、心理学、人口学、语言学等学科的交流和相互借鉴，而且和自然科学的发展紧密相关。这些不可能在国学院本科生的课程设置中全部反映出来，有些也难以构成一门课程，可以通过"讲座"的灵活方式扩大学生的学术和知识视野。因此，我建议在中国人民大学国学院成立经常性的"国学与西学讲座"，请不同学科的专家来做讲演，特别是这二者的交融，以及这方面的代表作，可以着重加以介绍。

在培养国学专门人才的时候，关注将民族优秀文化与全人类优秀文化的结合，这个指导方针不可缺少。当然这并不是简单地将国学院的课程分为国学与西学各占一半，而是学术眼光、学术胸怀和学术素养的大问题。过去有一种提法，就是"中学为体，西学为用"。20世纪80年代为矫正这种提法的不足，有学者提出"西学为体，中学为用"。这两种体用关系使我们在吸收外来文化上一直存在着把中学与西学分割开来的甚至对立起来的局限。今天我们对待外来文化，需要真正实现民族优秀文化与全人类优秀文化的有机融合，实现体用合一和中西（中外）贯通。

5. 鼓励和引导国学院的学生关心和思考重要的理论问题。中华文化既包含优秀传统文化，也包括社会主义先进文化，是奔腾不息的巨流。胡锦涛同志在党的十七大报告中说："中华文化是中华民族生生不息、团结奋进的不竭动力。"这就把中华文化提到一个新的高度加以论述。同时对我们专门研究中国优秀传统文化、即国学和从事传统文化教育、即国学教育的人来说，是很大的鼓励。从学术研究的角度看，把中国优秀传统文化的核心价值理念归纳为"文明"、"和谐"可能不够，其中的天人和谐、仁者爱人、自强不息、厚德载物、以民为本、尊师重道、居安思危、诚实守信、养生有道、和而不同、天下大同等可能是中国优秀传统文化的核心价值观所在。引导国学院的学生思考和研究中国优秀传统文化核心价值观，以及它与我国社会主义核心价值观的关系，会有助于提高大学生的思想精神境界。持续办好中国人民大学国学院，需要有这种精神力量的指导和鼓舞。这才能表现出我们对于中国优秀传统文化、即国学的研究既不同于汉代的经学笺注家们、宋明时期的理学家们，也不同于清朝的考据家们，而是具有我们自己时代的特色。

最后，我有一个小建议：国学院本科毕业生，应颁发学士学位证书，但我国目前没有国学学位，如何办？可否这样表述：历史学（国学）学士学位。用"历史学"比较恰当，国学即中国传统文化，"传统"就是历史。

编后：本文为作者在中国人民大学国学院成立三周年纪念会上的发言摘要。

国学动态

沈阳皇姑区中小学国学教育进课堂

原载：国学版（光明日报2006.9.19第5版），本书有删节。

去年以来，沈阳市皇姑区在全区60多所中小学、近7万名学生中，全面开展了以传统文化经典为主的国学教育。这项教育，以《弟子规》、《四书》等经典为基本内容，以奠定伦理道德根基为出发点，结合新时期未成年人思想道德建设的重点要求，让孩子们在传统文化的滋养中，养成道德行为规范、夯实思想道德基础，来培养具有传统文化根基的现代人。为此，皇姑区有关部门制定了《皇姑区中小学"国学教育"指导纲要》，同时从学校向家庭和社会延伸，以期逐步形成"三位一体"的效果。一年来的实践初显成效，得到广大家长、教师和社会各界的关注和支持。

皇姑区开展以传统文化经典为主的国学教育，是区委副书记王东倡导的。王东近年来在各种场合呼吁，把中国传统文化经典教育正式纳入国民教育体系，系统地充实整合相关内容，编制经典教材，列入教学大纲。（苗家生）

中国高校应以孔子为友

国学漫谈

原载：国学版（光明日报2010.3.29第12版）

蒙培元

据我所知，世界上办得最成功的一些大学，都有自己所珍惜的悠久的教育传统，其办学理念中有深厚的人文精神，或者说以人文精神为理念。这说明，中外教育有共同的规律。比如，著名的哈佛大学，就是以"与柏拉图为友，与亚里士多德为友，更与真理为友"为理念。那么，我们的大学能不能与孔子为友呢？

孔子是伟大的教育家。其伟大之处，不仅在于他开创了私人办学的风气，提出了一套教学方法，更重要的是，他提出和建立了具有永久性意义的教育理念。这个教育理念就是：学以"求道"。

"道"是标示最高真理的智慧，"求道"就是追求真理、寻求智慧。这是孔子教育的根本宗旨，并将其贯穿于一生的教学实践，以"朝闻道，夕死可矣"（《论语·里仁》，8章，以下引文只注篇名）为终生诉求。可见其多么重要。

孔子提出了一个为学的纲领："志于道，据于德，依于仁，游于艺。"（《述而》，6章）这既是一般的为学纲领，也是他的教育纲领。他本人即以此为学，同时又以此教育学生。

"志于道"，是学习和教育的总纲领。立志求道，获得人生的最高真理和智慧，是教育的根本目的，即"君子学以致其道"（《子张》，7章）。因此要放在第一位。办学校，办教育，就要以"志道"、"致道"为理念，以此要求办学的人和学习的人。这正是学校教育的神圣之所在。

"据于德"，则是"求道"的根本途径。要以人的内在德性为依据，发挥人的固有潜能，培养人才。只有这样，才能得到人生的真理和智慧，只靠外在的知识教育是做不到的。孔子开创的儒家教育，从根本上说是一种德性教育，德性是人生智慧的内在依据。

"依于仁"，进一步说明仁是德性的核心，也是德性之全体，具有明显的主体性，其他德性都包括其中。"我欲仁，斯仁至矣。"（《述而》，30章）这就从根本上决定了教育方法只能是启发式的，而不是灌输式的。仁体现了道的核心价值，所谓"志道"、"据德"，就是以仁为核心价值。

"游于艺"，是指文化知识教育。"六艺"（即礼、乐、射、御、书、数；又一说，指"六经"）主要指人文知识，但广而言之，可指一切文化知识，包括科学技术。这是孔子教育的主要内容。但他认为，这些知识是道的载体，通过学习，可"下学而上达"，获得最高真理。也就是说，学习知识，不能游历于道之外，要以道为指导。

这四句话，表达了孔子教育理念的全部内容。

很清楚，传授知识是孔子教学的主要工作。但是，他始终以"求道"为理念，贯穿于教学的全部过程，而不是以单纯的传授知识为务，更不是以掌握知识为手段，去达到别的什么目的。在中国，没有形成"为知识而知识"的传统，可能与此有关。这也许是儒家教育的一个缺陷或不足；但是，从整体上说，儒家教育有更积极的意义和贡献。因为它抓住了教育的本质，指明了教育的根本任务和发展方向，即教育从根本上说是人的教育，而人的教育归根结底是一个德性的问题。人生智慧应当从这里说起。它是人文主义的，是成己、成人、成物之教。"成己，人也；成物，知也。性之德也，合内外之道也，故时措之宜也。"（《中庸》，25章）仁与知的统一，就是道的智慧。

孔子教育的内容，比较广泛，在"六艺"之下，有四科（德行、言语、政事、文学）之分，又有文、行、忠、信之教。他认为，掌握各种知识很重要，但要有一个"一贯"之道将这些知识贯穿起来。孔子并没有提出专业化的分类教育，而是有点像现代大学的通识教育。这固然与当时的学科发展有关，但就教育理念而言，孔子似乎没有专门化的教育主张。他对学生子贡说："赐也，女以予为多学而识之者与？"子贡回答："然。非与？"孔子说："非也，予一以贯之。"（《卫灵公》，3章）孔子的博学多识，是举世公认的，学生也是这么认为。但他并不以此教育学生，更不以此炫耀自己。他生怕学生以他为博学多识而向他学习知识，因此才说出这样的话。这说明，他所追求并要求学生的，是人生智慧而不是单纯的知识，知识应当由智慧来统帅。智慧是简约的，知识是繁多的，所以才能"贯"。贯就是统帅，其中含有人生价值指导具体知识的意思。

值得注意的是，这个"一以贯之"的道，并不是抽象的，而是具体的，但又有超越性（非绝对超越），用一个字表述，就是仁。仁是孔子学说的核心，也是孔子教育理念的核心。孟子说："仁也者，人也。合而言之，道也。"（《孟子·尽心下》，16章）这是对孔子思想的最好的诠释。仁是人之所以为人者，又是人生的最高境界，是存在和价值的统一，是人生智慧的结晶。仁的实质内容是爱，孔子所说的"君子学道则爱人"（《阳货》，3章）说出了道的智慧的精髓。有了以仁为核心的道的智慧，便有了强烈的社会责任感和历史使命感，心怀天下，有奉献精神，而不是以做官为目的。

孔子说过："仕而优则学，学而优则仕。"（《子张》，13章）过去有人对这句话做出错误的解释，认为是"读书做官论"。这正是从某种实用主义观点出发所做的解释（我上学时也受过这种说法的影响）。实际上，所谓"优"是优裕即有余力的意思，是说做官有余力则去学习，学习有余力则去做官，学习与做官是互相促进的关系，不是学习以做官为目的。在孔子看来，做官是积极参与政治的重要途径，但不是唯一途径。更重要的是，即使是做官，也是为了"行道"，而不是为了满足权力欲和物质欲望。现在的教育却值得警惕。有人做了官，还要拿文凭，以作资本，而学习就是为了拿文凭，拿了文凭好做官。其背后的动力是权力和金钱。这与孔子的学与仕，形成了鲜明的对比。孔子一生，孜孜不倦，教育学生，只有一个目的，就是为了"求道"、"行道"。在当时的社会条件下，他明明知道，他所提倡的道，是实行不了的，但是，他的这个理念却不能放弃。"君子之仕也，行其义也。道之不行，已知之矣。"（《微子》，7章，子路语，能代表孔子思想）既然道不能行，他为什么还要"知其不可而为之"呢？因为他有伟大的抱负和理想，有强烈的社会责任感，认为道是超越历史的，可以行之久远，即具有永久性的社会价值，因此要承担起这个历史使命。这才是孔子教育理念的伟大之处。

孔子的教育理念，体现在教育实践中，就是培养君子人格。他认为，君子人格是道的具体体现，君子以"行道"为职责。因此，他处处以君子人格要求学生。他对学生子夏说："女为君子儒，无为小人儒。"（《雍也》，13章）这既是对子夏的要求，也是对所有学生的要求。不仅是对学生的要求，而且他本人身体力行，以实际行动教育学生。学生虽然各有特长，将来可能从事不同职业，但是，都要成为君子，将自己的智慧奉献于社会，则是共同的。这里所说的"君子"，显然是指人格而言的，指具有远大理想和高尚品格的人，不是有显赫的政治地位的人。君子人格不仅具有很高的修养和境界，而且有强烈的社会责任感，以社会价值的承担者自许。不仅要成己，而且要成人、成物，在实际行动中实现"志于道"的理念。君子人格即使是不做事（做官只是其中之一），其一言一行都有很大的感召力和影响力，这就是后来孟子所说的"声闻"，能够影响社会、影响他人。

要成为君子人格，就要修德、讲学、在学习和实践的过程中去培养。强调学习，强调实践，将知与行结合起来，是孔子教育的一大特色。"德之不修，学之不讲，闻义不能徙，不善不能改，是吾忧也。"（《述而》，3章）修德是做人之事，讲学是知识之事，学问知识不能离开做人，知识是要人去掌握和运用的。因此，如何做人，做什么样的人，才是最重要的。这就是孔子始终将修德置于第一位的原因。这一点，正是现代教育最缺乏的，不能不引起教育者的重视。只学知识，不知做人，品格低下，缺乏修养，是成不了人才的，是无法实现人生价值的。

国学争鸣

质疑《"国学"质疑》

牟钟鉴

原载：国学版（光明日报2006.7.18第5版）

最近舒芜老先生撰《"国学"质疑》一文（见《文汇报》6月28日"文汇笔会"），向国学猛烈开火，大有非把国学批倒、批臭、置于死地不可之势。他说："所谓'国学'，实质上是清朝末年、一直到'五四'以来，有些保守的人抵制西方'科学'与'民主'文化的一种借口，是一个狭隘、保守、笼统、含糊而且顽固透顶的口号。"又说："而'国学'则完全是顽固保守、抗拒进步、抗拒科学民主、抗拒文化变革这么一个东西。"老先生不仅骂国学，也顺便骂了搞国学的人，指责"有些所谓'国学大师'，我是看着他们混过来的，根本就不是做学问的人，坑蒙拐骗，说起谎来脸都不红"。这种说话的语气调门使人联想起曾经有过的大字报大批判的风格，不大像一位饱经风霜的文人之言。我认为，即使你不赞成国学，对一些人有意见，完全可以平和说理，与人为善，用讨论的方法交换意见。"国学"是近代西学进入中国、与中学发生碰撞的情况下出现的，在这种文化现象背后，既有用西学先进的成果充实和改进民族文化使之现代化的问题，也有继承和发扬优秀传统文化使西学民族化的问题。"国学"的倡导者其主流是文化保守主义者，在文化变革的问题上与文化激进主义者有分歧，他们更着意于传统文化的传承，而后者则着力于除旧开新。但不能说"国学"就是反科学、反民主的，因为只有保住和培育民族文化的根系，才能更好地吸收外来的文化营养，因此传统与现代化、国学与西学并非二分对立，而是可以统一与互补的。中国需要科学与民主，中国也需要信仰与道德，而后者是离不开国学的。提倡国学决不是罪过。我们已经为"打倒传统"付出了惨重的代价，不能再重蹈"文革"的覆辙了。

舒老先生认为人们只能讲一般的文学、哲学、史学、法学等学问，不能讲某一国的学问，"如果每个国家都讲自己的'国学'，可就热闹了：世界上的学问分成英国国学、法国国学、德国国学"，而这样的学问在他看来是没有的，"世界上没有哪个国家讲'国学'，只有中国讲'国学'"。这可就是孤陋寡闻了。其实世界上本来就是这么"热闹"，既有国际的学问，也有民族和国家的学问，而且所有普世的学问，如舒老先生所列的文、史、哲、法等，都具有民族特色，表现为民族的文化形态，这就是学问的民族性和普遍性的双重性问题，可以说是一种常识。莎士比亚属于英国古典文学，康德、黑格尔属于德国古典哲学，托尔斯泰属于俄国古典文学，司马迁属于中国古典史学，这些文化名人和他们的学问都是有国别的，同时其影响又远远超出国界，得到广泛的传颂。每个国家和民族都有研究自己文化传统的学问，就是它的"国学"；同时还要研究他族他国的"国学"，这有什么令人惊诧的呢？

再细看下去，原来舒老先生最恨的是国学中的儒学。他说："那'国学'是什么呢？就是讲儒家的那点东西，封建的那些价值观念。"而他自己"最反对一些人提出所谓'尊孔读经'这些东西的，明摆着是倒退嘛"。老先生旗帜鲜明地表白他始终坚持的一个观念，就是："反儒学尤反理学，尊'五四'尤尊鲁迅。"看来老先生的"五四情结"既深且牢，这当然有他坚持的自由。但人们不能不反思：为什么经历了大半个世纪，孔子和儒学始终打而不倒、批而不臭呢？为什么在努力推动科学和民主的西欧和美国，孔子得到越来越多的尊重呢？当前已有八十所孔子学院遍布世界三十八个国家和地区，孔子被列为世界十大文化名人之首，正在走向更广阔的世界。是不是孔子和儒学除了时代的局限性之外还包含着普世的、永恒的价值呢？儒学有精华有糟粕，它在中华民族文明发展和繁荣统一的历史上有着不可磨灭的贡献，同时也在专制政治的扭曲下产生过很大的负面作用，必须进行科学的分析，一棍子打死不是科学的态度。例如："三纲"（君为臣纲、父为子纲、夫为妻纲）是宗法等级制度的产物，已经过时，一个也不能留；而"五常"（仁、义、礼、智、信）却体现了社会人生常道，一个也不能丢，只宜重释补充，无法取消，除非人要倒退到野蛮。舒老先生提出"钟摆理论"，认为20世纪是向左摆，21世纪是向右摆，言下之意，现在提倡国学属于整个社会的复古思潮，将来还会摆回来。这是一种循环论，不是进化论和辩证法。中国从尊信传统到反对传统再到创新传统，恰恰是中国社会前进的辩证运动，是顺乎时代合乎民心的，这是螺旋式上升，不是钟摆运动，是整个民族走向文化自觉的表现。一个民族只有用理性的态度对待自己的文化，这个民族才有希望。舒老先生特尊鲁迅，而鲁迅说："辱骂和恐吓决不是战斗！"希望舒老先生能遵照鲁迅的劝导，用文明的方式去战斗，避免粗野和辱骂，以不辜负您尊鲁迅的本意。

　　舒老先生的文章将"二周"（周作人、周树人）并提是不妥当的；鲁迅没有丝毫的奴颜和媚骨，而周作人卖国求荣，堕落为汉奸，两人不可同日而语。文中两引周作人，作为学问的向导，说周作人自评"国文粗通，常识略具"，而舒老先生自叹"我距离这八个字还远得很"。在我看来，周作人是"国文未解，常识不具"，人心已坏，其余皆不足观。请不要把周作人引荐给青年，以免误人子弟。

國學爭鳴

"四书"应该进中学课堂

原载：国学版（光明日报2008.4.14第12版）

郭齐勇

编者按：四书是《大学》、《中庸》、《论语》、《孟子》这四部著作的总称。学界一般认为，它们分别出于早期儒家的四位代表性人物曾参、子思、孔子、孟子，所以称为《四子书》（也称《四子》），简称为《四书》。南宋光宗绍熙元年（1190年），著名理学家朱熹将《礼记》中的《大学》、《中庸》两篇拿出来单独成书，和《论语》、《孟子》合为四书，并汇集一起作为一套经书刊刻问世。《四书》不仅保存了儒家先哲的思想和智慧，也体现出早期儒学的嬗递轨迹。它蕴涵了儒家思想的核心内容，也是儒学认识论和方法论的集中体现，在中国思想史上产生过深远的影响。但是到了宋代以后，四书被与科举考试牢牢绑在一起，四书中的一些观念也被封建统治者变成控制社会思想的意识形态。今天，卸下历史给予四书的种种负累，回到四书的原典，我们仍然可以从中汲取古人的智慧，用它来营养我们的思想。我们希望广大读者就四书是否应该走进中学课堂展开进一步的讨论。

德高望重的国学大师、九十高龄的老教育家任继愈先生最近在为新华出版社引进我国台湾地区的国学基本教材《论语卷》、《孟子大学中庸卷》写的序言中指出:"多年来我发现了一个普遍现象:奠定一个人的人生观、世界观,不是在大学学了哲学或政治课开始的,而是在中学时代,从十二三岁时随着身体的发育、知识的积累、意志的培养平行前进,同步开展的。再回想自己成长的过程,也是在中学时已经考虑过将来如何做人。"他又说:"要养成关心别人、帮助弱者、坚持真理的品格。这是一个现代公民必备的基本条件……这样的基本要求,起码要有十几年的系统培养……中学是为培养全面发展的幼苗打基础的阶段,只有语文课可以负担这个任务,其他课程无法替代。"任先生的意思很明显,"四书"进中学的课堂,作为国民教育的基本内容,是有意义和价值的。

四书可以提供基本的价值理念。它教导我们以孔仁孟义、气节人格来滋润生命,面对现实,立身行世。

"四书"或称"四子",是儒家重要的经典,也是中华文化的宝典。《论语》在汉代即是妇孺必读的书,"四书"自宋代以来是中国人必读的书,作为当时人们的基本信仰与信念,成为其安身立命之道,是家传户诵之学,哪怕是乡间识字不多甚至不识字的劳动者,也是通过口耳相传、蒙学读物与民间文艺,接受并自觉实践其中做人的道理。其中的"仁爱"、"忠恕"之道,"己欲立而立人,己欲达而达人","己所不欲,勿施于人","老吾老以及人之老,幼吾幼以及人之幼"等格言,一直到今天,不仅是中国人做人的根本,而且是全人类文明中最光辉、最宝贵的精神财富。儒家核心价值,四书的主要内容,又通过私塾乡校、教书先生,通过唱戏的、说书的,从各种渠道流向社会,影响世道人心。

"四书"根本上是教人如何做人,"四书"里很多内容告诉人们做人的尊严、人格的力量、人生的价值与意义。宋代张载(横渠)说:"为天地立心,为生民立命,为往圣继绝学,为万世开太平。"这是中国古代知识分子的文化理想,也是他对儒学精义的概括。按梁启超先生的说法,《论语》、《孟子》等是两千年国人思想的总源泉,支配着中国人的内外生活,其中有益身心的圣哲格言,一部分早已在我们全社会形成共同意识,做这社会的一份子,总要彻底了解它,才不致和共同意识生隔阂。台湾著名心理学家杨国枢先生讲,以儒家文化为基底的中国文化其实是形塑中国人的心理和行为的非常重要的精神资源。

一个社会,一个族群,作为其文化土壤或社会化文背景的有两个东西,一个叫"伦理共识",一个叫"文化认同"。所谓"文化认同"或者叫"民族文化的自我身份认同",解决的是"我是谁"、"我来自哪里"的问题,是个体人所归属的民族文化的基本身份的自我定位,是精神信仰的归乡与故园。所谓"伦理共识",其实是在民众中的一个隐性的,然而又是有约束力的价值观、生活态度、对待家庭与社会的方式以及终极信念的共同点。实际上,一个健康的现代化,健康的法治社会、工商社会的建构,不能不依赖于"文化认同"与"伦理共识"。再严密的法律,也代替不了社会的伦理道德;进一步说,健康的现代化的法治社会恰恰是建立在民众的底线伦理、民众的伦理共识的文化土壤之上的。而"四书",在一定程度上可以成为孕育中华民族的"伦理共识"与"文化认同"的基本经典,其中所讲的道理,例如"仁"、"义"、"礼"、"智"、"信"五常等就是中华民族的核心价值观念,一直到今天还活生生地扎根在老百姓之中,继续为中华民族的成长与复兴起着积极的作用。包括"四书"在内的人类文明的经典,可以陶冶现代人的性情,治疗现代人的心理疾病。

作为一个国家的公民,都应该接触本国的经典。一个西方人,不管从事什么行业,在他经受的家庭、社会、学校教育中,起码诵读过、学习过荷马史诗,柏拉图或亚里士多德等希腊哲学,西塞罗等罗马政论,莎士比亚的文学作品等。这都是视为当然的,是他们人文修养的基本功。法国的小学、中学的国文教育,注重本土文化思想的训练,中学生即开始学笛卡尔、马勒伯郎士的哲学,孟德斯鸠、卢梭的政治学等。一个中国人,也应当掌握好母语,具有中国文化的常识,诵读一些中国经典。

德国特里尔大学的文学院长、汉学家波尔教授(他的中国名字叫卜松山)曾经在北京与特里尔多次郑重地对我说过:"你们中国有很好的伦理资源,特别是儒家文化中有很多很好的做人的道理,可惜你们放弃了,没有用这些本土的文化资源教育后代,这非常遗憾!"

几十年以来,我们的幼儿教育、中小学教育中,缺乏国文、国学基本知识和传统道德的教育,近十多年来虽有所好转,但仍然不令人满意。就取得全社会普遍的族群认同与伦理共识而言,就和谐社会的建构与可持续发展而言,幼儿与中小学教育中的国文、国学教育不容忽视。因此,全社会都应当重视对幼儿、小学生和中学生加强中华民族人文知识与人文精神的教育。把"四书"教育纳入国民教育体系，对公民社会的形成，和谐社会的建构，对长治久安，对人的全面发展、百年树人的大业与共建中华民族共同的精神家园，都有极其重要的意义和作用。

从公民的文化教养与民族文明的健康发展来看，应当有法律条文严格禁止中学生的文理分科。同样地，我国应当为民族传统文化的承传立法，或者说，应当在法律上规定，必须对幼儿与中小学生进行传统语言与文化的教育，维护民族语言与文化的纯洁与尊严。必须改变目前青少年学英语的时间、精力大大超过学习国语的状况。

我特别要说明的是，儒家教化不是所谓道德说教，而是春风化雨；儒家教育不仅不排斥技艺，而恰好正是寓于礼乐射御书数等技艺之中的。儒家的教育方法，绝不是今天的满堂灌，而是以启发式为主，孔子主张不愤不启、不悱不发，孟子主张以意逆志，深造自得。儒家讲的教育，是全面的、广义的教育，包括今天的知识教育、技术教育、道德教育、生死教育、艺术教育、身体教育等德智体美的各方面，包括今天的家庭教育、社会教育、学校教育等各层次。《礼记·学记》把教育的社会功能概括为十六个字："建国君民，教学为先"；"化民成俗，其必由学"。教育功能的两个方面：第一是培养国家所需人才及人才的全面性，第二是形成良风美俗、道德风尚与人文环境。这两者又是相互联系、交叉整合的。

中国人很重视家风、家教。著名学者、中外哲学与佛学研究专家汤用彤先生在讲述自己的学养时，首先讲四个字："幼承庭训"。这就是幼儿时代所接受的家教，启蒙教育。古代叫"正蒙"，即开蒙的时候一定要端正。国文与国学教育要从娃娃抓起，这主要依赖于家庭教育、幼儿教育与社会教育。我国古代的诗词歌赋、棋琴书画，对幼儿、少年、青年乃至成年人性情的养育都有益处。现代公民社会需要博雅教育、心性修养教育与君子人格的培养。让儿童与少年愉快地适当地背诵一点蒙学读物、古代诗词与《论语》等，很有好处，终身受益无穷。这不仅对孩子们学人文有好处，而且对孩子们学科学有好处，对孩子们将来做人、立身行事都有好处。过去一些有名的自然科学家都有很高的文化修养、文史哲的功底，例如数学家华罗庚院士、李国平院士，生物学家吴熙载教授等，都擅长诗词书法。他们从小都背过经典，接受的教育很全面。

"四书"的教育，贯穿、渗透到社会、家庭的各方面，起着良好的作用。培养一个对社会、国家、民族有用的栋梁之材，不管他将来做什么事业，根子要扎正，特别是做人的教育、人文的教育、道德的教育应视为根本。这正是"四书"进中学课堂的重要理由。

国学动态

国学讲座首次走入中央党校

原载：国学版（光明日报2006.12.26第5版），本书有删节。

一场题为"当前国学热中的若干问题"的讲座，日前在中央党校举行，这是国学讲座首次走入中共党校。

在分析当前"国学热"的原因时，主讲人王杰教授指出，当今国学之兴，是在中国经济高速发展、中国政府大力提倡以人为本、构建和谐社会以及在全球化背景下，寻求民族之根等诸多因素共同努力下出现的，有其历史必然性；自20世纪初以来，在中国社会上，曾出现过四次持续时间不一、影响不同的国学热，王教授用大量实例对这几次国学热现象进行了生动的描述。讲座还对当前一些争论的问题，如儒教问题、汉语问题、读经问题、国学学科问题、马克思主义中国化问题、传统文化与现代化问题，有重点地进行了解读。（中央党校哲学论坛学术委员会供稿）

国学争鸣

"四书"进中学课堂应该缓行

丁兆存

原载：国学版（光明日报2008.5.26第12版）

继去年《出师表》在中学语文课本的存留问题之争后，近来一些大学教授对中学课堂的关注又有了新进展，高呼"'四书'应该进中学课堂"。（《光明日报》4月14日，4月28日，5月5日）作为一名一线中学教师，我个人认为，"四书"进中学课堂应该缓行。

从这些呼吁文章看，他们大多不是中学教师，对中学课堂教学现状，多数是走马观花、蜻蜓点水式的一知半解，并不真正了解中学课堂的实情，特别是对广大的农村中学更是知之甚少。

从中学教育实际来看，中学课堂是一个复杂的系统工程，它已经全方位地担负起中学生的知识汲取、灵魂塑造、道德是非判断、善恶区分、人生观和价值观的树立，中学课堂已经吸收接纳了许许多多的"四书"内容，无需再专门设立"四书"这一科。

从中学教师本身素质来看，他们中的大多数先天性营养不良，没有多少教师通读"四书"，这当然是大学教育的失缺，实际上一些大学教师也是这样，缺"钙"很多，己所不能，焉能教人？没有相应的文化平台，怎么实施？

从"四书"内容的深度来看，它难度大，深奥不好懂，要读懂它们，需要花费较多的时间，会加重学生的课业负担。现在，中学生课业负担已经够重了，在高喊减负、提倡素质教育的今天，又要让我们的下一代来读这些"之乎者也"之类的古书，这是对中学生的一种身心摧残。

从"四书"本身的意义来看，它不是灵丹妙药，充其量是一味具有中国特色的营养剂，并非包治百病。中学生的成长，是一个动态发展的过程，是在社会、家庭、教育、文化的综合载体下慢慢发生质的变化，是从学生一进入学校就开始了，并非从中学生开始奠以后成长的基石，这是大错而特错的。

所以，为了减轻学生的课业负担，巩固素质教育成果，避免不必要的重复，笔者认为，"四书"进中学课堂应该缓行。

（作者单位：山东省五莲县潮河中学）

国学动态

北师大成立国学研究所

原载：国学版（光明日报2007.11.22第9版），本书有删节。

"'国学热'与国学的定位和前瞻"学术研讨会暨北京师范大学辅仁国学研究所揭牌仪式于近日在北京师范大学举行。出席会议的近30名专家学者就当前"国学热"及相关问题，进行了深入的对话和交流。

关于"国学热"的产生，学者们认为，这是中国经济强势在文化领域的表现，是社会动向和文化需求的反映，也是现代化发展的必然结果。但学者们强调，与上世纪的两次"国学热"不同，这一次国学热是源自民间的自下而上运动，并得到大学的响应和政府的支持，反映了民众文化意识的转变与诉求。会上还有学者介绍和分析了海外学界对"国学热"产生原因的误解，认为海外有些学者把此次"国学热"归究于政府的操纵，这是不符合事实的。

学者们提出，要在学校普及国学教育，并加强国学服务社会的功能，帮助民间学术提升水平，各级国学研究和教学机构在国学教材、国学师资、社会培训等方面大有可为，并建议对国内民间国学进行摸底调查。（许家星）

国学争鸣

语文课的出路：回归传统

马智强

原载：国学版（光明日报2008.12.15第12版）

三十年前，著名语言学家吕叔湘先生说过："中小学语文教育效果很差……十年时间，二千七百多课时用来学本国语文，却大多数不过关，岂非咄咄怪事。"

十五年前，北大中文系朱德熙教授说过："现在的小学（语文）教育简直是摧残儿童！"

五年前，全国著名语文特级教师于漪说过："语文教育面临一个悲哀，不少学生对语文失去了兴趣。"

"中国语文高峰论坛"与会的许多教师和作家承认："语文教育效率不高……学生对语文的兴趣与日俱减。"

语文问题的解决是愈来愈紧迫了！

语文界的同仁一直在不懈地探讨语文的出路。三十年时间，有关语文的出版物多不胜数，以传统的、现代的甚至最时尚的理论给语文教学诊治疾病的文章更是不计其数。可是语文还是重病缠身。也许人们忽略了最重要的一点，即汉字、汉语与汉文化的关系。现在通行的文本解析的教学方法是从西方传入的，数十年的教学实践证明它不切合中国国情。中国的语文教育应该打上鲜明的"中国制造"标记。为此，我们有理由把目光转向弃置已久的传统教育。

社会上普遍认为，我国古代的传统教育就是语文教育，但实际上两者却大异其趣。传统教育，注重人的道德品行、人格操守培养，秉持"在明明德，在新民，在止于至善"的理念来教育学生，以期最终"化民成俗"，建设一个有利于"建国君民"的社会；现代语文教育注重的是学好语言文字，能够自如地运用这个工具来学习各种人文科目和自然科目，参与社会生活。简单地说，传统教育重在"传道"，而现代语文教育重在"传器"。传统教育有一套沿袭两千多年的主干教材，这套教材代表了中国的主流文化，所以学生从幼儿到成人都接触到系统的文化。而现代语文教育的教材却时时翻新，忽而"姓"政治，忽而"姓"文学；忽而重名文，忽而又讲实用，始终"居"无定所。传统教育，学生是课堂的主人，老师是指导兼督导，学生的主要功课是朗读和背诵，老师教得轻松，学生学得轻松，不过数年，不但对中国文化能入其门墙，初涉堂奥，而且自然"习得"运用语言文字的功夫。语文教育，老师充当主角，学生是配角，课堂上，老师占用大部分时间，滔滔而讲，学生枯坐堂下，怏怏而听。课下，老师疲于备课批作业，学生题海苦渡，教学双方如牛负重，怨教怨学"蔚然成风"。传统教育以科举考试为驱动力，考题要求学子站在文化的角度解决与修身治国有关的问题，从而引导学生钻研文化。语文教育也以考试为动力，偏重于操作层面的表达能力考核，所出题型大多是文字的片断，引导学生注重语文的细枝末节，这既严重阻碍了语感的形成，又远离了文化。以上所述是两者区别的荦荦大者。最后的结果是明显不过的，传统教育下的受教者语文功底扎实，常常是未到成年，写字、作文、思想已相当可观，传统文化也得以继承。语文教育的受教者，则虚掷年华，十数年过后依然是"大多数不过关"（吕叔湘语）。更为严重的是很多学生对传统文化非常生疏、淡漠。换言之，他们对祖国的传统文化从来就没有产生过认同心理，更别说亲近感、眷念感，由此弱化了他们的国家意识。因此很大一部分精英学生负笈海外后，便毫不犹疑地选择留居异域。这和过去的留学生是有明显区别的。传统文化缺位的语文教育对此负有不可推诿的责任。

传统文化的书籍都是用文言记录的，学校教的却是白话文。这是继承

的最大障碍。科学地看待文言与白话的关系，恢复文言的应有地位是必须解决的问题。百年前，文言被打入"冷宫"的原因大致有三。一是因为它是记载传统文化的工具，传统文化既遭贬黜，文言也罪责难逃，在一片声讨中被迫逊出历史舞台。二是文言被认为是封建统治阶级"愚民"的工具，所以要故意造成它的烦、难，不让民众介入。三是认为文言是"僵死"的，难懂、难学，白话是鲜活的。要开发民智，就必须废止文言提倡白文。三种理由看似有理，实则似是而非。文言的形成有悠久的历史因素。中国地域广大，方言复杂，各地的人操不同的口音、用不同的词汇甚至不同的语法，根本无法交际，只能靠统一的汉字和统一的书面语——文言文来交流。所以是中国的国情选择了文言文，使它成为中华民族"大一统"的莫大功臣，把历代统治者推行文言归因于利己的统治，这是滥用阶级分析。其次，旧时代民众之所以不能掌握文言，根本原因是由于他们政治上无权力、经济上受压迫，教育未能普及，与文言的所谓"难"学风马牛不相及。可见，当年文言的遭贬遭弃，虽然是社会革新浪潮所致，但确是缺乏理性的盲目行为。

对于文言还有论述的必要。这种书面语存在至少三千年了，它的优点在于端庄文雅。传世的文言文几乎都是"思无邪"的，尤其是儒家文章，符合明道、传道的传统，历代都不允许淫思邪念和粗辞鄙语进入它的语用系统。其次是简洁精练，妥帖适宜、字无可删、句无可削是它的行文标准。其三，它是汉字运用的典范。汉字是单音节的音意文字，在同音字众多、声调不一的语言环境中，汉字的单兵作战能力非常强，文言就充分体现了这个特点。探讨文言文对白话文的作用是饶有启发的。当年斥文言倡白话的风云人物，如胡适、鲁迅、郭沫若，哪个没受过文言的熏陶？文言给了他们厚实的文字功夫，所以一旦改写白话（注意：他们可没上过新式语文课），个个都是圣手。毛泽东、朱自清、闻一多等人也是这样，他们自幼饱读经史，改写白话，无论政论、散文、诗歌都能盛行当世，垂范后昆。凡从文言这条路走过来的知识分子，如钱钟书、吕叔湘等人，他们厚实的基础也离不开文言的底子。这足以说明，文言能使白话的表达更简练、更贴切、更精致、更丰富。朱德熙先生曾感叹上世纪50年代后培养的学生"窄"和"漏"，我猜想这与文言的失势失尊不无关系。时下，母语使用的环境很为严峻。传统文化的背景已完全隐去，一些浅显的文言词语已难倒了许多学人；各种粗俗鄙陋的话语堂而皇之地流行于世。大部分人字写得七扭八歪，错别字连篇，孩子造句闹出"我的童年很性福"的笑话，高中生写出"腊炬成灰泪屎干"的尴尬，大学生的语文能力也每况愈下。新一波的语言文字混乱现象正向我们涌来，而且是大范围的、空前的。面对这样的现实，有必要彻底改变语文的生存状态。

如前所述，改革开放的三十年，语文界和学术界一直在为语文诊脉治病，但收效甚微，似成绝症。另一方面，上世纪80年代初中央就对整理我国古代典籍发出指示，对传统文化的研究继承寄予厚望。我们何不折回到传统的路子上去呢？两千多年的历史已经证明这条路是可行的，它造就了历史上群星灿烂的文化人，其中含有每个时代的文化"大家"，它使得一个悠久的民族有了精神的文化寄托，它使灿烂的中华文明传承至今。新时代的语文教育，我们可以从内容、教授方法上适当改造它，使它更有效、更完善。汉字、汉语、汉文化在世界上都是独树一帜的，我们回归传统，就能使它们并驾齐驱、齐心协力，承续教育传统，再为中华文明铸造辉煌。

中国的文化正在走向世界，这是我们引以自豪的，但同时又感到身为中国人自身的文化修养还很不够，这是语文教育造成的。拖了将近一个世纪的问题是到了非解决不可的时候了。我们欣喜地看到，大量蒙学读物、国学书籍已在出版；许多地方自发地出现了私塾式的教学；古代诗歌散文的朗诵活动此起彼伏，使人感到人心思"归"的涌潮已经出现。万舟待发，只欠东风。我们真切希望每一个国人，无论其身处何方，无论其所事何业，无论其所居何位，通过语文教育，都能对中华文化有一份敬畏、挚爱之情，都能受其熏染，明晓其要义，我们寄望于这样的语文教育。我们深信，经过一两代人的努力，语文的沉疴顽症一定会彻底治愈，一定会为中华文明续写新的辉煌篇章！

不应漠视"国学"概念的非科学性

國學 争鸣

原载：国学版（光明日报2010.11.15第12版）

姜义华

要求重视对儒学的研究，重视对诸子学的研究，重视对中国古代学术与传统文化的研究，我觉得都很有必要，但一定要给它们戴上"国学"这一桂冠，并将之列为一级学科，我却觉得实在没有必要，强行这么做，反映了一个严谨学者所应具备的实事求是科学态度的缺失。

近些年来，"国学"成了一个特别流行的词汇。大学开办"国学院"，报纸开设"国学专刊"，电视台举办"国学讲座"，还有专门为企业家及官员办的各种"国学讲习班"。最近，又纷纷扰扰要在现代学科分类中将"国学"提升为"一级学科"。但热心于"国学"的衮衮诸公，对于"国学"这一概念的非科学性，不知为何完全置若罔闻。

学科分类应具有普适性

现代学科分类，最起码应具有普适性。"国学"在中国被列为一级学科，按照普适性原则，世界各国也都应该有这一学科。但我实在孤陋寡闻，不知何谓美国"国学"、英国"国学"、法国"国学"、俄国

"国学"。日本倒是有过所谓"国学","国学"这一词汇其实亦发源于日本。日本江户时代的一批学者,因反对当时占据统治地位的儒教和佛教,倡导依据《古事记》、《万叶集》、《源氏物语集》等一批日本古典文献,探究日本古代历史、制度、文化,阐明日本"固有精神",复归"古道";他们认为,日本的"古道"或"神皇之道",方才是日本上代生活的根本精神,这种精神和儒教、佛教完全不相容。他们所命名的"国学",又称作"古学"、"倭学"、"和学"、"皇国学"、"御国学",在其演进中,表现出极为强烈的国家主义、天皇主义乃至军国主义倾向。正因为如此,二战后,这一名词在日本已很少使用,更没有听说被列为一级学科。在现代学科分类中,之所以没有"国学"这一学科,并不是世界各国不重视本国所固有的学术与文化,而是因为"国学"这一概念实在无法确定它在现代学科分类中所必须具备的独特的科学内涵。

现今中国"国学"的倡导者们,提倡读儒家经书,提倡读先秦诸子,在现代学科分类中,这本属于历史学中专门史内中国学术史、中国思想史、中国经学史的一部分,亦是哲学与文学中中国古代哲学史、中国古代文学史、中国古代文献学的一部分,学科本有所属,并非"孤鬼游魂"。要求重视对儒学的研究,重视对诸子学的研究,重视对中国古代学术与传统文化的研究,我觉得都很有必要;成立专门的儒学研究院、诸子研究院,乃至《易经》研究院、老庄研究院等等,我觉得也都值得支持。但一定要给它们戴上"国学"这一桂冠,并将之列为一级学科,我却觉得实在没有必要,强行这么做,反映了一个严谨学者所应具备的实事求是科学态度的缺失。

"国学"概念的内涵与外延根本无法确定

我认为,对于"国学"这一概念的非科学性再也不能熟视无睹了。

"国学"这一概念的非科学性,首先表现在它的内涵与外延都根本无法确定。其一,"国学"如果是指中国学术,那么,它就应当包含中国56个民族从古至今全部学术,因为无论如何总不能将汉族以外的蒙、满、维、藏等55个民族的语言、文字、学术、文化摒除在中国学术与文化之外，将近现代中国学术的转型与新发展摒除于中国学术与文化之外。其二，"国学"如果是指中国所固有的学术，那么，第一，何谓中国？是今日之中国，还是先秦之中国，或汉、唐之中国，或宋之中国，或元之中国，或明、清之中国？第二，何谓"固有"？凡借鉴、吸收与融合了外来学术、文化的，是否都不算中国固有学术？代表儒学发展一个新阶段的宋明理学，大量吸收了佛学思想资源，代表儒学发展又一新阶段的现代新儒学，大量吸取了近现代西方哲学思想资源，它们显然都非中国所固有；当年清华国学院四大导师，梁启超、王国维、陈寅恪、赵元任，他们的学术无不吸收和借鉴过国外学术资源；按照"固有"之论，所有这些，都应摒除于中国学术之外。其三，"国学"如果仅指中国"古学"，那么，不能不问，这个"古"，下限究竟是战国时代，是三国魏晋时代，是宋、元时代，还是明、清之际，或鸦片战争之前？要说比较原生态的，那只有五经、先秦诸子及包含新近出土的简牍在内的先秦其他一些著作。中国学术如果最后只能以这十几部著作为代表，这样主张者，究竟该算是中国文化的保守主义，还是中国文化的虚无主义呢？"国学"这一概念的内涵与外延如此之无法确定，充分说明它并不是一个科学的概念。连其内涵与外延都无法厘定，却偏偏要定为一个"一级学科"，那除了造成学科结构的混乱之外，不可能给学科发展带来任何有益的后果。

学术文化不应陷入自我封闭

"国学"这一概念的非科学性，还在于这一概念从它在日本产生开始，就有着极其强烈的文化排外倾向。它实际上在文化学术领域奉行着"非我族类、其心必异"这一极其狭隘的民族主义原则，拒绝或至少严重阻遏着借鉴、吸收和融合各种先进的外来文化，使本国的学术文化陷入自我封闭的锁国状态。在今天，我们不仅需要积极继承和发扬自己传统学术文化的精华，而且需要勇敢地主动地吸取全人类精神生产的一切优秀成果，进而有自己的创新。躺在外国人身上不行，躺在老祖宗身上也不行，我们只有立足中国现实，放眼世界，放眼未来，充分利用古今中外学术文化的各种资源，扎扎实实地做艰苦的研究，做出和我们时代需要相匹配的具有原创性的学术文化成果，才能给中华民族的伟大复兴提供有力的学术文化支撑，注入源源不绝的精神动力。

但愿大家不再漠视这一问题。

（作者为复旦大学历史系教授、中外现代化进程研究中心主任、博导）

（全文转载自2010.10.21《文汇报》）

国学动态

株洲举行国学精华进万家活动

原载：国学版（光明日报2008.9.22第12版），本书有删节。

全国首次国学精华进万家活动，近日在株洲正式拉开帷幕。该活动作为第二届株洲读书月的重要内容之一，得到了广大株洲市民的广泛欢迎。

活动中，株洲市组织了10万册国学经典读本免费赠送到市民手中。同时一批有影响的国学专家包括中华孔子学会副会长、清华大学教授钱逊，中华炎黄文化研究会常务副会长兼秘书长屈忠，北京东方道德研究所所长、教授王殿卿，中央党校教授王杰等，都来到株洲，开展相关免费专题讲座。部分专家还将分别深入机关、企业、学校、社区等宣讲国学精神，传播传统文化。

该市有关负责人表示，举办该活动旨在激发市民的读书兴趣，为"推进跨越发展，构建和谐株洲"提供精神动力和智力支持。

国学动态

国际儒联成立国际儒学研究基金

原载：国学版（光明日报2010.1.4第12版），本书有删节。

为了推动儒学的国际交流，动员社会各界支持儒学发展，近日国际儒学联合会在深圳举行国际儒学研究基金管理委员会第一次理事会议，宣布正式成立国际儒学研究基金管理委员会。国际儒学联合会叶选平会长亲自担任该基金理事会理事长，滕文生常务副会长、杨波副会长担任副理事长。

国学争鸣

不能用非理性的方式批评"国学"
——与姜义华教授商榷

陈文新

原载：国学版（光明日报2010.11.15第12版）

2010年10月21日，《文汇报》发表了姜义华教授的《不应漠视"国学"概念的非科学性》。这篇文章的中心意思是说："国学"作为一个学科完全没有设立的必要，因为"国学"的所有研究对象都已"名花有主"，"国学"没有其独立的研究对象。他用十分肯定的语气告诉读者："现今中国'国学'的倡导者们，提倡读儒家经书，提倡读先秦诸子，在现代学科分类中，这本属于历史学中专门史内中国学术史、中国思想史、中国经学史的一部分，亦是哲学与文学中中国古代哲学史、中国古代文学史、中国古代文献学的一部分，学科本有所属，并非'孤鬼游魂'。"这些话听起来好像理由十足，其实是无视中国传统学术特点的外行话，或者是有意用这种外行话造成一种似乎理直气壮的效果。

中国传统学术向现代学术转变，在学术理念上的重要区别是：传统学术重通人之学，现代学术重专家之学。中国传统学术的分类，大类项是经、史、子、集四部之学。一般人认为，史部为史学，集部为文学，子部大体属于哲学，但这种分类是比照现代学科分类而做出的，传统学术并未建立对文史哲加以明确区分的框架。对各种学科加以分类，在高等学校中设立中文系、历史系、哲学系,在学术机构中设立文学所、历史所、哲学所,在学术刊物中区分出综合类、文学类、历史类、哲学类,这是现代学术的显著标志,现代学者的学科意识因而也异常强烈。与这种学科意识相伴随,他们所研究的"中国思想史",是"在中国的思想史",而不是"中国的思想史";他们所研究的"中国古代文学史",是"在中国的古代文学史",而不是"中国的古代文学史"。所谓"在中国的思想史"、"在中国的古代文学史"……即根据西方的学科理念和学术发展路径来确立论述的标准,并用这种标准来裁剪中国传统学术,筛选符合这种标准的材料,研究的目的是为了与西方接轨;所谓"中国的思想史"、"中国的古代文学史"……即从中国传统学术的实际状况出发,确立论述标准,梳理发展线索,选择相关史料,研究的目的是为了尽可能地接近经典,接近中国传统学术的本来面貌。在现代的学科体制下,中国传统学术研究中这种"在中国的"研究一直居于主导地位,而"中国的"研究则隐而不彰,或处于边缘地带。现代学科体制下这种旨在与西方接轨的研究,它所造成的负面后果是极为严重的。

以我所在的古代文学学科为例,与传统的集部研究相比,20世纪的中国古代文学研究有两个显著特征,一是在文学观念上,强调诗、文、小说、戏曲才属于文学研究的核心对象;一是在治学方式上,强调叙述和论证的条理化和逻辑化。值得注意的是,这种研究在带来显而易见的好处的同时,也带来了显而易见的缺憾。就研究对象的选择而言,"在《诗经》、楚辞、汉魏乐府、唐诗、宋词、元杂剧、明清小说等被突出的同时,形成了其他部分在文学史上无足轻重的误解。受到最大压抑的是古代的文章。中国古代文学和文学观的'杂',大半就是由于这一文体。以现代文学四大文体之一的散文定义来衡量古代的文章,很大部分难以对应……古代散文的研究之所以会成为一个薄弱环节,有的文体、有的作家之所以会被摒除在研究视野之外,或者有的作家原是诗文均精而文学史上却只讲其诗不讲其文,种种现象无论在文学通史抑或在断代史中都存在着,且均与此有关。而这对全面深刻地理解和探索中国文学发展规律,显然是不利的"(董乃斌:《近世名家与古典文学研究》)。就治学方式而言,伴随着对条理化和逻辑化的追求,大量现代术语被视为论述的基础,而这些现代术语很难与古代的文学范畴对接,结果不仅造成了中国古代文论在现代文艺理论中的缺席,也造成了现代论述很难把握古代文学的精髓。比如,我们将六朝骈文、唐宋古文和明清时期的小品文都划入"散文"范畴之内,而三者的体裁特征是大不相同的:骈文以抒情为目的,以写景和骈俪辞藻的经营为表达上的特征,轻视说理、叙事和人物形象的塑造;古文以说理或寓含真知灼见为目的,以论说和叙述为表达上的特征,通常排斥或不太注重写景及骈俪辞藻的经营;小品文在忽略骈俪辞藻的经营方面虽与古文相近,但小品文并不重视说理,并不致力于思想的深刻,它着力表达的是一种情趣、一种情调。在面对这三种传统文体时,相当多的现代学者不去关注各自的体裁特征,而习惯于以评鉴现代散文的方式来加以论述,结果张冠李戴,未能做出恰如其分的评价。又如,我们将诗(以古诗、近体诗为主)、词、散曲都划入诗歌一类,而三者的差异之大出乎许多人的想象之外。中国的古典诗以面向重大的社会人生为宗旨,私生活感情是受到排斥的题材,宫体诗和香奁诗即因以女性为描写重心而成为众矢之的。与古典诗的题材选择形成对照,词的题材重心则是私生活感情,重大的社会人生题材反而被认为不宜用词来写,或者,在用词来处理时必须予以适当的软化。如苏轼《念奴娇·赤壁怀古》在写到周瑜的风采时有意用"遥想公瑾当年,小乔初嫁了,雄姿英发"来加以点缀,即属于典型的软化处理,其风格与刚性的诗存在显著区别。散曲的题材重心是"隐逸"和"风情",其"隐逸情调"与古典的山水田园诗有相通之处,其"浪子风流"与恋情题材的婉约词有相通之处,但相互之间的差异仍不容忽视。一般说来,古典的山水田园诗和婉约词注重表达上的含蓄,而散曲则以"说尽"、"老辣"为主导风格,讲究含蓄就不可能成为散曲正宗。一部分现代学者习惯于以文学理论中的诗论为理论前提,"一视同仁"地解读古代的诗、词、散曲,出现阐释错误就是理所当然的了。而由此建立的"文学史规律",自难严谨切题。

  中国古代文学研究领域的状况如此,在其他学科,"现代学术的负面后果"也随处可见。例如中国古代哲学的研究。1930年,冯友兰《中国哲学史》上册出版,陈寅恪《冯友兰中国哲学史上册审查报告》随冯著刊行。在这篇审查报告中,陈寅恪不点名地对胡适的《中国哲学史》提出了批评:"著者有意无意之间,往往依其自身所遭际之时代,所居处之环境,所熏染之学说,以推测解释古人之意志。由此之故,今日之谈中国古代哲学者,大抵即谈其今日自身之哲学者也。所著之中国哲学史者,即其今日自身之哲学史者也。其言论愈有条理统系,则去古人学说之真相愈远。"确实,中国古代哲学研究中的误读现象至少与中国古代文学研究中的误读现象同样触目惊心。"现代学术"所造成的种种负面后果,日积月累,已到了必须认真对待并加以系统清理的时候。

面对现代学科体制的这种负面后果,我们提倡"国学",目的之一正是提倡对"中国的文学史"、"中国的思想史"……的关注,以切实推进对中国传统学术的研究。作为一个学科,"国学"的合理性和必要性亦由此可见。具体地说,又可以分为三个方面:第一,"国学"具有独立的研究对象。与文、史、哲相关学科侧重于"在中国的"研究不同,"国学"的关注重心是"中国的"研究,许多曾经被排除在学术视野之外的对象,因此具有了重要的研究价值。"国学"的研究对象,和文、史、哲相关学科是大不一样的。把二者的研究对象混为一谈,这是缺少常识和理性的表现。第二,"国学"培养的人才类型,与文、史、哲相关学科的培养目标迥异。文、史、哲相关学科以培养"专家"为主,"国学"以培养"通人"为主。现代学科体制下的"专家",在面对中国传统学术中的若干研究对象时,常常力不从心。比如清初的朱彝尊,他是史家,有《明诗综》等重要著述;是大诗人、大词人;还是经学家,有《经义考》等有分量的著述。一个中国古代史的专家,或者中国哲学史的专家,或者中国文学史的专家,都难以胜任对朱彝尊的全面研究。不是说这些专家的水平不高,而是说他们的知识结构不配套,在这个领域内他们不是合适的人才类型。而"国学"学科,正以培养"通人"为宗旨,"国学"所培养出来的人才,在面对中国传统学术中的若干研究对象时,必然有其显著的优势。第三,"国学"不会取代文、史、哲的相关学科,而是与这些学科形成一种互补和良性互动的关系,二者相互依存,当然也相互竞争。余英时曾深有感慨地说,他在西方生活的时间越长,越体会到东、西方文化的相同之处要远过于其相异之处,正所谓"东海西海,心理攸同"。这表明,"在中国的"研究是具有学理上的合理性的,若干重要的学术成果也已成为人类文明的重要组成部分。对这些成果和与这些成果相伴随的研究方式,我们是尊重的,也期待相关学者在这些领域取得更大的成就。我们想补充说明的是,确有一部分习惯了"在中国的"研究的学者,他们气量太小,性格偏执，只要一提"中国的"，他们就如临大敌，仿佛见到了洪水猛兽一般。殊不知，之所以提"中国的"，是因为"中国的"被遮蔽得太久了，"在中国的"一枝独秀，只关注东、西方文化的相同，不理会东、西方文化的相异，日积月累，已造成了"盲人摸象"的种种失误。提"中国的"，并不是要否定"在中国的"，而是要使"在中国的"研究减少失误。由此可见，"国学"并不与文、史、哲相关学科冲突。有"国学"来拾遗补阙，文、史、哲相关学科的地位只会更加稳固，只会发展得更加健全，又何必大惊失色呢。

以上所说，就是我们对"国学"学科合理性和必要性的初步思考。只要对我们的思考稍有了解，他就不会说："要求重视对儒学的研究，重视对诸子学的研究，重视对中国古代学术与传统文化的研究，我觉得都很有必要；成立专门的儒学研究院、诸子研究院，乃至《易经》研究院、老庄研究院等等，我觉得也都值得支持。但一定要给它们戴上'国学'这一桂冠，并将之列为一级学科，我却觉得实在没有必要，强行这么做，反映了一个严谨学者所应具备的实事求是科学态度的缺失。"他更不会说："'国学'这一概念的非科学性，还在于这一概念从它在日本产生开始，就有着极其强烈的文化排外倾向。它实际上在文化学术领域奉行着'非我族类、其心必异'这一极其狭隘的民族主义原则，拒绝或至少严重阻遏着借鉴、吸收和融合各种先进的外来文化，使本国的学术文化陷入自我封闭的锁国状态。"而事实却是，这些话都在姜先生的文章之中。这种非理性的情绪化的判断和批评，当然不是"一个严谨学者所应具备的实事求是科学态度"。

姜义华教授对"国学"学科合理性和必要性的了解过于肤浅，过于隔膜，因而有意无意地矮化"国学"，对这一点，我们虽然不能认同，但还能给予一定程度的"同情之了解"。而对姜义华教授在矮化"国学"时所用的那种故意刁难的行文策略，我们就只能直接加以批评了。姜先生在证明"国学内涵的非科学性"时，以看上去"条分缕析"的方式对"何为中国"、"何为固有"、"何为古学"提出了一连串质疑。他的一连串质疑，看起来是颇为雄辩有力的。但稍加琢磨，就不难发现，姜先生不过是在约定俗成的概念上兜圈子，做概念游戏。这种方式，用来开开玩笑可以，一本正经地写出来就不得体了。这里，我们不妨比照姜先生的这种方式写一段话。姜义华教授是研究中国文化史的,如果有人提问:你的那个"中国"是什么意义上的"中国"?是先秦之"中国"呢?还是汉代之"中国"?是东晋之"中国"呢?还是元朝之"中国"?是南明之"中国"呢?还是梁启超所规划的"新中国"?你的那个"文化",是思想"文化"呢?还是制度"文化"?是饮食"文化"呢?还是娱乐"文化"?要是有人这样问姜义华教授,我们一定会仗义执言,站在姜先生一边说:这不过是禅和子斗机锋的玩意儿,你大可不必认真对待。

但愿姜义华教授不再用非理性的方式批评"国学"。

(作者系武汉大学文学院教授、中国传统文化研究中心副主任、博导)

国学动态

首支"国学股"在深交所挂牌上市

原载:国学版(光明日报2009.5.4第12版)

证券代码:430053,证券简称:国学时代。北京国学时代文化传播股份有限公司于4月29日在首都师范大学宣布,该公司已在深交所待办股份转让系统正式挂牌,成为入主"新三板"国内首家文化创意类上市企业,同时也是首支成功上市的"国学股"。中国传统文化以这样的方式走进资本市场,参与当代国人的经济生活,加入中国现代化的宏伟进程。

北京国学时代文化传播股份有限公司是首都师范大学科技园入园企业,多年来,北京国学时代文化传播股份有限公司一直致力于国学的普及与传播,自上世纪末创办"国学网"以来,专注于古籍数字化的专业研发,成为国内国学文化传播的重镇。在"新三板",作为上市公司,北京国学时代文化传播股份有限公司可以将企业股份通过深圳证券交易所的全国性交易系统进行股份报价、转让,利用资本市场为公司融资,从而为把国学传播事业做大做强,注入强大的推动力。

作为从事国学传播的企业,北京国学时代文化传播股份有限公司以雄厚的学术资源作为立世之本。这一点也是它不同于其他一般企业的地方。多年来,这家公司聘请了汤一介、乐黛云、冯其庸、曹先擢、戴逸、董乃斌、傅熹年、傅璇琮、庞朴等众多知名学者担任顾问,并先后与国内200多所重点高校的汉语言文学、历史学、哲学、建筑学等学科的知名专家教授保持着密切的联系,参与了《儒藏》、《中华大典》等古籍整理项目。公司还与北京大学、清华大学、首都师范大学、南京大学、四川师范大学、河北大学、台湾大学等教学科

研单位合作，先后研制开发了《中国古代文学史电子史料库》、《中国历代诗歌数据库》、《中国建筑史史料库》、《宋会要辑稿》、《段注说文解字全文检索系统》等一批古籍全文检索软件，参与了20多项国内外高校有关研究课题。

北京国学时代文化传播股份有限公司在开展广泛合作的同时，立足自主研发，一批学术质量高、检索便捷、易于使用的国学类电子产品相继问世。《国学宝典》系该公司的核心高端产品，是目前世界最大的中华古籍检索数据库。收录了上起先秦、下至清末2000多年的中文古籍文献，共计5000余种，总字数逾10亿字，目前仍以每年1亿字的速度扩充。目前，美国哈佛大学、普林斯顿大学等学校以及德国国立图书馆都在使用《国学宝典》网络版。该公司研发的"古籍文献智能排印系统"较好地解决了古籍生僻造字、简繁体转换、横竖版式等多项技术难题。

该公司所属"国学网"，是国内第一个以弘扬中国传统文化为基本任务的大型学术型公益网站。这一中国传统文化的代表性网站，已成为国学爱好者的网上家园，为国学走向世界、走向现代化，架起了一座跨地域、超时空的桥梁。"国学网"的日访问量已经超过50万人次。

有专家指出，北京国学时代文化传播股份有限公司成为国内首家实现代办系统挂牌的文化创意类企业，这将是对我国文化创意产业的发展产生深远影响的事件。首支"国学股"的诞生，也将在国学传播史上写下意义深远的一笔。（柳　霞）

国学动态

北京大学儒学研究院成立

原载：国学版（光明日报2010.7.5第12版），本书有删节。

北京大学儒学研究院成立大会6月29日上午在北京大学英杰交流中心隆重举行。北京大学校长周其凤在致辞中指出，北京大学儒学研究院的成立，将有利于整合北京大学原有儒学研究资源，为推进儒学研究的世界性与时代性做出应有的贡献。

北京大学儒学研究院是在北京大学哲学系中国哲学教研室、《儒藏》编纂与研究中心、中国文化哲学研究所的基础上，联系多方面儒学研究力量建立而成。儒学研究院将开展一系列对人类社会有重大意义的项目，包括《儒藏》精华编的编纂、多卷本《中国儒学史》以及《儒学与马克思主义》等著作的编写。（立　华）

国学动态

武汉大学国学博士点正式招生

原载：国学版（光明日报2009.2.16第12版），本书有删节。

武汉大学国学博士点将于2009年正式招生，由此，武汉大学的国学教学与研究将翻开新的一页。

新增设的武汉大学国学博士点结合本校学术传统，表现出鲜明的特色。首先，多学科交叉。在设置研究方向和配备师资上努力打破原有的文、史、哲学科划分的条框限制，根据国学学科自身的特点确定了五个研究方向，横跨文学、历史学、哲学、宗教学、艺术学五大学科，实现了诸学科的真正交叉融合。在师资方面，该校组织有实力的专家担任国学点博士生导师，并拟进一步聘请海内外知名专家加盟该博士点，联合指导。对博士生也拟采取适当"走出去"的方式。再者，强调原著经典的创造诠释。国学博士点拟在突出小学训练和古文献训练的基础上，加强中西学术之方法学训练与国学典籍的创造性诠释，重视海外中国学成果的研讨，重视启发学生的问题意识，训练学生创造性诠释与研究的能力。

新增设的国学博士点将由武汉大学哲学学院代管。目前，武汉大学国学博士点下设有五个研究方向：1. 经学研究方向；2. 子学研究方向；3. 历史文献学研究方向；4. 集部研究方向；5. 中国宗教研究方向。博士生导师由郭齐勇、陈伟、陈文新、吴根友等教授担任。

国学 争鸣

关于倡导国学几个问题的质疑（摘要）

原载：国学版（光明日报2009.12.7第12版）

刘泽华

  1949年以后国学这个词被冷却了几十年，这几年又开始提起并不断升温，有时还炒得挺热。现在的文化观念，可以说是多元涌动。对国学的认识也不尽一样。有不同的看法是正常的，应该展开争鸣。下边我提几个问题：

  一、如果国学以研究传统的东西为主，最好不要与现代的东西乱对应，少搞"倒贴金"。

  古人的思维讲究整体性，是一种集合性的思维。从政治思想史的角度来看，我认为中国的政治思维是一种组合结构，我把它称之为"阴阳组合结构"。所谓阴阳结构，就是有两个命题互相对应。你很难用一个观点一直说下去，讲一个必然要引发出来另一个。比如讲民本，许多学者由中国古代的民本思想，推出中国早就有了民主思想、民主主义。但是不要忘记了，中国还有一个词：君本。君本、民本两者是互相定义的。中国最早的民主，是"君为民主"，也就是君王是民众的主人，这与现代的民主概念是不一样的。君为民主，民为邦本。这是一个典型的组合结构。你只抓其中一点是不行的。再如天人合一，只讲一点可以把人提到很高的地步，我可以尽心、知性、知命，"我"和宇宙一体了，多么伟大。但是这只是命题的一面，还有另外一个命题就是天王合一，天和王是合一的。天王合一是和天人合一纠缠在一起的。当王是天的体现时，那么天人合一就要打折扣了。你讲礼就是和谐，礼可不是礼貌，见面握握手，人人平等相待。礼的核心是讲贵贱等级之"分"。在这种贵贱等级中，再求"和"。"和"不是一个独立的命题，它与"分"连接在一起。你怎么就能说中国古代的礼就是和谐呢？再比如说道，孔子云："朝闻道，夕死可矣。"这该是多么豪放呀。当道与君王发生冲突时，又有"道高于君"的说法。光从这一点说，真是理性至上。但下面还有一个命题在等着你：王体道，王就是道，道从王出。当"王生道"、王"体道"时，你说这个道又是处在什么位置？

阴阳组合结构，阴阳比重不同，就是阳的东西不能变的。比如讲民本和君本，君本为主，民本为次、为辅助。所以阴阳关系不能错位。我想，通过这样一个思维方式来解读中国历史的事实，可能比较接近历史。所以我最不赞成的是把历史抽空。把历史抽空，不是历史学家干的事。把古今混同，用今天人们的精神改铸古人，固然是常有的事，这对古无所谓，但会影响对现今问题的探讨和认识。

二、对传统文化的价值判定要有分寸，不宜过分夸张。

诸多先生谈到中华文化就集中说精华，而且说得那么美；反之，把"世界"说得那么差劲，试问，"中华"在"世界"之中吗？中华就没有"世界"那些毛病？这符合历史事实吗？中华文化精神是复杂的系统，只说精华显然不能成立。历史都是在矛盾中展开的，有美的一面，也就有不太美的一面。难道阿Q精神、酱缸精神等等，不是中华文化的一个侧面？不在矛盾中陈述，精华也显示不出来。用美的诗意概括我们的民族精神是不符合历史事实的，也未必有益。

各国各民族都有自己的发展过程和文化传统，因此要历史地考察，没有一成不变的文化精神，同时还要用"二分法"来分析，每个民族的精神都有积极面，同时也有消极面。

民族文化不宜分"优劣"，但我认为，从比较的角度看，不同类型的文化有"先"、"后",所以才有"先进文化"的提出。一个民族内部有"先"、"后",各民族之间也有"先"、"后"问题。从大局来说,"先"、"后"首先是历史阶段问题。我还是相信历史是有规律的,认为经济是基础,文化等是上层建筑,经济发展的程度大体也决定了文化的发展程度。目前我们国家在世界大潮中处于一个什么样的发展阶段?总的来说,应该是处于后进、后发的阶段。这个"后"仅仅是点点滴滴的问题吗?显然不是,而是一个历史问题。过去总是强调我们的所谓的"先进性",又强行实现,过来的人都知道,这曾经给我们的国家带来了极大的灾难。这种超历史阶段的做法是行不通的。如果说我们有这个或那个失误,我想最大的失误是强行超历史阶段。

如果国学、儒学指的是传统之学,在中国、在世界的发展面前,从总体上说,它是上个历史时期的东西。从中国现代化进程看,其中固然有可取的养分,但从体系看,更多是阻力。无需过多责怪书生吴虞老先生"打倒孔家店":孔家店何曾不欲把现代化扼杀在摇篮里!翻看一下《翼教丛编》不难找到杀气腾腾、血淋淋的霸语。"五四"以来,国学、儒学、传统文化并没有中断,"文革"似乎抛弃了传统,其实完全不是那么回事。"文革"恰恰是以特殊形式再度展现"传统文化"。不管是用儒,还是扬法,应该说都与国学有关。儒、法在鼓动封建专制主义上途殊同归。

就我有限的知识和经验,我对国学、儒学能加入现代化行列基本上持怀疑态度。我不否认其中有精华,但从体系说与现代意识是两回事,而且有历史阶段的差别。我认为重要的是从历史中走出来,而不是振兴传统等。中国特色社会主义一定有与之相应的文化,这种文化的主旨和核心价值不可能来自于国学、来自传统文化。这还有疑问吗?

(原文6800字,原载《历史教学》2009年第5期)

(作者单位:南开大学历史学院)

国学 争鸣

论国学研究的态度、立场与方法
—— 评刘泽华先生王权主义的「国学观」

梁 涛

原载：国学版（光明日报2009.12.7第12版）

刘泽华先生是研究中国政治思想史的著名学者。最近他写了一篇文章，题目叫作《关于倡导国学几个问题的质疑》。所质疑的问题涉及如何看待当前的国学热，尤其是国学研究的态度、立场与方法问题。我想就此谈一点自己的看法，以求教于刘泽华先生及一切关心国学发展的人们。

一

刘先生有一个著名的观点，认为中国文化的核心是王权主义，并形成了一套独特的研究方法，这就是刘文中所讲的"阴阳组合结构"。按照刘先生的讲法，中国政治思维包括了阴阳两个方面，其中阳是君本，是王权，是专制，这是主要的、不能变的；阴是民本，是"从道不从君"，是"天人合一"，这是次要的，是服从于君本的。举例来说，孟子讲"民为贵"、"君为轻"，主张对暴君可以诛之、杀之，可刘先生讲，现实中还是君为本，孔孟并不否定君主的统治地位，一句话便把民本否定了，把民本讲成了君本。又如，儒家讲"从道不从君"，郭店竹简中有"恒称其君之恶者可谓忠臣",可刘先生讲,历史上还有"王体道"、"王就是道"的命题(不知刘先生说的是谁的命题,但决不是孔孟的观点),这才是问题的实质所在,一句话又将儒家对王权的批判、反抗否定掉了,把对专制的批判讲成了圣王崇拜。刘泽华先生就是这样将历史的现实层面与文化的价值、理想层面混同起来,用前者否定后者,将后者化约到前者,甚至用来源不同的材料互相说明、论证。

读到这里可以明白,原来刘先生之所以反对提倡国学,是因为他自己有一套国学,刘先生的国学便是王权主义,其方法是阴阳组合论,现在刘先生的国学观与社会上的提倡在宗旨上产生了矛盾,在方法上出现了分歧,于是他感到不满,要提出种种质疑了。按照刘先生的国学观,国学研究就是反封建、反专制,就是从复杂的文化现象中去发现王权的根源,也就是要通过"阴"的文化现象去发现"阳"的文化本质。翻开刘先生的著作,不难发现大量这样的论述,像传统人文主义是一种王权主义,先秦人性论是专制人性论,孔孟提倡的独立人格实际是一种奴性人格,百家争鸣极大地促进了君主专制主义理论的发展与完备等等。而当前国学热的一个特点是着力凸显、提倡传统文化的正面价值,与刘先生的为学宗旨不仅不相符,而且"背道而驰",这自然是刘先生所不能接受的,所以他要质疑,为什么"谈到中华文化就集中说精华,而且说得那么美"?对于一些学者试图吸收外来文化、发展传统文化,刘先生则视之为"倒贴金",认为是犯了历史学的大忌,"试问,'注入新的生机,升华新的境界'还是'传统学术'的国学吗?"刘先生还有一个说法,认为文化是有阶段之分,有"先"、"后"之别的,传统文化相对于现代社会是一种落后的文化,今天的中国是在落后赶先进,一味地弘扬传统文化,讲我们的"先进性",是"强行超历史阶段"。所以在刘先生的眼里,当前的国学热无疑就等于一场"文化大跃进"。

二

刘先生的质疑向我们提出了这样的问题——尽管在很多学者看来,这些可能已经是不成问题的问题了:今天我们应以什么样的态度看待、研究国学?国学的使命是什么?国学研究能否从正面去积极弘扬传统文化?

刘泽华先生强调要用历史的眼光看待国学,认为文化是有阶段性、时代性的,"经济发展的程度大体也决定了文化的发展程度",而国学、儒学的内容"是上个历史时期的东西,从中国现代化进程看,其中固然有可取的养分,但从体系看,更多是阻力"。对于刘先生的这个观点,大家可能并不陌生。曾经有一段时间,由于受"左"的思想的影响,人们喜欢把思想、文化与一定历史的社会存在看作简单的对应关系,认为一个时代的思想、文化总是服务于当时统治阶级利益的,具有鲜明的阶级性。同时,又持一种简单的"进步"观念,认为"今"总是胜于"昔",今天的文化总是领先于古代的文化。在这种观念的支配下,人们对于传统主要是着眼于批判,是深挖古人思想的阶级属性,即使有继承,也是要把批判放在第一位。刘泽华先生的以上观点显然是以往这种思维方式的延续,只不过他将"阶级分析"改为了王权批判。

注重文化的阶段性、时代性,固然不错,但不能因此忽略了文化还有更重要的特点——连续性与超越性。德国著名思想家雅斯贝尔斯曾经揭示这样一个现象,在公元前800年到前200年的时间里,中国、印度、希腊、两河流域等地区几乎同时达到古代文明的一次高峰,涌现出一批著名的思想家,这即是所谓的"轴心时代"。"轴心时代"的文化是在今天看来经济发展相对落后的条件下取得的,但它却"奠定了人类自我理解的普遍框架",从此以后,"人类一直靠轴心时代所产生的思考和创造的一切而生存,每一次新的飞跃都需回到这一时期,并被它重新点燃"。所以文化是不可以被割裂的,也不可以简单用经济发展程度来说明,历史上的许多文化创新都是以"返本开新"的形式来完成的。例如,西方历史上的文艺复兴本是一场宣传资产阶级文化的运动,但它却以复兴古典文化的形式出现。文艺复兴向我们揭示一个貌似悖谬的道理,创新往往只能通过复兴才能实现,文化像一切生命体一样,都必须从既有的成果中找到种子,吸取养分。所以西方人讲一部哲学史就是柏拉图的注脚,中国也有"我注六经"、"六经注我"的说法,"我注六经"是回到历史、回到传统,"六经注我"则是面向未来、发展传统,文化就是在这种阶段性与联系性、时代性与超越性的紧张中不断向前发展的。刘先生仅仅因为文化的阶段性,便断言国学、儒学不可能"加入现代化行列",实在是有失片面。

刘先生强调对于传统文化要用"二分法","每个民族的精神都有积极面,同时也有消极面",这当然不错。但问题是他的阴阳组合论恰恰是

"一分法",而不是"二分法",是"只见王权,不见其他",是把一切优秀的文化传统都归于王权并予以否定,这种做法很难说是"二分法"。所谓"二分法"是说任何事物包括文化传统都有积极、消极两个方面,需要从两个方面去做整体把握,同时由于研究者的观察视角与所处时代的不同,在二分的基础上,既可以侧重于对传统消极方面的批判——但不是刘先生的那种批判,也可以着力于对传统优秀部分的弘扬,也就是说"二分法"是不排除对传统文化的积极弘扬的。

从历史上看,国学的提倡总是与一个时代的需要联系在一起的,清末民初章太炎等人提倡国学是为了"用国粹激动种姓,增进爱国热肠";上个世纪二三十年代的国学运动,则主要是倡导一种科学的研究方法,故"整理国故"盛行一时;我们今天的时代需要是什么呢?我认为这就是十七大提出的"建设中华民族的共有精神家园",当前国学的使命就是创造出与我们正在努力建设的民主、和谐社会主义社会相适应的,满足广大人民精神生活需要的新文化,这当然需要通过弘扬传统优秀文化同时吸取外来先进文化并加以融合、创造之来实现。更重要的是,对传统文化的积极弘扬,本身就是建立在对传统的客观分析之上的,包含了对传统负面内容的批判。我们只有首先了解了哪些是传统的积极面,哪些是消极面,然后才能去做正面的弘扬。同样,我们提倡、弘扬正面的价值观,也就是对传统消极内容的批判和否定。例如,我们提倡仁爱、和谐的价值观,就是对传统的"窝里斗"、"酱缸"文化的批判和否定;我们提倡民主、人权的政治理念,就是对专制政治漠视人的生命、践踏人的尊严的抗议和控诉。传统文化就是在这样的创造转化中"从历史中走出来",并发展为当代的新文化。刘先生认为中国特色的社会主义文化的"主旨和核心价值不可能来自于国学、来自传统文化",又说古人讲的和谐是差别、等级下的和谐,与今天的社会是不相容的,这就让人难以理解了。刘先生讲没有一成不变的民族文化精神,是对的。但正因为如此,才需要我们对古人的思想有继承同时有发展,"剔除糟粕,吸取精华","注入新的生机,升华新的境界",使民族文化精神得以延续、发展;否则,哪还有民族文化精神呢?刘先生何必要画地为牢!

当然,学术研究是包含了"是什么"和"应该怎样"的不同层面,在历史事实的问题上,自然要讲求客观,不可对古人的思想一味拔高,更不可"倒贴金"。但研究"是什么"又是为了帮助我们更好地思考"应该怎样",即便我们在"是什么"的层面认识到古人的和谐包含了差别、等级的历史局限,也不妨碍在"应该怎样"的层面去发展出时代需要的和谐观,不妨碍我们去继承、发展古代的和谐思想。况且当今社会仍然存在职务的高低、身份的差别、财富的多寡,人与人之间并非完全平等,我们今天提倡的依然是差别下的和谐,儒家的和谐观仍有其现实意义。刘先生非要将"古"、"今"对立起来,恐怕不是研究国学的正确方法。

三

根据刘泽华先生的看法,古代王权的影响无所不在,"在时间上是永久的,在空间上是无边的",它渗透到社会的肌体,毒害了人们的思想,颠倒了是非观念,古代各种思想,"其归宿基本都是王权主义"。如果真是这样,那么传统文化确实成了社会进步的阻力,应该成为批判的对象,今天的国学热也出现了方向性的错误。但事实恐怕并非如此。

已有学者指出,刘先生对古代王权做了无限的夸大,将历史中的部分现象、事实当作了历史的整体甚至全部,又将复杂的文化现象都还原到王权上来,想用王权主义对其一一进行解释和说明,这种研究方法本身就是简单化的,其结论也是有偏颇的。且不说古代王权是在长期的历史发展中逐步形成的,统一的中央集权是在秦汉以后才出现,即以郡县制为基础的中央王权而言,其对社会的控制也是有限的,政府委派的官吏一般只到县一级,且人数有限,往往只有两三人,王权以下是地方自治传统,"天高皇帝远"、"帝力于我何有哉"乃是社会的常态。费孝通先生指出,"乡土社会的权力结构,实际是无为的",实行的是长老统治。美国著名学者狄百瑞甚至认为,儒家思想中存在着一个自由主义的传统。这些都说明,古代王权的力量远没有强大到可以重塑社会,可以掌控全部思想活动及其成果的地步。所以,古代虽然有王权,但历史上依然可以有唐诗宋词,有四大名著,有玄学、理学,有一批批思想家的涌现,可以创造出灿烂的古代文化,这与"文革"中文化凋零、肃杀一片根本不可同日而语。而且王权尽管有种种弊端,难道就没有积极的一面?王权在抵御入侵、兴修水利、民族融合上是否也起到过进步的作用?中国历史上的王权一般都有提

倡教育、重视文化、宗教宽容的传统，一定程度上也为思想的自由创造提供了可能，这也是中国古代文化不逊色于其他民族，甚至居于领先地位的一个重要原因。刘先生反复强调要用历史的眼光看问题，但在王权的问题上，缺乏的就是历史的态度。

刘泽华先生在对待传统文化尤其是王权问题上的偏差，可能并不完全是学术的原因。如有学者指出的，刘先生在"文革"中受到过冲击，那个史无前例时代的封建专制主义大泛滥给了他极大的刺激，他对当时的社会现象做了独立思考，认为"文革"中的专制主义不仅仅是当时的创造，也是历史上封建主义的延续和复活。所以他特别关注历史上的王权问题，希望通过批判传统文化间接地批判社会现实中的专制主义"遗毒"。他的研究在上个世纪80年代产生过一定的影响，一些看法也并非完全没有道理。但由于他过多地把道德义愤带到学术研究中，用"文革"中的感受去想象古代的王权，结果把古代社会说得一片漆黑，将传统文化彻底妖魔化。尽管刘先生的主观愿望是为了批判专制，但他没有意识到，这样来研究国学、研究传统文化不仅不能客观了解古代社会，也达不到他所期望的政治效果，还可能造成民族虚无主义，更遑论从历史中走出来了。

刘泽华先生对国学的质疑，反映了当前学术界的另一种国学观，其间的是非曲直值得认真思考、总结。中国有五千年的文明，也有两千多年的专制主义，如何看待传统文化，以什么样的态度、立场、观点看待国学，是关涉国学发展的重大理论问题。毋庸讳言，中国文化与其他民族文化一样也有自身的局限与不足，民主传统缺乏、权利意识淡薄使我们在向现代社会的转型中步履维艰，困难重重。随着对传统文化的弘扬与提倡，人们在讲"同情理解"的同时，自觉不自觉地忽略了对传统文化负面内容的检讨与反省，从这一点讲，提倡批判精神仍有其积极意义。但我们提倡批判，最终目的仍是为了建设社会主义新文化，所以与弘扬优秀传统文化是相辅相成、并不矛盾的。中国在几千年的历史中形成了自己的一套政治、文化传统，如"大一统"的政治思维方式、追求统一的民族心理、多民族共同相处之道等等，它们构成了中国国情的一部分，对于这些内容就不能简单地贴上王权的标签了事，而应深入分析其形成的心理机制、社会原因并加以调适、转化、引导，在此基础上走出一条"中国道路"来。

（作者单位：中国人民大学国学院）

国学动态

弘扬中华文化又添新道场
尼山圣源书院泗水河畔成立

原载：国学版（光明日报2008.10.20第12版），本书有删节。

"胜日寻芳泗水滨"，在孔子诞生地的泗水河畔，当代学人踏上了新的儒家文化之旅。2008年10月8日，筹备了一年多的尼山圣源书院正式成立。60余位学者出席成立庆典。同时，第一期"国学系列讲座"班正式开学。

书院的成立是天时、地利、人和兼备的结果。尼山圣源书院院长牟宗鉴指出，书院要返本开新和综合创新。一方面要接续中华文化的源头活水，另一方面要以开放包容的胸怀吸纳各家学说和各种文明的成果，尊重文化的他者，开拓当代儒学的新形态、新文化，为构建和谐社会与和谐世界做贡献。

尼山圣源书院由海内外学者、当地政府、海内外志愿捐资的仁人志士，三股力量共同投入，民办公助、自主运作、提供非学历教育。

尼山圣源书院办学宗旨与功能有以下数端：将"国学讲座"班推向社会，成为国学培训与实践基地；开办"国学经典"章句导读师资培训班，为普及国学、弘扬中华文化训练比较合格的师资；开办外语"国学经典"师资培训班，为国学精华更加准确地走向世界培训师资；与海内外有关大学合作，提供优势资源互补的平台，成为跨校合作、综合培养高端人才的基地。（王殿卿）

三字经修订

三字经（修订版·征求意见稿）

（宋）王应麟著　（明）赵南星注

《三字经》修订工程编审委员会修订

原载：国学版（光明日报2008.3.24第12版）

人之初　性本善　性相近　习相远
苟不教　性乃迁　教之道　贵以专
昔孟母　择邻处　子不学　断机杼
窦燕山　有义方　教五子　名俱扬
养不教　父之过　教不严　师之惰

案：很多征文作者建议将此四句改为"养不教　父母过　教不严　师长惰"。《三字经》修订工程编审委员会（以下简称编委会）经讨论拟保留原句。理由：古代文献中很多表述举一反三，举父以代母，同时这一句话已经渗入中国人的文化记忆，成为《三字经》的标志性语句。

子不学　非所宜　幼不学　老何为
玉不琢　不成器　人不学　不知义
为人子　方少时　亲师友　习礼仪
香九龄　能温席　孝于亲　所当执
融四岁　能让梨　弟于长　宜先知
首孝弟

案："弟"与"悌"为古今字，很多征文作者建议改回"悌"。编委会经讨论，拟保留原字。理由：古文中保留古字并不影响我们对原文的理解，亦是对古代文化的尊重。

　　　　　　次见闻　知某数　识某文
　　一而十　十而百　百而千　千而万
　　三才者　天地人　三光者　日月星
　　三纲者　君臣义　父子亲　夫妇顺

案：很多征文作者要求删去"三纲者"，认为是封建糟粕。编委会经慎重研究拟保留原句。理由："君为臣纲，父为子纲，夫为妻纲"，体现了封建社会特殊的社会秩序和道德准则。随着封建时代的终结，"三纲"已成为历史陈迹。在这里当作一种历史知识加以保留，以帮助孩子们了解已经过去了的历史。同理，下文中先后出现的"夫妇从"、"君则敬臣则忠"等亦不做改动。

　　曰春夏　曰秋冬　此四时　运不穷
　　曰南北　曰西东　此四方　应乎中
　　曰士农　曰工商　此四民　国之良

案：采自章太炎《重订三字经》。根据征文作者建议并经编委会讨论，拟增加此四句。理由："士农工商四民者，国之石（柱石）民也。"（《管子·小匡》）作为基本知识补充进入，可增加《三字经》的劝学性。

　　　　曰平上　曰去入　此四声　宜调叶

案：采自章太炎之《重订三字经》。根据征文作者建议并经编委会讨论，拟增加此四句。理由：中国古代将声韵分为平、上、去、入四声。对这个知识的掌握有利于今天的孩子们诵读古诗文。

　　　　曰笔墨　曰纸砚　此四宝　藏文房

案：根据征文作者建议并经编委会讨论，拟增加此四句。理由：增加《三字经》的劝学特色。

　　曰水火　木金土　此五行　本乎数
　　曰仁义　礼智信　此五常　不容紊
　　稻粱菽　麦黍稷　此六谷　人所食
　　马牛羊　鸡犬豕　此六畜　人所饲
　　曰喜怒　曰哀惧　爱恶欲　七情具

匏土革　木石金　与丝竹　乃八音
高曾祖　父而身　身而子　子而孙
孙而曾　曾而玄

案：根据征文作者建议并经编委会讨论，拟将"自子孙　至玄曾"改为"孙而曾　曾而玄"。理由：《三字经》往往是宽式押韵，这应该与《三字经》主要是口耳相传、具有较强的口语性有关。故此，将曾孙和玄孙按顺序排列。

乃九族　人之伦　父子恩　夫妇从
兄则友　弟则恭　长幼序　友与朋
君则敬　臣则忠　此十义　人所同
十干者　甲至癸　十二支　子至亥

案：采自章太炎之《重订三字经》，根据征文作者建议并经编委会讨论拟增加此四句。理由：在古代社会用来纪年、纪日、纪时；且农历至今仍在使用。

凡训蒙　须讲究　详训诂　明句读
为学者　必有初　小学终　至四书
论语者　二十篇　群弟子　记善言
孟子者　七篇止　讲道德　说仁义
作中庸　**子思笔**

案：关于《中庸》的作者，赵南星注本为"乃孔伋"，编委会经讨论拟改为"子思笔"。理由：郑玄注《中庸》时说，此篇"孔子之孙子思作之"。且王相注本、贺兴思注本、章太炎重订本均为"子思笔"。

中不偏　庸不易　作大学　乃曾子
自修齐　至平治　孝经通　四书熟
如六经　始可读　诗书易　礼春秋
号六经　当讲求　有连山　有归藏
有周易　三易详　有典谟　有训诰
有誓命　书之奥　我姬公　作周礼
著六官

案：根据征文作者建议并经编委会讨论，拟将"著六经"改为"著六官"。理由：《周礼》是一部通过官制来表达治国方案的著作。《周礼》

以天官冢宰、地官司徒、春官宗伯、夏官司马、秋官司寇、冬官司空分掌邦政，称为"六官"或"六卿"。

　　　　存治体　大小戴　**集礼记**

　　案：根据征文作者建议并经编委会讨论，拟将"著礼记"改为章太炎重订本之"集礼记"。理由：《礼记》是中国古代一部重要的典章制度书籍。作者不详。《礼记》一书的编定与整理者为西汉礼学家戴德和他的侄子戴圣。

述圣言	礼乐备	曰国风	曰雅颂
号四诗	当讽咏	诗既亡	春秋作
寓褒贬	别善恶	三传者	有公羊
有左氏	有穀梁		
经既明	方读子	撮其要	记其事
五子者	有荀扬	文中子	及老庄
经子通	读诸史	考世系	知终始
自羲农	至黄帝	号三皇	居上世
唐有虞	号二帝	相揖逊	称盛世
夏有禹	商有汤	周文武	称三王
夏传子	家天下	四百载	迁夏社
汤伐夏	国号商	六百载	至纣亡
周武王	始诛纣	八百载	最长久
周辙东	王纲坠	逞干戈	尚游说
始春秋	终战国	五霸强	七雄出
嬴秦氏	始兼并	传二世	楚汉争
高祖兴	汉业建	至孝平	王莽篡
光武兴	为东汉	四百年	终于献
魏蜀吴	争汉鼎	号三国	迄两晋
宋齐继	梁陈承	为南朝	都金陵
北元魏	分东西	宇文周	与高齐
迨至隋	一土宇	不再传	失统绪
唐高祖	起义师	除隋乱	创国基
二十传	三百载	梁灭之	国乃改

梁唐晋　及汉周　称五代　皆有由
炎宋兴　受周禅　十八传　南北混
辽与金　皆称帝　元灭金　绝宋世

案：根据征文作者建议并经编委会讨论，此处拟删去"尽中国　为夷狄"一句。理由："夷狄"是古代对少数民族的蔑称，其所体现的价值观，具有明显的时代局限性。

九十年　国祚废

案：采自贺兴思注本。根据征文作者建议并经编委会讨论，拟加此二句。理由：补充元代历史部分，使其更为完整。

明朝兴　再开辟　十六世　至崇祯

案：采自贺兴思注本。根据征文作者建议并经编委会讨论，拟加此二句。理由：补充明代历史部分，使其更为完整。

清入关　都北京　传十帝　至宣统
辛亥年　帝制终

案：根据征文作者建议并经编委会讨论，拟增加清代历史部分。理由：使历史部分构成一个完整的序列。

历代事　全在兹

案：根据征文作者意见并经编委会讨论，拟将"廿一史"改为章太炎重订本之"历代事"。理由：更加简明。

载治乱　知兴衰　读史者　考实录
通古今　若亲目　屈原赋　本风人
韩与柳　并文雄　李若杜　为诗宗
凡学者　宜兼通

案：采自章太炎重订本。根据征文作者建议并经编委会讨论，拟增加此八句。理由：强化《三字经》的劝学性。

口而诵　心而惟　朝于斯　夕于斯
昔仲尼　师项橐　古圣贤　尚勤学
赵中令　读鲁论　彼既仕　学且勤
披蒲编　削竹简　彼无书　且知勉
头悬梁　锥刺股　彼不教　自勤苦
如囊萤　如映雪　家虽贫　学不辍

如负薪　如挂角　身虽劳　犹苦卓
苏老泉　二十七　始发愤　读书籍
彼既老　犹悔迟　尔小生　宜早思
若荀卿　年五十　游稷下　习儒业

案：根据征文作者建议并经编委会讨论，此处拟删去"若梁灏　八十二　对大廷　魁多士"四句，并由章太炎重订本之"若荀卿　年五十　游稷下　习儒业"四句替代。理由：据考证，关于梁灏的史实有误。

彼既成　众称异　尔小生　宜立志
莹八岁　能咏诗　泌七岁　能赋棋
彼颖悟　人称奇　尔幼学　当效之
蔡文姬　能辨琴　谢道韫　能咏吟
彼女子　且聪敏　尔男子　当自警
唐刘晏　方七岁

案：采自王相注本。根据征文作者建议并经编委会讨论，拟增加此二句。理由：与下文自然连贯。

　　　　　　　　举神童　作正字
彼虽幼　身已仕　尔幼学　勉而致

案：根据征文作者建议并经编委会讨论，拟将"劳"改为王相注本之"幼"。理由：使上下文更为通顺。

有为者　亦若是　犬守夜　鸡司晨
苟不学　曷为人　蚕吐丝　蜂酿蜜
人不学　不如物　幼而学　壮而行
上匡国　下利民

案：根据征文作者建议并经编委会讨论，拟将"上致君　下泽民"改为"上匡国　下利民"。理由：包括此二句的一大段文字，主旨在励志。较之于上文先后出现的"君臣义"、"君则敬　臣则忠"等句，"上致君　下泽民"主要是在传达一种已经过时了的价值观，而并非只是作为历史知识出现，故采用章太炎版本，以体现时代性。

扬名声　显父母　光于前　垂于后
人遗子　金满籯　我教子　惟一经
勤有功　戏无益　戒之哉　宜勉力

上录者	三字经	七百年	广流行
撰此经	王应麟	宋末人	生于鄞
为劝学	多警言	其形式	众乐见
元以降	学人补	章太炎	最显目
旧时书	受局限	古文化	古理念
现社会	认知变	新风尚	新观点
当取精	与时进	科学观	指要津
知荣辱	倡和谐	大中华	日日新

【说明】

　　此次新世纪举办、规模较大的《三字经》修订工程，筹备于2007年夏。2007年11月8日《光明日报》国学版刊出《重新修订〈三字经〉征文启事》，标志着修订工程正式启动。《征文启事》中明确提出："本次修订采取面向海内外读者征文与专家评审相结合的方式。"修订工程编委会主任傅璇琮在接受国学版记者采访时也指出，这次修订要发挥两个积极性，即"既要充分尊重专家的意见，也要广泛汲取人民群众的智慧"。较之历代学人自持己见的个人行为，这种修订方式是以往从未有过也无法做到的。

　　征文启事刊出后，立即受到社会各界的广泛关注。根据对《三字经》修订征文专用电子邮箱的统计，自上年11月上旬起，至今年2月中旬，所收到征文就有480多件。这些征文被编组后，由编委择要推荐，在国学版上共选登十次。征文撰写者来自社会各个阶层，其中有高校与中小学师生，也有企事业单位工作人员，还有不少普通阶层的群众。中国科技大学一位教授在信中述及他于1954年10岁时就已读《三字经》，现在得知此次修订，"大受感动"，"遂积极响应"；山西大学文学院一位教授认为"此工程功在当代，利在千秋"。不少征文都认真增订、修改，有些还提供全文翻译，并加词语解释。中央民族大学的六位离退休教授、干部与六名在校大学生共同组成修订《三字经》学习研讨小组，召开数次会议，提出20余条修订、增补意见。在此，我们对所有应征者表示衷心感谢，并计划于条件成熟时选择部分征文汇集成书，以保留其重要的资料价值。

在修订征文如此充实的基础上,《三字经》修订工程编审委员会于3月初在北京举行编审会议。傅璇琮、邢福义、郭齐家、周桂钿、张三夕等编委出席。会议还邀请征文作者宁业高教授,著名蒙学学者王殿卿、徐梓教授,人民教育出版社小学语文编辑室主任陈先云等出席。此次活动的主办方,宁波市鄞州区、《光明日报》国学版参加并主持会议。

会议对修订稿进行全面、细致的讨论。会议认为,《三字经》虽仅千余字,但内容极其丰富,为广大读者喜闻乐见,这是历明清、民国,直到20世纪后期、21世纪初期,出现不少印本的主要原因。我们应保持原有的整体结构和基本风貌,充分保持传统文化的魅力。但《三字经》在记述时仍有"小疵",特别是一些属于事实上的错误,为向今天读者提供切实历史文化知识,应予以改正、调整。

会议还对《三字经》修订的底本问题进行了讨论。与会者认为,明代赵南星所注之《三字经》是现存最早的《三字经》传本,当较为准确地保持王应麟之作的原貌,故此次修订本就以此为底本。但此后清朝的王相、贺兴思及民国时章太炎等本子仍有特色,有些词句可订正赵南星本之疏误者。因此将同时参校王相、贺兴思注本,参考章太炎重订本,使修订后的新本内容更加准确。

此次修订,有几个方面要提请读者朋友特别关注。

一、《三字经》中有些字句确有明显的封建正统观念。如"三纲者,君臣义,父子亲,夫妇顺"。很多征文作者都提出应删去。编委会议与会者经过慎重研究,一致认为应保留原句。关于"三纲"含义,孔子《论语》及西汉董仲舒《春秋繁露》中即已提出,后"三纲五常"更成为传统封建社会的普遍价值观念。但即使如此,在封建时代已然终结的今天,我们的读者仍然可以由此了解我国古代传统观念的社会背景,增加对历史文化的整体认识。且文中所谓"君臣义",即指臣要服从于君,但君臣之间要有合于"义"的法度,这应当是王应麟较有理性的政治意识。因此这次编审会议认为,可以参照章太炎增订本,仍予保留。有些明显不妥的则删去,如记"元灭金,绝宋世"后,有"尽中国,为夷狄",系对少数民族的歧视,此次即删。我们将在注释中,以新时代精神对某些封建观念做简明的辨析。

二、参考章太炎重订本以及征文作品,补充了一些知识性语句,以充实和增强《三字经》的劝学特色。

三、续写了《三字经》的历史部分。《三字经》从先秦开始，具体记述朝代更替，帮助青少年系统了解我们华夏民族的长远历史。王应麟作此书当在宋末元初，其记述史事当亦止于宋末。赵南星为明中期人，他的注本即叙至"明朝兴，再开辟"；此后清王相、贺兴思本，又叙至明亡清兴，章太炎则叙于"清祚终"。这次征文，有不少增补史事的记述，有记清亡后，历多次中外战争，至1949年新中国成立，又有记新中国成立后直至当代者。此次编审会议，专家们一致认为《三字经》所叙终究是传统文化，即古代社会，以止于辛亥革命（1911年）为宜。

此次修订，确注意保持经典文化的延续性，修订部分限于局部不妥不实之处，并恰当补充历史文化知识。其原则为保持原著的整体结构和基本风格，向读者提供既尊重历史，又体现当代文化精神的承上启下之《三字经》新作。

敬请广大读者对修订稿提出宝贵意见。我们计划在吸收读者意见基础上，将再做适当修订，于4月中下旬推出定稿，并由人民教育出版社出版。

征询意见信箱：szjgxb@163.com。

《三字经》修订工程编审委员会
2008年3月

任继愈先生给《三字经》修订工程的贺信

《三字经》修订工程编审委员会：

　　经过各方面艰苦的努力，《三字经》（修订版）首发仪式终于在人民大会堂举行了，我因身体原因，未能躬逢此次盛会，甚为遗憾！

　　《三字经》是宋末元初鄞州人王应麟所著。自该书成书迄今，历七百余年，它已经成为中国传统蒙学教材中最有影响、最受推重的儿童读物。同时，《三字经》因其独特的表述方式和知识结构的全面性，不仅对塑造中华民族的文化品格产生了深远而重要的影响，而且很早就被译成俄文、英文、法文等，实现了跨民族、跨国界传播。1990年，更被联合国教科文组织选入"世界儿童道德丛书"，成为全人类共同的文化遗产。

　　作为儿童启蒙教育经典的《三字经》，自它成书之时起，就处于不断地充实、完善过程中。每一个时代的文化先哲们，都在悉心地呵护着这株民族文化的奇葩。时代不同，必然也会产生不同的社会需要。近些年来，随着我国综合国力的进一步增强，民族自信心、自豪感的空前高涨，人们在全面认识和了解各种外来文化的同时，更加珍视中华民族优秀的传统文化。作为优秀传统文化美妙载体之一的《三字经》，日益引起人们的重视。《三字经》修订工程编审委员会正是顺应时代的需要，展开了《三字经》的重新修订工作。我相信，《三字经》（修订版）工作的顺利完成，必将使这一民族文化的美妙载体，带着我们这代人的文化意识，走向未来，为中华民族优秀传统文化的发扬、光大做出应有的贡献。谨此祝贺！并祝首发式圆满成功。恭祝与会代表身体健康，万事如意！

任继愈
2008年4月20日

国学动态

《三字经》(修订版) 首发式在京举行

文化读本和学生读本同时出版

原载：光明日报2008.4.26第2版，本书有删节。

由光明日报社、人民教育出版社、中共宁波市鄞州区委共同主办的《三字经》(修订版)首发式今天上午在人民大会堂举行。《三字经》修订工程总顾问许嘉璐、北京大学哲学系教授汤一介、中国人民大学国学研究院院长张立文、《三字经》修订工程编审委员会主任傅璇琮、人民教育出版社总编辑徐岩、本报总编辑苟天林、中共宁波市委副书记唐一军、鄞州区委书记寿永年等参加了会议并讲话。他们认为，此次重新修订，对于贯彻落实党的十七大精神，弘扬中华文化，建设中华民族共有精神家园，加强公民道德建设，动员社会各方面共同做好青少年思想道德教育工作具有重要意义。

首发式上，修订工程总顾问许嘉璐表达了由衷的期盼："期盼《三字经》发行好，使其逐步相对宽松地进入学校，让人们自愿、自发地学习这一普及读本；期盼《三字经》能够'走出去'，让遍布全球的240多个孔子学院的学生都能感受这一传统蒙学经典。"本报总编辑苟天林向为此次《三字经》的修订、出版做出贡献的专家学者、有关单位和广大读者表达了真挚的谢意。

会上，北京大学哲学系汤一介教授，引用孔子在《论语》中的论述"德之不修，学之不讲，闻义不能徙，不善不能改，是吾忧也"，进一步阐述了《三字经》修订工程对于当代道德建设的重要意义。中共宁波市委常委、鄞州区委书记寿永年指出，这次修订工程，对于像江浙这样的经济发展较快地区，如何进行文化建设，如何使"两个文明"实现协调发展提供了很好的启示。今后在这个方面鄞州区还要进一步加大工作力度。首发式上还举行了赠书仪式，人民教育出版社向国家图书馆，浙江省、宁波市、鄞州区的有关单位赠送了《三字经》(修订版)。

此次《三字经》(修订版)同时出版两个版本：一个是文化读本，面向热爱传统文化的广大读者；一个是面向广大中小学生的学生读本。

《三字经》(修订版)以明朝赵南星本为底本，修改、调整之处共计49句，采自征文作者作品共12句，余下均采自王相、贺兴思、章太炎本。修订版对修改和调整的字句都在注释中做了详细的注释。除了此种诠释外，还对一些典故、人事注明了出处，并把文言文翻译成现代汉语。整个注译工作注意了普及与专题讲解的有机结合，方便广大读者阅读。(丰捷　柳霞)

国学动态

《三字经》进幼儿园，好不好？

原载：国学版（光明日报2007.2.8第9版）

"人之初，性本善。性相近，习相远……"每天清晨走进江西省德安县小龙人幼儿园，都能听到孩子们在齐刷刷地背诵着《三字经》。这家民办幼儿园从1995年建园起就一直将《三字经》作为每天早读的必备内容，老师每天只带领孩子们跟读一遍，并不讲解具体含义，不过一两个月，大多数孩子都能非常流畅地背到经文的"口所含"处，而且日后到了小学、初中，还能熟练地背出来。

《三字经》是我国封建社会的儿童启蒙教材，在当今社会是否还可以当教材用，《三字经》进幼儿园，好不好？会不会有副作用？

小龙人幼儿园杨园长认为，《三字经》三字一句，合辙押韵，音律优美，朗朗上口，易于记忆，我们的目的不苛求量的多少，也不会增加孩子们的学习负担，只着重于培养幼儿的诵读兴趣，从小培养幼儿对古文的美感和学习兴趣，开发幼儿心智，这一特色传统得到了广大家长的支持和认同。该幼儿园老师夏丽丽说，我在幼儿园已工作了六个年头，一直以来，园里都将《三字经》作为一门课外教材，每天早晨都要幼儿们齐声诵读一两遍，虽然孩子们现在不能懂其中蕴藏着的中华美德，但是随着他们的知识不断增长，他们将来肯定会理解并体现在自己的为人处世中的。六十岁高龄的退休老干部缪泽人说，我孙女在小龙人幼儿园已经读了两年了，一次偶然的机会，我突然听小孙女在背《三字经》，而且背得非常好，当时我是既欣喜，又意外，感触很深，我觉得该幼儿园此举很有特色，我想无论中国文化如何发展，传统文化的精髓是不能丢的，《三字经》中包含许多勤劳、立志、爱国、爱家、助人为乐的内容，适当补充一些类似的民族的、古典的、有进步意义的内容是可取的，我很赞同。

但也有不少市民对幼儿学《三字经》不赞同，他们觉得所教的内容孩子并不懂，起不到读书识字的作用，而且教学方法类似"填鸭式"，孩子读读玩玩，有口无心，虽然《三字经》作为历史文化遗产之一应该继承，但毕竟是历史遗产，让高中生去读可以，可让儿童甚至幼儿园的孩子读经，去死记硬背，这是当今教育混乱的一个表现。

有专家认为，《三字经》、《论语》等传统启蒙读物是祖国几千年文化的精髓，孩子学习它虽然能提高品德修养，但《三字经》当中也同样包含着盲从、逆来顺受以及"三从四德"等古代封建思想，如果过早让小孩接触这些思想，孩子可能越来越封闭，传统教育应结合现代教育。还有专家认为，如果现在孩子根本没有听说过《论语》、《增广贤文》等，又何谈去继承呢？所以，把国学作为中华民族文化推广时，就非得放入教育中。国学教育要区别于其他

的文化课程教育，它需要通盘考虑，并且接受其中的精华部分，按照孩子成长的不同阶段进行教育，这样才会对其今后成长和工作起到积极作用。（李诗彪 祝仲良 王绍雄）

国学动态

王应麟学术研究引起学界重视

原载：国学版（光明日报2008.5.26第12版），本书有删节。

近日，王应麟学术研讨会暨王应麟学术研究基地在王应麟的故乡宁波市鄞州区隆重举行。

专家学者们认为，王应麟的学术成就是多方面的，学界应该从多个领域进行研究，例如王应麟的诗文研究、王应麟年谱与评传的研究等。也有学者提出，王应麟学术成就的取得应该跟整个浙东学派的研究结合起来。王应麟的出现和地域文化有着紧密的联系。还有学者提出，王应麟在教育学上的成就也是不容忽视的，他长期从事教育教学工作，提倡培养通儒，认为科举是对人才的扼杀。同时他在童蒙教育方面也有着显赫的成就，不仅《三字经》，另还有著名的蒙学著作《小学绀珠》。

学者们还指出，王应麟诸多著作如《困学纪闻》、《玉海》、《诗地理考》等都在特定的学术领域有着极高的研究价值。

在此次学术研讨会上，鄞州区与清华大学古典文献研究中心合作的"王应麟学术研究基地"正式挂牌成立。由此，王应麟著作点校工作也将全面展开。

第二单元 中国式生命

国学讲演厅
儒家、道家与日神、酒神
九伦
"亲亲相隐"
国学略说——易、儒、道三句真言

国学茶座
小词中的儒家修养
中国雪神考

国学漫谈
中国式生命
"和"论
"半部《论语》治天下"
论老子之善
北冥有鱼　其名为鲲
安顿价值　培育精神
国学与江南文化刍议
从儒学的特质看中国哲学的拓展
古代的时间意识
道之别名——读《老子》札记
趋时：《周易》的大智慧
"三十而立"立什么
三十而立：传统流变与当代诠释

纪实文学
变局：百年国学纪事（一）

國學講演廳

儒家、道家与日神、酒神

陈炎

原载：国学版（光明日报2006.2.7第5版）

古希腊是文明的家园，令人心向往之。为什么偏偏在这块圣洁的土地上，会出现如此非礼无法的行为呢？

这种强调理性与实践密切结合的倾向，在客观上限制了国人纯粹理性的发展和纯粹科学的动机。

中国人并不比西方人笨拙，但是理性的翅膀一旦拴上实用的铅砣，就难以高飞远举了……

我不知道诸位是不是喜欢巴尔扎克的《人间喜剧》，反正我不喜欢。我不知道诸位喜欢不喜欢但丁的《神曲》，反正我不喜欢。我不知道诸位喜欢不喜欢歌德的《浮士德》，反正我不喜欢！

时间：2005年岁末
地点：上海师范大学人文学院

演讲人简介：陈炎，男，1957年11月22日生于北京，文学博士，山东大学副校长。发表论文逾百篇，出版《积淀与突破》、《文明与文化》、《反理性思潮的反思》等学术专著多部，主编四卷本《中国审美文化史》。目前正在从事全国教育科学规划重点项目"《中国审美文化史》课程设计及软件开发"、国家社科基金项目"儒、释、道的生态观与审美观"等研究工作。

"儒家、道家与日神、酒神"，这个题目充分说明我这个人做学问"不守规矩"。（笑声）我是搞美学的，而这个题目却大大超出了我的专业范围，几乎涉及中国与西方文明的方方面面。

大家知道，自"鸦片战争"以来，面对咄咄逼人的西方文化，不少中国学者开始对自己的文化传统进行反思，并使得中西文化的比较成为一种

"显学"。这种研究的方法大体上可以分成两大类：一是元素的比较，如某个文化元素西方有，我们有没有？原因何在？二是思潮的比较，如中国与西方有哪些相同或相异的文化思潮，其背后有没有共同的规律？今天我要做的，既不是元素的比较，也不是思潮的比较，而是一种结构性比较，是想从儒家、道家与日神、酒神入手，来比较一下中国与西方在"民族心理结构"和"民族文化结构"等方面的异同，借此向大家请教。

一

说儒家、道家支撑着中华民族传统的心理结构，这应该是没有太大异议的。而在西方，没有儒、道两家，我找来找去，在早期希腊文化中找到日神阿波罗（Apollo）和酒神狄俄尼索斯（Dionysus），并认为这两种神灵崇拜在西方文化中的影响是至深至远的，具有结构性意义。

大体说来，阿波罗和狄俄尼索斯的宗教崇拜都是父系社会后期、氏族制度解体、文明时代诞生这一历史过程的产物。相比较而言，狄俄尼索斯可能比阿波罗更早一些，因为它的崇拜仪式中明显地表现出对于逝去不久的母系社会的追忆与留恋。据考证，参加狄俄尼索斯游行队伍的人基本上都是女性。她们在特定的时候身披兽皮、头戴花冠，吵吵嚷嚷、疯疯癫癫，完全沉浸在一种感性的肉体的陶醉之中。"希腊人以野外纵酒狂欢的方式来尊奉葡萄酒之神狄俄尼索斯，在此期间，女性崇拜者们通宵达旦地一边跳舞一边狂叫。"在这个活动的高潮，不仅会出现狂欢酗酒、裸体游行之类的行为，而且还有生吞活剥鹿、牛等残忍的举动。

古希腊是文明的家园，令人心向往之。为什么偏偏在这块圣洁的土地上，会出现如此非礼无法的行为呢？为了解开这一谜团，大哲学家罗素曾有过一番推测，他说：正像许多开化得很快的社会一样，希腊人，至少是一部分希腊人，发展了一种对于原始事物的爱慕。对于他们，理性是可厌的，道德是一种负担与奴役。这就在思想方面、情感方面与行为方面引向一种反动。有大量的历史材料证明，在那个进化得很快的男权社会里，希腊城邦中受压抑最深的，是那些没有公民权利、没有社会地位、没有财产保障的女性。就是在这样的情况下，据说是来自色雷斯的一种宗教很快在希腊平民中，尤其是妇女中流行了起来，这种宗教就是狄俄尼索斯崇拜。

从心理学角度来说，这种祭祀活动有点类似于所谓的"宣泄"。按照弗洛伊德的理论，人不断摄取物质能量，物质能量转化为生理能量，生理能量转化为心理能量，心理能量在积攒到一定程度之后便要寻求释放。如果一个人的心理能量得不到释放，总是受压抑，就会出问题，比如患精神病之类。一个人如此，一个社会也是如此。然而，从另一个方面看，在一个文明的社会里，这种具有反文明色彩的信仰活动又不可能不引起人们的担忧。于是，在希腊后期，尤其是进入罗马时代以后，终于出现了官方对狄俄尼索斯崇拜的禁令。

狄俄尼索斯崇拜虽然被压制了，但是心理问题仍然没有解决，这时就出现了另外一种宗教，即阿波罗崇拜。和放荡不羁的狄俄尼索斯不同，端庄宁静的阿波罗浑身闪耀着智慧的光芒。据说，阿波罗有一种特殊的超出我们凡人之上的智慧，他可以预测人们的未来。看过希腊悲剧《俄狄浦斯王》的人们都知道，在著名的得尔福神示所里（Delphicoracle），有权威的男女祭司可以在一种精神迷狂的状态中获得阿波罗那神圣的预言。可以说，阿波罗的崇拜方式与狄俄尼索斯完全不同，它用理性的"升华"取代了感性的"宣泄"。

"升华"这个概念也来自精神分析学。在弗洛伊德看来，当人的原始欲望因不被社会接受而得不到直接"宣泄"的时候，就有可能转化为一种被社会所接受的行为，即将其"升华"掉。举个不恰当的例子，比如在座的男士，如果喜欢上某个女孩，却又追求不到她，怎么办呢？那就像但丁一样，去写本小说吧。（笑声）

如此看来，日神和酒神是从同一现实生活中分离出来的两种彼此对立的宗教情绪。叶秀山先生认为："如果说，阿波罗神是光明、智慧、理智的象征，狄俄尼索斯神则代表了玄暗、野性和放纵。"这两种相反的心理驱动预示着西方人的"民族心理结构"在古希腊出现了分裂：一个极端是理性，一个极端是感性。

二

现在我们回过头来看中国。与西方不同，中国古代没有酒神和日神崇拜，但是我们有道家和儒家信仰。同酒神崇拜一样，早期的道家思想也与母系文化之间有着影影绰绰的联系。我们知道,《老子》一书中有很多抱阴守雌、崇拜女性的内容,甚至有人认为,最早出现在金文中的"道"字,实际上是一个表征"胎儿分娩"的象形字。我们还知道,"母"字在《老子》中出现过很多次,但查遍全书,却只有一个"父"字,而且还是师父的"父"。我们更知道,老子所崇拜的理想社会,是一种极为原始的小国寡民时代,那个时代的人们"只知其母,不知其父"。为什么要去追忆和留恋母系社会呢?显然是出于对父系社会所代表的文明制度的不满。所以,就同酒神崇拜一样,道家反对礼法对人的约束与控制,主张回到无知、无欲、无我的原始状态。究其原因,老庄在那套君君臣臣的关系中发现了不平等,在那种俯仰屈伸的礼仪中发现了不自由,在那些文质彬彬的外表下发现了不真诚。所以,他们要反抗对人的异化。

但是,和那些酒神崇拜者不同的是,道家对文明的反抗却没有走向一种纵欲主义的极端。道家讲究"齐物",主张"天地与我并生,而万物与我为一",把人看作是自然的一个组成部分,在自然的怀抱中去求得一种精神的慰藉,以达到"庄周梦蝴蝶"——物我两忘的境界;而不像狄俄尼索斯崇拜那样,把人与自然对立起来,通过生吞活剥牲畜等行为,在人对自然的破坏中去证实人的感性存在。简言之,道家是有感性追求的,但却不像酒神那样极端、那样过分。

相反,同日神崇拜一样,中国的儒家则有着维护既有文明的男权主义的倾向。如果说日神崇拜的出现,是为了防止纵欲妄为的酒神行为;那么儒家信仰的出现,则是为了反对礼崩乐坏的社会现实。它们所维护的,是一种具有等级制度的男权文化。所以,同主张"牝常以静胜牡"的老子不同,孔子认为"唯女子与小人为难养也!"不仅如此,作为人类文明的捍卫者,儒家也同日神崇拜一样,注重理性的探索、精神的追求,有着超越感性个体的形而上倾向。所以孔子才会留下"朝闻道,夕死可矣"的名言。

但是,与日神崇拜不同的是,原始儒学在精神探索的过程中,并没有把人的感性存在与宇宙的本原联系起来。儒家讲究"爱人",主张"入则孝,出则悌,谨而信,泛爱众,而亲仁",把人看成是社会的一部分。儒家只是要把人的感性生命提升到一个社会的理性人的水平,把人的有限的生命融入到历史的无限过程之中;而不像阿波罗的崇拜者那样,去涉足神秘的彼岸世界。所以，孔子不去研究"怪、力、乱、神"等超验主宰，而主张"未知生，焉知死"，"未能事人，焉能事鬼"。简言之，儒家是有理想追求的，但却不像日神那样极端、那样过分。

三

与"民族心理结构"相对应，西方的"民族文化结构"也出现了感性和理性的两极化倾向，在感性的方面，是体育；在理性的方面，是科学。

无论是在文化结构中，还是在文化观念上，"体育"在中国与西方都是有很大差别的。如果你问中国人为什么进行体育活动？他可能会说是为了锻炼身体，也可能会说是为国争光。但是在西方人眼里，体育不单纯是为了锻炼身体，也不仅仅是为了国家的荣誉。说到底，体育是对人的感性能力的开掘与探究，是一种肉体的沉醉。因此，凡是能够考量人的感性能力的东西，无论危险有多大、代价有多少，西方人都可以设立比赛项目。

谁都知道，奥运会的第一个项目是点燃圣火，但却很少有人知道，点燃圣火究竟意味着什么？在古希腊最早的奥林匹克运动中，一些手持火炬的运动员从起跑线跑到宙斯神庙前的祭坛前，谁跑得最快，谁就有权点燃祭坛上的圣火。这一举动意味着什么呢？原来在古希腊的宗教观念中神的力量是无限的，它可以从这一点跑到那一点，不占用任何时间；而人的力量是有限的，人从这一点跑到另一点，必然要占一部分时间。从这一意义上讲，占用时间最短的人就是最接近神的人，他同时也代表了人在这个向度上肉体能力的极限。只有从这一角度入手，我们才能够理解西方人的体育精神，才能够理解为什么一个拳王、一个球星、一个田径运动员，在西方人眼里会有如此崇高的地位。

今天如果我们去欧洲，可以看到三种椭圆形的建筑。第一种是在意大利的罗马或维罗那等地的古罗马的建筑残骸。这是人和人、人和野兽搏斗的"竞技场"：场内的奴隶在厮杀，看台上的贵族在狂叫，这无异于一场变相的酒神仪式，一种被限定了时间、地点和人物身份的狄俄尼索斯表演……

在今天的南欧，在西班牙的巴塞罗那等地，我们可以看到第二种椭圆形建筑，那是人与牛搏斗的地方，叫作斗牛场。我们或许还记得，早在狄俄尼索斯的游行活动中，就有生吞活剥鹿和牛的行为。在这里，这一细节被进一步扩大化、仪式化了。通过一番表演和搏斗，勇敢的斗牛士在观众面前将猛牛活活刺死，看台上的人们在欢呼呐喊，同样进入了一种狄俄尼索斯式的迷狂……

最后，在欧洲，乃至在世界上的许多地方，我们还可以看到的第三种椭圆形建筑便是足球场了。（笑声）为什么足球运动是人类第一大体育运动？在我看来，并不像电视上那些侃球"专家"们所说的那样，由于足球是一种艺术，而是因为足球是一种最剧烈、最具有生命勃发力的运动。一言以蔽之，是一种最具有狄俄尼索斯色彩的运动。毫无疑问，足球运动员当然需要有高超的技巧，但是在其竭尽全力、临门一脚的瞬间，他的技巧已内化为生命。他不是凭着技巧去踢球，而是凭着本能去踢球的，从而进入了一种感性生命的癫狂状态！与此同时，看台上的球迷们也随之而陷入了酒神式的狂喜……惟其如此，我们也才能理解，为什么在电视技术高度发达的今天，真正的球迷们不在家里从从容容地欣赏那些从不同角度拍摄的重放镜头，而偏要挤到人山人海的球场去"观看"比赛了。

在理性方面，西方人的科学活动则与阿波罗崇拜有着不解之缘。我们知道，在现实世界上，没有任何一条直线和一个点是完全符合几何学概念的，而要对客观世界的数量关系进行证明式的演绎和推论，就必须首先将对象提升到一个形而上的高度，即设定"只有长度而没有宽度的直线"和"只有位置而没有面积的点"的概念。那么，是什么力量推动着公元前6世纪的毕达格拉斯等人对那些枯燥乏味的点、面、线、体感兴趣呢？回答只能有一个：日神精神。一个显然荒谬而又意味深长的传说告诉我们：毕达格拉斯是阿波罗神的儿子！显然，当年的毕达格拉斯不可能预想到两千年后的今天人类会进入一个"数字化生存"的时代，但其超越现实功利的努力却在客观上产生了巨大的功利效果，这便是科学的意义所在。

是什么原因促使人们去追求科学呢？辜鸿铭在《中国人的精神》一书中曾这样说道：多数人会以为是出于对铁路、飞机一类东西的需要导致了对科学的追求。实际却并非如此。在欧洲历史上，那些真正献身科学、为科学进步而努力的人们，那些使修筑铁路、制造飞机成为可能的人们，他们最初就根本没有想过铁路和飞机。他们献身科学并为科学进步做出贡献，是因为他们的心灵渴望探求这广袤宇宙那可怕的神秘。

四

与阿波罗精神相比,儒家讲究"经世致用",而将对现实生活没有直接关系的事物排除在"实践理性"的视野之外。这种强调理性与实践密切结合的倾向,在客观上限制了国人纯粹理性的发展和纯粹科学的动机。中国人并不比西方人笨拙,但是理性的翅膀一旦拴上实用的铅砣,就难以高飞远举了……

报告做到这里,也许有人会问:按照你的说法,岂不是说西方文化处处优越,中国文化一无是处了?当然不是,如果我们继续研究下去,就会发现,一种文化的优点,就是它的缺点;一种文化的长处,就是它的短处。

我这么说也许会受到来自相反方面的质疑:在历史上,西方人不是也曾留下伟大的艺术作品和工艺成果吗?怎么能说西方的艺术和工艺不如中国呢?其实,我说西方的艺术和工艺不如中国,首先是指其精神追求上的偏颇。正像西方艺术评论家勃纳德·贝伦森所承认的:"我们欧洲人的艺术有着一个致命的、向着科学发展的趋向。"大家知道,以"模仿说"为理论依据,古代西方人将对现实生活的反映与认识作为艺术创作的终极目的。他们从解剖学角度来研究雕塑,从透视学角度来研究绘画,从几何学角度来研究园林,从历史学角度来研究小说……结果是研究来研究去,唯独忘记了艺术自身的美学目的。我们知道,巴尔扎克是19世纪欧洲最伟大的批判现实主义作家,他在小说中反映的内容甚至超过了当时所有的历史学家、经济学家和统计学家。于是我们许多学者也跟着说巴尔扎克如何如何伟大。然而在我看来,历史只不过是历史,知识只不过是知识。文学毕竟不是统计学和经济学,它所包含的历史和知识与其所应该具有的美学价值完全是两个范畴的东西。我不知道诸位是不是喜欢巴尔扎克的《人间喜剧》,反正我不喜欢。我不知道诸位喜欢不喜欢但丁的《神曲》,反正我不喜欢。我不知道诸位喜欢不喜欢歌德的《浮士德》,反正我不喜欢!(掌声)也许有人会说,这些作品都很深刻呀,你不喜欢,是因为你没看懂!然而在我看来,懂不懂是一个认识论的问题,喜欢不喜欢才是一个美学问题。《红楼梦》深刻不深刻?当然深刻!然而曹雪芹却不会像莎士比亚那样,在作品中探讨什么"生存呀还是毁灭,这是一个值得思考的问

题"！（笑声）用艺术来承担科学认识和哲学思考的任务，这是西方文化的一个特点，但也可能正是它的短处。

如果说科学精神、哲学精神，这两种源自阿波罗的理性因素支配并扭曲着西方的古典艺术；那么进入现代社会以后，一种源自狄俄尼索斯的感性因素又乘机闯入了西方艺术的殿堂。打开电视，我们随时都可以看到那些好莱坞式的"大片"。那些以性爱、警匪为内容，以追车、枪战为模式的用金钱堆积起来的东西，不惜调动高科技手段，并通过大量的惊险动作和破坏性镜头来刺激人的感官、满足人的欲望。除此之外，还有那声嘶力竭的摇滚乐和几近疯狂的霹雳舞……现在中国的一些城市也在学着西方搞摇滚乐，演员在台上滚，观众在台下摇，一场音乐会下来常常会跺坏上百把椅子。这哪里是在欣赏艺术，分明是在举行狄俄尼索斯集会！（掌声）

总之，由于感性和理性分裂得比较彻底，使得西方艺术家不是过分地偏向于理性，把艺术等同于科学；就是过分偏向于感性，使艺术接近于体育，很难将二者浑然一体地统一起来。

与西方不同，在儒道互补的文化环境下，中国人天生就是艺术家。这种天然的诗性思维和艺术态度，使我们古代的艺术家一开始就不以一种纯然客观的态度去再现和模仿自然，而是懂得如何在"似与不似之间"获得一种"只可意会，不可言传"的情感体验。漫步雕林，我们当然也会赞叹古希腊的《掷铁饼者》那精确的骨骼和隆起的肌肉，然而如若将它与汉将霍去病墓前那几座稍加斧凿便浑然天成的动物雕塑加以比较的话就会发现，究竟哪个民族更懂得"艺术"。漫步园林，我们自然也会赞美凡尔赛宫那对称的喷泉、整洁的草坪，以及被切割成几何图案的花卉和草坪，然而如若将它与苏州拙政园那山重水复、柳暗花明，直至将天地自然融为一体的园林艺术加以比较的话，就会发现，究竟哪个民族更具有"天才"！（掌声）

在这样一个"诗的国度"里，我们的古人不仅留下了诗经、楚辞、汉赋、唐诗、宋词、元曲、明清小说这些极有价值的、至今未被西方人体会和感受到的文化成果，而且那些非诗的文化产品，也往往具有诗的价值和韵味——与巴尔扎克将文学著作写成"编年史"的努力正好相反，司马迁却使一部史书具有了"千古之绝唱，无韵之《离骚》"的美学价值。与西方泛科学、泛体育的文化现象刚好相反，直至今天，中国的文化中还有着一种泛艺术的美学倾向。刚才我们说过，在一些对抗性很强的体育项目上，我们与西方尚有着不小的差距；但是在那些具有艺术成分的体育项目中，我们却又常常具有着文化上的优势，比如体操、跳水、乒乓球等等。这些运动不是单纯的感性拼搏和肉体对抗，而是感性之中有理性，力量之中有技巧。在这里，我们可以比较一下西方的拳击和中国的武术，中国的武术不仅要打得准、打得狠，而且还要"花拳绣腿"，打得漂亮。漂亮是什么概念，是美学概念。（笑声）最能体现中国文化的体育项目是太极拳，这项运动西方人玩不了，勉强比划几下，也常常是形似而神不似。因为说到底，这种运动绝不仅仅是一种肌肉和骨骼的活动，而且包括精神的运动、情感的运动、心灵的运动，是感性和理性的协调运动！（掌声）同艺术一样，工艺也是一种介于感性与理性之间的文化形态，因而也符合中华民族的心理特长。历史上，我们的前人不仅留下了仰韶的彩陶、龙山的黑陶、良渚的玉器、商代的青铜、汉代的漆器、唐代彩陶、宋代的彩塑、元代的青花瓷、明代的景泰蓝、清代的鼻烟壶这些质地精美、做工精湛的工艺制品，而且还以"四大发明"闻名于世。正像许多科学史家所反复陈述的那样，大约在14世纪前后，中国的"四大发明"经阿拉伯人之手而传到欧洲，对整个西方世界产生了具有历史意义的影响。正像马克思所说的那样："这些都是资产阶级发展的必要条件。"由此可见，尽管"四大发明"不是理论科学而是工艺技术，但却对人类的物质文明产生了至关重要的推动作用。

与纯粹的理论科学相比，具有感性色彩的工艺技术更容易直接转化为生产力，这也正是中国古代文明曾经辉煌的重要原因。反过来讲，只靠工艺而不靠科学，人类的物质生产又难以实现质的飞跃，这也正是中国近代以来渐渐落后于西方的主要原因。作为科学成就的重要标志，我曾粗略统计过1901年至1985年诺贝尔物理学奖和化学奖的获奖人名单，其中美国75人次、英国43人次、德国37人次、法国13人次、苏联8人次、瑞典8人次、日本4人次、中国2人次……而作为工艺技术的具体体现，我也曾经查阅过美国1993年专利排行榜中前十名的企业，其中IBM公司1085项、东芝公司1040项、佳能公司1038项、柯达公司1007项、GE公司932项、三菱电机公司926项、日立公司912项、摩托罗拉公司729项、松下电器公司713项、富士胶卷公司632项……前一组数字再一次说明中国乃至与中国文化相近的日本在理论科学方面与西方的巨大差距，后一组数据则充分显示与中国文化相近的日本在工艺技术方面所具有的巨大优势。如果说，科学理论与工艺技术是驱动人类物质文明建设的两只不可或缺的轮子；那么，在21世纪的今天，加强东西方文化的交流与合作，则无疑会使这两只轮子充满活力。

总之，通过以上分析，我不想对中国文化与西方文化做一个孰优孰劣的简单评判，而是要弄明白，在西方的文化结构中，哪些成分是好的，需要我们虚心地、诚恳地向人家学习；哪些地方是不好的，用不着我们邯郸学步式地跟在人家背后东施效颦。在中国的文化结构中，哪些部分是强项，需要我们理直气壮、充满自信地发扬光大；哪些地方是弱项，需要我们洗心革面、急起直追。对于相当复杂的文化问题而言，这种结构性的比较是简单的、笼统的、挂一漏万的，不妥之处，希望得到诸位的批评指正。（掌声）

（录音整理：郑任钊）

国学讲演厅

九伦

姜广辉

原载：国学版（光明日报2007.8.23第9版）

"五伦"关系的实质性存在，在历史上已相当悠久，但"五伦"概念却很晚才出现。

五伦中的"君臣"一伦备受后世诟病，然而在早期儒家思想中，非但没有后世君权至高无上的意思，反而有一种反对君权世袭、建构传贤政体的理念。

在家庭伦理中，兄弟一伦按年龄论大小尊卑；在乡党社会的伦理中，也按年龄论大小尊卑。

时间：2007年7月11日
地点：湖南大学岳麓书院

演讲人简介：姜广辉，研究员，黑龙江省安达县人，1948年5月生。1978年至1981年在中国社会科学院研究生院历史系学习，师从侯外庐先生修中国思想史。毕业后长期在中国社会科学院历史研究所工作，曾任中国思想史研究室主任，兼任《中国哲学》主编、《朱子学刊》主编，中国社会科学院研究生院博士生导师。现为湖南大学岳麓书院研究员。涉及领域：中国文化史、简帛学、中国经学思想史、宋明理学史、清代思想史等。主要代表作有：《颜李学派》、《理学与中国文化》、《走出理学——清代思想发展的内在理路》，主编《中国经学思想史》等。

我们今天致力于中华民族的伟大复兴，其中很重要的一个方面是中国文化的创新与发展，但文化的创新与发展必有立足之处，其立足点就在于本民族的固有文化，这就需要我们大力继承和弘扬中国优秀的传统文化。

古代中国的主流文化——儒家经典文化千言万语，都是在强调一种伦理观念。新近出土的《郭店楚墓竹简·六德》篇认为，夫妇、父子、君臣关系是儒家六经的核心问题。南宋时期有一位学者叫喻樗，他也有同样的认识："六经数十万言，只有十字能尽，其义便足。要之，不出乎君臣、父子、夫妇、长幼、朋友而已。"这是说儒家的"五伦"之说，也意味"五伦"思想乃是理解儒家经典文化的一把钥匙。

今天，当中国人正在思考如何建构和谐社会这一重要课题的时候，传统文化也从多方面给我们提供了思想的资源。在这篇演讲里，我们除了对传统的"五伦"观念重新做出价值评估并加以适当的修正外，还要讨论"第六伦"（群我）、"第七伦"（天人）、"第八伦"（网际）和"第九伦"（邦交）的观念，其中部分观念在华人世界中已经有过讨论，这里我们要做一次较为集中而深入的分析和探讨，借此对中国传统的伦理思想体系进行一种创造性的现代诠释。

一、"五伦"的内涵及其概念的形成

历史上，儒家将父子、君臣、夫妇、兄弟、朋友五种人际关系称为"五伦"。"伦"字的意思是"大的分类"，"五伦"观念的提出，就是要人们正确处理好这五大类型的人际关系。"五伦"观念的提出可以上溯到孔子，在相传是子思所作的《中庸》中曾引用孔子的话说："君臣也、父子也、夫妇也、昆弟也、朋友之交也。五者，天下之达道也。"到了孟子的时候，关于"五伦"的规范有了明确的表述，孟子说："父子有亲，君臣有义，夫妇有别，长幼有叙，朋友有信。"

"五伦"关系的实质性存在，在历史上已相当悠久，但"五伦"概念却很晚才出现。儒家原典中没有"五伦"一词，《庄子》一书中引孔子的弟子子张之语，称五伦关系为"五纪"；《吕氏春秋》则称五伦关系为"十际"。"五伦"一词是一个俗语，它大约起源于宋代儒者以俗语说经的时期。

二、从孔孟的"五伦"观念到汉儒的"三纲"思想

在先秦早期儒家那里,"五伦"关系是双向的。《礼记·礼运》说:"父慈,子孝;兄良,弟弟;夫义,妇听;长惠,幼顺;君仁,臣忠。十者谓之人义。"这五种人际关系之所以从十个方面说,是因为每一个方面都要尽其应尽的道德责任和义务。

五伦中的"君臣"一伦备受后世诟病,然而在早期儒家思想中,非但没有后世君权至高无上的意思,反而有一种反对君权世袭、建构传贤政体的理念。早期儒家倡导"禅让"制。"禅让"的精神实质不是"家天下",而是"公天下",即国家最高权力的传递不是由君主传给自己的儿子或兄弟,而是国家通过一系列的选贤程序,传给国中贤德之人,而选贤的程序是一个全面了解民意的过程。我们似乎可以说"禅让"思想乃是古代的"中国式的民主"思想。同时,儒家又盛称"汤武革命",认为君主只要实行暴政,那就意味着他已失去君权的合法性,人民有推翻暴君的革命权力。

战国中晚期,诸侯之间的兼并战争日趋激烈残酷,并直接反映为各诸侯国之间的经济、政治、军事的实力较量,而一国国君的权威、权力及其指挥和动员臣民的能力也成为实力较量的重要指数。而在此时,法家开始强调君主的绝对权威,批判儒家相对主义的"五伦"观。法家韩非在《忠孝》一文中提出"三顺"的主张,即臣事君、子事父、妻事夫皆当顺。这与汉代儒家提出的"君为臣纲,父为子纲,夫为妻纲"的"三纲"思想并无二致。这意味着汉代儒家"三纲"思想的直接来源并非先秦早期儒家的"五伦"思想,而是法家的"三顺"思想。也就是说,孔孟所主张的"五伦"思想是与后世儒家的"三纲"思想有着重要区别的。

三、"五伦"观念的现代诠释

一般人以为,既然现代社会主张人格平等,那么现在讨论人伦关系、伦常观念还有什么用呢?我们以为,在今天的社会中,人们之间仍有许多特定的、特殊的关系,为了使这些特定的、特殊的关系更趋和谐,就各应

有其一定的伦理准则,而不是用一个笼统的"平等"观念就可以简单统领的。下面我们就传统的"五伦"思想做一现代诠释。

(一)"父子有亲"　　"父子有亲"一句实际是讲父母与子女的亲情关系。父母与子女之间的爱是天然的。儒家强调教育儿童要从小培养这种对父母兄弟的爱心,这就是"孝悌",将此爱心推而及于他人,就是"仁"。所以《论语·学而》说:"孝悌也者,其为仁之本与!""孝道"是中国传统文化的一个根本的观念与核心的价值,它包含两条不言自明、无须论证的公理。

第一条公理——"将心比心"。你孝敬父母,别人也孝敬父母;你慈爱幼子,别人也慈爱幼子。因而推己及人,老吾老以及人之老,幼吾幼以及人之幼。由此得出道德的最基本原则,所谓道德金律:"己所不欲,勿施于人。""己欲立而立人,己欲达而达人。"

第二条公理——"知恩图报"。知恩图报是做人的起码道德。不能知恩图报,或者恩将仇报、以怨报德,那就是小人,甚至禽兽不如。由此而有人、禽之辨,有君子、小人之辨。对于儒家学者来讲,不仅父母有养育之恩,师友、乡里、社会、国家乃至天地都有恩于己,应该"知恩图报"。这是一种报答的感情和心态。在儒者看来,人一生下来,就欠社会许许多多,所以应该"报答"。报答是一种境界,报答越多,境界越高,其生命就越有意义。

从人的成长和衰老的自然规律来考察,每个人在成年之前都是靠长辈的监护、养育成长起来的,而当他进入老年阶段、丧失劳动和生活能力之后,又要依靠年轻人的照顾。这种相互扶助的自组织形式,有其天然的合理性。而孝慈观念正是这种内在合理性的道德情感的升华。

在现代中国,传统的道德观念受到很大冲击,但孝道观念仍然深深扎根于社会当中。特别是当中国进入老龄化社会之时,孝道作为传统美德加以倡导,有其重要的意义。鉴于此,儒学所讲的"父子有亲"的伦理准则在今天仍有积极的意义。

(二)"君臣有义"　　早期儒家"君臣有义"的意涵是与其"天下"观的理念分不开的,即他们主张"天下为公",天下者,天下人之天下。早期儒家的政治设计是以"尧舜禅让"为理想和典范的。君臣之间,以道义相交,是一种相互选择的关系,君可以选择臣,臣也可以选择君。

以今日的观点看，"君"和"臣"是一对旧概念。虽然君臣观念可以废除，但下级服从上级、地方服从中央，仍是政治的一般准则。对于传统的"君臣有义"伦理规范，我们或许可以修正为"上下有义"。这个"义"是正义和道义，是关系民族、国家前途和人民根本利益的"大义"。

（三）"**夫妇有别**"　"五伦"的次序，有多种排法。所谓父子、君臣、夫妇、兄弟、朋友，本是依传统丧服制度的重轻为序的。但按儒家的人道观而言，夫妇一伦才是人伦之始。夫妇一伦之所以重要，是因为社会以家庭为基本的单位，而家庭是由夫妻共同组成的。

所谓"夫妇有别"，"别"的意思是有所分别，主要指男主外、女主内的分工意义的不同。另外也有限制女人从事社会活动之义。在传统文化中，尤其是秦汉以后，因为强调妇女要遵守"三从四德"的道德规范，夫妇关系又表现为一种不平等的关系。东汉《列女传》则称："夫有再娶之义，妇无二适之文。"在传统社会中，妇女所受的束缚和压迫，皆导源于这种不平等的地位。

还有，在传统社会中，因为有"男女授受不亲"的戒条，青年男女缺乏接触交际，更谈不上自由恋爱，这时的婚姻缔结方式基本是听从于"父母之命，媒妁之言"。而男女本人的理想、情感、旨趣则完全被漠视了。这一传统礼教造成了许多青年男女精神上的痛苦。清末思想家宋恕提倡男女婚姻自由，认为婚姻以两相适意为基础，男女双方应有自由择偶的权利，也有自由离异的权利。

现代社会讲"男女平等"，女人已经有了同男人一样的学习和工作的权利。男女同工同酬，许多男人能做的工作，女人也能做。在婚姻生活上，青年男女有自由择偶的权利。以感情为基础的婚姻关系，受到了社会的肯定。鉴于现代社会出现的这一新的伦理精神，我们可以将传统的"夫妇有别"伦理准则修正为"夫妇有情"。

（四）"**长幼有叙**"　"五伦"关系，本是父子、君臣、夫妇、兄弟、朋友的关系。但《孟子》在讲到兄弟一伦时，不是讲"兄弟有叙"，而是讲"长幼有叙"。"叙"通"序"，为次序之意，在这里指"序齿"，即按年龄论大小尊卑。在家庭伦理中，兄弟一伦按年龄论大小尊卑；在乡党社会的伦理中，也按年龄论大小尊卑，所以孟子不讲"兄弟有

叙",而讲"长幼有叙",具有更广泛的意义。而按年龄论大小尊卑,则现实社会实际的贵贱尊卑等级观念被冲淡了,反而具有平等、亲和的意义。因此"长幼有叙"的先贤遗训在现代人际互动关系中仍能发挥良性的作用,仍可作为现代社会的伦理准则。

(五)"朋友有信" 人生在世,无论地位高低,都不能没有朋友。而真正意义上的朋友,应该相互勉励,完善道德人格。孟子说:"责善,朋友之道也。"而作为儒者,在求学问道的过程中,也必须有朋友的相互砥砺、资益,才能成就学问,所以《礼记·学记》说:"独学而无友,则孤陋而寡闻。"朋友在一起,讲学论道,"以文会友,以友辅仁",是一件愉快的事情,所以孔子说:"有朋自远方来,不亦乐乎!"

朋友之间互为精神的支柱,志同道合是自然亲近的因素,而相互信任则是深厚友谊的基石。真正的朋友,要经得起生死关头的考验,经得起世态炎凉的考验,所以《史记·汲郑列传》说:"一死一生,乃知交情;一贫一富,乃知交态;一贵一贱,交情乃见。"

近代进步思想家于"五伦"中特别推重"朋友"一伦,如谭嗣同认为,"五伦"之中唯有朋友一伦是平等的,人们可以凭着自己的意愿自由选择结交朋友。

近年来,人与人之间缺乏诚信,即使在朋友之间也经常发生相互欺骗的事情。所以"朋友有信"的先贤遗训仍有其珍贵的道德价值。今天,我们不仅呼唤朋友之间的"诚信"准则,同时亦应在全社会中重建"诚信"的价值理念。

四、"五伦"之外的当代伦理思考

中国传统的"五伦"观念归根结底是以小农经济为主体的社会伦理,"五伦"的范围基本限于熟人之间。而现代社会,从产业结构说,因其以工商业为主导而称之为"工商时代";从人类关于太空技术的掌握而言,又称之为"太空时代";从知识信息网络化而言,又称之为"网络网际时代";从国际交往的频繁而言,又称之为"地球村"或"全球化"时代,等等。在这样一个新的时代中,中国人所经常面对的早已不仅是传统的"五伦"关系,而是增加了诸如群我关系、人天关系、网际关系、邦交关系等许多新课题。面对这些重大的关系，中国人应该具有哪些明确而凝练的伦理准则呢？

第六伦——群我有仁 第六伦是群我关系的伦理，"第六伦"的概念是上个世纪80年代初由李国鼎先生首先提出的，它曾引起台湾学术界的讨论。他认为，中国古人特别强调和重视"五伦"，所重视的是具有特定关系的伦理，而对于没有特定关系的陌生人和一般大众，则较少考虑到他们的权益和自己应尽的义务，因而公共的秩序和公德意识不易建立。在现代社会中，作为个体人，特别是公务人员会经常与素昧平生的人打交道。如何在个人与群体之间、个人与陌生人之间进行良性互动，建立起群我关系的规范，将熟人伦理中的爱与责任推广于社会的层面上。

就学理而言，认为中国古代没有"第六伦"的概念是对的，但若说中国古代没有群我关系的伦理思想，则不尽然。《论语》中讲的"仁者爱人"、"泛爱众"、"博施于民而能济众"、"己欲立而立人，己欲达而达人"等等，其所谓的"人"，是泛指一般人。但我们也要承认，在早期儒家那里，虽然也讲到群我关系的伦理思想，却没有将这种关系的伦理也作为一伦，与其他"五伦"并重。到了北宋，张载写了一篇著名的《西铭》，把天地当作一个大家园，天下的人都是兄弟，天下万物都是伙伴，自己则是这个大家庭中的一份子，有应尽的责任与义务。张载《西铭》的可贵在于，它为群我关系、为社会公众伦理的建立，提出了一个理论支撑。宋明理学家非常看重这一理论，但遗憾的是理学家只是停留在理论的层面上，或者只把它看作一种精神境界，而没能在具体的社会实践中去落实它。华人世界的一般人虽然可能对"五伦"关系中的人关心备至，但对"五伦"关系以外的人则较冷漠，对公共秩序也较漠视，并且比较缺乏公德意识。华人社会的这一传统痼疾是历史上形成的，今天我们对此无须过多指责，而是应该加大宣传教育力度，告诉人们应该怎么做，并通过国家立法和严格执法的形式建立现代社会的秩序和公共伦理规范。

现代和谐社会的群我伦理规范应该体现以人为本的精神。而传统道德的"仁"被朱熹解释为"心之德，爱之理"，仁包含有同情心、关爱心、公德心之意。孟子讲过"亲亲而仁民，仁民而爱物"，因此，我们可以借鉴孟子概括"五伦"的方式，将群我关系的伦理简括为"群我有仁"。

第七伦——人天有报 第七伦是天人关系的伦理，天人关系问题在古代是中国哲学的一个极其重要的范畴，在现代也是一个非常重要的问题。古人曾尊"天"为"上帝"，即至上神，也有些哲学家将"天"解释为最高的精神本体。今天，我们可以将天人关系问题解读为人与自然的关系问题。虽然我们对自然意义的"天"可以不再像古人那样视之为"上帝临汝"的人格神，但我们仍应该对"天"保持一种敬畏的态度。古人已经很早认识到，天地万物是人类赖以生存的物质基础，破坏、浪费自然资源，也就是损害人类本身。《礼记·王制》说："草木零落然后入山林，昆虫未蛰不以火田，不麛不卵，不杀胎，不殀夭，不覆巢。"有人曾经问朱熹："天地会坏否？"朱熹说："不会坏，只是将人无道极了，便一齐打合，混沌一番，人物都尽。"儒家一向认为人类可以"赞天地之化育"，参与创造世界的活动；反之，人类也可能对世界起破坏作用。今天科技的发展所带来的对自然生态的破坏，已经威胁到人类的生存。如果人类失去最后的理性，那么岂不是正像朱熹所说的要"一齐打合，混沌一番，人物都尽"吗？如此看来，天人关系的伦理对现代人类不是一个很严峻的问题吗？而今天人类要做到长期的可持续的发展，不是应该在工具理性之外，找到一种坚实的价值理性吗？

中国古代儒家有一种"报本反始"的思想。人与万物皆本乎天，人们对天地自然应该知恩图报。"报本反始"的"报"是感恩、报答的意思，也就是要敬天、尊重自然。而不敬天，不尊重自然，便会受到惩罚和报应。如近几十年来，旱灾、水灾、泥石流、沙尘暴、传染病蔓延等频繁出现，大都与人们大面积地破坏植被、滥捕滥杀动物有关系。因此，我们倡导第七伦，重视人与自然关系的伦理，也是保护人类自己。为此，我们可以借鉴孟子概括"五伦"的方式，将天人关系的伦理简括为"人天有报"。

第八伦——网际有智　第八伦是网际关系的伦理。在最近的十年中，在世界范围内实现了电子信息的网络化，这标志着全球网络信息时代的到来。一方面网络作为信息交流的平台给人们的学习、工作、生活、社交等带来极大的便利和效能，提供了前所未有的创造发展机会；另一方面，网络作为一个虚拟世界，也反映了人性中的幽暗的一面，成为制造文化垃圾、传播精神病菌和思想毒素的场所，甚至还有人将网络作为进行诈骗犯罪的工具。因此，随着网络信息时代的到来，一个网际关系的伦理问题便被提了出来。

网络对社会冲击最大的当属对青少年的教育问题。人类几千年来对青少年的教育都是通过父母师长实现的，就一般而言，父母师长出于对自己子弟的爱护和期望，在向他们传播知识的同时，也言传身教地将正确的价值观灌输给他们，以使他们的思想品德得以健康发展。但在网络信息时代，青少年由于具有接受新事物快的特点，很快地接受并热衷于网络，并在没有父母师长监管的情况下自由遨游于网络的虚拟世界。而网上内容良莠杂沉，充斥着许多色情、暴力、低俗的内容，青少年思想单纯幼稚、缺乏判断力，很容易受这些东西污染和毒害。这就需要全民共建网络文明，并通过有效的方式加强和提高青少年辨别真伪美丑善恶的能力。

儒家的道德修养中，重视"智"的培育。"智"也是"五常"之一。所谓"智"一是对知识的积累和贯通，洞见事物发展的规律，如《荀子·正名》所说"知有所合，谓之智"；汉代扬雄《法言·修身》所说"智，烛也"。二是对真伪、善恶、美丑的分辨判断能力，如《孟子·公孙丑下》所说："是非之心，智之端也。"有鉴于此，当我们将网络作为学习扩充知识的平台时，既要充分发挥其便利、高效的功能，又要提高分辨真伪、善恶、美丑的能力。为此，我们可以借鉴孟子概括"五伦"的方式，将网际关系的伦理简括为"网际有智"。

第九伦——邦交有礼 第九伦是邦交关系的伦理。人类发展到今天，虽然创造了高度的文明，但不同的社会共同体和国家之间仍然缺乏应有的信任，而经常处于某种紧张状态。从上个世纪80年代起，一些国际人权学者纷纷呼吁在民族与民族、国家与国家之间的关系上加以规范，制定新的第三代人权法则，并称其为"团结权"，以弥补现今《世界人权宣言》之不足。

然而，在我们看来，中国传统文化中的"协和万邦"、"亲仁善邻"思想恰好符合第三代人权的基本准则。《尚书》是儒家六经之一，是中国最古的文献。《尚书》首篇《尧典》开篇即歌颂上古圣王尧"协和万邦"的崇高品德。

中国一向有"礼仪之邦"的美誉。中国古代文化特别重视"礼"。"礼"文化包含的意义甚广。就邦国与邦国之间的关系而言，主要有以下两层意思：第一，相互尊重，以和谐为贵，而不是动相攻伐；第二，

"礼"也体现一种原则性,不是为和谐而和谐。如《论语·学而》所说:"有子曰:'礼之用,和为贵。……知和而和,不以礼节之,亦不可行也。'"

为此,我们可以借鉴孟子概括"五伦"的方式,将邦交关系的伦理简括为"邦交有礼"。

以上我们讨论了"九伦"的观念,有鉴于孟子对"五伦"规范准确而凝练的概括,在历史上起过强烈的暗示和激励作用,我们对"九伦"也尝试做出类似的概括,即:父子有亲,上下有义,夫妇有情,长幼有序,朋友有信,群我有仁,人天有报,网际有智,邦交有礼。

国学动态

手掌中的四书五经

原载:国学版(光明日报2006.1.10第5版)

近日,山东无棣县收藏爱好者刘玉文展示了他祖传的清代袖珍版(也叫巾箱版)《五经全注》一册和二册《四书备旨》。《五经全注》出版于光绪己丑年(光绪十五年,1889年),为宣纸双页石印,由依样庐主人撰序。《四书备旨》均出版于清代中期,木雕版宣纸双页印刷。三册袖珍书,虽然都字小如蚁头,但却非常清晰,印刷极其精美,三部书合在一起还不如手掌大。(李 政)

国学讲演厅

"亲亲相隐"

郭齐勇

原载：国学版（光明日报2007.11.1第9版）

孟子为舜设计，让他背着老爸逃跑。这是不是证明孟子在主张"以权谋私"呢？

孙中山先生曾说，即使有再好的制度，最终也需要人来维护制度、执行制度。法律和制度再细致，也无法取代人。

在苏格拉底与游叙弗伦讨论的结尾，苏格拉底庄重地说：你不能起诉你年迈的父亲。

历朝历代，平民及其知识人都是举起孔子儒家的亲亲相隐的大旗来反抗皇权专制的什伍连坐的。

时间：2007年10月14日
地点：湖南大学岳麓书院

演讲人简介：郭齐勇，男，1947年生，湖北省武汉市人，哲学博士，武汉大学哲学学院教授、博士生导师。武汉大学哲学学院院长，国际中国哲学会（ISCP）会长，国务院学位委员会哲学学科评议组成员，教育部高等学校哲学教学指导委员会副主任。主要著作有：《中国哲学史》、《熊十力思想研究》、《传统道德与当代人生》、《郭齐勇自选集》、《儒学与儒学史新论》、《文化学概论》等。

今天我讲一个老题目："亲亲相隐"和容隐制，目前它又引起了新的争论。今天，我算是抛砖引玉吧，把一些争论的问题在此说明，并就教于各位。

一

讲"亲亲相隐",必然提到以下几个文本。第一个是《论语·子路》篇第十八章:

叶公语孔子曰:"吾党有直躬者,其父攘羊,而子证之。"孔子曰:"吾党之直者异于是:父为子隐,子为父隐。——直在其中矣。"

说的是,叶公告诉孔子,他们乡党中有个"直"人,他告发自己的父亲攘羊。"攘"字,有的注疏家讲,是顺手牵羊的意思。有人解释"攘"为:夜幕降临,赶羊归圈栏时,人家的羊随自家的羊进了自家的圈栏,自家没有及时归还。"而子证之"的"证",是"告发"的意思。孔子对叶公的回答是,在自己的乡党中,"直"者与此相反,"父为子隐,子为父隐"。什么是"隐"呢?不宣扬亲人的过失。

这里,孔子显然是在保护"私"领域,把亲情与家庭看得很重,非常害怕官府、"公家"或权力机构破坏亲情与"私"领域,不愿意看到父子相互告发、相互残杀成为普遍现象,因此宁可认同维系亲情,亦即维系正常伦理关系的合理化、秩序化的社会。孔子这里是不是在主张"徇情枉法"呢?

第二个文本,《孟子·尽心上》第三十五章:

桃应问曰:"舜为天子,皋陶为士,瞽瞍杀人,则如之何?"孟子曰:"执之而已矣。""然则舜不禁与?"曰:"夫舜恶得而禁之?夫有所受之也。""然则舜如之何?"曰:"舜视弃天下犹弃敝蹝也。窃负而逃,遵海滨而处,终身欣然,乐而忘天下。"

学生桃应问孟子:舜当天子,任命皋陶当大法官,假设舜的父亲瞽瞍杀人,皋陶应该怎么办呢?孟子答道:当然是把瞽瞍抓起来。桃应问:难道舜不会制止吗?孟子答道:舜怎么能制止呢?舜授命于皋陶,让他执法。桃应问:那么,舜接下来该怎么办呢?孟子做了一个巧妙的回答:在舜看来,放弃天下如扔破草鞋一样,他很可能偷偷背着父亲瞽瞍逃跑,沿海滨而住,终身高高兴兴地享受天伦之乐而忘却了掌握天下的权力。"海滨"指当时的山东沿海一带,僻远而贫穷,去那里,跟流放的性质差不多。有人说,这不是像现在中国的一些贪官一样,跑到美国、加拿大或者别的什么地方躲起来?这个比喻可不太合适,舜是代父受罪,自我流放,现在的贪污犯是戴罪潜逃，溜之大吉。

《桃应》章把忠、孝两难的问题凸显了出来。孟子为舜设计，让他背着老爸逃跑。这是不是证明孟子在主张"以权谋私"呢？

一个人对父母、兄弟的感情，是人最为切近的一种感情。原始儒家的仁爱，是从对亲人的爱开始的，由此推扩开来。"亲亲相隐"这句话里，"亲亲"是儒家仁爱思想的立足点。

台湾学者庄耀郎先生对《论语·子路》第十八章的解读是深刻的。他认为，核心的问题在于：执法和人情是否有冲突？叶公的立足点显然是以"法的公平性"、"法无例外"的观点说"直"，也是从执法人的立场出发论"直"；孔子则不然，孔子是从人情之本然恻隐处论"直"，是人心人情之"直"，是从当事人的立场说人情之"直"。从表面上看，这两说处于对立，实则其中有一"理序"上的问题，也就是理论上孰先孰后的问题，如果"法"的设立在于济"礼"之不足，也就是说，当"礼"这种以文化来调节社会的力量显得不足时，"法"以强制力来维持社会的秩序。既然法的目的在此，那么，它必须有可行性，而可行性的条件，必然追究到立法的根据，这无外乎人情之实。以情为本，法方不致沦于抽象蹈空，强为划一。这样说来，人情之实是立法之根源根据，法的公平性、无例外性，则是因应人情所做的外在化、规范化。可见，人情、法律是先后问题。法理必据于人情，法律则规范人情，人情和法律两者，是统一的而非对立的。

接下来，我们讨论一下孟子赞同舜窃负而逃的举动。孟子是不是赞成腐败、徇私舞弊、徇情枉法？儒家"亲亲相隐"的提倡，是不是该对后世的腐败现象负责任？我们讲，腐败是对公权力的滥用。丁为祥先生说：《孟子·尽心上》里桃应的假设，皋陶既然为"士"，他的职责当然是维护法的公平性，而法的公平性是建立在人人平等、没有特权的基础上。所以，假如舜的父亲瞽瞍杀人，即便瞽瞍有天子之父的尊位，皋陶也不能让他逍遥法外，而应绳之以法。这时，从另一方面讲，舜何以自处呢？舜既是天子，也是人子，如何平衡两者之间的矛盾呢？孟子给舜出的主意是：让舜从公权力的职分上离开，与父亲在一起，享受天伦之乐。孟子这样一个设计，一方面针对天子的尊位，另一方面针对亲子的情感，两者都不相伤，这与孔子讲人心之"直"是一致的。"直"是至情，是天性之常，是

内在人心，是人性本有。孟子讲舜可以窃负而逃，也就是说，在被逼迫上绝路时，舜丢弃天下，选择父亲，根源正在于维护人性之本。

"直"是内在于人心、普遍于人性的东西。正如庄耀郎先生前引文章中所说：这种普遍性和法的普遍性意义不同。内在于人心的普遍性称为具体的普遍性，此种普遍性的存在，可以作为制定法律的依据，法律之普遍性则是适用对象的普遍性。换句话说，凡依人性而制定之法律，其适用之对象也可以无外，两者不必冲突。我们要考虑的是，孟子所构设的，是将对象推到最极端的情势下，让人去考量，人性最本源的东西在哪里？当然，孟子的答案是：亲子之情。如果没有这样一个东西作为基础，即使再定多少法律，这个社会都没有办法安定。

需要指出的是，儒家不仅只有"亲亲"的原则，还有"尊尊"的原则。"亲亲"要求"父慈、子孝、兄友、弟恭"，即家庭内部成员，互相爱护团结，"尊尊"则不仅要求在家庭内部执行，还要求在贵族之间、贵族与平民之间、君臣之间都要讲尊卑关系，讲秩序和等级。除"礼"之外，还有"义"的原则等与"仁"的原则相互补充、制约。这个"义"，不仅仅在礼治的框架下，有时又突破它的限制，涉及包括小民的生存权、受教育权等等，乃至关心孤寡、减小贫富悬殊等社会公正的问题，防止公权力滥用的问题，涉及道义、公平等，当然是那个时代的道义、正义。儒家思想是一个系统，"亲亲"只是其中一个小小的方面，绝不是其全部。

我们经常说："忠臣孝子。"有人问：孝子一定是忠臣吗？"亲亲"一定能"仁民"吗？"齐家"一定能"治国"吗？我借用龚建平先生的话来说：仅"亲亲"未必能"仁民"，单"齐家"未必能"治国"，有道理；但同时，我们不能因此就否认："亲亲"可以"仁民"，"齐家"可以"治国"。我们不能断然否定，"亲亲"的人格成长和发展，有利于"仁民"的人格成长和发展；"齐家"能力的增长，也可以促进治国能力的增长。其实，修齐治平，亲亲仁民爱物云云，是生命的体证与实践，不是形式逻辑的问题，更不是由逻辑可以推出的。理性与逻辑可以取代仁德吗？相信绝大部分人的回答是否定的。退一步讲，即便从逻辑上说，当儒者能"亲亲"到极限，也就一定能同时"仁民"乃至"爱物"到极限。因此，强调"亲亲"和"齐家"，不是"仁民"的充分且必要的前提，但并非否认它是必要条件。孙中山先生曾说，即使有再好的制度，最终也需要人来维护制度、执行制度。法律和制度再细致，也无法取代人。这话很有道理，从中可见，"人"是非常重要的。儒家的"亲亲"，强调的正是"人本"。

二

不仅中国传统社会有"亲亲相隐"，西方也有类似的思想。譬如，在柏拉图的《游叙弗伦篇》中，苏格拉底非难游叙弗伦控告老父。

游叙弗伦的父亲把一个杀人的奴隶扔在沟里，出去办事，结果忘了。等他回来，发现奴隶已经死了，虽然奴隶是个杀人犯，但游父依然失职了。游叙弗伦知道后，准备告发自己的父亲，并认为自己的父亲对神不虔敬。在法庭之外，他遇到苏格拉底。这时，苏格拉底也遭到控告，罪名是藐视旧神。苏格拉底首先"恭维"游叙弗伦说：不是每个人都能这样做，只有拥有极高智慧的人，才会告发自己的父亲。苏格拉底装作不懂，说：游叙弗伦，你太高明了，你来开导开导我，让我变得更聪明吧。你有什么证据说明，诸神都认为你的奴仆之死是不公正的呢？你用什么来证明，儿子以杀人罪控告父亲，是正确的呢？那你来帮我解除这些困惑吧。如果你能，我一定会对你的智慧赞不绝口。其实，他是给游叙弗伦设计了一个圈套，让他慢慢自动入套。果然，游叙弗伦上当了。最后，苏格拉底成功地奚落了他，使他落荒而逃。其实，苏格拉底的用意很明确，他不想把自身意志强加给游叙弗伦，而希望对方自己用心体会出来，体会到子告父罪是有问题的。

在讨论的过程中，苏格拉底问了游叙弗伦关于"虔敬"的问题，他假装表示，对"不虔敬"的概念一无所知。游叙弗伦说：凡令诸神喜悦的，就是虔敬的。凡不令诸神喜悦的，就是不虔敬的。苏格拉底说：好极了！这正是我想得到的。其实，这是反讽，不是苏格拉底的本意。苏格拉底指出，诸神的喜好并不一致。苏格拉底运用他的对话艺术，引诱游叙弗伦三次定义"虔敬"，一次跟一次不一样，慢慢地，苏格拉底把游叙弗伦引向自己想要表达的意思。游叙弗伦最终绝望地走了，苏格拉底以巧妙的讽刺和对话的策略，让游叙弗伦放弃了最初的观念。在苏格拉底与游叙弗伦讨论的结尾，苏格拉底庄重地说：你不能起诉你年迈的父亲，除非你确切地

知道何为虔敬，何为不虔敬。

我们应该承认，在容隐的问题上，西方思想史和中国思想史、西方法律史和中国法律史，拥有许多共通性。其实，不只在古希腊，近代西方，也有关于这个问题的讨论。比如，法国启蒙主义大师孟德斯鸠在《论法的精神》中商榷了两条法律条文。一条是：盗窃者的妻或者子，如果不揭发盗窃行为，便降为奴隶。孟德斯鸠评论道：这项法律违反人性。妻子怎么能告发自己的丈夫呢？儿子怎么能告发自己的父亲呢？为了对盗窃这一罪恶的行为进行报复，法律竟规定了另一更加罪恶的行为。正如我在前面提到的，法理应该服从于人性、人情，这是从大的方面来说的。当然，法律一旦制定出来，一定程度要遏制人情，但法理的根据毫不动摇应来自人情，法律要从更大的意义上维持和保护人权、隐私、社群的维系。孟德斯鸠针对的另一条法律条文是：允许与人通奸的妻子的子女或者丈夫的子女来控告他们，并对家中的奴隶进行拷问。孟德斯鸠评论道：这真是一项罪恶的法律。它为了保存风纪而破坏了人性，而人性却是风纪的源泉。孟德斯鸠一针见血地指出了，貌似公正的法的条文，对法理精神和人性的践踏。可见，人类要维护最重要最根本的东西，亲情就在其中。

前面我已提到，如何对待"忠"和"孝"的两难选择。选择的基本立足点在哪里？我觉得还是人情、人性。西方哲人苏格拉底等，与东方哲人孔孟等，在容隐的问题上，具有很大相通性。可谓人同此心，心同此理，东圣西圣，心同理同。亲亲相隐、容隐可以说是一个人类性的问题。

三

孔子"父子相隐"的思想成为中国历代制定法律的根据。出土文物云梦睡虎地竹简中，有大量秦代的法律文书。秦代虽说是暴政时期，但它的为政，在一些方面仍然延续了孔孟思想。在亲亲互隐的问题上也是如此。秦代法律规定的不仅仅是罪犯的亲人可以回避，而且是，根本不允许亲人告发指证。秦律说："自告父母，臣妾告主，非公室，勿听。而行告，告者罪。"也就是说，子女告发父母，臣妾告发主人，公家不予受理，而且会判处行告者有罪。传统法律是不允许告发亲人的，告发亲人者违法。

后世儒家不断纠正法家，解构法家。商韩之法的"公"，指国家权力、帝王权力，这与孔孟之公共事务的正义指向有原则的不同。法家有功利化、工具性的趋向，为富国强兵的霸王之政治目标，牺牲人的丰富的价值乃至戕害人性与人情。商韩之法以刑赏二柄驾驭、驱使百姓，而且意在泯灭百姓私人利益，化私为公（其公即是霸主的"国家利益"）。法家主张告奸，推行军事化的什伍连坐，明目张胆地以国家权力破坏家庭及邻里关系，完全无视私人领域或空间，尤其破坏了人间最宝贵的亲情。历朝历代，平民及其知识人都是举起孔子儒家的亲亲相隐的大旗来反抗皇权专制的什伍连坐的。

董仲舒《春秋》决狱，从公羊学中发掘父子相隐，并推广到养父子相隐。《盐铁论》中以贤良文学为代表的民间人士、儒生，强烈反抗、抗议皇权专制，与主张申商连坐之法的权贵桑弘羊之流展开了斗争，依据的即是孔孟之道与公羊《春秋》。汉代昭、宣时期是制度儒家化的重要时期。宣帝时汉政府彻底放弃"重首匿之科"的刑罚原则，承认隐匿。东汉章帝白虎观会议，把相隐范围扩大到兄弟、朋友、夫妇。《白虎通》是儒家制度化的典范，自此容隐制进一步完备起来，成为传统社会保障私领域、防止公权力滥用的重要依据。在本土法律文化中，孔子"父子相隐"思想制度化为汉、唐、清律的"同居相为容隐"，"亲属相为容隐"，即有个人权利与隐私权意识的生长，制约了专制皇权。下面我们细说。

汉代《汉律》说"亲亲得相首匿"，来自于《公羊传》何休的注引。《汉书·宣帝本纪》云：

地节四年诏曰：父子之亲，夫妇之道，天性也。虽有祸乱，犹蒙死而存之，诚爱结于心，仁厚之至也。自今子首匿父母，妻匿夫，孙匿大父母，皆勿坐。

也就是说，子女隐藏犯法的父母，妻子隐藏犯法的丈夫，孙子隐藏犯法的祖父母，都不会被判刑。汉宣帝的这份诏书，不仅在道德上，而且在法理上，肯定了容隐制。"父子相隐"的思想到汉代已推扩至夫妇、祖孙的关系，此后为历代刑律所遵循。比如元代，连谋反这种国事重罪都要容隐。明清时期容隐亲属的范围进一步扩展。"亲亲相隐"及容隐制所体现的维护家庭稳定以及人文关怀，是严酷的专制法律中的一个亮点。数千年来，统治阶级几次欲实行"互证有罪"，都遭到人民和统治阶级内部有识之士的反对。

清代末年自1902年始，沈家本、伍廷芳等修订法律，兼取中西。民国建立之后，1915年，汪有龄、章宗祥、董康的《修正刑法草案》沿袭了《大清新刑律》。民国《六法全书》所规定的亲属匿罪、拒证特免权，都加入了新的时代精神，既重视培护亲情，又把亲情作为一种权利来进行法律保护。"父子相隐"及中华法文化传统与西方现代平等、权利意识及通过日本、德国的法律条文的借鉴，才有了清末民初刑法制度的确立。

到民国二十四年，也就是1935年，公布了新的《刑事诉讼法》。民国三十四年，也就是1945年，此《刑事诉讼法》被修订，其中，第一百六十七条明显体现了亲亲相隐的人文精神：

配偶、五亲等内之血亲或三亲等内之姻亲，图利犯人或依法逮捕、拘禁之脱逃人，而犯第一百六十四条或第一百六十五条之罪者，减轻或免除其刑。

《刑事诉讼法》第一百八十条，有关近亲属负刑事责任之拒绝证言权之规定如下：

证人有左列情形之一者，得拒绝证言：一、现为或曾为被告人或自诉人之配偶，五亲等内之血亲，三亲等内之姻亲，或家长、家属者。二、与被告人或自诉人订有婚约者。

值得注意的是，日本、德国、美国大多数州的刑法，也都有类似规定。比如说，德国刑法第二百五十七条第二项规定：

正犯或共犯之亲属，为使正犯或共犯免受处罚而予以庇护隐匿者不罚。

日本刑法第一百零五条规定：

犯人或脱逃者之亲属，为犯人或脱逃者之利益而犯前二条之罪者，得免除其刑。

日本、德国刑法正是清末民初我国刑法的重要参照。

目前，在外国的刑法中，特免的范围进一步扩大了，不仅有亲情的特免，还有工作关系及其他事务的特免。这种情形正是指出了人性之共同处，即所谓具体的普遍性。

有人认为，西方的容隐制是以权利为出发点，中国古代的容隐制只是义务，不涉及权利。他们认为，孔孟讲亲亲，若人各亲其亲，那么，当人与人之间存在着宗族信仰或者利益上的冲突时，个人无疑具有维护宗族集体利益的义务。其实，这个说法是有问题的。我们知道，权利和义务是一对相联、相关的概念，两者不可能完全分开。当个人以履行义务的形式去维护宗族集体利益时，他自然也会受到宗族利益的维护，这是他享受到的权利。举例来说，所谓"敬宗"是义务，但是，族长"收族"则是族民的"权利"。而且，更为重要的是，族民的"亲亲"之仁，相对族外的任何势力而言则是权利。亲亲、容隐，正是个人权利得到部分或者不同程度之保障的证明，它抵御着拷问、告奸、株连等残酷的专制制度，维护着亲情的本原，减缓着非人性的暴行。由亲亲观念开展出的中国古代法律史上的实践，保障了人的某种权利，维护着社会道德的昌明和社会秩序的和谐。大家知道，在传统社会中，有各种可调控社会的因素，不只是唯一的君权就能维持社会的稳定与发展。我们更不能把儒家与君主体制完全打成一体，有时候儒家恰恰是以亲属权或宗族权来抗衡权力结构的压榨的，抗衡君权或当时国家与地方政权的滥用权力的。

从前面我转述的有关专家们对中国法制史的叙述中，我们已经看到，我国古代的证人拒证权制度比较发达，清末特别是民国时期的法制改革，体现了中国古代容隐制对西方特免权的引进，以及与现代法律的衔接。容隐是权利与义务的结合，那些张口闭口讲传统中国思想里没有权利意识的人，有必要检讨一下。权利、正义云云，都是具体的、历史的。

我们应该更全面地思考人的存在。在现实世界中，人常常面临着多重身份、角色与责任，人不只是一个法律的存在，天下家国的安定，也不只是依靠孤独的法律便能成功，情理、人性的维系，应该说是维护社会和谐的基础。在引进西方有关公平、公正、正义等理念的同时，我们不应完全抛弃中国传统文化的"仁爱"人道的精髓。"亲亲互隐"、容隐制正是传统儒家留给我们的宝贵的道德和法律资源，结合这些资源来处理现实的法治问题，必将使我们的法制建设达到一个新的高度，必将使人类社群的走向更为健康。

四

前面我已说到，我国法律文化的容隐制其实与现代人权的维护有内在的关联。"亲亲互隐"和容隐制反映出中国伦理法系的精神，它是符合人性、人道的，因而是最具有普遍性的。"父子互隐"，与人权并不违背，而恰恰包含着尊重和维护人权的因素。让亲人从亲人的证人席上走开，恰恰极其具有现代性。令人遗憾的是，上世纪50年代初以来，我们以批判封建文化传统与封建法律为理由，废止了清末民初律法的亲属容隐条文，在某些方面产生了极不好的后果。此时此刻，我们讨论儒家的"亲亲互隐"和容隐制，对于修正和补订现行的、沿袭革命法律的刑事诉讼法之相关内容，无疑有着现实的意义。

我想强调的是，我关注"亲亲互隐"和容隐制，是从现实出发的。我是经历过"文革"的人，如今进入花甲之年。1966年"文革"轰轰烈烈的时候，我是高中三年级的学生，我亲眼目睹了父子之间的残害、夫妻相互的揭发、兄弟间的反目、学生对师长的蹂躏，真是令人心酸，那一幕幕残酷的镜头，至今还在我的脑海，有时浮现在我的眼帘。那就是孟子所谓"人相食"的悲剧呵！在"文革"中，亲情被阶级斗争所代替，父子、夫妇间相互揭发，人人自危，那正是整个社会政治、伦理和家庭伦理出现大问题大危机的时候。尊重隐私是人类文明生活的一个必要条件，如像"文革"中，让所有的人把心灵深处的欲望等都挖掘出来，那么社会生活，或说文明的社会生活将是不可能的。私领域之中最为亲密的关系，如家庭之父子、兄弟、夫妇等亲情，继而朋友、师生等情谊如都遭到破坏，彼此落井下石，揭发出卖，甚至私底下的言行也成为判为犯罪的证据，那只能是"文革"中出现的惨状。

我建议，为了国家民族的可持续发展与构建和谐社会，为建设更加文明的社会主义文化，保护公民的人权、亲情权、隐私权等，我国立法机构应该讨论，继而允许亲属容隐拒证，这可能增加我们的司法成本，但从长治久安的角度出发，从中国特色社会主义的社会文化的合理建构出发，仍是很有必要的。维系亲情，恰好是维系和谐社会的基础。

总之，我重视的是：中西哲学、法学、伦理学思想资源中的沟通性与共同性的因素，先秦与古希腊的可通约的方面，孔孟儒学透显的人性的光辉与人类性的价值，以及如何深刻地体认与发掘前现代文明、非西方思想资源中所具有的现代性、普世性的因素与价值；我的现实性的考量，即是希望接上人类的，包括西方三大法系，包括有法律文书为证的我国自秦代至民国的法律史上容隐思想与制度的传统，反思今天的法律条文中不合情理的成分，使现代法治社会的建构更加健康与人性化，更加公平正义。近几年我积极组织讨论"亲亲相隐"问题，正是从对现实民众的人权、人性的关怀出发的。

今天就讲到这里，谢谢大家。

国学动态

五杰广场

原载：国学版（光明日报2006.4.18第5版）

　　这是位于赣西北边陲的修河上游江畔的五杰广场。修水县古称分宁，是宋代著名诗人、大书法家黄庭坚的故乡。至近代，义宁陈氏卓然乡邦，成为一个写大江西的文化世家。尤以陈氏五杰垂范后世，在义宁乃至中国历史上构成了一个独特的人才群体奇观。五杰广场正是乡人为纪念陈氏一家四代五位杰出代表人物（陈宝箴，陈三立，陈衡恪，陈寅恪，陈封怀）所建造的一项城市文化景观工程。（丁格非）

国学略说——易、儒、道三句真言

国学讲演厅

张立文

原载：国学版（光明日报2006.11.14第5版）

《周易》是中华思想和民族精神的源头，是一部由巫术包裹着的百科全书。

只有自己身修好了，才可以管理好家庭，如果连家庭都管理不好，他如何能治国呢？这当然会出问题的。

赵匡胤有一个"佑文政策"，这个政策重要的特点就是不杀知识分子，这样知识分子可以大胆地发言。朱熹上奏折的时候，他就大胆地说，皇帝的"心术不正"。

时间：2006年10月17日
地点：中国人民大学逸夫国际会议中心

演讲人简介：张立文，1935年生，浙江温州人，中国人民大学哲学系教授、博导、人大孔子研究院院长兼学术委员会主席，中国周易研究会副会长、日本东京大学客座研究员。张教授常年从事中国哲学史、中国文化的研究，开创性地提出了中国哲学逻辑结构论，建构了传统学、新人学、和合学的文化哲学体系。专著有：《周易思想研究》、《周易与儒道墨》、《周易帛书注译》、《合和学概论》、《中国哲学范畴发展史（天道篇、人道篇）》等24部著作。

为什么我要选择每家的三句真言？我们知道，司马谈在《论六家要旨》仅就儒家的书籍就说过"六艺经传以千万数，累世不能通其学，穷年不能究其礼"。国学方面的典籍浩如烟海，"穷年不得尽其观"，因此我们应该掌握核心的问题。基于这样的考虑，我把每家的思想都概括为三句话,这样概括的标准有二:一是这家的核心思想;二是这些思想对后世的影响是最大的。从这个意义上讲,三句话尽管简约,但并不简单,因为它概括了这家思想的核心话题。

一、《周易》真言

先讲《周易》。为什么从《周易》讲起呢?我们知道《周易》是中华文化的根,也是中国思维方式的活水,它开启了中华学术的一个范式。从这个意义上讲,《周易》是中华思想和民族精神的源头,是一部由巫术包裹着的百科全书。它不仅深刻地展现了中国古代政治、经济、文化结构的特点,渗透在人们的生活方式、伦理道德、风俗习惯、价值观念里,而且产生了世界性的影响,比如说莱布尼茨关于"二进制"的思想,就得到了《周易》的启发;同时,它也开启了儒家、道家和墨家等中国历史上的主要思想流派。

易道广大,乾坤并健,阴阳消长,与时偕行。它的三句真言可以这样概括:一、生生之谓易;二、保合太和;三、穷理尽性以至于命。

第一、生生之谓易。"生生之谓易"包括这样两层含义:一是"富有之谓大业";二是"日新之谓盛德"。什么叫"生生"?《周易》上讲"天地之大德曰生",意谓天地最大的品德就是"生"。《周易》各卦产生的过程就体现了"生"的品格。《说卦》上讲,"乾,天也,故称为父;坤,地也,故称为母。"父母交感变化就化生了震、坎、艮、巽、离、兑,三男三女,他们与乾、坤两卦合起来便形成了八卦,八卦的不断重叠产生六十四卦,这个过程就是生生不息的过程。这种思想就影响了整个中国的思维方式。

只有变易才能生生,生生才能富有,此谓"富有之谓大业"。每个人都希望自己富有,富有应该包括每人的道德水平、科技知识以及财富积累等,也就是说要成功立业,不仅仅是物质财富的富有,还有精神财富的富有。《系辞》讲:"夫易圣人所以崇德广业也。"就是说要注意道德这个层面的建设。一个人道德的缺失,可能会使他整个的财富化为乌有。中国人讲"富不过三代",为什么?是因为后继者没有一种创业的意识和道德。

生生和富有另一层含义是"日新"。所以它把"日新"作为一个重大的德性。"日新"就是"日日新",用现代的话讲就是不断地创新。如果没有不断地创新,就不可能"富有",也不可能"生生不息",所以《周易》上讲"日新之谓盛德"。怎样才能保持不断地生生和富有?就要依据《周易》乾卦九三的爻辞所讲的:"君子终日乾乾,夕惕若厉,无咎。"君子终日要勤奋不懈地工作,到了晚上又能够不断地反省自己,这样就不会有灾祸。一个不会反省自己的人是不会进步的。

第二、保合太和。《周易·乾·彖》上有句话叫作:"乾道变化,各正性命,保合太和,乃利贞。首出庶物,万国咸宁。"这里提到了"保合太和",在太和的"天道"内蕴涵着浮沉、升降、动静、相感的性质,因而产生氤氲、屈伸、胜负的变化,变化有一定的规则,在变化的过程中,每个事物都得到了它应有的位置,并"各得其所",在这种情况下,就可以取得一种协调、和谐。这种思想影响很大。

我们可以看看故宫的建筑。第一个殿就是"太和殿",第二是"中和殿",第三是"保和殿",后面还有三个殿是"乾清宫"、"交泰殿"和"坤宁宫"。故宫六个大殿的建筑就是按照《周易》六爻所建。这里有了"太和"、"保和",为什么还有一个"中和殿"?如果知道《周易》的既济卦(上坎下离),我们就可以清楚,"既济"卦是"离"卦和"坎"卦的重叠,"离"在下,"坎"在上,"离"是火,"坎"是水,在"既济"卦里面,九五是阳爻,在阳位;六二是阴爻,在阴位。五是奇数,二是偶数,阴在偶数位,阳在奇数位,称为"得位",九五为至尊的位置,古代皇帝称"九五至尊",与其相对应的六二阴爻,是臣位,君臣和谐为"得中"。九五、六二两爻阴阳相应,叫作"和",既当位又相应,所以称为"中和"。"乾清宫"是皇帝平时办公的地方,"坤宁宫"是皇帝结婚的地方,皇后、太后可以在那里活动,中间是"交泰殿","泰"卦是"坤"在上,"乾"在下,这时候,阳气向上,阴气向下,便可以交感。《周易·泰·彖》上讲,"天地交而万物通,上下交而其志同也",天地不交万物就不通,上下不交万物就不成,"交泰殿"就是取《泰·象传》:"天地交泰"的意思,也就是"乾清宫"和"坤宁宫"的一个交合,这是故宫仿照《周易》思想的一个排列次序。从这里我们可以知道"保合太和"实际上是讲"和"的思想。

《周易》六十四卦都是相反相成的，讲和合、和谐的思想，八卦的天地、水火、山雷、风泽，也是融突而和合、和谐。"和"的思想后来得到儒家、道家、墨家等的阐发，成为中国思想上一个核心的范畴和首要的价值观，影响中国的政治、经济、文化、思想。

第三、穷理尽性以至于命。这句话被看作是《周易》中的"易道"。"易"有"三义"，一曰变易，二曰不易，三曰简易。"不易"讲的是"易道"，"和顺于道德而理于义，穷理尽性以至于命"就是不易之道。这里提出了三个概念："理"、"性"、"命"。这三个概念在后来"理学"开山之祖周敦颐那里做了重要的发挥，他在《通书》中有专门一篇文章叫作《理性命》。

"穷理"就是穷"易道"。朱熹讲只有"格物"而后方能"穷理"。王阳明年轻时笃信朱学，依朱子所说格他父亲王华北京官署里的竹子之理，结果未果而中途病倒。"穷理"用我们现代的话讲就是认识事物的本质，认识事物现象的背后是什么。比如桌子的背后是什么呢？背后的东西能不能被认识？也就是"理"能不能被我们"格"出来？大家应该想一想。王阳明按照朱熹的方法没有"格"出来，那么这个"理"究竟在什么地方？王阳明穷尽儒、道、佛之书，后来他找到了"理"就在心中，心外无物，心外无事，心外无理。心就是理。这样他就开出了与朱熹不同的路向，一个是"理学"的路向，一个是"心学"的路向。

何谓"尽性"？首先，"性"就是我们说的人性，对"性"的本性，人们众说纷纭，有人说人性是善的，有人说性是恶的，也有人说性是善恶混的。其次，"性"是从哪里来的呢？《中庸》开篇就说"天命之谓性"，《郭店楚墓竹简》里讲"性自命出"。这说明"性"是"天"给我们的，是先天的。孟子讲人性本来是善良的，但是它常常被私欲所蒙蔽，因此才堕入恶。所以我们应该去除私欲，把我们放逐的"本心"找回来，这叫作"求放心"。把原来的"本心"恢复起来，这就得"尽心"，即认识我们的"本心"是什么。所以孟子讲"尽心知性知天"，只有能够"尽心"，才能够"知性"、"知天"。

"穷理尽性以至于命"的"命"可以理解为"天命"和"命运"。"命"和"运"是两个不同的概念，如果说"命"是"天"赋予的、不可改变的必然性，那么"运"则是可以自己掌握的。人可以在"性"和

"命"的互动中来掌握自己的命运。《周易》上讲："夫大人者，与天地合其德，与日月合其明，与四时合其序，与鬼神合其吉凶"，就是说我们只要"穷理尽性"就可以与天地合德，与日月合明，与四时合序，与鬼神合吉凶，也就是说我们可以掌握它，孔子就说："五十而知天命"，从这个意义上看，《周易》上的"穷理尽性以至于命"可以说开启了后来的宋明理学以及儒家的理性命话题。

二、儒家真言

《周易》开启了儒家的思想，它是儒家思想的源头活水。孔子读《周易》曾经"韦编三绝"，把用来穿竹简的绳子翻断数次，可见对《周易》做了很深入的研究，所以后人把《易传》归于孔子的名下。儒家讲"天行健，君子以自强不息"，讲"经世致用"。我把儒家的核心精神概括为三句话：一、以治平为本；二、以仁为核；三、以和为贵。

第一、以治平为本。《大学》中按照朱熹排列次序第一章就讲"格物、致知、诚意、正心、修身、齐家、治国、平天下"，这叫作"八条目"。不管是天子、庶人"一是皆以修身为本"。"修身"以上是"内圣"问题，"修身"以下则是"外王"问题，"内圣"也就是"超凡入圣"的问题。这就需要通过格物致知而诚意、正心，身修而后才能齐家、治国、平天下。从这里我们可以看出来，"内圣"可以直通"外王"。现代新儒家熊十力也认为可以直通，而他的学生牟宗三则认为不是直通，而只能"曲成"。需要经过"良知坎陷"，然后才能开出"外王"。换言之，内圣的"心性之学"只有这样才能开出"外王"的科学和民主来，这是他做的一个现代的解释。但是从《大学》来看，"格物"、"致知"是一个知识论问题，如果把这些做好了，然后"诚意"、"正心"，其实是可以开出"外王"来的。

现在为什么一些人，甚至一些高级领导干部，出现了很多贪污受贿问题？就是因为他们没有格物致知、提高认识，然后正心诚意，去做修身的功夫。只有自己身修好了，才可以管理好家庭，如果连家庭都管理不好，他如何能治国呢？这当然会出问题的。现在很多高官倒台，都与此有关系。

治平为本，在政治上看，孔子是主张"德治"的。孔子说："道之以政，齐之以刑，民免而无耻；道之以德，齐之以礼，有耻且格。"意思是说从政时，你用政令和刑罚来压服，那么百姓可以做到不犯罪，但是并不能使他有羞耻之心；如果你用道德来教化他，用礼来引导他，那么他就不会犯罪，并且有了羞耻之心。这是两个层面，一个是"自律"的，一个是"他律"的，只有把这两者很好地结合在一起，我想问题才能得到很好的解决。政治上孔子要求君应遵君德、官应遵官德、为政者要端正，所以说"政者，正也"。如果只有命令，自己不以身作则，下面也不会执行的。用俗语讲就是"上梁不正下梁歪"，这是很简单的道理，这是治平的根本。

治平为本，从经济上看，就是从"小康"到"大同"的社会目标。小康是"各亲其亲，各子其子"，自己把自己的亲人当作亲人，把自己的儿子当儿子去爱他。"大同"社会是"天下为公"，那么就不能仅"各亲其亲，各子其子"，而是要把这种亲情也推及到别人亲人的身上，"不独亲其亲，子其子"。

治平为本在道德上的要求，是要遵循"孝、悌、忠、信、仁、义、智、勇"这样一些道德条目，这是社会治平的保证。

从教育上讲，孔子主张"有教无类"，也就是说每个人都有受教育的权利，不受等级的限制。譬如周代就有这个限制，要上"国子学"，必须是三品以上的子弟，入"太学"必须是五品以上的子弟，入"四门学"必须是七品以上的子弟。孔子的伟大之处就是打破了这种等级制度，使得每个人都有学可上。同时他打破学在官府的教育制度，率先私人办学，为广大人民开辟了上学的方便之门。

第二、以仁为核。《吕氏春秋·不二篇》说："孔子贵仁。""仁"，《说文》上言："亲也，从人从二。"是讲人和人之间的关系。应该如何处理人和人之间的关系呢？要"仁者爱人"。后来有人讲"仁"是对别人而言的，是重人的价值取向；"义"是对自己而言，重我的价值取向。"义"是你自己要做到，它由外在的道德行为内化为端正自我。"仁"则要求爱别人，人往往有一种本能的自爱心理，而丧失爱人的意识，所以强调爱人，只爱自己不是太自私了吗？因此，"仁"是由己及人。"仁"包括三个方面的意思：

一是"己所不欲，勿施于人"。1993年通过了一个"全球伦理宣言"，这个宣言提出了四条"金规则"，一是不杀人，也就是不要战争；二是不说谎；三是不偷盗；四是不奸淫，男女是平等的。这四条"金规则"的指导思想就是"己所不欲，勿施于人"。

二是"己欲立而立人，己欲达而达人"，也就是说自己"立"起来了，也要使别人"立"，自己通达了、发达了，也要使别人通达、发达。就像现在评教授，自己评上了，就不让别人上，这就不对了。还有在国际上一些发达国家总是制裁不发达的国家，不让不发达国家发展，限制你的发展。发达国家自己发达了也要让别的国家发达，这才是"己欲达而达人"，这才符合孔子的思想。

三是"博施于民而能济众"，就是广泛地给予老百姓以好处，又能帮助老百姓生活得好，而且要帮助不发达国家发达起来。

第三、以和为贵。孔子的弟子有子说过"礼之用，和为贵"。日本资本主义之父涩泽荣一在经济领域中成就显赫，他创办了五百多个企业、六百多个慈善机构。但他很重视中国的传统文化，有一个著名的论点就是"《论语》加算盘"，并在他的家乡立了一块"以和为贵"的碑。

"和"是中国哲学当中的一个重要概念，是中华民族精神的体现，也是中华民族伦理道德最高的价值目标。在尧的时候，在中国这片土地上的国家大概有三千多个，到了周代还有八百多个，到了战国还有"七雄"。我在《和合学》中就讲，当时，中国就是一个国际社会，虽然国家小，但毕竟是一个国家。当时如何"协和万邦"？就提出了国家和国家之间应该协和、和谐，黎民百姓才能和谐相处。

《诗经》上也出现"和羹"一词，"羹"就是肉汁，"和羹"就是说如何能够让肉汁好吃。晏子和齐景公对话的时候，就讲到了"和同之辩"，他认为要让肉汁好吃，就必须把各种各样的调料，就是我们现在所说的油、盐、酱、醋等，把它们加到一块，又恰到好处，多种元素的和合，才能美味，才是"和羹"。《礼记》中讲"和"的地方就更多。《五经》里面都讲"和"。孔子把"和"与"同"作为区分君子与小人人格的标准，他说："君子和而不同，小人同而不和"。从这个意义上讲，"和"在儒家的思想系统当中是一个非常重要的概念。

中国哲学中，关于天地万物是从哪里来的是一个根本的问题。你从哪里来的呢？这个大家好像没有考虑过，而且也觉得不需要考虑。其实，哲学就是对这种问题的追问，他们首先考虑的就是天地万物从哪里来的问题。中国古人对这个问题的回答就是"和实生物"。"和"就是"以他平他"，也就是事物与事物之间是平等的、平衡的。也就是说你和我和他之间，不是你吞掉我、我吃掉你，而是一种平等、平衡的关系。对他者应该尊重。如何"和实生物"？他讲"土与水、火、金、木杂而成百物"，不同的元素"杂合"才能生成百物。韦昭对"杂"有一个解释，"杂"就是"合"的意思，因此，"杂种"是优生的一种方法。日本人称自己的文化是杂种文化。"杂"能使万物融突和合化生。

我们从这里也可以看出来，中国从思维的源头上，是讲天地、男女、父母等多种元素、事物融突和合而后化生万物的，它不是有一个绝对的、唯一的、全知全能的上帝来产生万物。正因为这样，所以中国的思维就从源头上开创了多元的、包容的、没有独断的这样一种思维方式；西方是由唯一的、绝对的东西产生万物就开出了二元对立的、独断的这样一种思维方式。就会认为只有我才是唯一的、绝对的真理，其他的东西都不是真理。这种情况下，对不同的意见就会采取排斥的方法。而中国思维方式从源头上便具有包容性。譬如在中国人的宗教信仰里，儒、释、道三教之神可以在一个寺庙里供奉，其他宗教可能吗？所以说，"海纳百川，有容乃大"这是中国思想文化的一个特点，也是中国文化能够包容各家思想的一个原因。

因此，我们可以这样讲，中国文化开出的是一个"和合"的思维方式，而西方开出的是一个主客二元对立的思维方式，从思维源头上讲是完全不一样的。中国的文化之所以伟大，之所以生生不息，确实有它的原因，这就是和合。世界上的四大文明，中华文明、印度文明、古埃及文明、古希腊文明，除了中华文明外，都曾断裂过，现代的欧美文明是有今无古的，唯有中华文明是亘古亘今的，它没有中断过。这是中华文化以和为贵的大化流行、生生不息的表现。

三、道家真言

道家思想属于黄老系统。它的源头之一是以坤卦为首卦的《归藏》。道家是讲"逍遥"的，你们可以看看庄子的《齐物论》和《逍遥游》，那是极富想象力的，庄子能把你的思想带到广袤的宇宙空间去遨游。在宇宙之中，人虽然看起来很渺小，但在道家看来，人也是很了不起的，是"四大"之一，老子说："道大，天大，地大，人亦大，域中有四大，而人居其一焉。"从这里来看，道家并非否定主体人的作用，也不是"避世"的（这一点我可能跟传统的看法有些不同），其实，他是讲如何批判社会的，他从批判现实社会中，提出了自己一套独特的看法，阐发了自己独特的价值理想和超越境界。我把道家核心思想概括为三句话：一、无为而治；二、有无相生；三、道法自然。

第一、无为而治。为什么讲"无为而治"？这就是道家所探讨的独特的治理世界的方法。他这样讲："为无为，则无不治。"就是说把"为"当作"无为"，把"无为"当作"为"，这样就可以治理国家，我想这是很有道理的。如果一个领导，他事无巨细，什么都管，你想能管得好吗？肯定管理不好，所以，道家就讲"道常无为无不为"。"道"经常是"无为"的，但是它"无所不为"。一个领导，你看他无为，其实他什么都为了，因为他制定方针、政策、战略、策略，制订工作的方案、制度和秩序，按照这个制度的规范去做，就能够做好，对不对？这样，实际上他都为了。对于老百姓来说："我无为而民自化，我好静而民自正。"百姓自然教化，这里"正"字很重要，过去就讲，皇帝"正"就能够正朝廷，朝廷"正"就能够正百官，百官"正"就能够正天下。宋代理学家们的思想是比较开放的，因为当时赵匡胤有一个"佑文政策"，这个政策重要的特点就是不杀知识分子，这样知识分子就可以大胆地发言。朱熹上奏折的时候，他就大胆地说，皇帝的"心术不正"。他在奉召当侍讲的时候，朋友们问朱熹给皇帝讲什么？朱熹就说要讲"正心诚意"，朋友说你这样讲不行，皇帝不爱听，朱熹反问，我不讲"正心诚意"讲什么？他认为如果皇帝的心术不正，百官的心术就不正；百官的心术不正，百姓的心术又怎么能正呢？所以老子讲的"我好静而民自正"，皇帝正了，百姓自然正，不需要一个个地"正"，我们现在就很辛苦！如果你自己"正"了，你自己不贪污、不盗窃、不走后门，我想别人也不敢，这样就可以"我无为而民自化"，人民就可以自己教化自己，自己改恶从善，这就是老子讲的"无为而治"。

中国历史上，有两次是用道家的思想来治理国家的，却获得了两次盛世，这就是"文景之治"和"贞观之治"。"文景之治"我们可能很熟悉，影片《汉武大帝》里有所描述。当时窦太后把儒生辕固生投到了猪圈里面，想让野猪杀死他，结果是猪被他杀了，这看出当时儒道两家斗争是很激烈的。

另外一个是"贞观之治"。唐初受当时"士族"门阀制度的影响，想从李姓当中找一个最有名的人，以提高自己的门阀，他们找到了老子。因此，在唐朝开始的时候，虽然儒释道三教并用，但道家的思想是排在第一位的。当时，也是与民休养生息，取得了好的政治效果。

第二、有无相生。老子不是只讲"无"，他也讲"有"，他说："天下万物生于有，有生于无。""有"好理解，万物、人类都属于"有"的范畴。但是"有生于无"就不好理解。

我们看看老子讲的。他是这样来看待这个问题的，譬如说房子。如果房子是一个实体，你们能在礼堂里听我讲吗？当然不能，所以老子说："凿户牖以为室，当其无，有室之用。"又说："埏埴以为器，当其无，有器之用。"用泥巴做一个杯子，中间必须是空的，如果中间是实的，那就没有用，不能装水。还有"三十辐共一毂，当其无，有车之用"，车轱辘中间必须是空的，它才能转动，所以说"有无相生"。从这个意义上讲，我们可以进一步分析《道德经》，"道"就是"无"，是形而上的，是看不见、摸不着的，"德"呢？如果就具体的行为来说，它就是"有"。你待人接物，就是一个具体的事件，是你生活的一种"样式"。从一定意义上说，《道德经》的"道"是讲"无"，"德"是讲"有"，这就构成了道德经。反过来，就像马王堆帛书里面那样，"德经"在前，"道经"在后，这是说它对形而下的人们的道德行为更加重视，所以讲"失道而后德"、"大道废，有仁义"。《老子》书当中，在讲"无"的时候，并没有忽视"有"，所以"有"、"无"相反而相成，两个是互补的、相生的。

第三、道法自然。《老子》中有句话叫作"人法地，地法天，天法道，道法自然"。人是效法地的，地是效法天的，天是效法道的，道是效法自然的。那么"自然"是什么？它是一种自然而然，正因为是自然而然的，所以"道"的最高境界也就是一种自然境界。老子对自然有一种描述。他举了一个例子，"希言自然，故飘风不终朝，骤雨不终日"，飘风、骤雨不终朝日只是一种自然现象，体现出自然本身的一种状态。它从这样的一个角度来说明，用无为思想"以辅万物之自然而不敢为"，辅助万物的自然而然。这里我们可以看出来"道"的自然而然的本质是什么呢？第一点，不能加它一点，也不能减它一点，不能加减，不能损益；第二点，"道"是不主宰，既不主宰别人，也不要别人主宰它，它是这样的一种品格；第三点，它不需要超越别的东西，而是自然而然地超越；第四点，它既是万物之母，又不自以为是万物之母；第五点，是相辅相成、双赢互补的，也就是说，"万物负阴而抱阳，冲气以为和"，它背负着"阴"，而抱着"阳"，是这样的一种状态。你们可以闭上眼睛想象"负阴而抱阳"是一种什么样的状态，它的"和合"化生了第三者，就是"冲气"。

儒道两家正好构成了中国思想当中的两条路向，这两条路向又是互补的。它们又像是中国思想中的两条大河，气势磅礴、亘贯古今，两者既相反相成，又相得而益彰，在交融互设中维护着民族精神的平衡。我们人的手心是阳，手背是阴；人的躯体是阳，内脏是阴。任何事物都可以做这样两方面区分。所以中国的思想是非常有生命智慧的，它既讲这一面，也讲另一面，两个又是互补的。这就构成了中国思想的伟大之处，也构成了中国哲学思想的精妙和深刻之处。大家了解这一点，就应该为中国哲学思想的独特性而骄傲。

我今天讲这九句话，就是想让大家掌握三家思想的内在精髓，省去了同学们自己翻书、琢磨的工夫。当然这只是我自己的体会，也可能是错误的，所以请大家来指正。谢谢大家！

小词中的儒家修养

国学茶座

原载：国学版（光明日报2007.1.4第9版）

叶嘉莹

叶嘉莹，女，南开大学中华古典文化研究所所长，博士生导师，加拿大籍中国古典文学专家，加拿大皇家学会院士，曾任台湾大学教授、美国哈佛大学、密歇根大学及哥伦比亚大学客座教授、加拿大不列颠哥伦比亚大学终身教授，并受聘于国内多所大学客座教授及中国社会科学院文学所名誉研究员。主要著作有《迦陵论词丛稿》、《杜甫秋兴八首集说》、《灵溪词说》（与缪钺合著）等。

一般说来，大家往往觉得中国传统的儒家思想讲的都是礼仪道德，有一种教训的性质。但是，真是没有想到，张惠言能够把儒家的义理写出这么美丽的小词来。

张惠言是清代知名的词学家，开创了常州词派。他四岁丧父，家境贫寒。张惠言九岁时，跟他父亲的一位世交在城里读书，四年后回到家中，亲自教弟弟读书。每天晚上，只点一盏灯，母亲和姐姐相对而做女红，惠言和他的弟弟在旁边读书。这种艰苦而勤奋读书的早年生活，对于张惠言有着极大的影响，终于在乾隆五十一年考中举人，在嘉庆四年考中进士。

张惠言说，因祖父、父亲都没有功名，所以他先是苦学时文，学了十余年。然后又喜好《文选》辞赋，专力研读三四年。后来有友人劝他学古文，因古文中经常讲到"道"，如韩愈等人。于是，他"退而考之于经"，反复研阅。

张惠言的事迹，让我想起了我自己小的时候。我出生在一个旧式家庭，我没有到学校读书，只是在家里跟着私塾老师学习。我开蒙读的第一本书就是《论语》，第一次读到"朝闻道，夕死可矣！"当时我才七八岁，不太懂得这句话的具体含义。但这句话却给了我很大的震撼，这个"道"到底是什么东西呢？为什么有这么大的威力呢？

八年抗战中，我父亲随着国民政府到后方，没有音讯，我母亲也去世了，我作为大姐带着两个弟弟，当时生活非常艰苦。我那时大学已经毕业，做了老师。长袍磨破了一块，家境不富裕的我只有找相同颜色的布缝补好，继续穿着去给学生上课。当时，我并没有觉得这有什么不好意思的，显得非常坦然。《论语》里孔子夸奖子路："衣敝缊袍与衣狐貉者立而不耻。"一个穿着破棉袄的人与一个穿着狐皮袍的人站在一起而不以为羞愧，因为他心里有一个"道"。如果有"道"，那么还可以"知者不惑，仁者不忧，勇者不惧"。这些听似空言，是教训，但是如果你有了体验，就会明白里面的精妙。

一个读书人要学"道"，这就是张惠言所要追寻的。《水调歌头》五首赋示杨生子掞，这是张惠言写给学生的一组词。我们来看头一首：

东风无一事，妆出万重花。闲来阅遍花影，惟有月钩斜。我有江南铁笛，要倚一枝香雪，吹彻玉城霞。清影渺难即，飞絮满天涯。飘然去，吾与汝，泛云槎。东皇一笑相语：芳意在谁家。难道春花开落，又是春风来去，便了却韶华。花外春来路，芳草不曾遮。

现在，我们来看看张惠言跟他的学生所说的勉励是什么？

张惠言说："东风无一事，妆出万重花。"东风是春天的风，使万物萌生、万物惊喜的风。李商隐说："飒飒东风细雨来。"飒飒东风伴随着春天的好雨。杜甫说："好雨知时节，当春乃发生。"从张惠言讲到了李商隐，从李商隐又讲到了杜甫，这都是中国文化传统的符号。

现在很多青年人说，我们看中国的诗词看不懂。我想主要在于没有很好地掌握语言中所蕴涵的文化信息。诗词看得不多，就不会有很好的联想。一个词语带着大量的信息且不说，最重要的是这些词语曾积累了我们古人的感情、生命，是他们的生活体验。

当东风来的时候，不但草木、植物、动物惊醒了，使人的内心也惊醒了。我们每个人不能只有物的世界，而没有心的世界，若是这样，这是一个社会最可悲的事情。

早在1979年，美国有个学者写过一本书，《美国人心灵的封闭》（The Closeing of the American Mind），书中说美国人的心灵都关闭起来了，这是为什么呢？因为当年美国青年人没有远大的理想，只是热衷于眼前繁华的物质世界。

"东风无一事，妆出万重花"，上天真的是对得起我们，东风没有一个理由，没有说一句话，没有任何自私的目的，就使得宇宙的春天开满了鲜花。

"妆出万重花"，有些人说这个"妆"用错了，应该是装饰的"装"，这是不对的。妆，就好比我们说的女子化妆，是点缀出来的、妆点出来的、无理由的、无目的的。上天的好生之德，才会有如此表现。

有一次，孔子跟学生谈话时说："予欲无言。"我不想再说什么话了。学生子贡说："子如不言，则小子何述焉？"老师您不说话，我们学什么、记什么呢？孔子说："天何言哉，四时行焉，万物生焉。"天说了话吗？没有啊，四时的运行是自然的，万物的生长是自然的，最高的境界是你不说话就发生了这样的事情。所以说"东风无一事，妆出万重花"，给了我们这么美好的天空、这么美丽的花朵。

"闲来阅遍花影，惟有月钩斜。"上天给你万重花，谁去欣赏？当你忙于日常的奔波，有心赏花、赏月吗？

宋朝的词人张先说："云破月来花弄影。"花迎风摇动，剪出碎影，好像是花在欣赏自己的姿态。如果从作者来看，谁看花影呢？应该是张惠言，微言的妙用在于这一句："惟有月钩斜。"看花的不是张惠言，而是天上的一弯斜月。

真是写得妙！那么轻微、那么美妙，就像张惠言所说的"幽约怨悱"。

月钩斜，也充满着生命，是大自然妆出了万重花，天上的一钩斜月来欣赏万重花影，我们人你对得起万重花吗？难道连天上的弯月还不如吗？

接下来张惠言说"我有江南铁笛，要倚一枝香雪，吹彻玉城霞"。李白有一首诗："遥见仙人彩云里，手把芙蓉朝玉京。""玉京"也就是玉城，他是要朝见玉京的仙子，他看到仙人在彩云里。张惠言不仅要吹到天上，不但飘到天上的玉京之上，还要使玉京上的云霞都受到感动。

所以，这五首词写得真是跌宕起伏，写出了人生的种种经历。使我的笛声感动到天上玉城上的云霞，可是真的能到达天上玉京的霞影吗？

"山寺微茫背夕曛，鸟飞不到半山昏。上方孤磬定行云。试上高峰窥皓月，偶开天眼觑红尘。可怜身是眼中人！"这是王国维的词，我远远听到山上有一个庙里传出来的磬音，如此之美妙，我要上天去，我要到山上去，我要看到山上明亮的月亮，我追寻它。可是等我爬到半山，我忽然间低头一看，我没有上去。其实，我就是红尘之中那蠕蠕蠢蠢的众生。

天上玉城的霞影这么遥远，我没有能够接近它，没有能够达到，可是春天等待你吗？春天不等待你，"飞絮满天涯"，转眼春天就过去了。

孔子说过："道不行，乘桴浮于海。"在理想没有达到的时候，我就乘一个木排，飘到海上去了。假如真这样，那么你果然就把春天那芬芳美好的生命真的失落了。"东皇一笑相语：芳意在谁家。"当我正要离开这个尘世，飘然地乘槎远走的时候，仿佛看到春神对我嫣然一笑，不但一笑还对我说了话。真正美好的春天、芬芳的生命，谁能够掌握得住？

难道只是你的青春、美好的生命来了又走，难道就是如此吗？张惠言说："花外春来路，芳草不曾遮。"花外就是春天来的那条道路，芳草没有把那条路隔断，春天就在你的眼前。

苏轼在《独觉》中说："浮空眼缬散云霞，无数心花发桃李。"即使到了肉体的眼已经视物昏花的时候，内心中却仍可开放出无数桃李的繁花。

清代的俞樾在殿试中，以"花落春仍在"一句，博得了考官的赏识，高中首选第一名，原来也因为他写出了一种儒家至高的修养之境界的缘故。

张惠言在词中所写的也是一种儒家修养之境界，自无可疑。不过张惠言以词人之感发和词人之想象，结合了他对儒学的一份真正的心得与修养，写得既深曲又发扬，这当然是一首将词心与道心结合得极为微妙的好词。

国学动态

一张清代殿试卷

原载：国学版（光明日报2007.2.8第9版），本书有删节。

清代内阁大学士吴式芬，是我国近代著名的金石学家，著有《捃古录》、《捃古录金文》、《金石汇目分编》、《封泥考略》、《双虞壶斋印存》等多部巨著。

吴式芬的科贡之路一波三折。"秋闱"两试不中，一直到27岁时才考中举人，辗转数十载，一直到道光乙未年（公元1835年），"春闱"贺榜。这一年，吴式芬已经40岁，终于"晚成大器"，成为吴氏家族中的第八位进士、第二个翰林。

吴式芬当年的殿试卷，保存十分完整。殿试卷长260厘米，宽44厘米，卷首钤有清宣宗皇帝（爱新觉罗·文宁）御宝，卷末记有印卷官职位和姓名，卷面正文（楷书）88行，1951字，启封署文"应殿试举人臣吴式芬年叁拾柒岁山东武定府海丰县人由例监生应道光贰年乡试中式由举人应道光拾伍年会试中式今应殿试……"并开具三代宗亲于后。批文显示，吴式芬道光乙未年应殿试，并标记"第二甲第叁拾柒名字样"。整个卷宗无任何损伤，完好如初，并且字迹隽秀，文笔犀利，论述精道，堪称文章经典。（李　政）

国学茶座

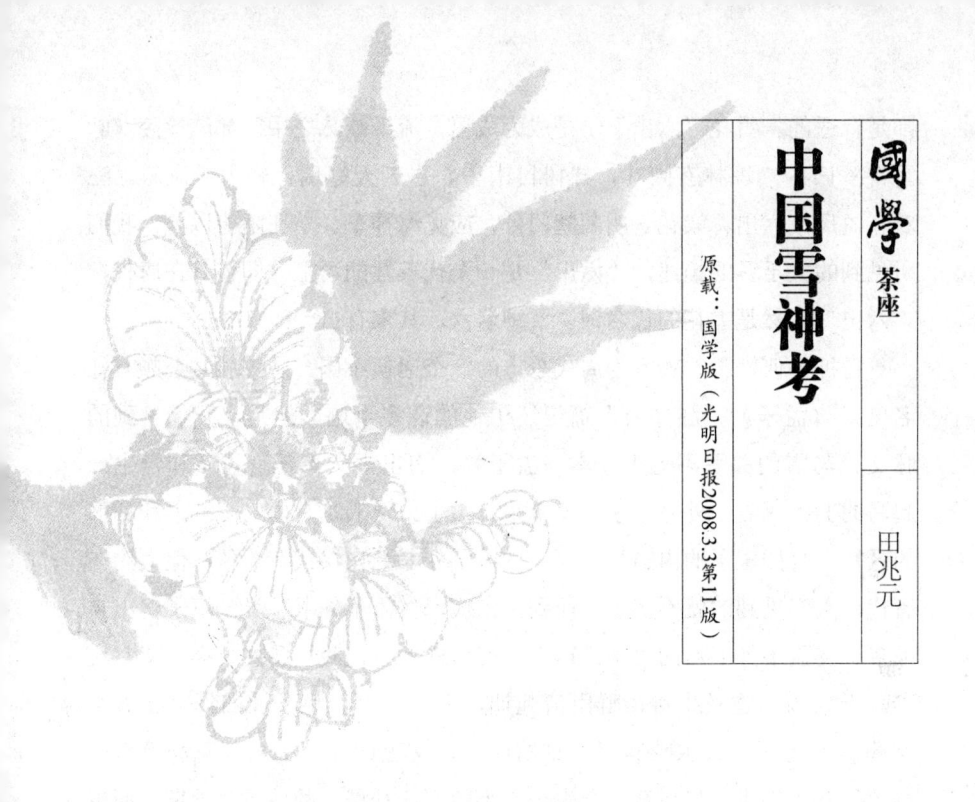

中国雪神考

原载：国学版（光明日报2008.3.3第11版）

田兆元

　　田兆元，1959年8月生。历史学博士，华东师范大学中文系教授，博士生导师。主要研究方向：社会民俗史与思想史，神话学与民间文学，文化遗产与资源研究。出版有《神话与中国社会》、《盟誓史》、《神话学与美学论集》等论著，发表论文六十余篇。目前承担国家社科基金项目《中国神话发展史》研究工作。

　　明代文学家张岱有一部百科全书式的著作叫《夜航船》，其中有"滕六降雪"一条，说的是雪神滕六。程登吉的《幼学琼林》"天文篇"更明确地说："云师系是丰隆，雪神乃是滕六。"中国雪神就是滕六。

　　雪神姓滕名六，雪神何以叫滕六呢？我们先说雪神何以名六。

　　正常的雪花，一般呈六角形状飘扬下来，这是雪神称六的原因。古人对于雪花六角之形早已观察了解。《韩诗外传》："凡草木花多五出，雪花独六出。"（见《艺文类聚》卷二"天"下）草本之花多为五瓣，但雪花是六瓣的，因此，"六"是对雪的外部形态的描绘。又，"六"为阴极，雪为至阴之性，以"六"名雪，无论是形态，还是人们的哲学观念，都是合适的。雪花"六出"于是成为成语，流于歌咏之中。如陈徐陵《咏雪诗》曰："琼林玄圃叶，桂树日南华。岂若天庭瑞，轻雪带风斜。三农喜盈尺，六出舞崇花。明朝阙门外，应见海神车。"在隋唐以前，我们所见到的关于雪的描述，"六出"是一个代表性的语汇。即使是在唐代，"六出"依然是雪花的代名词，雪神名六，其来有自。

雪神为何姓滕？滕本为周代东方的一个诸侯小国，国王滕文公颇有知名度，《孟子》"滕文公"篇记述了他的许多事迹。但是，我们见到的滕文公与雪的关系不见于今本《孟子》，而出于一本托言孟子和学生一起写的书：《孟子外书》。据说本来《孟子》一书是有内（中）书和外书的区别，有如庄子的内篇和外篇。《孟子外书》在汉代有流传，但大约在唐代，人们见到的就不多了。而到了宋代，《孟子外书》又一下子冒出来很多。《孟子外书》的"文说篇"，有这样一段记载：滕文公卒，葬有日矣。天大雨，雪及牛目，群臣请弛期，太子不许。惠子谏曰："昔者王季葬涡山之尾，栾水啮其墓，见棺前和，文王曰：'先君欲见群臣百姓矣。'乃出为帐三日后葬。今先公欲小留而抚社稷，故使雪甚弛期。而更为日，此文王之志也。"孟子曰："礼也。"

滕文公去世后下了场大雪，不便按时举行葬礼。惠子说，这是先公（滕文公）想稍微停留一下，安抚社稷江山，所以降大雪延迟殡葬日期。这故事透露出一个重要信息：滕文公可以通过降雪改变葬期，这岂不是能够主宰冰雪的降与停吗？非雪神而何？

因此，《孟子外书》的这个故事是滕文公成为雪神的主要依据，雪神便姓滕，而为了和《孟子》书中的那个大名鼎鼎的滕文公相区别，便与六出结合，雪神便姓滕而名六，雪神滕六就这样诞生了。这便是我们对于"雪神滕六"姓名来源的发生学的基本理解。

雪神与滕文公有关，但并不起源于先秦。先秦至于六朝，中国的国家祭祀体系中，有日月山川，有风雨雷电，但没有霜雪。《周礼》、《礼记》、《尔雅》这些典籍叙述了古代国家祀典，没有提到雪神。雪为何入不了古人的法眼？

中国作为农业社会，顺应自然规律，春生夏长，秋收冬藏。冰雪对于农业的影响有限，它只是一个季节性的自然现象，相比较而言，日月星辰和风雨雷电更为重要。中华民族早期的文化中心在中原或者关中，过去，黄河流域的气候较如今要温和得多,如河南一带大象出没,绿竹漪漪。冰雪在早期农业文明的核心带没有太大的影响,所以,雪在早期的国家祭祀体系里没有席位。

我们在唐代文献才读到了关于雪神的信息。唐代的统治者本来就来自曾经较为寒冷的地区,加上开边拓土,人们对于冰雪有了更多的认知,诗文里有了大量的咏雪名篇。唐人一方面欣赏雪的瑰丽,但也实实在在吃过雪的苦头,如开边战争屡屡因冰雪而败北。雪对于唐人有着更为深切的复杂体验。

在唐人的小说《玄怪录》里,有这样一段神奇的故事:

唐中书令萧至忠,景云元年为晋州刺史,将以腊日畋游,大事置罗。先一日,有薪者樵于霍山,暴疟不能归,因止岩穴之中,呻吟不寐。夜将艾,似闻悉窣有人声。初以为盗贼将至,则匍匐于林木中。时山月甚明,有一人身长丈余,鼻有三角,体被豹韐,目闪闪如电,向谷长啸。俄有虎、兕、鹿、豕、狐、兔、雉、雁骈匝百许步。长人即宣言曰:"余玄冥使者,奉北帝之命,明日腊日,萧使君当顺时畋腊。尔等若干合箭死,若干合枪死,若干合网死,若干合棒死,若干合狗死,若干合鹰死。"言讫,群兽皆俯伏战惧,若请命者。老虎洎老麋,皆屈膝向长人言曰:"以某等之命,即实以分。然萧公仁者,非意欲害物,以行时令耳。若有少故则止。使者岂无术救某等乎?"使者曰:"非余欲杀汝辈,但今自以帝命宣示汝等刑名,即余使乎之事毕矣,自此任尔自为计。然余闻东谷严四兄善谋,尔等可就彼祈求。"……老虎、老麋即屈膝哀请,黄冠(严四兄)曰:"萧使君每役人,必恤其饥寒。若祈滕六降雪,巽二起风,即不复游猎矣。余昨得滕六书,知已丧偶。又闻索泉家第五娘子为歌姬,以妒忌黜矣。若汝求得美人纳之,则雪立降矣。又巽二好饮,汝若求得醇醪赂之,则风立至矣。"……少顷,老狐负美女至,才及笄岁,红袂拭目,残妆妖媚。又有一狐负美酒二瓶,香气酷烈。严四兄即以美女洎美酒瓶,各纳一囊中,以朱书二符,取水噀之,二符即飞去。……未明,风雪暴至,竟日乃罢,而萧使君不复猎矣。

这是一个关于雪神及其相关情节的复杂的故事。说的是唐中书令萧至忠在做晋州刺史时准备打猎,一个樵夫因为疾病滞留在山上发现了一件奇特的事情:一个自称玄冥使者的长人召集群兽,告知它们明日的不同死法，因为萧至忠明天要来猎杀它们。群兽哀求长人救助，长人告诉群兽去找黄冠四兄想办法。黄冠四兄对群兽说，萧使君比较体恤部下，假如能够祈祷让"滕六降雪，巽二起风"，下场大雪，他就不会打猎了。黄冠四兄刚接到滕六的信，知道滕六刚刚丧妻，而那时正好有一个叫索泉的家里的歌姬第五娘子因为嫉妒被贬黜了。黄冠四兄建议，把这个娘子弄来给滕六，他就马上降雪了。另外还要给巽二一顿美酒他就会刮风。狐狸劫来美人与美酒，严四兄将美酒与美人装了两袋，画上二符，作法献祭滕六。第二天，果然天降大雪，萧使君就没有再打猎，那些野兽也就得救了。

这个故事透露出，在唐代可能存在雪神祭祀的仪式，黄冠四兄的行为是一种对于雪神的献祭行为，他所画之符，及其美女美酒，都是对于雪神的祈献，即他说的"祈滕六降雪"。这个雪神有点像黄河的河神，对美女比较感兴趣。而献祭过程也有如河伯娶妇。

这个故事有印度传入的动物故事的一些痕迹，如动物将蒙难的哀痛，甚至有大雨造成猎人不能打猎而放弃猎杀的情节，这在《五卷书》和一些佛本生故事中有丰富的表现。《玄怪录》是否受到这些故事的影响有待深入研究。

这个唐代的传奇的情节似乎突如其来，"雪神滕六"的说法并没有得到唐代人的普遍认同。唐代诗文很少提及滕六之事。他们对于雪的描述，整体上还是以"六出"来表达。

当时光进入宋人生活岁月的时候，"滕六"则已经成为人们的诗词歌赋中的一个常用语汇了。如陈郁的《念奴娇》：

没巴没鼻，霎时间，做出漫天漫地。不论高低并上下，平白都教一例。鼓动滕六，招邀巽二，一任张威势。识他不破，只今道是祥瑞。

雪神滕六一词在宋代的诗词中广泛使用成为一个事实。宋人对于滕六的兴趣，一方面可能是他们与北方雪域族群的交往更为深入，另一方面，《孟子外书》在宋代的广为流传，这部伪书让滕文公与雪神关系的故事在宋代更为深入人心。

两宋以下，诗词曲赋戏曲小说中，雪神滕六广泛出现，进入了中国文化的信仰系统和语言表达体系之中。而随着《夜航船》和《幼学琼林》这样一些百科式的著作问世，"雪神滕六"便成为一个基本的文化常识。

中国雪神起于唐，发展于宋，到明代成为一个普及性的文化知识。这就是雪神在中国走过的历程。

如今，由于我们对于雪神滕六的传说近乎遗忘，中国雪文化的遗产也有濒危之虞。所以我们加强对于雪文化的认知和研究是有必要的。

国学动态

北大举行朱伯崑追思会

原载：国学版（光明日报2007.6.7第9版）

北京大学哲学系教授、东方国际易学研究院院长、国际易学联合会会长朱伯崑先生于2007年5月3日逝世，为了纪念朱先生的学术贡献，北京大学哲学系和国际易学联合会于6月3日上午联合举办了"朱伯崑先生追思会"。在京的三十多位专家学者参加了追思会。席泽宗、朱德生、王宇田、余敦康、魏常海、陈来、胡军等深切地怀念了朱先生的生平事迹和学术贡献。大家一致认为，朱先生是继冯友兰和张岱年先生以后中国哲学史领域的代表性人物。朱先生以其深厚的学术功力、独到的学术眼光，开创了易学哲学这个重要的领域。这是对中国哲学史研究的开创性的贡献，影响深远。学者们高度肯定了朱先生对中国哲学史学科所做的很多基础性工作，这让后人受益良多。朱先生为学严谨，为人宽厚，对中华民族优秀文化的弘扬不遗余力，在与会学者中引起了共鸣。（王　博）

国学漫谈

中国式生命

原载：国学版（光明日报2006.1.10第5版）

王博

　　精神总是要依附形体的，谈国学的精神和中国人的生命也是这样。大家都知道《四库全书》，清代乾隆年间编定的。如果我们把国学落实到一个形体上面，它就是个代表。所谓四库，就是经、史、子、集，也称四部。这四部基本上涵盖了中国古代最重要的书籍、最重要的知识和学术。

　　中国传统的知识为什么是四部，而不是三或者五？这本身就有特别的意义。数字"四"其实就是国人对于世界的理解，代表着方正和秩序。世界是方正的，国家是方正的，人们住的院子也是方正的四合院。故宫是大四合院，北京城是更大的四合院。我们看这个国学的"国"字，外形上就是方方正正的。

　　仅仅有方正够不够？不够。古代的中国人都知道天圆地方、天比地高，这是物理上的。圆比方高，这是境界上的。圆这个东西很难说，也很难做，搞不好就落到圆滑上去了，就成了方正的反面。能够兼容方正的是圆融，佛教常说圆融无碍。还拿"国"字来说，方正里面有个东西，简化字里是个玉字，这块玉就是生命，就是心。有心在"四"里面，或者说当心把"四"融化之后，方就成了圆。生命可以把方正融化，这个时候方正不仅是外在的约束，而且成为了内在的灵魂。我们要用心将经、史、子、集四部融化。

"经、史、子、集"这四部代表的不仅仅是书籍或者知识，更是古代中国人对于生命的理解。经典是什么？就是生命的常态。经就是常，我们说"经常"，"常"就是日用伦常，就是生活中不断实践、永远不会忘记的东西，它构成了国人生命的根基。经典是生命的常态，而历史则是生命的经验。我们每个人经历的事情都是有限的，但我们可以通过史书去经历自己生命中不曾经历的事情。历史是拓展生命经验的东西。子部意味着什么？子部可以让我们充分领略到生命样式的多元化，是生命多元的展现。经部只是给我们提供了一般的生活方式，诸子却给我们提供了不同的生命感觉。读儒学能使我们了解做人的伟大和快乐，读《周易》能使我们有一种顶天立地的生存感悟。读《中庸》，读《荀子》，都能使我们有一种人与天地相参的感觉。而道家让你产生另一种感觉。人是什么？人在天地面前一无所有，太渺小了。不要说和天地相参了，人能够和天沾边就不错了。在儒家那里找到的是自豪感，是生命的健全，是伟大的感觉。在道家那里找到的则是生命的残缺，让你觉得自己其实没有那么伟大。墨家、佛教提供的也是完全不同的生活样式。集部的诗赋是什么？是生命的内涵。生命不仅仅有道德、有理性，还有情感。我们需要宣泄自己，需要这样的知识。我们不仅生活在白天，也要生活在夜晚，我们需要哭泣，这是情的发泄。生命不仅是道貌岸然，也有脆弱，也有喜怒哀乐需要调整。

我还想从比较的角度进一步来谈一下国学的精神或者特点。从经部我们可以看到古代中国人什么样的精神？看到圣人意识的发达和宗教意识的淡薄。中国人的经典是世俗化的经典，是来自于人的经验，而不是像《圣经》一样的神的启示。古代中国人不信上帝，信圣人。可以和经典画等号的是圣人，经典是圣人造就的。这是其一。其二，中国人即使信，也是兼收并蓄的。一个人可以同时相信三教，一个寺庙譬如安徽亳州的道德中宫，既有观世音菩萨，也有太上老君，这也是宗教意识淡薄的一种表现。

从史部，我们可以看到中国历史意识的发达。中国人从来都把历史看作生命中重要的根基、当下的根据。墨家讲三表法，第一条就是"上本之于古者圣王之事"。我们经常引经据典，但不是复古。中国人从来都是古为今用的。

从子部，我们可以看到中国宽容精神的突出。古代中国人从来不是只尊崇一个经典，而把其他统统砍头。譬如东汉的王充曾经这样讲经、子关系："知经漏者在诸子。"诸子能够起到救经之弊的作用。经、子关系体现了中国文化的宽容精神。

从集部，我们可以看到对均衡生命的强调。中国人从来不认为生命是干枯的、单调的。古代人喜欢琴棋书画。琴棋书画不是专家之学，而是很多人都会的东西。因为这是生命，是均衡的生命的展现。集部要塑造培养的就是均衡的生命。

总之，在国学中，我们可以发现古代中国人的形象。一个具备了经史子集所代表的精神的人，一个有均衡生命的人就是中国人。当四部的知识在你的心里融化时，一个中国人的形象也就出现了。

国学动态

季羡林先生书信征集工作启动

原载：国学版（光明日报2007.7.12第9版），本书有删节。

著名学者季羡林书信征集工作日前正式启动，面向国内外公开征集季先生的信函，为编辑出版《季羡林书信集》做准备。季羡林先生的书信大致分为三类：第一类是亲友、朋友之间的平常信件，这些信件真实记载了季羡林和亲友、朋友的友情，很多书信本身就是优美的散文。第二类是各种贺信，这些贺信大多是应学术研讨会组委会邀请而写出的，本身的学术含量就很高，是季羡林学术研究的一部分。第三类是针对某种现象或事件而主动写出的信件，这些信件往往有自己的评论，是对某种现象的批评，本身反映了季羡林先生的思想，是其思想的一部分。

有意者请将季羡林先生的信件复印件惠寄山东大学文史哲编辑部蔡德贵收，济南市山大南路27号，邮政编码：250100。电子邮箱：cdg1945@hotmail.com。

国学漫谈

"和"论

原载：国学版（光明日报2008.9.22 第12版）

李中华

中国是一个有五千年文化传统的国家，中华民族自古以来就是一个崇尚"和谐"的民族。可以说，中国的哲学智慧，集中体现在一个"和"字上。它不仅是中华民族的基本精神和基本特质，也是中国哲学和中国文化的最高价值标准。

"和"之历史动因

在中国历史上，《诗》、《书》、《礼》、《易》、《春秋》，再加上已经失传的《乐》，这六部经典最能反映中华民族早期的价值理念。其中，"和"的理念便贯穿于六经之中。

可以说，在中国哲学的道、德、理、气、阴阳、五行等诸范畴中，"和"的范畴无论是就其时间性还是就其普遍性来说，都应早于其他范畴。因此，和谐理念或"和"的哲学，便成为中华民族集体智慧最先思考的问题。它比其他哲学范畴更具有现实性和实践性品格。

任何民族的物质生产和精神活动，都是在特定的自然环境和人文环境下形成和发展的。一种文化类型的塑造，要受到多种因素的决定和影响。"和"——这一价值理念的产生和发展，自然也是多种因素和力量相互作用的结果。

首先，就自然环境来说，中国整体的地理环境格局，与海洋民族有着极大的区别。中国具有外部相对封闭，而内部又具有多样性的地理环境。其外部，一面临海，三面陆路交通极不便利，而其内部却有广袤的疆土、山河漫布，平原毗邻，气候多样。中国地理环境本身即体现了一种多样性的统一。这种外部相对隔绝的地理环境，限制和影响了国家统治者向外拓展的野心。而其内部地理环境的多样性，又养成了下层百姓的广泛交流、妥协和宽容精神。

其次，上述地理环境的特点，又决定了中华民族以农业立国的发展方向。从新石器中期起，一直到夏、商、周三代，统治者都高度重视农业发展，由此决定了中国早期文化有别于游牧草原文化和海洋商业文化的基本特点。这种自给自足的农业生产方式，产生了"安时处顺"、"安上重迁"、"重农抑商"、"重死而不远徙"、"天人相与"等观念。这些观念，一方面促进了天人哲学的产生与发展，把天地自然的整体和谐与人间秩序相统一，作为精英文化的最高目标追求；同时在民间也形成了固守田园、相忍相安、守望相助和睦邻友好的生活信条。这些传统，通过士阶层思维的折射，和谐与秩序的观念也就找到了自己发展的文化动因。

第三，小农经济的生产方式，又决定了中国古代"以家庭为本位"的社会类型。由于生产的需要，人们必须保持族居的形式和家庭的合力，才能应付农业生产带来的挑战。在海洋商业文明中，一个人可以带上金钱或信用，较长时间地出外经商。而在农业文明中，凭一个人的力量却难以胜任一年四季的农业生产。因此，在中国古代，通过农业生产和自然经济，把家庭和宗法血缘关系牢固地联系在一起，借以克服由单独个体所不能应对的困难。

这种宗法血缘关系，成为中国古代社会人际联结的坚韧纽带，由此也产生了以道德伦理为价值尺度的实践理性。父子有亲、君臣有义、夫妇有别、长幼有序、朋友有信等一系列人际关系的整体意识，便成为古代"和谐"理念产生和发展的强大动力。

第四，中国自古以来，就是一个自然灾害多发和内部战争频仍的国家。如果说，大禹治水的经验和教训，成为夏、商、周三代君臣及先秦诸子共同关注的话题；那么，中华民族对待战争的态度，则更倾注了一种理性的审视和思考。孔、孟、老、庄或儒、释、道，皆有强烈的反对战争的思想，甚至我们的祖先，在创造文字时即已认识到战争和暴力的残虐，《说文》的"止戈为武"，《左传》的"夫武，禁暴戢兵也"，即是从和平、寝兵的角度创造"武"字和解释"武"字的。

天灾人祸造成的巨大破坏和民族伤痛，直接刺激了中华民族忧患意识的产生。一部《周易》所折射的义理主题及其所关注的"天人合一"，实际上即是对"忧患"与"保合太和"意识的深刻反映。

"和"之源

在中国古代汉语及古文字史中，"和"字出现较早，已见于甲骨文和金文。《说文》："和，相应也，从口禾声。"在早期甲骨文中，"和"作"龢"。《说文》："龢调也，读与和同。"朱骏声《通训定声》："《一切经音义》六引《说文》：'音乐和调也。'《国语》：'声相应保曰龢。《东都赋》：'龢玲珑。'经传多以和为之。"按朱说，"和"的字源可以追溯到"龢"字，二者在古代经传中通用。因此，"和"即"龢"也。又《篇海类编·器用类》："《左传》：'如乐之。'又徒吹曰，今作和，又谐也，合也。"

可见，"和"字源于"龢"。而"龢"又从"龠"从"禾"。《说文》："龠，乐之竹管，三孔，以和众声也。"龠是中国古代竹制的吹奏乐器，最初只有三孔，后来发展为多孔，即今所谓的排箫。"龢"以左旁的"龠"表形，以右旁的"禾"表声，表示吹时，从长短不同的竹管发出的"和和"乐音以调和众声。

"和"源于"龢"，又源于"龠"。因此，"和"字的产生乃源于上古的乐器及音乐，并由乐器的合奏及音乐的合鸣，引申出"和调"、"和谐"、"和合"、"唱和"等含义。

从上述对"和"字字源的考察，我们可以清楚地看到，"和"是从古代乐器及其演奏的音乐中发源的。这一点亦可从中国古代的音乐理论和儒家的"乐教"中看出端倪。

中国古人通过音乐提出"和"的理念,而音乐又源于天地自然之和。这样,音乐就成为沟通"天人之和"的桥梁。《乐记》在解释《诗经·周颂·有瞽》中"肃雍和鸣,先祖是听"这两句诗时,尤其揭示了"音乐之和"的重要意义:"夫肃肃,敬也;雍雍,和也。夫敬以和,何事不行?"只要做到诚正雍和,还有什么事情不能实行呢?所以,好的音乐,即能起到陶冶性情的作用,使人的性情归于"和"。通过音乐,使人"反情而和其志,比类而成其行",故"君子之听音,非听其铿锵而已也,彼亦有所和之也"。

不仅如此,"音乐之和"还可以超越语言、种族和国界的限制,成为人类的共同语言。《乐记》说:"大乐与天地同和,大礼与天地同节。和,故百物不失;节,故祀天祭地。……如此则四海之内合敬同爱也。礼者,殊事合敬者也;乐者,异文合爱者也。礼乐之情同,故明王以相也。"

从这段话中我们可以看到,从"大乐与天地同和"、"和,故百物不失",到"如此则四海之内合敬同爱",最后得出"乐者,异文合爱者也"的结论。足见儒家推崇礼乐的根本目的,不是称王称霸,更不是掠夺与征伐,而是在于四海之内相敬相爱。因此所谓"乐",就是通过"异文"的交流,达到"合爱"的目的。这里,"异文"虽然本指各种不同的乐曲形式,但其引申的意涵及其所包含的逻辑,则完全与"和"的字源相呼应。

"和"之内涵与定位

春秋战国,是中国历史上的大变动时期。随着该时期政治、经济、文化的发展,"和"的理念也逐渐趋于成熟。其成熟的重要标志,主要体现在两个方面:其一是"和"与"同"两个范畴的对举;其二是"和实生物"与"和而不同"这两个重要命题的提出。

"和"与"同"两个概念的对举,是由西周末年郑国的史官史伯提出来的。据《国语·郑语》,郑桓公问史伯:"周其弊乎?"史伯回答说:"恐怕要必然走向衰败。"衰败的主要原因,是周的统治者"去和而取同",即没有处理好"和"与"同"的关系,一味地追求"同"而抛弃

"和"。在史伯看来，"和"与"同"是内涵不同的两个概念。"和"是"以它平它"，即不同的东西相加所形成的共同体；而"同"则是"以同裨同"，即相同的东西再加上相同的东西，无论加多少，最后还是绝对的单一体。因此，"和"体现的是由不同因素构成的事物多样性的统一，而"同"则是由相同因素构成的事物单一性的简单同一。多样性的统一，能够使这个共同体"丰长而物归之"，即丰富、发展并生成新东西。而单一性的简单同一，则只能是"同则不继"。《说文》："继者，续也，从从系。"因此，"不继"则为"绝"，即不能产生任何新东西，从而使单一的同一体走向衰亡和灭绝。

史伯认为，这样的道理随处可见：如"声一无听，物一无文，味一无果，物一不讲"。一种声音构不成动听的音乐，一种颜色构不成美丽的图画，一种味道构不成美味佳肴，一种事物则无从比较。

可见，"和"与"同"是既有联系又有区别的一对范畴，只有在两者对举的情况下，才能更好地理解"和"的内涵，这体现了中国哲学的和谐理念所包含的辩证思维逻辑。"和"是万物生成发展的根据，也是事物存在发展的内在动力，这也就是史伯提出的"和实生物"这一命题的确切含义。

春秋时期的思想家晏婴，发挥了史伯提出的"和实生物"的思想，进一步扩展和深化了"和同之辩"的内容。据《左传·昭公二十年》载：晏婴在回答齐景公"和与同异乎"的问题时，明确指出"和与同异"。他认为，"和"好比做羹汤或弹奏音乐，只有"济其不及，以泄其过"，方能成为美味佳羹或动听的乐曲。如果一味地"以水济水，谁能食？若琴瑟之搏一，谁能听之？同之不可也如是"。

晏婴以五味相济、五音相和的例子来说明"和同之异"、"济其不及，以泄其过"，即后来儒家所谓的"中庸"。意谓如果一道羹汤味道太淡，就增加调料。如果太浓，就加水冲淡。这样才能使汤的味道平正适中而增加食欲。如果用清水去调剂清水，谁还能去喝它呢？也如同琴瑟，如果老是弹一种音调，谁还能听它呢？由此晏婴得出一个结论："同之不可也如是。"

春秋末期，处于社会急剧分化、急剧变动中的孔子，继史伯、晏婴等思想家的"和同之辩"，更明确地提出"君子和而不同，小人同而不和",即后来所称的"和而不同"的哲学命题,把殷周以来蕴涵在六经之中丰富的"和"的思想资源,引进到儒家的思想体系之中,从而进一步启发了先秦诸子对"和"的深入讨论,遂使"和"或和谐理念成为中华文化的公共话语,并成为中华民族共同的价值取向。

"和"的文化价值及其实践意义

从"六经"中的"和"的思想对中国文化的全方位辐射,到史伯"和实生物"及孔子"和而不同"的哲学定位,再到先秦诸子对"和"的多角度、多层次的全面拓展和开发,作为中华文化根源性智慧集中体现的"和",已成为中国哲学的思想精髓和核心价值。同时它经过长期的历史积淀和发展,逐渐形成了一种求同存异、多元统一的文化模式。这种建立在辩证思维基础上的文化模式,有别于西方强调矛盾和斗争,强调非此即彼、非黑即白的二元对立的文化模式。

这两种不同的文化模式,决定了解决矛盾的方式和手段的不同。二元对立的文化模式,由于强调矛盾的对立和冲突,认为只有通过你死我活的斗争,一方吃掉一方,才是解决矛盾最优先的选择,于是产生斗争哲学。而多元统一的文化模式,由于强调此中有彼、彼中有此,因此只有通过沟通、协调的方式,才能达到共生、共存的目的,于是和解、共生成为最优先的选择,于是产生和谐哲学。宋代大儒张载所提出的"有象斯有对,对必反其为;有反斯有仇,仇必和而解"的二十字箴言,是对中国文化多元统一思维模式的最精辟概括。

从这一概括中,我们可以发现,中国哲学并不否认矛盾的普遍性。它只是强调,只有通过"和"的方法,才能化解矛盾和对立,从而达到共生、共存、共赢、共荣的目的。在这里,解决矛盾的手段和目的是统一的。而二元对立的思维模式之所以陷入困境,主要是手段与目的二元分裂。斗来斗去,斗昏了头,结果不是忘记和取消了最后的目的,就是以手段为目的。历史上,这样的教训实在是太多了。

《庄子·天道》说:"夫明白于天地之德者,此之谓大本大宗,与天和者也;所以均调天下,与人和者也。与人和者,谓之人乐;与天和者,谓之天乐。"中国哲学把"与天和"、"与人和"看作是最大的快乐,正是因为其所追求的目的，乃是建立在和谐基础上的"天人合一"和"天人之乐"。

因此，尽管"和谐"有多层次含义，如个人身心的和谐，父子、兄弟、夫妇间的家庭和谐，群体间的社会和谐，国家间的世界和谐及天人间的宇宙和谐等等。但最终可归结为如庄子所说的"与天和"、"与人和"这两大和谐范畴。

"与人和"，即人与人之间的关系，其中包括人自身灵与肉之间、家庭、群体、社会及国与国之间这些属于人道方面的内容。"与天和"，即人与自然的关系。所谓"自然"，应包括除人类之外的一切存在物。这两大关系恰恰构成当今人类所面对的两大基本矛盾及由此所带来的前所未有的紧张关系。

中华民族"和"的理念或和谐哲学的实践意义，正在于能够化解和匡正人类面对的两大基本矛盾所引发的各种危机，使人类的生存发展真正能沿着体现"和而不同"理性智慧的大道前进。用西方一位大哲罗素的话说："中国至高无上的伦理品质中的一些东西，现代世界极其需要。这些品质中，我认为'和'是第一位的。"这种品质，"若能够被世界所采纳，地球上肯定会比现在有更多的欢乐和祥和"。

（作者单位：北京大学哲学系）

国学漫谈

"半部《论语》治天下"

栾贵川

原载：国学版（2007.1.18光明日报第9版）

    北宋初年的宰相赵普是一位杰出的政治家，但绝不是一个学问家。正是由于这个原因，他才会有"半部《论语》治天下"这样振聋发聩的名言传世。

    赵普原本是淮南滁州的一名乡村教师。公元956年，为了争夺淮南江北地区，后周大将赵匡胤率领大军与南唐守军在滁州打了一场恶仗。由于得到了赵普的帮助，赵匡胤大获全胜，为他日后的帝业打下了必要的基础。从此以后，赵普便被视作心腹，如影随形地追随赵匡胤建功立业。宋朝建立后，赵普参与制定了一系列重大决策，又辅助宋太祖统一了南中国。到了宋乾德二年（964年）赵普被任命为宰相，晋封为韩王。

    赵普一生先后三次做宰相，这在宋代并不多见。按理说，赵普身居宰相高位，又是颇受倚重的开国元勋，只需照章办事即可功德圆满、善始善终，可是，赵普的仕途却一波三折，并不顺利。概言之，赵普的后半生是：因专横跋扈而受制约、因贪图钱财而受猜忌、因不学无术而受轻蔑、因结党徇私而遭罢黜。就其秉性来说，来自大臣的不满，来自皇帝的约束、猜忌，甚至是罢黜，都不是不能忍受，使他最不能容忍的就是君臣上下对他的轻视。而"半部《论语》治天下"正是在他第二次为相时的一句牢骚不平之语。

宋初君臣认为，鉴于五代时期"大者称帝，小者称王"、"群犬交吠"般纷乱政局的根源在于藩镇拥有重兵，不受中央节制。而要避免宋朝成为第六个短命王朝，就必须"兴文教，抑武事"。为了培养更多的文士，中央政府"崇建太学，教养多士"，还迅速恢复和完善了科举考试制度，加紧选拔文人充实各级官僚队伍。宋太宗更是明确提出，要"与士大夫治天下"。君臣上下，注重文教蔚然成风。

相形之下，赵普的学力已明显地跟不上时代发展的需要。《宋史》卷256本传记载："普少习吏事，寡学术。"太祖曾多次向赵普问及前朝制度，他都无以对答。最使赵普难堪的一件事发生在宋太祖乾德初年，事情的经过是："乾德建元，太祖谓古所未有，韩王（赵普）称誉，卢（多逊）曰：'王衍在蜀，曾有此号。'太祖大惊，以笔涂韩王面曰：'尔怎得及他！'韩王经宿不敢洗。"这段话出自赵绍祖《读书偶记》，《宋史》卷三《太祖本纪》也记载此事，却多有不同，言太祖还说了一句话：作相须读书人。分明是说，你赵普并不是一个读书人，而不是读书人就不能做宰相。如此看来，赵普后来在仕途上的失意就成了必然。

宋太祖开宝六年（973年）赵普罢相，出任河阳三城节度使，这是他自当年滁州之战结识赵匡胤以来，第一次远离政治中心。太平兴国六年（981年），赵普第二次出任宰相。赵普由野入朝，几年间朝中任用了更多的文人，已是物是人非，今非昔比，赵普昔日不学无术的劣势也就更加明显地凸显出来，君臣们也越发认为赵普的学养不够了。据南宋罗大经《鹤林玉露》乙编卷一记载："赵普再相，人言普山东人，所读者止《论语》，……太宗尝以此语问普，普略不隐，对曰：'臣平生所知，诚不出此。昔以其半辅太祖定天下，今欲以其半辅陛下致太平。'"这就是赵普"半部《论语》治天下"这句话的"原生态"。从赵普的回答中不难看出其强烈的情绪化色彩，这完全是一种牢骚不平之语：言外之意是说，我读书范围是不出《论语》一书，可我当年能够靠它帮太祖平定天下，现在仍然能够靠它辅佐陛下您把天下治理好。现今满腹经纶的文臣儒士遍布朝野，哪个又能有我的功劳大、能力强呢？——恐怕这就是这句话的真实含义。

那么，赵普的一句牢骚话何以会如此引人共鸣、传之久远？依笔者浅见，一为《论语》一书影响之广，一为"治天下"之意识深得士子之心。《论语》一书是孔子及其弟子的言行录，自战国初年成书以后，在儒家经典中并不占重要地位。西汉武帝"罢黜百家，独尊儒术"，确定《诗》、《书》、《礼》、《易》、《春秋》为儒学"五经"；到了东汉因倡导孝道，在"五经"之外又加上《孝经》和《论语》，变成了"七经"，这是《论语》第一次跻身于"经"；到唐代变化较大，除了《诗》、《书》、《易》不作变动，将《礼》分作《周礼》、《仪礼》和《礼记》，另加《左传》、《公羊传》和《穀梁传》，称作"九经"，《论语》未被列入；到唐文宗太和年间，在"九经"的基础上增加了《论语》、《孝经》和《尔雅》，称"十二经"；到了北宋年间，又加《孟子》称"十三经"，《论语》得以保留。——从汉代到宋代，《论语》几次作为儒家典籍跻身"经书"之列。但是，即使同样是"经书"，也要依照篇幅长短划分等级，《论语》因其篇幅过短，只被看作是"小经"，所谓"小经"就是"大经"的辅助读物，而更多的时候，《论语》是被当作"经"之下的"传"或"记"来看待的。所以，《论语》一书长期作为妇女儿童启蒙课本使用，唐代墓志记载不少妇女居家"常读《论语》"，杜甫在其《最能行》一诗中写道："小儿学问止《论语》，大儿结束随商旅。"诗中讲的就是这种情况。直到五代后期，赵普在滁州乡下对村童教书，授课范围想必不出《论语》，自己只知道《论语》，也就不足为奇了。

《论语》地位的真正提高，是在南宋时期。理学家朱熹把《礼记》中的《大学》、《中庸》两篇抽出，连同《论语》、《孟子》合称"四书"，并为之详作"集注"，影响深远，《论语》历史性地提升到"大经"的地位。到元明清三代，"四书"完全取代了"五经"，成为科举考试的必考内容，《论语》也成了士子必学之书，所以赵普这句话备受学子关注。

其次，儒家倡导"仕而优则学，学而优则仕"，要学以致用；要为帝王师，主张"格君心之非"。南宋时期的事功学派坚守了这一点，赞赏"勃然有以拯民于涂炭之心"，主张以天下为己任。后世对这种天下意识得到了很好的继承，这正是中国古代知识分子的一大优点。所以，赵普的"治天下说"能够引起士人的强烈共鸣。

综观赵普个人的"功名事业",可谓隆隆其始而未能克终,而他"半部《论语》治天下"这句牢骚不平之语,反倒成了"千古名言"!其中奥妙,耐人玩味。

> **国学动态**
>
> ### 手抄本袁枚日记现身
>
> 原载:国学版(光明日报2008.10.6第12版),本书有删改。
>
> 袁枚(1716—1798)是清乾嘉时期的著名文人,封建盛世向近代社会过渡时期杰出的思想学术批评家。袁枚《随园诗话补遗》卷七云:"余所到必有日记,因师丹之老而善忘也。"俞樾《春在堂随笔》卷十记曰:"袁枚随园纪游册,乃其元孙润字泽民所藏。"
>
> 袁枚后人在"文革"以前曾存有一幅大型袁枚画像,周边有历代名人题字,惜"文革"中丢失。另外还家藏一部袁枚日记,即随园纪游册。日记是袁枚子孙在随园废墟(随园毁于咸丰三年癸丑即公元1853年太平军战火)中抢救出来的,已装裱成册。文字大半是袁枚口述书童抄录的,但经袁枚亲自修改。现原件在加拿大建扬先生处。2007年建扬先生不辞麻烦把全套日记摄成照片,赠与笔者。至此笔者渴求多年的袁枚日记终于得见。
>
> 这本日记是具体了解袁枚晚年的生活状态与心态,掌握袁枚人生与思想的珍贵资料,也是了解乾隆盛世后期社会生活与习俗的鲜活教材。日记涉及文学、交游、应酬、饮食、娱乐、女色、奇闻等方面内容。通过日记,袁枚的形象栩栩如见。(王英志)

论老子之善

国学漫谈

原载：国学版（光明日报2009.7.6.第12版）

刘固盛

善是中华传统文化最重要的特质和核心价值。这一核心价值的形成，与儒学的长期浸润密切相关。然而，我们讨论中华文化中善的思想时，也决不能忽略道家。道家虽以探索宇宙本原之道为其哲学旨趣，但其最终落脚点仍然在人道上，在思考社会与人生的本质时，道家同样是求善的，这一点在老子思想中有典型的体现。老子之善，可以从三个方面加以理解。

一、上善若水

对于善，《老子》第8章有一个总的看法："上善若水。水善利万物而不争，处众人之所恶，故几于道。居善地，心善渊，与善仁，言善信，正善治，事善能，动善时。"《老子河上公章句》是这样解释"上善若水"的："上善之人如水之性。"结合《老子》章旨与河上注可以看出，水针对道而言，水的品性几近于道；善则是针对人来说的，个人体道，乃为上善。唐玄宗疏解此章时，曾指出"水之三能"："水性甘凉，散洒一切，被其润泽，蒙利则长，故云善利，此一能也。天下柔弱莫过于水，平可取法，清能鉴人，乘流值坎，与之委顺，在人所引，尝不竞争，此二能也。恶居下流，众人恒趣，水则就卑受浊，处恶不辞，此三能也。"

注文阐明了水的三种品性及其作用：其一，水无所不在，滋润万物，一切物类皆赖水的润泽而生长；其二，水以柔弱为品德，不与人争，而是顺随引导，该流则流，当止则止，无所不可；其三，人之品性，好居上位，恶处下流，而水则处下不争，居污不辱。水的品性，正与道的特点类似，所以老子以水喻道。而这个比喻的目的，则在于阐明上善之德，具体来说，乃有"七善"：（1）居善地：人往高处走，水往低处流。老子反之，认为人应该效法水的品性，处于卑下之地，低调生活。一味争强好胜，不是好事。《老子》第66章云："江海之所以能为百谷王者，以其善下之也。"江海正是因为处于低下的位置，反而成就了其浩瀚与博大，所以"圣人终不为大，故能成其大"。（《老子》第63章）（2）心善渊：渊，深也。人的内心要像水一样深沉平静。《老子》第15章曰："古之善为道者，微妙玄通，深不可识。"善于体道的人，其品性与水相似。（3）与善仁。水善利万物，而不求回报，也不去争夺什么，最具有仁爱精神。（4）言善信。即讲求诚信。《老子》第81章曰："信言不美，美言不信。"真实的话往往不动听，漂亮话往往多虚假，所以要善于鉴别，以诚信为上。（5）正善治。为政要合乎正道，即按道的原则做事。道的原则就是水的原则，也即无为的原则。（6）事善能。做事有滴水穿石、以柔克刚的韧性，诚如《老子》第78章所言："天下莫柔弱如水，而攻坚强者莫之能胜。"（7）动善时。水能方能圆，总是能够根据自己所处的位置和对方的状况以做出最恰当、最合理的调整，最能发挥所长。

从上所论可知，老子所言之善，不仅包括"既以为人己愈有，既以与人己愈多"（第81章）的仁爱精神，也包括言必真实、善信不欺的诚信态度，还包括澄静清虚的心境。同时，老子之善并非随意的迁就、忍让与施舍，而是讲究原则与精神的，那就是"正善治，事善能，动善时"，老子之善，与宋襄公式的仁义有很大的差别。

二、善者吾善之，不善者吾亦善之

老子思想中关于善的另一经典表述是："圣人常无心，以百姓心为心。善者吾善之，不善者吾亦善之，德善。"（第49章）一般来说，与善者相处较为容易做到，但要包容不善者，则很难了，但老子认为，只有能够做到"不善者吾亦善之"，才是真正的"德善"。此点，确乃显示出了道家宽阔的胸怀。南宋吕知常注曰："夫善否相非，诞信相讥，善与不善，信与不信，世俗之情，自为同异耳。故有好善之心者，圣人不违其性，辅之以上善，使必成其善。苟有不善者，亦因以善待之。善不善在彼，而吾所以善之者，未尝渝也。百行无非善，而天下莫不服其化，德之厚矣。"（《道德经讲义》第49章）道家主张善待天下所有人，善者使之更善，不善者使之得到感化而迁心为善，从而达到"常善救人，故无弃人；常善救物，故无弃物"的理想状态。吕注还强调了一点，只有世俗者才有善与不善之别，至于圣人本身之善是不会变化的，善与不善者均以善待之，这也是不会改变的。

老子"不善者吾亦善之"的思想还反映出了道家的超越精神。如北宋王雱注云："善恶生乎妄见，妄见生乎自私。公于大道，则虽目睹善恶，而心无殊想矣。故圣人因世之情，强立毁誉，而心知善恶，本自非相，故不善之善，非怜而恕之，乃不觉有异也。忘善恶之实，真善也。"（李霖《道德真经取善集》卷八）王雱此注，借助于佛教的观点以明老子对待善的超越境界。善与不善都是出于名相的执著，圣人之心能够超越名相与妄见，达到无心之境，从而实现"忘善恶之实"、超越善恶的真善。

三、以德报怨

与"不善者吾亦善之"思想密切相关，在如何解除矛盾、化解怨愤上，老子主张"以德报怨"（第63章）。《老子》第79章指出："和大怨，必有余怨，安可以为善？"什么是"和大怨"呢？河上注云："杀人者死，伤人者刑，以相和报也。"这一解释是可取的。而孔子所主张的"以直报怨"，其意正与"和大怨"相近。当然，在老子看来，这种"和报"怨愤的方式，必然损害人情，留下余怨，因而不可为善，所以不是解决问题的最好方式。老子认为，对待怨愤的最好方法是以德报怨，这也是老子之善的最高境界了。

相对于孔子的以直报怨来说，老子的以德报怨更显示出一种宗教式的情怀。这点恰在以后的道教教义中得以印证,如南朝道士顾欢在诠释《老子》时发挥曰:"自然无情,以与善为常,司契之人,是道之所与也。然则此经所明,是自然之道,可以与善,不可示恶也。问曰:盖闻常善救人,则善恶无弃,天道普慈,无物不育。善者己善,何须此与?恶者宜化,何为不示耶?答曰:道教真实,言无华绮。上士闻道,勤而行之,下士闻道,大而笑之。闻而勤行,以成其德,闻而大笑,只增其罪。故以道与善,成人之美也;不以示恶,不成人之恶也。"(《敦煌本老子道德经顾欢注》,《中华道藏》第10册)天道以与善为常,成人之美,不成人之恶,这是老学之要义,也是道教的宗旨。应该看到,老子所倡导的以德报怨思想,实际上包括两个层面的意思:其一,从道的层面来看,以德报怨即是道的体现,乃为大善。其二,从社会个人的角度看,以德报怨思想的重点在于为善去恶,而不是无限度地容忍或者放纵邪恶。

综上所述,上善若水;善者吾善之,不善者吾亦善之;以德报怨三个方面,实具有内在的逻辑关联,反映了老子之善的主要内涵。老子论善,既体现出了中华文化中固有的为善、求善精神,同时又保持着道家特有的清醒与智慧。对道家关于善的思想的继承与弘扬,将有助于矫正我们民族性格中的某些偏颇之处,更好地发挥传统文化的现代价值。

(作者单位:华中师范大学)

国学漫谈

北冥有鱼 其名为鲲

陈鼓应

原载：国学版（光明日报2008.11.24第12版）

庄周学派留下了一部《庄子》，由于它那芒忽恣纵的语言风格，以及高远深邃的思想意境，常被正统派视为异端邪说而遭扭曲，所谓消极、出世是常有的误解。但是我想，中国文化中如果欠缺了庄子的生命情调和美感情怀，那么中国的文学、艺术和美学会成为什么样的光景？如果中国哲学只有孔孟之道，而欠缺老庄的哲学理论和境界，那么它会单调到什么样的程度？

我是学哲学的，对《庄子》的研究大致可分为三个阶段。上世纪60年代初，我由尼采进入《庄子》，即主要是从尼采的自由精神来阐发《庄子》，同时思想上也受到了存在主义的启发。上世纪70年代之后，我在美国期间的所见所闻，使我的注意力渐渐从自由、民主扩大到了社群、民族的理念，从而对《庄子》的理解也随之转移到"归根"和"积厚之功"的层面上。而进入新世纪后，2001年的"9·11"袭击事件导致了一场新的十字军东征，在我的思想上也引起了很大的触动，使我更加看清霸强的自我中心和单边主义。由此推到《庄子》研究上，也使我更加注重多重视角、多重观点地去看待问题。当然，上述三个阶段不是割裂的，而是紧密联系的，只不过三者间有一个大概的分期罢了。

我求学的年代，正处于新、旧儒家重塑道统意识及其推波助澜于个人崇拜的空气中。这种空气令人窒息，我便从尼采的《愉快的智慧》、《查拉图斯特拉如是说》等著作中汲取营养。尼采曾经自称为"自由精神者"，他说"不管我们到哪里，自由与阳光都绕着我们"，"生命就是要做一个人，不要跟随我——只是建立你自己！只是成为你自己"。这种张扬的自由给了我很多的启示。从1960年到1963年之间，我研究的主题由尼采进入庄子，尼采对西方文化进行价值"转换"，引发了我关注庄子对文化与哲学的价值进行重估。譬如读《庄子·逍遥游》第一段："北冥有鱼，其名为鲲。鲲之大，不知其几千里也。化而为鸟，其名为鹏。鹏之背，不知其几千里也。怒而飞，其翼若垂天之云。是鸟也，海运则将徙于南冥。南冥者，天池也。"最初我的理解侧重在"游"，在"放"，在"精神自由"，这可与尼采的观点相互对应，庄子的"逍遥游"正是高扬的自由自在的精神活动。尼采和庄子所散发的自由呼声，使我能够从中西传统文化的观念囚笼中摆脱出来，走向一个没有偶像崇拜的人文世界。

随着年龄与阅历的增长，我的心思渐渐由当初的激愤沉淀下来，进而体会到"积厚"的重要性。鲲在海底深蓄厚养，须得有积厚之功；大鹏若没有经过心灵的沉淀与累积，也不可能自在高举。老子说："九层之台，起于累土。千里之行，始于足下。"走千里路，就得有一步一步向前迈进的耐心。同时在客观条件上，如果没有北海之大，就不能蓄养巨鲲，也就是说如果没有深厚的文化环境，就不能培养出辽阔的眼界、宽广的心胸。而蓄养巨鲲，除了溟海之大，自身还得有深蓄厚养的修持功夫，要日积月累，由量变而质变。"化而为鹏"，这意味着生命中气质变化所需要具备的主客观条件。

从哲学角度来讲，鲲化鹏飞寓言中所蕴涵的哲理，其一，体现在从功夫到境界的进程中。鲲的潜伏海底，深蓄厚养经由量变到质变，乃能化而为鸟；鹏之积厚展翅，奋翼高飞，这都是属于功夫修为的层次。而鹏之高举，层层超越，游心于无穷，这正是冯友兰先生所说的精神上达"天地境界"的层次。功夫论和境界说是中国古典哲学的一大特色，而鲲化鹏飞的寓言，正喻示着由修养功夫到精神境界层层提升的进程。其二，体现在"为学"到"为道"的进程中。《老子》第四十八章说："为学日益，为道日损。""为学"是经验知识的累积,"为道"是精神境界的提升。老子似乎并没有把这两者联系起来,而且《老子》还说过"绝学无忧",这样"为学"和"为道"成为不相挂搭的两个领域。不过,老子提出"为学"与"为道"的不同,确实是很重要的议题,但两者如何衔接,是否可以相通?这难题留给了庄子。在鲲化鹏飞的寓言中,庄子喻示了修养功夫到精神境界的一条进程,同时也隐含了"为学"通向"为道"的进程。《庄子》书中,写出许多由技入道的寓言,如庖丁解牛(《养生主》)、痀偻承蜩(《达生》)、梓庆为鐻(同上)、司马之捶钩者(《知北游》)等等,这些由技艺专精而呈现道境的生动故事,都表达出"为学日益"而通向"为道"的神妙高超境界。

近年来,特别是"9·11"袭击事件之后,我对庄子价值重估问题又有了一些新的思考,比如对"内圣外王之道"就有了一番新的理解。

中国哲学最高的理想"内圣外王"是由庄子提出的。这主张影响各家各派,而后成为历代士人的言行指标。所谓"内圣"就是个人人格的修养,所谓"外王"就是对于社会的关怀与行动的投入。中国文化以儒道为代表而言,儒家侧重在伦理意识的启发和道德规范的实践,而道家的庄子,则着重在心灵开放和审美意境的阐扬,较偏于"内圣"方面的功夫。老子和孔子虽然各有一套外王之道,其理论建构是否完整也令人质疑。尽管如此,两者在历代知识阶层仍经常被提出讨论,而庄子的外王之道则较少被讨论到。不过"9·11"事件之后,我不禁联想到,庄子的齐物精神在地球村如今的发展趋势中,其实颇具现代意义。审视西方文化,从政治哲学的角度看,西方中心主义者对弱势国家及弱势文化缺乏尊重,甚至加以欺压;从宗教哲学的角度,西方文化在高度发展的文明中,以一神论的思想,将上帝视为至上神,但同一个上帝的子民却敌我矛盾,流于天无二日的紧张与矛盾之中。这使我想到庄子所创造的"十日并出"的寓言。这种从个体到国族的自我中心,使人类的生命形态面临了重重的困境,正如尼采所说的:"人类是病得很深的动物。"

庄子哲学的精神不仅止于《齐物论》篇,但《齐物论》篇的齐物精神对于人类文明的苦难特别具有现代意义。其一,反省自我中心主义。自我中心的单边主义思维,容易陷入独断的观点。人类一旦陷入自我中心,则以单边的思考,导致个体之间的冲突,到国族之间的冲突,到整体人类的衰败,这将造成整个地球的严重毁损。而庄子的齐物精神,则是以多边思考的开放性,主张多维视角、多重观点。其二,追求和谐的同通精神。庄子说:"举莛与楹,厉与西施,恢恑憰怪,道通为一。"(《齐物论》)这段话蕴涵两个层面的意思。首先,"恢恑憰怪"即是对于个体的张扬,从而到个别民族、文化的张扬。意思是尊重每个个体或群体之间的差别,而以齐物精神等同观之;"道通为一"则是说个体虽然千差万别,但在"道"的世界里却可以相互会通。所以这段话一方面肯定了个体的殊异性,另一方面又从同一性与共通性的角度,将个体殊相引向整全,而在"道"的整全世界里打通了万有存在的隔阂。这种齐物精神,要有多边的思考及开阔的心胸才能达到。

如果将哲学分成概念哲学与想象哲学的话,在西方哲学传统中,亚里士多德属于前者,柏拉图则应属于后者。而在中国哲学传统中,老子当属于前者,而庄子则属于后者。庄子以诗一般的语言,充满隐喻性的叙述,在思想的诠释上留下想象的空间。无论在文学、艺术及哲学各领域,庄子皆提供给后代丰富的思想资源。概略而言,庄子对于后代的影响应有三个方面。一是开创了中国的文人传统,二是开启了审美的人生观,三是在后代哲学理论体系建构上起了积极的影响。

首先,在开创中国文人传统方面。先秦时代,士人群起而出,然而大多是依违在仕与隐之间。庄子则超越了仕与隐之间的冲突与两难,既"独与天地精神往来"(《天下》),又"不谴是非以与世俗处"(同上),在板荡的时代中,做一位清醒者、殊异者。然而又不同于屈原,庄子的清醒与殊异,并非基于愤世之孤傲与洁身之坚持,而是以广袤无垠的宇宙意识与天地精神,对世间多怀一份醒觉的洞悉与深情的理解。这样一种对世间的醒觉与深情,后代之嵇康未尝不是,陶潜何曾不然,东坡恐亦如此。

其次,在开启审美的人生观方面。庄子那种"原天地之美,达万物之理"(《知北游》)的宇宙心灵,以及"德有所长而形有所忘"(《德充符》)的本真性情观,皆透显出一种艺术的、审美的精神。这种审美精神,在中国艺术美学的发展上起了关键性的影响。

再次,在哲学理论体系建构方面。我们应该看到,在哲学理论体系建构上,庄子思想对后代的影响实不容忽视。如以宋明理学或心学来说,在理、气、心三体系中,除了孟子的心性论,庄子相关的哲学论题亦在其中起到了重要的影响。张载的"太虚即气",渊源自庄子的气论,而程颐的"理一分殊",更是以老子"道"—"德"、庄子"道"—"理"的关系架构为其理论模式。可见宋明理学虽强调儒学道统,然而在理论体系的建构上,多依循老、庄的哲学论题与思维模式。

《庄子》素以难解著称。由于《庄子》文本的开放性,在庄学阐释史上,存在着多种阐释指向,以道解庄者有之,以儒解庄者有之,以《易》解庄者有之,以佛解庄者有之,可以说是众说纷纭。方勇教授倾十多年的心力,收集自先秦至民国庄子学著作二百余种,并对这些著作详加梳理、研究,著成了近二百万字的《庄子学史》。这部巨著,正可以向人们展示庄子学各阶段发展的概貌、特征,对大家解读《庄子》及相关文化事项甚有裨助之功。

编后:本文系作者为《庄子学史》(方勇著,人民出版社出版)一书所作的序,本报略有删节,标题为编者所加。

国学动态

挽季羡林先生,用杜甫长沙送李十一(衔)韵

饶宗颐

原载:国学版(光明日报2009.7.20第12版)

遥睇燕云十六州,商量旧学几经秋。
榜伽糖法成专史,弥勒奇书释佉楼。
史诗全译骇鲁迅,释老渊源正魏收。
南北齐名真忝窃,乍闻乘化重悲忧。

(北京大学《儒藏》编纂中心、中国文化书院提供)

国学漫谈

安顿价值 培育精神

原载：国学版（光明日报2006.7.4第5版）

宋志明

"中学"、"旧学"、"国学"这三个词意思相近，并且都是在近代中国出现的。"中学"一词是王韬、冯桂芬等中国近代早期改革派使用的，是对中国学术的总称，相对于"西学"而言。他们在中性的意义上使用这个词，常常与"西学"并用，宣称"中学为体，西学为用"。在戊戌变法时期，维新派思想家发明了"旧学"一词，用来取代"中学"，或者把这两个词混用。这两个词的外延是一致的，不过"旧学"带有明显的贬义。他们常常把"旧学"说成是"新学"的对立面，褒贬之意自不待言。"国学"一词是20世纪初国粹派经常使用的词语。在他们看来，从学术渊源来说，"国粹"与"国学"同义，都是指中国传统文化的精华；而从精神实质来说，"国粹"与"国魂"同义，都是指中华民族精神。很明显，在他们那里，"国学"是个褒义词。

我比较认同国粹派关于"国学"的说法。我认为，所谓国学，本质上就是中华民族精神的载体，就是中华民族的精神现象学，就是我们的精神家园、我们的精神故乡、我们的安身立命之地。

国学作为我们民族精神基因，有指导人生、安顿价值的意义。研习国学,不能抱有个人功利目的。它不是通常意义上的知识,而是价值安顿的学问。研习国学的过程,就是精神修养、陶冶性情、心灵净化的过程。国学既是一种说法,也是一种做法。研习国学,是掌握如何做人的学问,特别是如何做中国人的学问,而不是做某种类型的专家。

国学所提供的精神资源主要是儒释道三家。三家互补,共同培育中华民族精神,铸就中国人的民族性格。

首先,儒释道都重视个人的人生修养,重视理想人格的实现,以不同的方式表现了对人的价值的关切。儒家以积极的入世精神,提倡在现实世界中成就最高的道德境界,实现人生的价值。道家则重视人作为个体的存在价值,主张因顺自然,在人与道的合一中发掘人的生命价值。佛家则关心人的生老病死,关心愿望与现实之间永远无法消除的反差所带来的痛苦,在克制欲望、追求涅槃境界的过程中体现今生的价值。

其次,儒释道三家从不同的角度提供精神动力,帮助人们追求人生理想境界,也就是追求真、善、美的境界。儒家关心天下兴亡,不计个人得失,知其不可而为之,以直面现实、经世致用为人生最高的追求,并把这种追求归结为"天下为公"的"大同之道"。道家不刻意人为,追求自然、完美,主张通过"体道"回归自然境界,无私无欲,把与自然同体、与自然为一视为人生的最高价值。佛家倡导无私无欲,超脱自在,主张通过行善事引导人们追求"真如"佛性。儒释道三家以各自的方式追求真、善、美,促使中华传统文化形成鲜明的特色。

再次,儒释道三家都重视人生与道德的关系,强调心性修养的必要性。儒家用"礼"来约束人的行为举止,用"诚意"、"正心"、"慎独"来规范人的内心世界。道家则以虚寂守静来开发人的自然本性,主张排除杂念的干扰,求得心灵的宁静。佛教则要求人们在心中"念"才起之时,就立即遏制住,不让它生起,从而保持内心的清净。由此可见,重视人生道德,关注心性修养,乃是三家成就理想人格的根本之所在。

通观儒释道三教,一般就个性而论,强者往往尊崇儒,智者往往笃信道,慧者往往推崇佛。在人生的不同阶段,儒释道三者都可以满足不同的精神需求。就一个社会而言,当其蒸蒸日上之时,往往视儒家学说为典范;当其陷入困境之时,往往也会从道家或佛教那里寻求解救问题的智慧。在中华民族精神的形成和培育过程中,儒家的仁、礼、忠恕、中庸等思想，形成了中华民族温和谦恭、彬彬有礼、刚毅进取、自强不息、吃苦耐劳、勤俭持家、乐观向上的优良品质，造就了许多富贵不淫、贫贱不移、威武不屈的仁人志士。道家的自然无为、雌柔不争、功成名遂而身退等思想，赋予了中华民族潇洒飘逸、高风亮节、绝尘而超俗的风骨，造就了许多清新典雅、仙风道骨的"采菊之士"、"竹林饮者"。佛教"慈悲平等"、"自觉觉他"、"去恶从善"等思想，也深深地影响了中华民族的性格，培养了中华民族善良、宽容、奉献、无畏的性格内涵。儒道佛三家在培育中华民族精神方面，殊途而同归。儒道佛三家经过约两千年的互动，相互融合，相得益彰，各以其自身的文化特质发挥着各自的优势，相互补充，相互依存，成为培育中华民族精神不可缺少的文化资源。

国学动态

新发现胡适佚文一则

原载：国学版（光明日报2007.2.15第9版），本书有删节。

胡适先生一生勤奋治学，嗜好购书，所储丰富。胡适1948年离开北平，其大陆的藏书，即北京大学图书馆托管的一百零二箱内书籍和文件，1957年在遗嘱中捐赠给北大。后藏书打散，没有编制专目，所以今日无法知晓胡适藏书全貌。笔者在北大图书馆查阅论文资料时，意外得见胡适所藏古籍一种，1919年上海扫叶山房三校重印的《百子全书》，扉页上有胡适题记一段，叙购书原委：

《百子全书》本是湖北崇文书局刻的。我做小孩子时，家中有此书零种，我初读《孔子家语》等书都是用这种本子。后来在北京，我稍稍懂得版本和校勘了，颇轻视湖北局刻本。现在我在海外，竟用二十美元买这部扫叶山房石印本的《百子全书》！周鲠生兄说："赶快买！总比没有书好！"我也同情他的话，就记在这里。民国卅二年，三月廿九夜胡适记于纽约东八十一街一〇四号。（刘洪权）

国学与江南文化刍议

国学漫谈

原载：国学版（光明日报2006.9.5第5版）

刘士林

　　之所以提出"国学与江南文化"，除了一般的发扬先贤学术、"旧学商量加邃密"之意，主要原因是当今学术的条件与语境已然发生了巨变。对于包括江南学术在内的江南文化研究，则是20世纪的考古学为之提供了全新的理论基础与解释框架。关于中华文明的起源，一个已常识化的说法即"黄河中心论"，正是依托于这个框架，包括江南文化在内的整个长江文明，一直被解释为黄河文明传播的产物。而近几十年的考古学成果证明，长江文明与黄河文明"本是同根生"。"黄河中心论"的最大问题是以"传播论"遮蔽了江南的"原生文化"，由此对后者造成了诸多的误读与曲解，今天必须慎重对待。

　　以国学的核心儒学为例，它在江南的传播与孔子的两个弟子相关，一个是子贡，"多次南下吴、越，政治目的是主要的，但在不经意间也宣扬了儒家的思想观点"。另一个是澹台子羽，"南游至江，从弟子三百人"，足迹到达"长江下游以南吴国中心地带，儒学的种子随之播往东南"。（何成轩《儒学南传史》）这可以看作是儒学南传的"文化路线"，而以后的江南学术，则大抵是它们在这一地区传播与再生产的结果。但由于忽略了江南文化的独立性，人们往往只看到儒学一方面的传播，至于江南特有的文化传统对北方儒学系统的改造与影响，人们即使不完全忽视，也基本上是不看重的。在实际上，南北之别是一种跨文化现象，如丹纳在《艺术哲学》中就谈到，由于气温、自然环境与水文条件的不同，意大利南北人民在思想、性格与风俗上就有许多重要差别。这也适用于解释江南文化与北方与中原文化的关系。所谓江南，主要包括苏、松、常、镇、应天（江宁）、杭、嘉、湖八府与太仓州，它们"在地理、水文、自然生态以及经济联系等方面形成了一个整体，从而构成了一个比较完整的经济区"。（李伯重《多视角看江南经济史》）不同的地理环境与经济生产，会直接影响到主体的思想观念与生活方式，这是从地域视角关注江南国学的重要原因之一。

　　江南文化对国学的意义，可从三方面加以了解。一是南北学术发展的物质条件不同。在北方，人与自然的矛盾表现较为突出，如明人丘濬说："不幸而有荒年，则伐桑枣，卖子女，流离失所，草芽木皮无不食者。……而淮北、山东为甚。"（《天下衍义补》）而北方与中原频繁的战争，也是"中州老师存者无几"的直接原因。与之相比，江南的经济基础要好许多，如范仲淹说："苏常湖秀，膏腴千里，国之仓庾也。"如苏轼说："两浙之富，国用所恃，岁漕都下米百五十万石，其他财赋供馈不可悉数。"物质文明是精神文明发展的前提，所以"民既富，子弟多入学校"（王世懋《二酉委谈摘录》）就成为江南社会的一个表征。这是刘师培说"魏晋以后，南方之地学术日昌，致北方学者反瞠其后"的重要原因。二是不同的物质条件直接影响到南北学人的精神生态与学术生产。由于现实生存条件恶劣，北方学者多关注国计民生，在学术生产上，也多持"述而不作"的态度，容易保守与守成，而于思想解放与学术创新上显得不足。在生活方式上也如此，他们一般都能严格遵守礼法与规范，以至于常常显得拘谨与呆板。与之相比，江南学人则要自由、开放许多。不少江南学者都很有个性，并表现出江南学人特有的优雅气质。如与孔子同时的季札，自然通达，博学清言，就是一例。我曾把江南文化与齐鲁文化的差异描述为"审美—诗性"与"政治—伦理"的对立，它同样再现于南北学人的深层生命结构中。如果说北方学人的最大特点是功利性，那么江南学者则更多地体现出非功利的审美品格。这以文学上的表现最明显，如《北史·文苑传》说:"江左宫商发越,贵于清绮;河朔词义贞刚,重乎气质。"不同的生命气质,自然会影响到学术的接受、传播与再生产。由于个性与思想比较解放,在江南地区,既容易出现戴震那样的"怀疑论者"、顾炎武那样的"职业化学者",也会经常出现李贽一类的异端人物。而历史上褒贬不一的乾嘉学派,与江南民族细腻的个性也是密切相关的。三是江南文化直接产生了独具个性的江南学派,西方汉学家艾尔曼将之称为"长江下游的学术群体"(a unified academic community in the Lower Yangtze Region)。如由沈彤、江声、余萧客、褚寅亮、洪亮吉、孙星衍、王昶、王鸣盛、钱大昕等构成的吴派,还有与之相辉映的皖派(包括程瑶田、金榜、洪榜、段玉裁、王念孙、孔广森等),江南学派的出现,不仅使"一代学术几为江浙皖所独占",也为中国传统学术的现代转型提供了重要的基础。从江南文化角度予以研究,可以更好地揭示中国传统学术的现代性价值。

从江南文化角度关注国学,既显示出国学存在方式的多样性,进一步开拓了研究的学术空间,同时也可以使我们的理解在内容上更加丰富,在细节上更加真实与生动。

(作者系上海师范大学都市文化研究中心教授)

国学漫谈

从儒学的特质看中国哲学的拓展

原载：国学版（光明日报2008.4.7第12版）

李宗桂

儒学特质究竟为何，迄今还是众说纷纭、仁智互见。而中国哲学研究的拓展究竟应当如何进行，也是一个令人颇费思量的问题。

中国传统哲学的主体是儒家哲学。儒家哲学有着丰富的内容和庞大的体系。按照类别划分，儒家哲学可分为政治哲学、经济哲学、文化哲学、社会哲学、人生哲学、自然哲学、历史哲学，等等。

如果从自然哲学的层面审视，相对于西方哲学而言，儒家哲学在本体论方面显得颇为不足，既缺乏细密的理论论证，更没有完整的体系。在本体论方面，相对于西方哲学而言，儒家哲学乃至整个中国传统哲学并没有什么优长之处。

如果从政治哲学、文化哲学、人生哲学、道德哲学、社会哲学等方面考察，儒家哲学则具有丰富的内容和深刻的思想。这种哲学，是真正充满中国作风和中国气派的、具有中国特色的哲学。这个特色，主要在于其关注现实的社会人生，具有当下即是的精神，强调社会实践（学以致用、经邦济世、知行合一），不崇尚玄思，主张担水劈柴即是妙道。

如果上述意见能够成立，那么，就逻辑地引出一个问题：这是哲学吗？在我看来，这种情况并不说明儒家哲学不是哲学，恰恰相反，这刚好从另外一个方面表明了儒家哲学的特质。黑格尔们批评中国没有哲学，只有道德说教，其实未必就是蔑视中国哲学，只能说明他们不明白中国哲学特别是儒家哲学的表现样式和精神实质，只能说明他们是以自己的是非为是非。但是，在事实判断的层面，黑格尔们是对的。儒家哲学，始终以教化为重心，以道德境界的提升为追求，所谓以"文"化之、以文教化，最终落脚于道德人心和民情风俗的醇化，正是中国式哲学的体现。所谓内圣外王，便是人生哲学、社会哲学和政治哲学的有机融合，是儒家哲学从道德自我的建立入手进而建立道德社会，齐风化俗、平治天下的思想纲领，也是其价值哲学的目标，是儒家文化理想的哲学表现，可谓典范的文化哲学。

在中国哲学的研究路向上，有照着讲和接着讲之分，还有"纯化"和"泛化"之别。无论照着讲还是接着讲，都离不开先前的思想资源，都是对先前资源的肯定。区别只是在于，照着讲是宗经崇圣法古，不敢也不能超越前人；而接着讲是继承前人、超越前人，从而发展前人的思想。同样，主张"纯化"中国哲学研究者，强调理论思维的重要性，强调概念、范畴、命题、理论体系对于把握中国哲学特质的意义，强调厘清中国哲学发展规律的重要性，而反对把政治思想、伦理思想、人生关怀之类问题当作哲学问题。不采用"纯化"方式研究中国哲学的，更多的是关注中国哲学的整体背景和社会影响，关注中国哲学对于现实的人生社会的作用。无论前者还是后者，都离不开对历史上的中国哲学的具体内容的把握，也就是说，都不能否认历史上的中国哲学，无论是"本来"的中国哲学还是"写"的中国哲学。可见，研究中国哲学和中国文化，不能不面对历史上的中国哲学本身，不能离开中国文化的特定生态和语境。

中国传统哲学，主要是以儒家哲学为主导或者为主要表现样态的哲学。这个哲学，在本质上是一种生活哲学、文化哲学、实践哲学。儒家哲学，是一种崇文哲学。因此，应当从文化的视角、从文化哲学的层面考察儒家哲学。

文化与哲学的关系，是个复杂的关系。文化反映的是生活方式，哲学思考的是思维方式。文化与哲学，二者相即相融，相互涵摄。文化是哲学的表现，哲学是文化的核心。从人生观的角度看，文化的核心是价值观；从世界观的角度看，哲学的核心是思维方式。在相当程度上，思维方式也是一种价值观。从所涉及的对象及其内容的广延度来看，哲学相对集中、凝练，文化相对宽泛、广博。因此，研究中国传统文化，探讨传统儒家哲学，建设当代中国哲学，都应当二者并行不悖。而在实践和操作的层面上，更应注重文化问题。从根本上讲，就是把儒家哲学看作一种文化形态，从"儒学文化"的视角进行研究，进行转化和升华。

近年一度热闹的关于中国哲学的"合法性"问题的探讨，就其实质而言，不过是研究中国哲学究竟应当采用何种范式的问题。如果采用西方哲学的范式，很显然，中国哲学的"合法性"就要受到质疑，中国哲学是否哲学就要受到挑战。反之，如果采用中国式的语言和表述方式，使用中国固有的概念、范畴、命题和思维去进行诠释，则"中国哲学"是不证自明的、不言而喻的。这表明，在中国哲学研究上，与其生硬地去迁就西方哲学的范式，勉强地将其"哲理化"，以便和西方哲学相对应，不如遵从中国历史的实际，从广阔的文化视野去审视中国传统哲学，承认其伦理化、政治化的特质，从而在文化价值论的层面给予其合理的定位和评价。显然，今天的中国哲学研究，关键并不在于挖掘传统哲学的本体论、形上思辨的东西，而是要从生活哲学的层面，从生命理念的层面，从社会关怀、人文关怀的层面，从儒学文化为中国人所能够提供的安身立命之道的价值方面着眼，进行发掘。否则，中国传统哲学的资源就不可能得到真正的合理转化，所谓中国哲学的继往，就会落空；同样，所谓开来，也就缺乏历史依据和价值根基。因此，在研究中国传统哲学和文化、构建当代中国文化价值体系、建设中华民族共有精神家园的时候，不妨抓住儒学文化这个重要问题。

儒学文化作为一个整体，在今天已经失去了它的时代合理性。但是，它的某些内容、某些观点，在今天仍然有积极的意义。甚至，经过理性的扒梳和诠释，也能彰显它的现代性和普世性的一面。值得注意的是，这些既具有很强民族性，又具有很强的现代性、普世性的东西，绝对不是西方哲学范式下的"哲学"，而是典型的中国作风、中国气派的东西，是真正的"化"了的"文"，是真正的以"文""化"之，是真正的生活哲学、行动哲学！这些内容和精神，便是古典意义的中国哲学、儒家哲学！而这个中国的、儒家的哲学，是真正"文化"的！

（作者系中山大学教授、文化研究所所长）

国学动态

庚寅年黄帝故里拜祖大典拜祖文

原载：国学版（光明日报2010.4.20第12版）

具茨山下，中华始祖轩辕黄帝故都故里；旧都新郑，炎黄后裔庄严神圣拜祖敬宗。

维公元二〇一〇年四月十六日，农历庚寅岁三月初三，中华炎黄文化研究会会长许嘉璐，谨以海内外炎黄子孙之名，肃拜恭祀我人文始祖轩辕黄帝曰：

中华文明，源远流长。
黄帝功德，万古流芳。
启迪蒙昧，开辟鸿荒。
丰功伟烈，恩泽八方。
教民畜牧，莳谷树桑。
婚嫁制礼，历数岐黄。
始作车楫，初制度量。
选贤与能，整纪肃纲。
修德柔远，封土修疆。
肇趋一统，和合共襄。
后来秉志，历尽沧桑。
千秋风流，共赋华章。
譬如积薪，后来居上。
愈挫愈奋，多难兴邦。
天下为公，民本为上。
民主科学，世代向往。
民生民权，民富民强。
公平正义，共建共享。
五洲四海，华侨华商。
振兴中华，百年梦想。
实事求是，思想解放。
时进我进，改革开放。
文化自觉，百花芬芳。
兼收并蓄，博采众长。
科学发展，步履坚强。
继往开来，灿烂辉煌。
大河之南，九州之央。
念兹在兹，若网在纲。

河洛崛起，亿民昂扬。
佳绩重重，荣我轩黄。
昆仑巍峨，大河浩瀚。
天高地迥，海清河晏。
水来自天，润溉中原。
遥思古昔，荜路艰难。
允恭克让，勤奋而俭。
和而不同，存异择善。
自尊自强，何惧忧患。
厚德载物，止于至善。
赤子情同，跨海越山。
唇齿相依，心意相连。
和衷共济，息息相关。
兄弟手足，相扶相牵。
复兴大业，唯恐不先。
心属华夏，万事无难。
家和事兴，万邦钦美。
拳拳之诚，列祖实鉴。
共享荣光，龙脉绵绵。
谨告我祖，伏惟尚飨！

古代的时间意识

国学漫谈

瞿明刚

原载：国学版（光明日报2008.5.12第12版）

中国古代时间意识的核心概念是"时"。

"时"字在甲骨文中从"日"，从"之"，而"之"字虽为声符，却兼具表意功能，有"适"、"往"的含义，于是，"时"字就是示意太阳在运行——太阳的运行是中国先民最初的计时方法。《说文解字》在解说"时"字时也认为："时，四时也，从日。"

太阳是初民时间意识的唤起者。例如日：本义为"太阳"。日出到日落为一个白天，于是，"日"引申出"白昼"的含义。

"悬象著明，莫大于日月。"（《易·系辞》）月亮作为"夜光"，也是先民时间观念的触媒。

甲骨卜辞"月"、"夕"不分，"正表明了在先民心目中'月亮'这一天体同'夜晚'这一时间的密切联系，故先民便以'月'的形象来记'夜'这个词"。朝：从月，从屰。"月初之名也"（《释名》），本义：农历每月初一。"屰"在甲骨文里"象倒人之形"，表示月亮初生，描绘了最初的上弦月景色。

日升月落是常态，但是，日月同辉也是经常出现的景象——朝："会

意。甲骨文字形，从日在草中，从月。字像太阳已出草中而月亮尚未隐没形。本义：早晨。"（《高级汉语大词典》）

由于日月是先民时间意识的触媒，后世的汉字便多以日、月的偏旁来表示时间概念，例如"早"、"昧"、"晚"等。

日升月落还仅仅只是日夜轮转的第一时间感觉。

至于"宇宙"里的"宙"表示古往今来的一切抽象时间，更多出现在纯学术和纯文学的文本里。据查，《佩文韵府》只有13个以"宙"为韵脚的词，远远少于"时"的韵脚词。

"岁时"是中国传统社会特有的时间概念。

"岁时"的概念就超越了"时"，表现一种时间组合的概念系统，岁指一年的时间周期，时指一岁之中的时令季节。一个轮回的时令季节组成年度时间，即古人所说的"四时成岁"，"岁时，谓每岁依时。"（[宋]卫湜：《礼记集说》卷一百十二）

不过，"商代和周代只实行着二时制，四时制当发生于西周末叶"。（于省吾：《岁、时起源初考》，《历史研究》1961年第4期）

岁时的概念是时间意识的进步，是农耕文明的计时成果。

"岁"的重要价值使得古代存在过如下词汇——岁祲：一年到头妖气弥漫。岁腊：年终祭祀祖先。岁事：诸侯每年秋季朝见天子之事。岁恶：岁凶，指收成不好。"时令"是中国古代时间意识的成熟形态。时令，就是来自大自然不同岁时的律令。

古人在观察自然物候变化的经验基础上，还发现大地的万物生长与天空的日月星辰有一定的对应关系，于是产生了时间—空间—人事（农事）相互配伍、对应的时令意识，也叫"月令"。

"月令"强调的是人们要顺应天象和自然，叫作"顺时而动"。

为了更好地顺时而动，人们又开始划分"四时"为"八节"和"二十四节气"。

八节：相传黄帝时代的少皞氏"以鸟名官"：玄鸟氏司分（春分、秋分），赵伯氏司至（夏至、冬至），青鸟氏司启（立春、立夏），丹鸟氏司闭（立秋、立冬）。玄鸟是燕子，大抵春分来秋分去；赵伯是伯劳，大抵夏至来冬至去；青鸟是鸧鹖，大抵立春鸣立夏止；丹鸟是鹫雉，大抵立秋来立冬去。

从战国时代开始，人们就对八节进行了更细密的划分，一年四季就有了二十四节气。二十四节是重要的自然节点，也便成为标准的自然时间，为古代的农业生产提供了切实有效的气象服务，成为农事活动的指南。

春天是主生的季节，天子要禁止人民砍伐森林、倾覆鸟巢、杀害幼虫。

如果春令、夏令、秋令、冬令没有按照自然的时序来从事，就会发生各种灾害。

"岁时"是夏、商、周时期人们对时间的感受以及对时间进行切分操作的人文符记，是人们依据自然变化的规律提炼出来的时间系统，而"月令"则是岁时概念的人性化、伦理化、社会化。

"月令"作为古代中国人总结出来的一套自然律令，也是帝王颁布政令的根本依据，千百年来一直主宰着人们的观念和行为，造成了一系列合理的科学的时间意识、行为模式和国家政策。

与时偕行——《周易》"文言"在解《周易·乾卦》九三爻辞"君子终日乾乾"时说："终日乾乾，与时偕行。"即君子终日勤勉，与时并进不息之意。《损卦》的《彖传》说："损益盈虚，与时偕行。"《益卦》的《彖传》说："凡益之道，与时偕行。"人事或损或益，或进或退，都要符合时代的发展要求，符合时机提供的条件。"与时偕行"与现代人的"与时俱进"思想有渊源关系。

奉天之时——《周易》"文言"："夫大人者，与天地合其德，与日月合其明，与四时合其序，与鬼神合其吉凶，先天而天弗违，后天而奉天时。"

事与时并——《礼记》："事与时并，名与功偕。"《礼记注疏》认为，"事与时并"是"为事在其时也"，"尧授舜，舜授禹，汤放桀，武王伐纣，时也"。

不夺民时——"不夺民时，不蔑民功……国有班事，县有序民。"(《国语·周语（中）》)这里谈到了一个执政理念：不要耽误农时，也不要轻视农事，都城和郊县的农人要轮流休息或服役。

不违农时——谓"王道"即政令不违背农作物耕作的时间。语出《孟子·梁惠王上》："不违农时，谷不可胜食也；数罟不入洿池，鱼鳖不可胜食也；斧斤以时入山林，材木不可胜用也。"强调"王政"要给谷物、鱼鳖、林木以休养生息的时机，这是"仁政"的主要内容之一。

国学漫谈

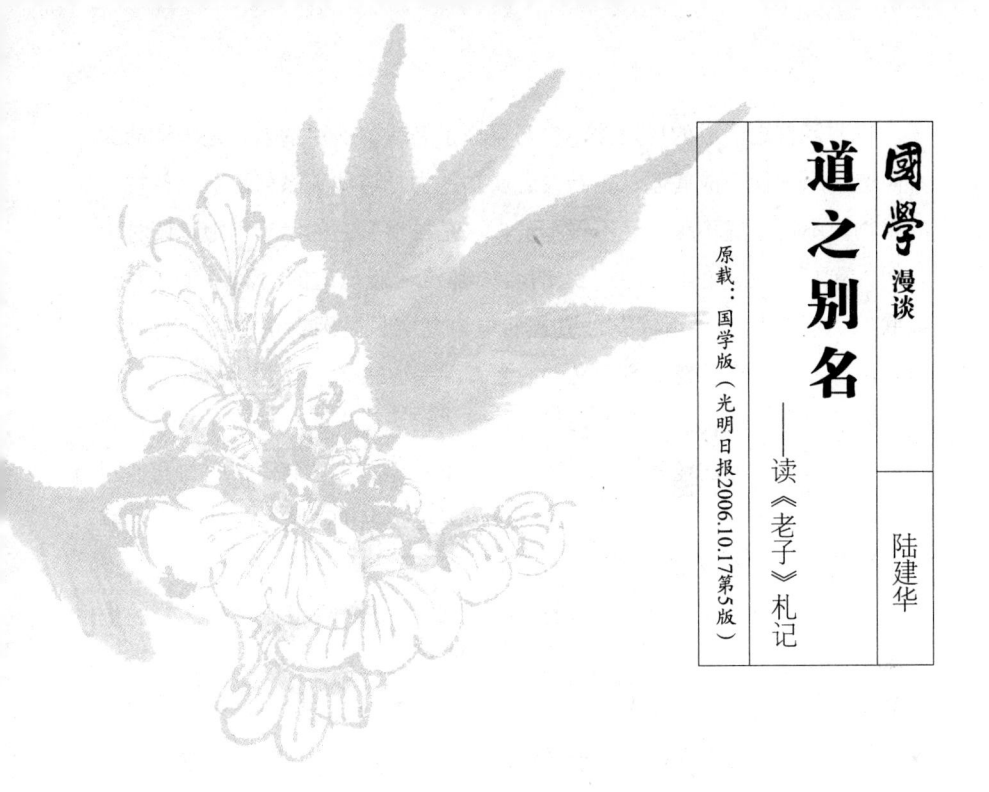

道之别名
——读《老子》札记

陆建华

原载：国学版（光明日报2006.10.17第5版）

　　《老子》的高妙集中于"道"，老子的才情尽显于言说这不可言说的"道"。

　　道可道，非常道；常道，不可道。即是说，可道之道非真道，不可道之道真为道。于是，有人以为道超出名言之域。既然此道不可言说，似不必枉费心血谈论它，但又不得不说——作为万物之源、天下之主，道对于宇宙苍生至为重要。

　　言说道，用老子的话来说，就是要"出口"（《老子·35章》）。既要"出口"，当然要先"名"之。"名"之的前提是知之。但是，这个道视之不见、听之不闻、搏之不得，其外在方面无形无象、无声无音，即便有形有象、有声有音，也超越感知所及的范围；其内在方面虽有物、有象、有精，然其物、其象、其精，幽暗深远，恍恍惚惚，飘逸不定，不具有确定性，同样也超出感知所及的范围。此道的外部情状与内在结构不为感官所知，则无以知之。道无从知，何以名之？无奈何，老子遂有"道隐无名"（《老子·41章》）的不可名的说法，谓道因其"隐"而不显而无以知、无以名。道因不可知而不可名，道之不可名就不是名的"责任"

了。所谓名言之于道的局限性，实乃冤枉了名言。而所谓名言之于道的关系问题，原来便不成问题，实乃人之认知能力与道的关系问题被"忽视"的产物。不过，道不可名又不得不名，这是排遣不去的两难境地。同时也表明，包括道在内的所有关于道的名称都意味着与道的内涵、属性似无关联的"假借"或"指代"，道之名与道之实只是因言说的需要而"结合"，二者之间不存在一般意义上的名实关系。

老子很老实地说："吾不知其名，字之曰道。"（《老子·25章》）坦言以"道"名道的秘密："道"本身也不是道的"本名"，它与其他别名一样是被借用来的替代者。因此，从作为道之名的"道"的特征来理解道，恰是离道远去，与道渐行渐远，更不可能走近、进入道。道原为人行必由之路，引申为人之必须遵循的准则、规律，无论是从道所生之物的生命展开过程就是走向道的旅程，或者说，生命的过程犹如一段路程来说，还是从道主宰天地万物和人类的作用来说，名道为"道"形象生动。

在"字之曰道"之后，老子又说："强为之名曰大。"（《老子·25章》）以"大"名道倒也合适，因为即使天大，地大，人亦大，天地人在上下四方之中成为"大"，与道相比还不是绝对的大，依然没有超出"域"之外。关键是，老子又在别处解"大"曰："万物归焉而不为主，可名为大。以其终不自为大，故能成其大。"（《老子·34章》）原来，道之为"大"不仅源于道在空间意义上的广大无边，还源于道在万物归向自己之时不为万物主，以及道身居高位而柔弱处下所产生的崇高与"伟大"。这样，老子名道之"大"就不是强力有为、骄横跋扈的"强大"。

道劳苦功高而不为万物主，这是伟大的。同时，这种"不自为大"的"大"，也是"谦逊"的完美体现。另外，道"不自为大"，意味着道自以为"小"，道之于万物无所用心、无所要求。所以，老子顺便解道为"小"："衣养万物而不为主，常无欲可名于小。"（《老子·34章》）伟大是"大"，谦逊和自以为"小"便理所当然是"小"。为了防止他人误解这"小"、轻视这"小"，解这"小"为渺小，忘掉这"小"的背后是无比的"大"，老子补充说明这"小"虽小，但天下莫能臣之，相对于万物，这"小"处于君的位置。

物的最初发生处是道。道生众物有一过程，有诸多环节。老子概括之曰："道生一，一生二，二生三，三生万物。"（《老子·42章》）道物之间隔着的一、二、三原是为了拉大道、物间的距离,神化道的权力与力量,也是为了说明人们感觉不到的道怎么就忽然能神神秘秘地生出万物来。基于一、二、三是"数",数与物相较,只能是"有";道与数相比,因数之"有"而只能是有之外的"无"。天下万物生于有,有生于无,昭示了以"无"名道的理由。再说,道生物犹如朴散为器,于是,道便成了"朴"。朴一旦成为道之名,则此朴即非当初那个散为器的朴,乃变成"无名之朴"(《老子·37章》)。也就是说,此朴因被用作道之名而"无名"了。由于道生物后,道依然是道,朴散为器后,朴已不再是朴,老子慎用朴名道。

道既生养出事事物物,虽推托一番,不愿做万物主,却决定它们的前途命运。任何违背道的旨意的企图不但徒劳,而且招致灾祸。因此,老子要求道的"臣民"求道、得道、从道,即"得一"。

此外,道尚有"夷"、"希"、"微"等说法。由于这是分别从道的不可见、不可闻、不可触等感性方面描述道的不可知性,属于对道的某一侧面的"指代",且含有对于道的幽怨(人们想认识道,道却"躲避"试图认识它的人),不能指代道之"全",故而不便成为道之别名。老子言道还曾用过母、根、玄牝等象征性的概念,谓道为"天下母"(《老子·25章》、《老子·52章》)、"万物之母"(《老子·1章》)、"天地根"(《老子·6章》)等,但是,这些仅限于比喻道为物之本原或归宿而已,亦不属名之之列。

道、大、小、无、朴、一等皆为道的别名,无一"正统",仅仅是为了言说的方便罢了。因此,一旦言说起来,总觉未尽其真意。老子自己也有所察觉,且为之找借口:"道之出口,淡乎其无味。视之不足见,听之不足闻。"(《老子·35章》)言道如食用淡而无味的菜,缺少"盐"!这盐就是道的本质特征。究其因在于道超越感知的超越性,而不在于人看不见、听不到的感知能力的局限性。这样,问题又回到了道自身,都是道惹的"祸"!

(作者单位:安徽大学哲学系)

国学漫谈

趋时：《周易》的大智慧

曲庆彪

原载：国学版（光明日报2007.1.11第9版）

我们时时刻刻都在拥有却又无时无刻不在失去的是时间，而我们用以度量生命行程的时间又是怎样与环境、态势、机运等结合在一起从而左右了人的命运和社会历史进程？

包裹在卜筮大氅下的哲学典籍《周易》对此进行了深入探究。《周易》中每一卦都是虚拟不同事物或同一事物不同境遇的发展过程，每一爻都象征着事物初萌、发展、跃升、成熟和盛极而返、带着新质向原点回归的不同阶段。六十四卦对"时"的阐释各有侧重，但都紧扣一个"时"字，充分体现着《周易·系辞》中"变通趋时"的要义。

《周易》中所论及的"时"，不能简单地理解为时间的延续，应理解为客观事物发展变化的规律和方向，以及达到某一关节点时境况综合的抽象。时间与氛围、环境、态势、机会相结合，衍生出许多与人生命运息息相关的概念，如时机、时效、时势、时宜等等。这些概念里蕴涵着时间的推移、时势的演化、时境的变迁和时中的把握。

趋时，就是对时势的认识，对时机的把握，对时变的感受，对时行的觉悟。"时"不是死的，而是活的。"趋"同样要灵活，要体现人的主观能动性。通常，人们处理事物的方式有两种，去探求，去把握，叫顺之；

被动适应，叫由之。由之不是不好，得看什么时候，分什么事情。我们还是要强调"趋"的主动性、自觉性，也强调要作为有心人，培养自己对"时"的感觉，通过积累和凝聚，让这种感觉成为随天、随机、随心、随时可"趋"的悟性。

对趋时本身的把握应该是辩证的，具体问题具体分析。深刻地理解与时偕行，我们就会发现，其根本精神在于追求一种既适应时代发展趋势，又适得事理之宜的理想境界，在于自觉遵循天道、地道、人道运行的规律。与时偕行，就需要看准时机，把握事物演进变化的规律，灵动自如，昂扬健行，生生不息；同时，与时偕行不仅意味着要跟上时代的步伐、不落伍于时代，而且也意味着不要"豪迈地"超越时代。在这变动不居的世界上，人们期待的是瓜熟蒂落、水到渠成的那一刻。那一刻，便是我们与时偕行的"时"。"违时不进"的保守主义，"超时而进"的激进主义，都不是"与时偕行"的准确诠释。在时的把握与动作上，"过"与"不及"都不行，要真正体现与时偕行。

在历史潮流跌宕涌进的过程中，始终能够"与时偕行"，的确不是一件容易事。通常，"时"与"势"往往相一致，体现出"天人合一"的和谐感、秩序感，如《周易》所说："顺乎天而应乎人。"孙中山把这叫作"顺乎世界之潮流，适乎人群之需要"。但也会出现时势潮流与人群需要的矛盾，形成"时"的悖论，特别是一个社会要发生革命性变化的时候，"其时之义大矣哉"。这样大的"时"到来之际，就需要整合，并因势利导，不是等待不动作，而是动作，从微动开始，循序渐进。

宇宙的演化，社会的变迁，生命的遗传，都处在变化之中，充满着不确定性，即偶然性。命运就是这种偶然性。从《周易》对"趋时"的理解和阐释上可以得出一个结论：命虽不可改，运却可以转，把握了时运，也就是把握了命运。这里的"时"，是按照天道人事运行的大规律，各种事物勾连互动、各种因素相互影响而形成的"时"——时中蕴势、时中含机，势发展到一定程度，时机便成熟了，就可以变，也必然变；就应该动，不动就会错过机会。

"道莫盛于趋时"，宿命论认为世事变迁或个人遭际皆由命定，《周易》却通过对"时"的体察和把握，通过"趋时"的大智慧而超越了宿命论的观点，不能不说在理论思维上达到了一个制高点。

（作者为辽宁师范大学校长）

国学漫谈

"三十而立"立什么

陈卫平

原载：国学版（光明日报2007.9.6第9版）

  编者按：2007年8月初，一封题为《"三十而立"立什么》的读者来信引起了我们的注意。这的确是个值得思考的问题。"三十而立"这句话为什么能够一直伴随中国人走过上千年的漫漫路程？其中的原因值得我们深而思之。不仅如此，我们还应该进一步追问：在中华文明走向全面复兴的今天，我们应该怎样赋予其新的内涵？本期我们请到了资深学者陈卫平先生，从文本比较的角度对这句话进行分析，以期引起讨论，欢迎广大读者将您的真知灼见赐予我们。

一封读者来信

编辑同志：

三十而立，恐怕是《论语》中最令人耳熟能详的句子。子曰："吾十有五而志于学，三十而立，四十而不惑，五十而知天命，六十而耳顺，七十而从心所欲，不逾矩。"

虽然许多人对此都能脱口而出，但如果问一声：孔子15岁有志于学学什么？30岁而立立什么？恐怕还是会难住不少人。余生也晚，对于如今首先拿《论语》来启蒙的"国学热"只是略有关注。所以，对于"三十而立"立什么？不免有点疑惑。

按照一般的理解，15岁有志于学问，30岁就能在社会上立足。对于这统而笼之的学问，不同的时代，又曾经流行过不同的主流阐述和权威解释。流行一时的莫过于如下两个版本。

一个是：孔子15岁立志于学习周礼，30岁能按周礼办事，40岁能不受违反周礼言行的迷惑，50岁懂得了天命，60岁能顺从天命，70岁心里怎样想就怎样做，都不会越出周礼的规范。（见1974年中华书局内部发行之《〈论语〉批注》）

另一个则引用黑格尔之"正、反、和"的概念，认为"十有五"之前，看待一切事物都是光明的；"十有五"之后至20岁左右，进入所谓"愤青"阶段，再看事物就觉得一切都很惨淡；而到了30岁的时候，则是人生"和"的阶段，所谓立，特指到了在自己的心灵建立起自信的年纪。

批注也罢，心得也罢，本来能从字面上粗解的句子，看了他们的阐释真的让我好比进入了迷魂阵。比如，我不明白，志于学何以就单指"周礼"，就算是专心致志于"周礼"，孔夫子明明说是志于学而来，何以最后成了天命观？再比如，孔夫子明明说通过学习才能找到立的方法，进而进入随心所欲的境界，恕笔者愚昧，好像也看不出来关黑格尔"正、反、和"的什么事。

"三十而立"立什么？笔者才疏学浅，各种说法不说我还明白，一说我倒不明白了。

读者：严辉文

严辉文先生：

《论语》中孔子那段"三十而立"的名言是大家很熟悉的，但要给出确定的解释并不容易。古往今来，注释《论语》的著作可谓汗牛充栋，对于这段话的释义不尽相同，除了您在信中所举出的《〈论语〉批注》和当下流行的《于丹〈论语〉心得》之外，很多著名学者也是各有己见。这里列出几位当代名家的注解以见一斑：

杨伯峻"对《论语》的每一字、每一词做过研究"，"尽可能地弄清《论语》本文每字每词的含义"，在此基础上著有《〈论语〉译注》（中华书局1980年第2版）。其译文是：孔子说："我十五岁，有志于学问；三十岁，懂礼仪，说话做事都有把握；四十岁，掌握了各种知识，不致迷惑；五十岁，得知天命；六十岁，一听别人言语，便可以分别真假，判明是非；到了七十岁，便随心所欲，任何念头不越出规矩。"对此译文他有些说明：关于"而立"，《泰伯篇》说："立于礼。"《季氏篇》又说："不学礼，无以立。"因之译文添了"懂得礼仪"几个字。"立"是站立的意思，这里是"站得住"的意思，为求上下文的流畅，意译为"遇事有把握"。

冯友兰著有三部中国哲学史，最后一部《中国哲学史新编》（人民出版社1998年版）是其晚年呕心沥血11年之作。该书认为这段话是孔子对自己一生精神生活的几个主要阶段的概括，"但是文字很简略，意思也很隐蔽，需要先加注释"。其注释的大意是：15岁志于学就是"'志于道'以求得到他所理想的道德品质，'仁'"；"而立"的"所谓立就是学礼已经达到一定的程度"，即"视、听、言、动，都可以循规蹈矩，不至于违反周礼，可以站得住，这就是'立'"。40岁之所以不迷惑，在于"知人"即"对于人之所以为人有所理解，有所体会。这就是人对于自己的自觉。有了这种自觉，就可以'不惑'"。50岁知道"天命"，而"'天命'是上帝的命令"，所谓"知天命"，就是懂得一方面天命决定自然界的变化，也决定人的生死、贫富、成败；但天本身则无言，所以必人力尽后，方知命为如何。另一方面，人的道德品质"是人的自己努力所决定的，与天命完全无关"；关于"耳顺"，据近人研究，"耳"字就是"而已"，所以"六十而耳顺"就是六十而已顺，"联系上文，就是顺天命"。70岁的时候，"能随心所欲而自然不超过规矩"，这个规矩"就是

礼的矩,就是'天命'的矩";这似乎还是30岁时的样子,其实不然,"因为经过了不惑、知天命、顺天命三个阶段,他的循规蹈矩完全是出于自然,没有一点勉强造作","这就是他的精神完全达到自觉的程度"。

劳思光的《新编中国哲学史》(广西师范大学出版社2005年版)是二十多年来港台地区中国哲学通史的经典著作。该书对这段话的释义以"知天命"为分界,以为"'知天命'者,即知客观限制之领域是也。'不惑'以前之工夫,皆用在自觉意志之培养上,'知天命'则转往客体性一面。'不惑'时已'知义',再能'知命',于是人所能主宰之领域与不能主宰之领域,同时朗现。由是主客之分际皆定,故由耳顺而进入从心所欲之境界"。

显然,上述三位的解释有同亦有异,而且各自对于自己之所以如此解释都有相当的依据(对此可详见他们著作中的论证)。众所周知,《论语》是语录组成的,若要确证每段语录的本义,必须还原其具体的语境,因为同样的话在不同的语境中含义是不同的。而要还原语录的具体语境,必要条件之一,是对对话双方的经历、关系、对话的主题和背景有确切的把握。由于无法完全还原具体语境,因而对同一段的不同释义在所难免。

就以"三十而立"这段话来说吧,只有"子曰"而没有对话者、对话的主题、对话的时间和地点,因此我们虽然可以知道这段话的总体意思是表达了孔子对人生如何实现自由境界的观点,但是如果对话是在不同的对话者、对话的主题、对话的时间和地点展开的,其本义就会有相当大的差别。比如,这段话是孔子在70岁以前和弟子讲的,对话的主题是何为人生正确之路,那么其含义无疑是指向"应然"即应当怎么样的;如果是在70岁以后讲的,对话者和对话主题没有变,那么其含义就可能是既有"应然"又有"实然",即不仅是对自己实际走过的人生道路的总结,也是从普遍的意义上向人们指出应该如何规划人生。仅仅时间的不同,就可以使得其含义有这样的差别。假如对话者和对话主题不同,显然这段话的本意也是会有所不同的。

正因为这样,所以很难确证哪一种解释最为确切。以上述三位名家的解释为例,如果对话者是孔子的学生,并像孔子那样"好礼"和主张"复礼",讨论的问题是礼与人生的关系,那么杨伯峻的释义就更为贴切,因为它把"懂礼仪"与其此前的阶段与此后的几个阶段贯穿起来,说明这是走向理想人生的关键；如果对话者是有类似老子绝弃仁义思想的人，对话的主题是争辩仁义与人生的关系，那么冯友兰的释义也许更为吻合，因为它突出了人之所以为人就在于对仁义的自觉，因而人生最高的境界就是这样的自觉达到了完全的程度；如果说对话者是和墨子的赞同者，既讲"非命"又讲"天志"，而对话的主题是天命与人生的关系，那么劳思光的释义可能更有针对性，因为它强调知天命就是在明白了人能主宰的领域之后，还需明白人不能主宰的领域，由此方能进入人生自由之境。

不过，确证《论语》语录之本义的困难，并不意味着对其可以做任意的解释。因为每字、每词是有确切含义的，每段语录的基本精神根据孔子的总体思想也是可以有一定共识的。如果释义明显曲解了字、词的含义或背离了孔子的总体思想，那么我们还是可以断定其错误的。还是以"三十而立"为例，唐代高择的《群居解颐》和五代孙光宪的《北蒙琐言》都记载了唐代节度使韩简读《论语》的故事："节度使韩简，性粗质。每对文士，不晓其说，心常耻之。乃召一孝廉。令讲《论语》。及讲至为政篇，明日谓诸从事曰：仆近知古人淳朴，年至三十方能行立。外有闻者，无不绝倒。"把"三十而立"理解为"年至三十方能行立"无疑是很荒唐的，因而成为流传千古的笑话。

然而，从这笑话中我们可以领悟到阅读古人典籍的正确方法，这就是不能滞泥于文义，而要把握其大略。掌握这样的读书方法，大概也应该是"三十而立"所要"立"的吧。

（作者系上海师范大学哲学系教授）

国学漫谈

三十而立：传统流变与当代诠释

李翔海

（原载：国学版（光明日报2007.10.11第7版））

严辉文先生提出的"'三十而立'立什么"（见2007年9月6日国学版）的问题，确实是很值得讨论的。

古人在长期的经学诠释活动中，提出了多种对于孔子"三十而立"之"立"究竟何所指的具体解释。其中最有代表性的大体可以归结为"立于学"、"立于礼"与"立于道"三种。

根据现存的材料，最早提出"立于学"说的是南北朝皇侃。在《论语义疏》中，他指出："云三十而立者，立谓所学经业成立也。古人三年明一经，从十五至三十是又十五年，故通五经之业所以成立也。"皇侃此疏极可能是本于《汉书·艺文志》的下述记载："古之学者耕且养，三年而通一艺。存其大体，玩经文而已。是故用日少而蓄德多，三十而五经立。"应当说，这一解释明显地带有汉代经学注重"传经"的时代特点。

"立于礼"说源自于《论语》，孔子自己就明确说过"立于礼"的话。所谓"立于礼"之"礼"可以有两个基本指向：一是实际上作为社会之根本纲纪的"礼"；二是作为个人立身处世之行为准则的礼仪规范之"礼"。从"立于礼"说的具体内容来看，基本上都是从后一方面展开诠释的。"立于礼"何以有如此重要的作用呢？朱熹做了有代表性的回答：

"礼以恭敬辞逊为本，而有节文度数之详，可以固人肌肤之会，筋骸之束。故学者之中，所以能卓然自立，而不为事物之所摇夺者，必于此而得之。"从"成家"以立业的角度来诠解"立"，也是与"立于礼"说相关联的。清代学者宋翔凤指出，"《曲礼》三十曰壮，有室。立也者，立于礼也。君子惟明礼而后可以居室。不然，风俗之衰与人伦之变未有不自居室始也。故曰人有礼则安，无礼则危也。"较之其他解释，"立于礼"说产生了最为广泛的社会影响。

"立于道"说主要集中在宋明理学时期。此说强调"三十而立"是"能自立于斯道"。程颐指出："子曰：吾十有五而志于学。圣人言己亦由学而至，所以勉进后人也。立，能自立于斯道也。"所谓"斯道"，宋明时期的注疏者大多认为是"大学之道"，也就是《礼记·大学》篇所揭明的"明明德，亲民，止于至善""三纲领"与"格物、致知、诚意、正心、修身、齐家、治国、平天下""八条目"。

可以进一步指出的是，上述不同阐释之间实际上已经包含了"汉宋之别"，即对孔子在中国文化中历史地位的不同认知。汉唐时代，人们通常把孔子看作古以来尧、舜、禹、汤、文、武、周公等圣人中的一员，凸显孔子对古先圣人的继承性。宋代后，人们更多地强调孔子创立儒家、集古代中国文化之大成的一面，凸显孔子对古先圣人所创立与传承的礼乐文化变革性的一面。反映在对"三十而立"的诠释上，"立于学"说与"立于礼"说集中强调了个体适应既有价值系统的一面，凸显的是外在之"迹"而非内在之"心"，更多地体现了汉学的特色。而"立于道"说则不仅包含了注重内在心性之修为的向度，而且为肯定孔子对中国文化的变革性意义预留了诠释空间，因而更多地体现了宋学的特色。如果承认孔子通过点明"仁"是人之所以为人的普遍而内在的本质而开创了通过自我道德修养而完善自我人格以成就圆满之生命存在的可能性，从而实现了中国文化发展演进历程中的变革，我们或可以在"立于道"说的基础上做出进一步的理论推展，将"三十而立"之"立"解释为"仁心的挺立"或曰"仁心朗现"。这也就是说，孔子在三十岁的时候完成了对于"仁"的发现与"仁"的自觉，不仅将之体认为自我的内在本质，而且"仁以为己任"，为自我生命确立了成仁成圣的基本目标。由此，孔子不仅确立了自己安身立命的归依、确立了自己思想学说的中心观念，从而成就了自我生命的安立，而且也为最终完成中国文化早期发展中为礼乐文化确立内在于人性之根据的变革奠定了基本的精神方向。由此，在作为文化巨人的孔子那里，"三十而立"就不仅构成了个体生命人格成长的一个十分重要的环节，而且其内容还与中国文化传统的变革方向密切相关，它之所以能够产生广泛而久远的影响就是不难理解的了。

那么，在今天，"三十而立"立什么？站在平章汉宋的理论立场，我们至少可以从孔子以来的"三十而立"传统中吸取以下三方面的借鉴。

第一，对理想人格的追求应当成为自我生命成长的重要内容。在孔子那里，修德进学堪称构成了"三十而立"的首要内容，并由此而成就了自我人格修养历程中的四重进境，即仁心朗现之境（三十而立）、仁智双彰之境（四十而不惑）、与天相知之境（五十而知天命）以及随心所欲之境（七十而随心所欲，不逾矩）。对理想人格的追求由此成为传统中国社会志士仁人的共同取向。在今天，虽然时移事易，我们既不必要也不可能全盘照搬传统的所谓"君子、圣贤"人格，但儒家所倡导的高扬人的道德主体性与自觉性、做一个有德之士的主张依然应当是我们不可偏废的基本价值取向，宋儒陆九渊所谓"堂堂正正做个人"的宣示依然是今天人之所以为人所应当践行的基本要求。

第二，"德"与"能"的并进是自立于世的重要基础。意志与理性构成了人类生命的两个基本层面，它们又分别与"德"和"能"相关联。孔子从"三十而立"的"仁心的挺立"到"四十而不惑"（智者不惑），可以看作是包容了一个仁智双彰而并进的原初结构。在今天，"仁"、"智"的具体内容虽然已不同于传统时代，但由关联于生命的意志与理性所形成的"德"（道德、价值）与"能"（技能、知识）却依然是个体生命乃至群体生命（中华民族）自立于世的重要基础。如何达致"德"与"能"的双彰并进是关乎自我生命所以"立"的基础性因素。

第三，礼仪规范是展示生命之文明程度的重要形态。能否按照礼仪规范来规约自我的视听言动以立身处世，是素有礼仪之邦之称的中国衡量个体或群体生命之文明程度的一个重要标准。在今天，要在全球化的浪潮中谋求中华文化的现代复兴，就不仅要顺适当今世界的"礼仪规范"，而且更要将自身独异的优良资源贡献于当代社会，以形成更为合理的立身处世之行为准则。这也是关乎个体生命乃至群体生命（中华民族）在今天能否自立于世的一个重要方面。

（作者系南开大学哲学系教授、系主任）

纪实文学

变局：百年国学纪事（一）

陈代湘

原载：国学版（光明日报2010.4.20第12版）

广雅书院惊天奇论 万木草堂动地潮音

【作者手记：2007年盛夏，我受《光明日报》编辑之邀，写作一部用纪事文学的手法讲述近代国学历史的书。国学大师们那令人景仰的学术和特立独行的人生深深地吸引了我。如今，书虽撰成，心实忐忑。现摘取书中涉及"新学伪经"、国粹运动、北大国学门等重大历史事件的内容刊出，敬请广大读者批评。】

春风吹过，广雅书院里的木棉花全部开放了，硕大火红的花朵缀满枝头，像一株株火树在燃烧。廖平在花树间徜徉，顿感精神振奋。难怪木棉又叫英雄树，它能激发人的英雄豪气。廖平一边赏花，一边等人。他不会想到，他今天与这位来客的会晤，将触发一桩震撼学界的大事件。

门外进来两位30岁出头的男子。为首一人，身材颀长，留着一部黑胡须，目光炯炯射人，廖平猜到这人就是康有为。康有为性格极其豪爽，对着廖平长长地作了个揖，然后就像老朋友见面似的哈哈大笑，笑完之后，自我介绍。又把同来的黄季度也做了介绍。

"康先生大驾光临，真是蓬荜生辉呀！"廖平寒暄道。

康有为笑着说："这里可不是蓬荜哟，这是金碧辉煌的有名书院。"又转过话锋："廖先生在广州住得还习惯么？"

廖平答道："习惯。"于书房落座后，康有为说：

"廖先生，去年我就从朋友那里读到了大作《今古学考》。先生主张平分今古，但我在先生书中也看出了重今轻古的倾向。"

廖平大为惊奇，拱手赞赏："康先生好眼力！"

廖平一生精研经学，几年前他写作《今古学考》，一般人都只看到此书中平分今古的学术态度，康有为却看出有重今轻古的学术倾向，这让廖平相当惊讶。

廖平一时高兴，拿出两本手稿给康有为看。廖平说："我现在又有新的想法。这两篇稿子还没有定稿，先请你看看吧。"

康有为接过两本手稿，一本题为《辟刘篇》，一本题为《知圣篇》。当时没来得及细读。辞别廖平，回到住处，把两本手稿细细读了一遍，核心观点有二：一是认为古文经都是刘歆伪造的伪经，这等于是说历代朝野尊奉的古文经典都是假的；二是认为"素王"孔子托古改制，因为孔子有德无位，改制立法不能见之于当时的实事，于是把改制的思想以"微言大义"的方式通过《六经》传给后世帝王，为万世立法。

一开始，康有为对廖平的观点颇不以为然，并给廖平写了一封长信，表达了不同的看法。过了些日子，廖平回访康有为，向他详细讲述了自己的论点和论据，康有为大为叹服。突然之间，觉得自己多年来苦苦思索的问题好像一下子豁然开朗。自从两年前他会试失败后，就立志揭发古文经学之伪，发誓要借孔子之名来达到变法改革的目的。只不过，康有为苦苦思索仅仅得到一个大概的想法，现在见廖平讲得这么明确，康有为就像被人在血管中点了一把火，全身的血液被烧得沸腾。当晚，康有为彻夜无眠。拂晓时分，心中已酝酿出一个计划。这个计划令他感觉找到了一个支点，他要用这个支点，撬动整个中国。

过了一段时间，廖平去了北京，康有为经济上也发生了困难。志向再远大，眼下首先得解决吃饭问题。想来想去，唯有收徒教馆，赚些钱解决生活困难再说。可是，时下教馆的，一般都是进士、翰林，至少也得是个举人。自己只是个监生，监生教馆，在广州可是新鲜事儿，弄不好还会遭人耻笑。但是，康有为毕竟是康有为，他的狂劲一上来，不管不顾，就贴出广告，要坐馆收徒。

广告贴出半个多月，却不见一个学生光顾。而此时有一个叫石星巢的人，也在广州教馆，比较红火，学生在百人以上。康有为的狂劲又上来了，写了一封信给石星巢，要求分些学生给他。石星巢接信后哑然失笑，世界上还有这么霸气的人！于是，不失风度地回了一信，说："在下门生尚嫌不足，哪有余数分给他人？"康有为心里气得不行，但也不便发作。

过了几天，机会终于来了。这一天，石星巢因有急事外出，一时寻不到代课老师，事急之下，就找到了康有为，请康有为代其出堂讲书。康有为抓住这千载难逢的机遇，在课堂上口若悬河，旁征博引，独出新解，把学生们听得惊骇不已。有一名叫陈千秋的学生，率先改换门庭，拜康有为为师。陈千秋这么一带头，接着又有十多名学生投到康有为门下。

这年8月的一天，陈千秋又带了一个年轻人来见康有为。这个年轻人外貌很有特色，个子矮小，但脑部特大，双目如电。陈千秋介绍说："这是我的同学梁启超。"

梁启超，这个名字康有为知道。梁启超是学海堂著名的高才生，年少时即有神童之誉。10岁那年，跟随父亲到朋友家做客，一进门见院子里有一株蓓蕾初绽的杏树，便偷偷折下一枝，藏在宽阔的袖筒里。这一切，都被父亲和朋友看见了。筵席上，父亲对梁启超说："吃饭前，我先出一副对联，如能对好，方可入座，否则，只能为长辈斟酒沏茶。"小启超不知用意，满口答应。父亲吟出上联："袖里笼花，小子暗藏春色。"小启超这时才恍然大悟，知道父亲是用对联暗示自己，并略带责备之意。他想都没想，随口对出下联："堂前悬镜，大人明察秋毫。"立即博得满堂喝彩。这样一位神童，才思早秀，远胜同龄人。自小读书撰文、吟诗作对好像就是他得心应手的游戏。在科举道路上，梁启超走得很顺，12岁中秀才，17岁中举人，少年得名，让天下士子羡慕得眼红。

今天，18岁的梁举人，在同学的引荐下，要来拜33岁的康监生为师，这在当时，也是引起轰动的新闻。举人比监生在"学历"上要高一等，梁启超又是一帆风顺的少年举人，康有为则是屡试不中的老监生。如果梁启超是寻常的人，肯定会目空一切，哪会把这个倒霉的老监生放在眼里？

康有为和梁启超聊了好几个时辰，梁启超冷汗直流，不知所措，只觉得自己以前所学的不过是应付科举考试的敲门砖而已，根本不是什么学问。他后来对人说：康老师以"大海潮音，作狮子吼"，"自辰入见，及戌始退，冷水浇背，当头一棒，一旦尽失其故垒，惘惘然不知所从事，且惊且喜，且怨且艾，且疑且惧，与通甫联床，竟夕不能寐。"

梁启超惊惧不已，彻夜难眠。第二天，退出学海堂，正式拜康有为为师。他自己说，平生知道世间有学问，是从此时开始的。

从此，梁启超和陈千秋等学子心悦诚服地跟着康有为学习。康有为在梁启超和陈千秋协助下创办的万木草堂，名气越来越大。

一天，康有为把梁启超和陈千秋叫到书房，对他们说："我以前在家乡读书时，把《史记》和《汉书》对读，发现《汉书》大讲古文经之事，与《史记》不同，心里就惊疑。最近以来，我怀疑古文经是刘歆伪造的——"

说到这里，康有为故意停顿一下，看看两位弟子的脸，发现他们嘴张得老大，眼睛鼓得像铜铃，知道是被最后那句话惊的。

康有为喝了口茶，清清嗓子，接着说："所以，我想写一本书，题目就叫《新学伪经考》，专门揭露刘歆羼乱伪造古文经的事实，还今文经以应有的地位！"

梁启超和陈千秋从惊疑中醒过神来，知道老师是认真的。康有为跟他们详细说明了主要观点，并引古书以为证，梁、陈二人开始信服。从第二天起，康有为白天讲学，晚上就带领梁启超和陈千秋等人撰著《新学伪经考》。不到一年的工夫，书稿写成了。此书一面世，就产生了轰动效应，士子学人争相购阅，连朝廷的王公巨卿也都受到震动。

翁同龢是光绪皇帝的老师，他出身名门，又中了状元，而且是两朝君王的老师，地位非凡。翁老师有一个习惯，就是喜欢记日记，一生写日记数百万字。他有一天在日记中记下他读到康有为《新学伪经考》时的感觉："看康长素《新学伪经考》，以为刘歆古文无一不伪，窜乱六经，而郑康成以下皆为所感云云。真说经家一野狐也。惊诧不已。"

梁启超后来把此书比喻为"大飓风",的确,这场"大飓风"掀起冲天海浪,狮吼雷鸣般地从南方海滨卷向北方中原大地,当时整个中国都受到了震撼。

(作者简介:陈代湘,南开大学博士,武汉大学博士后,现为湘潭大学哲学与历史文化学院教授、中国哲学博士点负责人。)

第三单元 古典何在

国学 讲演厅

中国学术的源起——兼谈孔子之"集大成"
国学精魂与现代语学
谈玄说无

国学 茶座

《乐经》何以失传
我读《汉书·五行志》
"钟嵘序"辨伪
拨开云雾见"则仙"
开卷未必有益

国学 漫谈

"六经"早成
何谓宋学
古典何在
再读《天下》篇
邵雍的"加一倍法"就是严格意义的"二进位制"
楚简《恒先》与"八股文"
附：八股文范文《大学之道在明明德在亲民在止于至善》
《本草纲目》释名之误
说"文"谈"字"
考"赖"

国学讲演厅

中国学术的源起
——兼谈孔子之「集大成」

李学勤

原载：国学版（光明日报2008.6.30第12版）

今文经学学派为尊孔起见，说中国学术的主要来源是从孔子开始的。在孔子以前，是"万古如长夜"。

《礼记》中的《文王世子》，它讲在唐虞的时候就有了学校，叫"成均"，现在韩国还有"成均馆大学"，为什么叫"成均"呢？

中国的经学和子学从来是并行的，经是更早形成的，经以外各家就是"子"啦，也包括儒家在内。

时间：2008年4月14日
地点：湖南大学岳麓书院明伦堂

演讲人简介：李学勤，1933年生于北京，就读于清华大学哲学系。现任清华大学教授、国际汉学研究所所长，"夏商周断代工程"专家组组长、首席科学家，国务院学位委员会历史评议组组长。主要著作有《殷代地理简论》、《走出疑古时代》、《古文献丛论》、《四海寻珍》、《夏商周年代学札记》、《重写学术史》、《中国古代文明研究》等二十余部及学术论文约500篇。

关于中国学术的起源和早期发展的一些问题，历来是一个争论不休的问题。这个争论可以追溯到很早，不过它真正成为一个学术界的重大问题并引起争论，以我个人的看法，是在清代中叶后。为什么在清中叶以后？大家知道，在清中叶以后，逐渐兴起一个叫"今文经学"的学派，今文经学学派的一个很突出的特点，就是他们为尊孔起见，说中国学术的主要来源是从孔子开始的。在孔子以前，是"万古如长夜"，没有学术。所以从推尊孔子出发，今文经学派更多地把孔子以前的学术传统，越来越加以贬低，越来越加以淡化，甚至于否定。这个发展趋势从今文经学兴起之后越来越强化。强化到最极端的例子，我想在座的老师同学都是很熟悉的，就是四川井研的廖平，即廖季平。廖季平先生跟我们湖南有很大关系，大家知道，他出身于四川的尊经书院，受业于王闿运，王闿运是一位今文经学家，可是王闿运先生没有他这样的观点。到了廖季平先生，他的经学有六变，越变孔子的地位就越高，越变孔子以前的学问就越少，到了最后，他居然提出中国汉字是孔子造的，孔子以前是没有汉字的，孔子以前的字可能和西方的字一样，是横着写的，到孔子出来之后，孔子造了六书，造了汉字，中国才有了文化。我想这一点，已经将中国学术的源起问题讲得特别极端了，这个论点和我们历史上传统的观点是完全不同的，比如孟子就说过孔子是"集大成"者，什么叫"集大成"？用现在的话说，就是总结前人。孔子之所以伟大，是因为他是继往而开来，他开辟了一个新的时代，同时他也总结了过去。这与廖季平先生讲的，恐怕就完全相反了。如果什么都从孔子开始，那还叫什么"集大成"？也不能叫他"大成至圣先师"了。

一

古书里说得很清楚，在孔子以前有一个很长的学术传统。我们以前读书的人总要读《汉书·艺文志》，《汉书·艺文志》讲"诸子出于王官"，诸子都是从王官而来。再看其他史书里面，关于孔子以前有很长的学术文化传统这一点没有怀疑。比如今天我们坐在书院这里，书院是怎么来的呢？我想根本是从孔子杏坛讲学而来，这就是书院的一个模型。后人根据孔子讲学设计一个制度，建立书院。可是书院还有另外一个学习的模型，就是中国自上古以来的学校制度。书院是和上古的学校制度不同的，它一方面参考了上古的学校制度，同时又考虑到自孔子以及七十二贤以来的讲学制度，由此形成了书院。我在岳麓书院说这种话是班门弄斧了，这里是中国书院史研究的中心了。可是中国的学校是从什么时候开始的呢？这在古书上是说得很清楚的，大家可以看一下《礼记》中的《文王世子》，它讲在唐虞的时候就有了学校，叫"成均"，现在韩国还有"成均馆大学"，为什么叫"成均"呢？也没有一个很合理的说法。近代以来大家都说古书未必可信，是后人的说法，不一定可靠。我想最好的发现就是我们终于在甲骨文里发现了"太学"，"太学"在殷墟小屯南地甲骨里就有了。这是非常重大的发现。不要看只有两个字，它很确切地证明了至少在商代的晚期已经有了太学。我们中国的大学从什么时候开始的，在我看来一直可以追溯到西汉的太学，并由此再追溯到商代。

2005年的时候，我们发现了一件西周初年的青铜器，是一件方鼎，叫"荣仲方鼎"。这件方鼎上有铭文，很清楚地告诉我们当时学校的情况。最近我才知道荣仲方鼎不是一件，还有一件，铭文是一样的，不过第二件花纹比较清楚。鼎的时代是西周成康时期的，我把铭文写一下：

王作荣仲序，在十月又二月生霸吉庚寅，子加荣仲锡庸（？）一、牲大牢。已巳，荣仲速内（芮）伯、（胡）侯子，子锡白金（钧），用作父丁彝。史。

先看"王作荣仲序"，"序"就是学校，这个字大家有点疑问，有人说念"宫"，其实甲骨文中的"宫"从来没有这么写，这是个"序"字。要是它念成"宫"，整个铭文都读不懂了，念成"序"就懂了。而且我们有证明，过去著录有执尊、执，也提到"序"，赏赐的两种东西中，大家肯定猜不到，是笔。一般的赏赐有赏笔吗？因为是学校，所以就赏笔。这个"笔"字不是我释读的，其他先生早已释读过了。"王作荣仲序"，"荣仲"是学校的主持人。在十月又二月，就是十二月。因为是王作序，所以这个"子"一定是王子，"加"即"嘉"，就是奖，奖给荣仲什么东西，我猜想"庸"就是一件铜钟，还有太牢。下面已巳那天，荣仲又请（"速"就是"请"，"不速之客"就是不请之客）芮国、胡国两位侯伯的孩子入学。芮国见于《尚书·顾命》。

从这个例子，大家就看到当时确实有学校，这里讲的制度，都是和礼书的记载相接近的。我们从这些方面可以看到在商代、西周初年的时候，有相当好的学校制度，这种学校培养"国子"，北京现在还有"国子监"。这种学校的教学内容为《诗》、《书》、《礼》、《乐》，必然包括学术的成分，所以我们中国的学术早在商周时代就已经形成了一个明显的传统，并且和教育结合起来。这一点大家可以看得很清楚。

如果说孔子是"集大成",那么孔子以前的传统究竟是怎样的?比如说孔子以前有没有著作遗留下来,我们当然说有,这个没有问题,比如说《诗》,有很多篇都是在孔子以前的,还有《尚书》,同样很多都是孔子以前的。我知道最近有好几位博士生是写《逸周书》的,《逸周书》里有相当大的部分是孔子以前的,不是全部,但肯定有相当大的部分,比我们想象的多,里面有些东西很明显是西周的,比如说《世俘》、《商誓》等等,可以举出六七篇,有些是西周直接流传下来的,有些经过了改编,但包含有西周的内容,这是没有问题的。作为《逸周书》主体的一大部分,也应该是如此,有一些篇在先秦的文献里都引了,如果你不否定这些先秦文献的话,你就得承认。比如说《左传》襄公十一年,晋悼公的臣子魏绛所引《书》"居安思危",引的就是《逸周书》的《程典》篇。还有《战国策》的《楚策》,虞卿和春申君的谈话。春申君黄歇,大家都知道,那是战国末年的人,虞卿这个人在史料里记载他是传《左传》的,他的著作有《虞氏春秋》。虞卿引《春秋》一段话说:"臣闻之《春秋》,于安思危……",就是《左传》襄公十一年里魏绛所引。过去康有为等连《左传》都不相信,今天没有人不相信《左传》,因为今天许多发掘材料都证明《左传》是正确的。例如淅川出土青铜器记楚令尹王子午,字子庚,这只在《左传》才有,除了《左传》,去哪里查王子午字子庚呢,所以它是可信的。

这里给了我们一个很大的思考的余地。我们很少有人很好地研究《左传》、《国语》里面春秋时代的学术。春秋时代对于《诗》、《书》、《礼》、《乐》的解释是怎么样的,其实在《左传》、《国语》里有很多。我们通常所讲的《周易》,《文言》的头几句就来自《左传》。这些到底讲的是什么,春秋时代人的学术世界是怎样的,不是没有,而是我们没有研究。

二

在座的各位请允许我插入一个话题,这里面涉及我们对于古代文献论证上的一个理论问题,我最近读到张京华博士的一篇论文,发表在《中国图书评论》2008年第2期,题目叫《顾颉刚难题》,他提出一个如何研究古代文献的问题,非常有意思。文中引到顾颉刚先生在读书笔记里面的一段话,顾先生说:"今人恒谓某书上某点已证明其为事实,以此本书别点纵未得证明,亦可由此一点而推知其为事实。"这里指的是谁呢?张京华博士说是指王国维,王国维《古史新证》里面有这样的说法。下面顾先生说:"言下好像只要有一点真便可证为全部真。其实,任何谬妄之书亦必有几点是事实。《封神榜》悖谬史实之处占百分之九十九,然其中商王纣、微子、比干、周文、武等人物与其结果亦皆与史相合。今本《竹书纪年》伪书也,而其搜辑古本《纪年》亦略备,岂可因一部分之真而证实其为全部真耶!"这就好像我们刚才讨论的《逸周书》一样,有几句你可以证明它们是春秋时候就有的,那么你能证明其余也是春秋时候就有的吗?其实这个道理,我想大家一想就明白,我们对于任何史料,包括近现代的史料,要求证明它的所有内容为真,这是做不到的,根本就做不到。包括近现代史的所有史料,都不能要求将所有各点证明为真。那么我们怎么说一个史料是可信的呢,我们得看里面的内容,比方说我们能够证明里面有些点是特别好的,确实是真的,这就可以增加其他各点的可信性。史料不是只用真假来判断,而是有可信性高低的问题。没有任何记录是十全十美的,任何一个史书也不能说什么都是真的。特别是古代,有这样的东西吗?没有的。古人编一个年谱,好多地方都能证明它不对,可是你不能否认这个整体,问题是它的可信性有多大,我们能证明一个古代文献中有一点为真,那么各点的可信性就会增加,如果我们证明三点为真,就比那一点为真的可信性又大大地增加。应当从量的方面看这个问题,而不能简单地用二分法来讲这个问题。不知我说这话对不对,如果错了,各位可以群起而攻之。

我们再回到学术史,刚才谈到了商、西周,关于孔子以前的西周那段古远的时代,要求我们拿出太多史料来,这是做不到的,哪有那么多材料啊?如果有够多的材料的话,就用不着来讨论了。从能够得到的信息,我们看到孔子学术传统的久远与深厚。过些年我们岳麓书院也将成为出土简帛文献的研究中心了,我相信岳麓书院这一方面的发展会非常迅速,很快会成为全国与世界简帛研究的最重要的学术中心之一,这是没有问题的。而这些年里,我们发现的出土的战国秦汉的材料有一点对这个问题是非常重要的,我们已经能够证明战国时代的人承认有六经,这一点特别重要。

如果我们回顾一下晚清以来的学术史，就会觉得过去很长一段时间有些问题似乎已经成为定论了，比如说汉代只有五经，因此就认为先秦的时候只有五经而没有六经，虽然六经之说见于《庄子·天运篇》等。汉代人为什么说只有五经而没有六经呢？因为《乐经》已亡，所以只剩下五经了。更有人说古时从来没有经。我们现在证明，当时确实有六经，而且《乐经》也应该有文字。近年发现的郭店楚简，两处都有《诗》、《书》、《礼》、《乐》、《易》、《春秋》，次序和《庄子》完全一样，时代也和《庄子》一样，郭店简在公元前300年再加一点，当然《庄子·天运篇》不是庄子本人写的，可能是他的弟子写的，可是也差不多，那个时候中国已认为有六经了。

冯友兰先生把中国的学术史分为子学时代和经学时代，我个人不太赞成。这样说法认为先秦没有经学，先秦经典没有得到一个受尊敬、崇敬的地位。其实，那时对六经的引用不仅仅是儒家，其他各家包括特别不喜欢儒家的人也在引用，像墨子，像庄子、像法家，实际上六经已是当时的基础教材。

这也是中国学术源起的重要一点。《诗》、《书》、《礼》、《乐》、《易》、《春秋》从来就属于主要的教本。为什么要特别讲这个呢？因为在很长的一段时间里，特别是一些清代的学者，他们主张：《诗》、《书》、《礼》、《乐》是没问题的，《易》、《春秋》很晚才进入经的范围。我们不说《易》、《春秋》进入经的时间一定和《诗》、《书》、《礼》、《乐》一样早，可是不会是像很多人说的那么晚。因为他们认为《易》、《春秋》之所以进入"经"，是因为孔子，因为孔子晚年好《易》，孔子修《春秋》，后来《易》、《春秋》才成为经。这种说法现在非常普遍。《易》、《春秋》当时是不是具有和《诗》、《书》、《礼》、《乐》完全平等的地位，我们还可以讨论，至少它们已经逐渐地走向那个方向，那个趋势在春秋时代已是如此。这一点特别要注意。

我们把这个问题接着讨论一下。《春秋》比较容易讨论，因为大家都知道《春秋》在很早的时候就作为教材了。我必须说明，《春秋》是个大名，不是儒史的专名。这个例子很多。问题出在哪呢？因为过去的人最喜欢、最经常读的是《四书》。《四书》里《孟子·离娄》说：

"《诗》亡然后《春秋》作。晋之《乘》，楚之《梼杌》，鲁之《春秋》，一也。"这给人一个印象，晋国的史书叫《乘》，楚国的史书叫《梼杌》，鲁国的史书叫《春秋》。这当然是对的，是这么回事。可是这不等于说《春秋》只有鲁国叫《春秋》，这个观点是不正确的。其实在《注疏》里面已经讲清楚了，当时的史书一般都叫《春秋》。只是鲁国就叫《春秋》，没有加个名，而晋国、楚国自己加了个名。至于为什么那个叫《乘》，为什么这个叫《梼杌》？到今天也没人能讲懂，讲不明白。《春秋》乃是大名。为什么呢？因为我们读《墨子》，《墨子》里面就讲清楚了，不但有鲁国《春秋》，而且还有周的《春秋》、燕国的《春秋》、宋国的《春秋》、齐国的《春秋》。你不能说鲁国的才叫《春秋》。《春秋》就是大共名。我们看《国语》，在《晋语》与《楚语》里面都有晋国人和楚国人讲到历史教育。在《晋语》里面有一个晋国的司马侯就说："教之《春秋》，以感动其心。"他教的《春秋》当然不是鲁国的《春秋》，特别不是孔子写的，那时孔子还没有出现。楚国的申叔时也是这样，大家知道楚庄王为太子找老师，老师去问申叔时，申叔时也说"教之以《春秋》，而为之耸善抑恶焉"。"耸善抑恶"是史的作用，就好像孔子说史有褒贬一样。不管是晋国的教育还是楚国的教育都要用《春秋》，这是没有问题的。

当然，大家都知道在《左传》昭公的时候晋国的韩起，就是韩宣子，在鲁国"观书于太史氏，见《易象》与《鲁春秋》"，就说："周礼尽在鲁矣"。《易象》不会就是《易》的经文。有人说《易象》就是《周易》，那这话就等于说晋国就没有《周易》，如果晋国有《周易》，那他又何必惊叹？在《左传》、《国语》里面晋国用《周易》占卜的事好多，他怎么会没有《周易》呢？这一说法本身就不对。所以《易象》这本书，一定是一本讲易象的，类似《易传》的书，它是讲《易》的象，而不是《周易》经文本身。这就看到了当时在鲁国已经有一种易学。这种易学的存在在《左传》中很多，后来就吸收到孔门的《易传》中间。这些都是早于孔子之前的易学。"《鲁春秋》"，这说得很对，鲁史不是周、燕、宋、齐的《春秋》，而是鲁《春秋》。韩起一看到这个，就说"吾乃今知周公之德与周之所以王也"，他明白周王朝成功的道理了。

所以，你可以看到当时不是没有学术，而是有很多的学术，而且学术是在六经。《诗》、《书》、《礼》、《乐》为主，《易》、《春秋》后来也成为重要的学术，这是当时的学术传统与教育。孔子对六经都有所述作，在这个基础上，孔子是"集大成"者。

我们说这样的话，并不是要否定孔子的作用。"孔子修《春秋》而乱臣贼子惧"，是因为孔子修《春秋》，里面有所褒贬，带有他的道德、政治、伦理的原则，跟原来不同。这样的"微言大义"，是不是都像《公羊传》、《穀梁传》讲的那样，我们还可以讨论，可是无论如何它是有的，这点是不会错的，所以，孔子对于这方面，做出了最重要的贡献。孔子本人是不是作《易传》，我们不知道，但《易传》一定作于孔门，这是没有问题的，而且里面包括了很多孔子关于《易》的讨论。如果有些人不信这些，那么现在我们在上博的竹简里面发现了《诗论》，看下孔子怎么讲诗。孔子讲诗确乎有"微言大义"，这是没有问题的。可以看出里面的一些观点，跟后来从《毛传》看到的有些很不相同，有些地方还很开明、很特别。你就可以看到，当时孔子确实是讲了，因为《诗论》的内容，唯一的可能是弟子的笔记，肯定是孔子当时讲的，不是后人编造的，想编也编不了。它就是一个笔记，孔子讲《诗》的笔记。从《诗论》里还可得出一个非常重要的看法，大家知道《诗论》整理的时候，有一个想法：《诗论》是不是可以证明有很多的佚诗？结果证明当时孔子用的《诗经》跟现在本子基本一样，没有什么大的差别。当然文字是不一样，这个不奇怪。那么这样就可以看到，自古以来中国有一个经学的传统，孔子就是研究经的，你能说他不是经学家吗？如果说当时没有经学，是成问题的，所以说中国的经学和子学从来是并行的，经是更早形成的，经以外各家就是"子"啦，包括儒家也在内。这样就看到中国学术确实是源远流长。

三

我们还应该特别谈谈《周易》。近些年我们有些发现，证明《周易》不是晚出的。这方面我们做过很多的讨论。《周易》这本书的时代问题是个很大的问题。我个人有一本小书叫《周易溯源》，试图在不涉及其思想内容的情况下，从文献学、考古学的角度来看《周易》这本书，包括它的《经》、《传》部分是什么时候形成的。结论平淡无奇，就是证明它是很早的，《易传》也比较早。《周易》经文我个人意见就是像《系辞》说的："《易》之兴也，其于中古乎"，"当文王与纣之事"。那么，有什么材料可以证明这个问题呢？

我过去曾经提出一个材料：北宋的时候在湖北孝感出土的中方鼎。中方鼎铭末有筮数，将它转化为易卦之后，正好说明铭文的内容，但这毕竟是个推论。前些时候，在陕西西安长安县西仁村出土了两个陶拍子，上面刻的卦数我觉得足以证明《周易》的年代了。我在这里给大家说一下。

什么叫陶拍子？在座有考古专家，都知道古代陶器是盘制，拿泥条盘起来，搁在陶钧上转，转的时候，得搓它、弄它。陶器表面上有时候要做成纹饰，就找一个东西来拍它，拍出纹饰来，这个工具就是陶拍子。陶拍子其实也是陶的，就像一个蘑菇形的东西。

长安西仁村这一带是西周陶窑遗址，关于陶拍子的简报发表在《文物》2002年第11期上，有两件，都是采集来的，是西周中期的东西。一件上有四个筮数，四个卦都是很清楚的，一个是《师》卦，一个是《比》卦，一个是《小畜》卦，一个是《履》卦。这就是四个卦，一个陶拍子有四个卦。另一个陶拍子有两个筮数，一个是《既济》卦，一个是《未济》卦。大家要知道这六个卦分成两组，这可不是简单的事情。因为大家知道，《师》、《比》、《小畜》、《履》是《周易》上经第七、八、九、十卦；《既济》、《未济》是《周易》下经的第六十三、六十四卦。每两个卦是互倒的，把它们刻在一起决不是偶然的，这和《周易》经文的卦序一样。我们可以畅想一下，当时可能有精通易道的贤人，遭了难，给抓起来烧窑，他就刻了这些东西，是不是有这个可能呢？无论如何，从卦序等方面看，这证明当时不但是有经文，而且还有易学。

这些例子使我们看到一个什么问题呢？在孔子以前，不光是《诗》、《书》、《礼》、《乐》，甚至是《易》、《春秋》，都已经有了相当深厚的基础，而孔子以他的天作之才，集其大成，在各方面做了大量的工作，而且开创私人讲学，所以说他是"集大成"者。

最后，我想用几分钟把我最近写的小文，也是我的想法跟大家讨论一下。我写了一篇文章叫作《孔子之言性与天道》，印在曲阜师大编印的《孔子文化研究》上。在《论语·公冶长》中有这样一段话："子贡曰：'夫子之文章，可得而闻也；夫子之言性与天道，不可得而闻也。'"有人据此说孔子是不谈"性与天道"的，像孔子的高徒子贡都听不到孔子讲"性与天道"，可见孔子整天谈的都是政治、道德之类，不言"性与天道"。

我认为这完全是误解。为什么呢？现在我们知道孔子不但谈"性与天道"，而且谈得很多。马王堆帛书里面的《易传》、《二三子问》等都是讲"性与天道"的，新发现的《诗论》中谈"性"、"命"的也不少。我写这个文章的时候特别引用了吉林大学金景芳先生的说法。金景芳先生已经过世了，他整整活了九十九周岁，论虚岁，就是百岁的学者。他说这段话不是说孔子不讲"性与天道"，而是说"性与天道"是一个很难了解的问题，即便是子贡都以"不可得而闻也"兴叹。这就对了，这段话说明了什么呢？"性与天道"是很难了解的，子贡叹息孔子讲的有些他听不懂，他是客气的。最有意思的是，我们在马王堆帛书里看到了子贡跟孔子之间关于《易》的谈话，他们谈的就是"性与天道"。

"不可得而闻也"的意思，按我个人的理解，不是说听不见。古代的语言里面"听"和"闻"，"视"和"见"不一样，意思不同，层次也不同。我们说"听而不闻，视而不见"。"视而不见"不是说没有眼睛，或者是瞎了，或者眼花了，而是看了而没有辨别它。"听而不闻"，从耳朵来说可以听见，但从心里头理解才能叫作"闻"，所以"夫子之言性与天道，不可得而闻也"，是子贡的谦辞，说孔子关于"性与天道"之论深奥微妙，他自己也不懂。孔子实际是讲"性与天道"的，把孔子说成不言"性与天道"，这种解释是对孔子的根本贬低。郭店楚简《性自命出》一篇就是专门讲"性与天道"的，如果说这些不是儒门的，跟孔子没有关系，那就完全错了。

今天我讲的基本内容就是这么一个思想，孔子正是孟子所讲的"集大成"者。中国的学术渊源在前头是长得很，孔子是在前人的基础上才有他的创造性的、根本性的新发展，是承前而启后。我讲的就是这些，谢谢。

（录音整理：王胜军、罗山）

国学精魂与现代语学

邢福义

原载：国学版（光明日报2006.8.8第5版）

国学讲演厅

作为传统语言学的『小学』，已经退出中国现代语言学结构系统，成了一个历史概念。

我个人以为，学风、学理和学术成果，是国学精魂的三大组成部分。

无论广度还是深度，中国现代语学的面貌都是全新的。但是，在国际学术交往中，却显露了明显的弱点，比如原创性学说缺乏，创新性理论不多、学术风格不明朗，因而处于弱势地位，根本无法跟别人平等对话。

时间：2006年6月3日
地点：华中师范大学科学会堂

演讲人简介：邢福义，1935年生于海南省乐东县。1956年起任教于华中师范大学中文系，1983年晋升教授，2002年被聘任为华中师大文科资深教授。主攻现代汉语语法学，也研究逻辑学、文化语言学等领域的问题。发表文章390余篇，出版著作44部，个人独著17部。著作《语法问题发掘集》和《汉语语法学》先后获得第一、二届中国高校人文社会科学优秀成果一等奖。为教育部社会科学委员会委员，国家哲学社会科学研究规划语言学科组副组长，华中师范大学语言与语言教育研究中心主任。

谢谢各位出席今天这个讲演会。我对国学没有什么研究。从1956年留校任教起，50年来我的主攻方向始终是现代汉语语言学，特别是现代汉语语法学。研究问题的过程中，自然会涉及其他方面的学问，诸如逻辑学、文化学以及国学的某些论说，不过，都只是接触到一点点皮毛。我现在讲

"国学精魂与现代语学"，不是要对"国学"本身进行深入的阐发，而是想站在现代语学的基点上，观察国学精魂对于中国现代语学发展的价值。学问是相通的。我相信，中国现代语学可以如此，中国其他现代学问大概也可以如此。

一、国学的定格和涌流

站在现代语学的时间位置上审视，国学既是静态的，又是动态的。

我们应该知道，国学已经定格在了中国历史的框架之上。这是国学"静态"的一面。就语言学而言，属于国学范围的，主要有文字学、训诂学和音韵学。在离今已有两千多年的西周的国学建在国都里。上学就读的子弟，八岁进小学，学习时间为七年；十五岁入大学，当时称为"太学"，学习时间为九年。学生入小学，从识字开始，最基本的课程便是文字学。古人分析汉字，归纳出"指事、象形、形声、会意、转注、假借"六种条例，叫作"六书"。小学里，要教"六书"。由于文字学跟小学存在这种联系，便很自然地形成一种借代用法，"小学"被用来代指文字学。后来，到了隋唐，"小学"范围有所扩大，把训诂学和音韵学也包括了进来。这也很自然。因为，文字学不仅研究文字的形体结构，而且要研究字义和字音，这就关联到了训诂学和音韵学。那么，中国的现代语言学，是什么时候开始的呢？

1898年，马建忠《马氏文通》出版。这是中国第一部系统的语法学著作，从基本倾向上看，是套用国外语法学体系，根据汉语情况略加增减修补，建构了汉语语法学体系。这部著作的出版，成了中国现代语言学的开端。百余年来，特别是近二十余年来，中国的语言学经过多次分分合合，范围已经大大拓展，形成了四大分支。其一，汉语汉字研究，一般统称为汉语言文字学；其二，语言理论与语言应用研究，一般统称为语言学及应用语言学；其三，少数民族语言研究，通常简称为民族语言研究；其四，外国语言研究，其研究对象是属于外国的种种语言。四大分支内部，又分别包含不同层级的学科，如果算到现代汉语语法学这一级，研究领域便有数十个之多。国学意义上的文字、训诂、音韵等，都已为第一分支所包含，成了汉语汉字研究的部分内容。这就是说，作为传统语言学的"小学"，已经退出中国现代语言学结构系统，成了一个历史概念。

然而，我们更应该知道，国学精魂一直涌流在中国文化承传的长河之中。这是国学"动态"的一面。国学精魂何在？我个人以为，学风、学理和学术成果，是国学精魂的三大组成部分。国学有反映民族性格特征的朴实学风，我们一般理解为"朴学精神"；国学有反映民族认知结晶的深刻学理，蕴藏量大，开掘空间广阔；国学有多方面重要的学术成果，为世人了解中国的社会、历史、文化传统奉献了极其宝贵的论断。这三者共同显示了中华学术文化的"根"，体现着中华学术文化的"源"，绵延着中华学术文化的"流"。

在实际工作中，搞现代研究的人，不可能断离与国学研究的联系，这正是国学动态性影响的实据。我说个小故事。前几年我到某地开会，会后十来个朋友一起来到当地出名的一个饺子馆。饺子各种各样，服务员一样一样地上。最后一道饺子，每个只有豌豆那么大，服务员把它们放到火锅里，让顾客们自己捞。很有礼貌的服务员小姐，站在桌子旁边，甜美地"做广告"："捞到一个，一帆风顺；捞到两个，好事成双；捞到三个，三羊开泰；捞到四个，四季常青；捞到五个，五谷丰登；捞到六个，六六大顺；捞到七个，七星照耀；捞到八个，八仙过海；捞到九个，天长地久；捞到十个，十全十美。"说到这里，她停顿了下来。有悬念了！火锅里滚动着的那么小那么轻的饺子，哪能容易捞到？别说捞到十个九个，即使捞到三个两个，也极困难。这时，大家很自然地特别关心一个问题：要是一个也捞不到，怎么办？看到大家都急了，服务员小姐才笑吟吟地说："要是一个也没捞到呢？好呀，无忧无虑！"（哄堂大笑）老实说，这道饺子并不怎么好吃，然而，却让大家像玩游戏一样，吃得兴高采烈，笑逐颜开。这件事反映的是纯语言问题吗？不，这里负载着许多中华传统文化的信息。这只是现代汉语的问题吗？不，要解释好这里的语句，需要古代汉语的知识，需要国学的知识。

二、朴学精神的传承

"朴学"一词，最早见于《汉书·儒林传第五十八》中汉武帝和倪宽的对话里。《现代汉语词典》解释道："朴学，朴实的学问。后来特指清

代的考据学。"且不管其特指义，朴学精神表现为质朴、实在、讲实据、求实证，是国学中最具生命力的一种学风。如何传承朴学精神？我这里只说一点：要充分占有材料，据实思辨，不应疏而漏之。

比如数词"三"，别看就这么一个简单的字，从不同的角度去研究，可以做出这样那样的文章。仅以"定数和约数"、"统数和序数"两个问题来说。

首先，应该知道"三"既可表示定数，又可表示约数。定数指确定的数，比如二加一等于三、四减一等于三的"三"；约数指不确定的数，又叫概数。表示约数的"三"，许多时候跟"多"相联系，我们一口气可以说出"三思而行、三令五申、推三阻四、一波三折、举一反三、三人成虎、三人行必有我师"等等例子。清代学者汪中写了一篇《释三九》，他说："一奇、二偶，一二不可以为数；故三者，数之成也。"这一点，反映了汉民族的心理形态。但是，从现代汉语看，约数"三"是否都跟"多"相联系呢？不一定。有时反而表示"少"。比如，"三句话不离本行"。同是"三X两Y"，"三心二意"表多，"三言两语"却表少；"三番两次"表多，"三拳两脚"却表少；"每天三碗两碗地吃肥肉"表示多，"每天只能赚到三块两块钱"却表少。显然，规约"三"的多与少，还有别的因素。这就是：跟"三"发生联系的事物，以及人们对事物的主观认知。只有认识这一点，对"三"的了解才能深化一步。

其次，应该知道"三"或者表示统数，或者表示序数。统数是表示数量多少的数，包括定数和约数；序数是表示次序先后的数。到底是表示统数还是表示序数，有时要结合特定的句域管控才能判定。比如，《三国演义》第五十六回"曹操大宴孔雀台孔明三气周公瑾"，其中的"三"是序数；第三十七回"司马徽再荐名士刘玄德三顾草庐"，其中的"三"却是统数。知道这一点很重要。有的时候，解释某些词语，比如"三羊开泰"，需要懂得统数和序数之间的转变关系。"三羊"怎么"开泰"？反过来说，"开泰"怎么会跟"三羊"联系起来？原来，"羊"由"阳"演变而来。《易》中泰卦，下为三阳，表示阴消阳长，冬去春来。"三羊开泰"，本来是"三阳开泰"。利用同音关系，把"阳"变换为"羊"，可以增强言辞的语用价值。年历上，贺年片上，工艺品上，三羊组画，比"三阳"更具体、更形象、更有动感，因而更具感染力。怎么理解泰卦中的"三阳"呢？按古人对事物发展变化的认识，由于农历每年冬至那一日之后白天渐长，古人便认为冬至日标志着"一阳生"，而农历十二月是"二阳生"，新年正月便是"三阳生"。等于说，一过冬至，第一次阳气生发；进入农历十二月，第二次阳气生发；一到新年正月，第三次阳气生发，于是万事顺遂，安泰吉祥。可知，"三羊"（三只羊子）里的统数"三"，原本是"三阳"（第一、二、三次阳气相继生发）里的序数"三"。只有不仅知道从"阳"到"羊"的同音借用关系，而且知道连带而引发的从序数"三"到统数"三"的转化关系，才能透彻地理解"三羊开泰"。

吕叔湘先生写过这样的诗句："文章写就供人读，何事苦营八阵图？洗尽铅华呈本色，梳装莫问入时无。"写诗时，吕先生已经将近90高龄。这位中国语学巨擘，他所希望的，正是承传一种"朴学"的学风。我想，这是一种"言传身教"吧？！

三、"辞达而已"的启示

子曰："辞达而已矣。"朱熹《论语集注》：辞，取达意而止，不以富丽为工。《孔子大词典》：孔子认为辞的作用在于言事，因此辞不贵多，亦不贵少，皆取达意为上。我以为，从蕴涵量之丰富看，"辞达而已"应是反映语言应用发展规律的一条深刻学理、一个基本原则。如何认识这一学理和原则？我分两个大方面来讲。

第一大方面：人们的语言运用，无处不体现"辞达而已"的原则。举些例子，略说三点。

首先，精准贴切的表达，是"辞达"。《红楼梦》第三十四回，写贾宝玉挨了他父亲的一顿好打，躺在床上不能动，薛宝钗跑到怡红院去看他，叹道："早听人一句话，也不至有今日！别说老太太、太太心疼，就是我们看着，心里也……"刚说了半句，又忙咽住，不觉眼圈微红，双腮带赤，低头不语了。这里的"我们"是谁？就她自己。她是一个人，为什么要用一个复数形式？少女心态，不好意思嘛！"我们"二字，够精准的。（笑）曹禺的《雷雨》中，"劝药"那场戏里，周萍和周冲在父亲的命令下，劝繁漪喝药。周萍说的是："听父亲的话吧，父亲的脾气你是知道的。"周冲说的是："您喝吧，为我喝一点吧，要不然，父亲的气是不会消的。"周冲用了第二人称代词的敬称形式，在那个家庭背景下，符合母子关系；而周萍则"低声"用了第二人称代词的一般形式，不自觉地流露了他与繁漪二人之间关系的暧昧。作者选用"你"和"您"，达意传情，可圈可点。

其次，夸张铺排的表达，也是一种"辞达"。李白《将进酒》："君不见黄河之水天上来，奔流到海不复回。"气势磅礴，感情奔放！假若你去当家庭教师，你当然必须告诉人家的孩子，黄河发源于青海巴颜喀拉山北麓卡日曲。然而，你不能据此而否定李白的诗句，说老李缺乏地理知识，"黄河之水"不是"天上来"的！（笑）杜甫《古柏行》："霜皮溜雨四十围，黛色参天二千尺。"宋代沈括按这个直径和长度计算了一下，然后说："无乃太细长乎？"（笑）如果这么做，李白《秋浦歌》中的"白发三千丈，缘愁似个长"，岂不也要问："无乃太长乎？"

再次，模糊概略的表达，也是一种"辞达"。《中篇小说选刊》2006年第2期有一篇《打火机》，写一位女士野外游玩，喝了一大瓶水，想要小解，可是没有厕所。怎么办？"看看四周，天苍苍，野茫茫，风吹草低不见牛羊，好在也不见人，余真一猫腰钻进了草丛，回归大自然。"这么写，不仅"就地小便"的意思清楚了，而且显得特别有风趣！（笑）语言不是数目字，说话不是做算术。冯德英《苦菜花》里有这么一句："人都走光了，只剩下两个挑柴的。"难道挑柴的不是人？有一首歌，开头一句就是："世上只有妈妈好。"难道爸爸不好？钱钟书《围城》里有这么一句："苏小姐脸红，骂她：你这人最坏！"难道真的是她最坏？电视剧《都市放牛》中，南瓜买了一件小礼物送给喜妹，喜妹赌气说她想要金的银的，南瓜可怜巴巴地解释："喜妹，你知道我没钱！"这里的"没钱"就是钱少、钱不够的意思，喜妹一听就懂。要是南瓜说："喜妹，你知道我钱少！"这是不是很别扭？（笑）"秃头"就是没头发，也是个模糊概念。不要以为凡是"秃头"就一定一根头发也没有。远看看不见，近看只有一根，能说不是秃头吗？恐怕还是秃头！（大笑）

第二大方面：语言的变化发展，无时不受"辞达而已"原则的规约。也举些例子，略说三点。

首先，适应社会发展使用新词新义，是为了"辞达"。"下海"一词,《现代汉语词典》1983年修改本里还只列出三个义项:(1)到海中去;(2)(渔民)到海上(捕鱼);(3)指业余戏剧演员成为职业演员。1996年的《现代汉语词典》修订本增加了一个新的义项,即:(4)指放弃原来的工作而经营商业。现在,假若哪份报纸哪本杂志上有一篇文章题为"下海",多数读者想到的肯定是经商做生意。近来,媒体上流行"粉丝"一词,来自英语的"fans",有"狂热的迷恋者、狂热的崇拜者"之类意思。这个词,公文里、教科书上不宜使用,但在特殊场合,却有其特殊的作用。2006年5月17日的《楚天都市报》上,有一篇短文《粉丝沙龙》,说的是真人真事。作者说,他妻子内退回家,十分苦恼,他鼓励妻开个粉丝小吃店,儿子大声叫好,挂出了一个"粉丝沙龙"的店牌。没两天,突然进来十多个男孩女孩,出高价钱包店,说"铁杆粉丝"在"粉丝沙龙"搞聚会,够味!从此,生意出奇地火爆。作者叹道:此"粉丝"非彼"粉丝",没想到此"粉丝"引来那么多的彼"粉丝",让妻乐得合不拢嘴!(笑)

其次,适应表达需要选用句法结构,也是为了"辞达"。句子可以变换结构。两次春节联欢晚会上,冯巩出场总是对观众说:"我想死你们了!"到了2005年的春节联欢晚会,节目主持人要求他不能重复这个句子,他顺口而出:"你们让我想死了!"同一个意思,还有一种说法。琼瑶小说《哑妻》中,这么描写雪儿见到爸爸的情形:雪儿望着父亲,然后垂下头去,找了一根树枝,在地上写:"你是我爸爸?"柳静言点点头,雪儿又看了他好一会儿,然后写:"爸爸,你想死我们了!"母女俩年年月月想着的是"你",现在面对着的正是"你",因此,最迫切的是要把"你"先说出来,然后再接上"想死我们了"。

再次,根据表述要求变动同音字来组造语句,也是为了"辞达"。常言:"舍不了孩子套不住狼。"为了套狼,宁可牺牲孩子,这合理吗?可怜天下父母心啊!《语文建设》发表过一篇《因声起意与流俗词源》的文章,作者指出:这里的"孩子"可能是"鞋子"的讹读。因为,在一些方言区中,"鞋子"就读成"háizi"。这条俗语应为:"舍不得鞋子套不着狼。"在一次国际会议上,我特别提到了这一点。讨论时,有位新加坡学者提问:"量小非君子,无毒不丈夫"中的"毒",有没有可能是由"度"演化而来的?我认为很有可能。"量小非君子"和"无度不丈夫",互文见义,也可以说成"量小非丈夫,无度不君子"。是否如此,尚待求证,但无论如何,肯定都是能够引发思考的好假设。那么,如果假设得到证实,是否导致对"舍不了孩子套不住狼"和"无毒不丈夫"的否定和舍弃呢?不是。这类夸张性说法,经历了语言运用的时间考验,在历史发展中已经定型,所表达的意思已经十分清楚。以"舍不了孩子套不住狼"来说,是否合乎人情的理据已经淡化,不再成为需要深究的话题,人们已然接受了凸显出来的意思,这就是:必须做出重大的牺牲,否则就无法取胜。

  理论越精辟,话语越简短。两千多年前,孔老夫子就已为我们提出了有关语言的一条纲领性的原则。辞达而已,一语破的。这一原则,可以用来建构语用学和修辞学,也可以用来解释词汇的发展和语法格式的演变。中国传统文化的宝库中,像"辞达而已"这样的精辟论断,应不在少。

四、中国语学的特色探求

  中国语言研究,应该旗帜鲜明:面向世界,面向时代需求;根在中国,根在民族土壤。我们重视学习和借鉴国外理论方法。在这一点上,要承认自己的落后,要看到自己同别人之间的差距,要把握研究工作的先进走向。作为汉语研究工作者,我们又应该重视"研究植根于汉语泥土,理论生发于汉语事实"。讨论国学,不是要回归到国故,而是为了弘扬国学的精魂。把学习别人长处和创建自己特色结合起来,处理好"向"和"根"的关系,才有可能真正出现与国际接轨的局面。

  我们应该旗帜鲜明地提倡形成语言学的中国学派,提倡、探求和凸显中国语学的特色。

  古为今用、外为中用,这无疑是正确的选择。国故意义上的国学,无力因而也不能直接促进国家文化的大发展;纯引进意义上的今学,也总避免不了水土不服的缺憾。无可怀疑,跟文字、训诂、音韵等相比较,无论广度还是深度,中国现代语学的面貌都是全新的。但是,在国际学术交往中,却显露了明显的弱点,比如原创性学说缺乏、创新性理论不多、学术风格不明朗,因而处于弱势地位,根本无法跟别人平等对话。说千道万,中国语学要得到长足发展,最重要的是提倡形成"语言学的中国学派"。

2004年，《汉语学报》发表了《以学派意识看汉语研究》的文章，作者指出：学派是学术研究领域走向成熟、发达和繁荣的标志，所谓学术的繁荣，就是学派、流派之间的竞争的果实。伟大的思想，只能在学派的争鸣与摩擦中产生。汉语研究中学派的形势不明朗，这是一个事实。没有学派，就没有该学科的国际地位；没有国际地位，则从根本上取消了我们的国际交流的话语权。这篇文章发表以后，产生了相当大的反响。

要形成语言学的中国学派，就必须强调语言研究的"自主创新"。什么叫"创新"？"创新"本身就是一种独创性的行为或成果，本来就是"自主"的！可是，如果这么咬文嚼字，绝对是十足的书呆子气。正如国学是相对西学侵逼而提出的概念一样，"自主"创新针对的是"他主"创新。提出"自主创新"，是在高屋建瓴，是在主张弘扬民族智慧，是在强调国家兴盛之"大我"。许多人喜欢读金庸小说，我是其中一个。王重阳和林朝英原是一对天造地设的佳偶，却没有结合，这是因为二人武功既高，自负益甚，一直至死，争竞之心始终不消。林朝英创出了克制全真武功的玉女心经，而王重阳不甘服输，又将九阴真经刻在墓中。只是他自思玉女心经为林朝英自创，自己却依傍前人的遗书，相较之下，实逊一筹。王重阳很清醒，做出了"自创"高于"依傍"别人的判断。

只要形成了语言学的中国学派，自然而然就会出现中国特色的语言学。科学无国界，这话绝对正确。不过，要看怎么理解"科学"和"无国界"。"中国特色数学"、"中国特色化学"、"中国特色物理学"的确不能说，然而，是否可以用此来证明"中国特色美学"、"中国特色史学"、"中国特色政治经济学"也不能说呢？好像不可以。且别说人文社会科学，即使是属于工科的建筑学，由于跟社会因素人文因素有很深的渊源，也完全可以提"中国特色建筑学"。至于"无国界"，是否就等于说任何门类的学科都没有国家特色或民族特色呢？是否也可以理解为科学属于全人类，科学成果为全人类所共享呢？语言学是一门具有社会性和人文性的学科，提"中国特色"是无可指摘的。在国家提倡振兴民族文化之时，强调"中国特色"，更有导向性的作用。

当然，中国语学要形成和凸显自己的特色，绝非易事，需要做长期而艰苦的探求工作。1996年6月10日，季羡林先生为"中国现代语言学丛书"作序，其中指出：下一个世纪的前20年，甚至在更长的时间内，都是我们探求的时期。我们必然能够找到"中国的特色"。只要先擒这个"王",我们语言学的前途,正未可限量。1999年6月29日,季先生为他所主编的"20世纪现代汉语语法八大家选集"作序,又接着上面的话题写道:但是,问题的关键在于:怎样探求?向哪个方向探求?我不揣庸陋,想补充两点。第一点是,要从思维模式东西方不同的高度来把握汉语的特点;第二点是,按照陈寅恪先生的意见,要在对汉语和与汉语同一语系的诸语言对比研究的基础上,来抽绎出汉语的真正的特点。能做到这两点,对汉语语法的根本特点才能搔到痒处。

最后,我讲几句话,作为结束语。

第一,一个国家有没有自己的学术特点,意味着一个国家有没有自己的强劲文化;一个没有自己强劲文化的国家,意味着国际交流中发言权完全掌握在他人手里,自己只能俯首帖耳地驯服于他人的指指点点。目前,中国对外文化交流的严重入超提醒我们,需要大声疾呼振兴自己的文化。

第二,中国有灿烂的文化,这不是历史教科书上僵硬了的几个汉字,也不是仅供观赏的历史化石,而是可以滚动起来的一江长长活水。以现代意识为前导,弘扬国学优良学风、深刻学理和有用成果,让国学精魂与现代意识结合起来,有利于实现民族文化的振兴,有利于助产中国特色的学问。

第三,中国学术,包括中国现代语学,应该也可以对世界学术做出贡献。《光明日报》2006年3月23日发表《中国语言研究的民族性与世界性》一文,文中几句话说得特别好:世界性与民族性是事物的一体两面,表面对立,实则统一。有鲜明的民族性,才有真正的世界性。没有各民族深入挖掘、慷慨奉献本民族的优质元素,就无法打造出内涵丰富、形式多样、色彩斑斓的世界性。

第四,学术的繁荣,表现为"百花齐放"。容忍"百花齐放",是一种学术度量。百花中,任何色样的花,都是一个品种,都应受到尊重。学术上的不同意见,不要过早肯定或否定。有的意见,看似互不相容,实则有可能殊途同归,将来会形成互补。对于一个学者来说,既要善于学习别人,又要善于塑造自己。

请让我再次提到金庸的作品。金庸笔下,有个老顽童。他爱"拜师",只要看到别人有新招,即使对方是十七八岁的小青年、小女孩,他都要"我拜你为师";但是,他又爱"自创",潜心于自己琢磨,"双手互搏"呀,"空明拳"呀,创造出了许多令人意想不到的招式。此公开始中等偏上,后来武功奇高。结果呢,在"东邪、西狂、南僧、北侠、中顽童"的新"评估"中,占据中心位置,成了五绝之首的"中顽童"。(笑)这个文学形象,也许能够启发我们思考点什么。王充《论衡实知篇》:"不学不成,不问不知。"张载《经学理窟学大原下篇》:"学贵自悟,守旧无功。"我想,多多咀嚼这类格言,对我们的继承创新会大有好处。我的发言就到这里,谢谢各位!(热烈的掌声)

国学动态

废纸堆里捡出佛经

原载:国学版(光明日报2006.2.21第5版)

不久前的一天,山东省阳信县水落坡乡东长村的废品收购站来了卖废品的小青年。收购站的李某按每斤0.6元的价格将该青年100多斤废旧报纸买下。当他整理这堆废旧报纸时,意外地发现这竟是一套清早期的《大乘诸品经咒》。该《经咒》属于经折装,共220折页,总长度为19.80米。每折页竖排木版印刷字体五行,每行15字。其内容包括:摩诃般若波罗蜜心经、金刚般若波罗蜜经、佛说阿弥陀经等多种佛经。据专家从纸张和字体分析判断,这套佛经是专门供佛庙和尚念经用的,应属于佛庙的公共财产。至于为何流散到民间,目前尚不得知。(张 勇)

国学动态

东山书院与《梦溪笔谈》

原载:国学版(光明日报2008.11.17第12版),本书有删改。

茶陵腰陂镇东山村,东山人陈仁子于元大德七年(1303年)在此创办东山书院。有资料称,这是当时整个湖南最大的一家私家书院。被誉为"中国科学史上的坐标"的《梦溪笔谈》现存最早的版本——《古迂陈氏家藏梦溪笔谈》就出自这里。(阳卫国)

国学讲演厅

谈玄说无

庞 朴

原载：国学版（光明日报2006.5.9第5版）

象形文字中，画"有"的东西非常容易，画"无"就没办法了。我们的祖先终于找到一个办法。

医生的处方前头都要写一个Rx，这就是西方的一个符咒，很多医生自己也不知道。

如果把"元"字的一笔往上一捅，就出来"无"字了。"元"就是开始，"元"开始以前，那就到了一个"无"的境界了。

太极图就是一个旋涡，虽然在中国出现很晚，思想的萌芽则在新石器时代"屈家岭文化"中已经出现，大概在公元前三千年。

时间：2005年12月14日
地点：中国人民大学逸夫会议中心

演讲人简介：庞朴，男，1928年生于江苏省淮阴县，1954年中国人民大学哲学研究生毕业。曾任山东大学历史系讲师、《历史研究》主编等职，现为中国社会科学院研究员，联合国教科文组织《人类科学文化发展史》国际编委会中国代表，国际简帛研究中心主任，山东大学儒学研究中心主任，中国人民大学国学院专家委员会委员、特聘教授。主要著作有：《〈公孙龙子〉研究》、《沉思录》、《良莠集》、《一分为三——中国传统思想考释》、《儒家辩证法研究》等。

我没有想到今天会有这么多人来听，后边还有很多同学站着，我很过意不去。要是听一会儿觉得不好的话，大家还是找个地方休息，站在那里我的确心里很不安。（笑声）

我今天演讲的内容在整个国学里边、在整个人类思想当中是非常小的一个问题,只是两个字:"无"和"玄"。准确点说,这是两个概念,或者更准确点说,是两个哲学范畴。

我为什么要讲这么两个字呢?这成一个什么学问呢?我想,这两个哲学范畴以及其他一切哲学范畴,都是人类意识形态里边的最抽象的东西。最抽象的东西就没有它自己的现实根据吗?没有它的生活经验在里边吗?因此我就特别注意研究了一些哲学范畴,其中就有今天咱们要讲的道家的两个范畴"无"和"玄"。我在这个问题上还确实有一点点心得,我谈的这两个字跟大家的理解包括字典、字书的理解都不一样。

"无",就是没有。没有了还有什么好谈的呢?(笑声)但是,你仔细去想"没有",它有许多种情况。第一种情况是:本来有,后来没有。本来我有一个手机,今天路上丢了,我现在没有了,这种"无"是相对"有"而言的。第二种情况是:本来就没有,后来还没有。我这一辈子就没有过手机,我现在仍然没有,我将来也不会有手机,而且我下定决心不买手机,那么这就是绝对没有。还有一种介乎相对和绝对两者之间的状态。某些事物,看上去是没有,实际上还是有的,只是你看不见、摸不着而已。你没有感觉的东西,不等于没有,你感性看不到,你的理性却能够发现,这是第三种"无"。

所以,一共有三种"无"。这三个"无"在中国文字里恰好有三个字来代表。

第一种"无"是相对的"无",在中国文字里,用"亡"字来表达。本来有,现在没有了;或现在没有,将来会有的。它是一种相对性的,这个"无"依赖于"有"而发生。

"逃亡"的"亡"以前很多时候是念"无"的。"先有而后无",这是一种最普通的"无"的状态,但过去的字书并没有解释到本质所在的地方。《说文解字》说:"亡,逃也",逃了,逃跑了。"从入,从乚"。乚字上面加个入字,就是"入于乚"。本来有个东西,先入于乚了,入于隐蔽状态,就是"无"了。这个解释,就是汉代人自说自话。我们现在能够读到比汉代人更早的文献,譬如甲骨片。在这许多甲骨片里,就有"亡"这个字,这个"亡"字绝对不是"入于乚"。甲骨文的"无"字古人是费了一番心思的。象形文字,表示太阳,画个圆圈,外面有许多光芒;表示月亮,画个月牙。象形文字中,画"有"的东西非常容易,画

"无"就没办法了。我们的祖先终于找到一个办法,甲骨文中的"有"字原形是右手,人的右手伸出来就是"有"。现在把这个"有"字去掉一半,就不是完整的"有"了,那么就成了甲骨文中的"无"。这个"无"就是那个"有"的一半。用"有"去掉一半来表示没有,意思是说本来有了,现在没有了,这就是"无",这就是逃亡的"亡"。这与《说文》"入于乚"没有关系。这比那个"入于乚"更准确地反映这个字的原意和来源。

这个字现在念"亡",在古代很多时候念"无"。唐诗里有"绿蚁新醅酒,红泥小火炉。晚来天欲雪,能饮一杯无?"这个"无"字,应该念"mò",就是表示疑问的。"画眉深浅入时无"中的"无"也念"mò",就等于现在这个口语。和尚念经念"南无阿迷陀佛",发音是"na mo e mi tuo fu","无"同样念"mò"。所以这个"亡"字现在已经变得很远了,现在念"wáng",本来应该读"mò"。

"有"字缺失就是"无",这个思想在西方哲学里大体有类似的说法。古希腊的哲学家说:"非存在乃是存在之丧失。""非存在"可以翻译成"非有"。"非有"是"有"之缺失,比如"暗"是"光"之缺失,"恶"是"善"之缺失。因此,西方哲学家认为:"非存在"是不存在的,不存在一个"非存在"。"非存在"不可能本身独立存在,它要依靠于"有",依靠于"存在"。

现在我们要谈一桩公案。我们来看郭店竹简《老子》里五个字。郭店竹简大概的年代是在公元前400年—前300年之间。我们来讨论一个错误。第一个字是"宝贝"的"贝"字,上面放上一个像"有"的字;第二字是"与";下面这个字又是"宝贝"的"贝"字,上面放上一个代表"无"字的那个头;下面两个字没什么争议,我们不管它。这是《老子》里的一句话——"得与亡孰病",这句话的意思是:得到了什么东西和亡掉了什么东西,哪一件事情更糟糕?一般人都会以为得到一个东西很高兴,失掉一个东西很难受。老子反过来问:你仔细考虑,到底是得到东西更糟糕还是失掉东西更糟糕。得与失孰病?哪一个更不好?现在不去讲思想内容,只讲第一个字与第三个字。这两个字我认为应该把它们翻译成"有"和"无","有与无孰病?"现在的通行本《老子》,在第四十四章则是"得与亡孰病?"第一个字说成是"得",第三个字说成是"亡",我们感觉到"得"与"亡"不是一对范畴，不协调。"得"和"失"是一对范畴，像患得患失、有得有失。"得"不会跟"亡"放到一起的。为什么会这样？原来是汉代人搞错了，汉代人在把这种文字定型为隶书时，就出现了错误。关键是"有"跟"无"这两个字没搞清楚。第一个字上面是像"有"字的头，下面那个"贝"字代表钱财；第三个字是"无"字头，下面那个"贝"字也代表钱财，所以这句话应该是"有与无孰病"，得到一笔钱和失掉一笔钱哪一个更糟糕？就是塞翁失马的意思。因为对"无"的字形和字义以及它最初产生的状况的不了解，《老子》书上就出了这样的毛病。我们现在从公元前400年—前300年出土的文献中看到的字的原型就是这样。

简单总结一下："有"字劈开一半，就是"亡"，应该念"无"（mò）。现在广东人完全运用古人的方法，把"有"字去掉点什么东西，就是"冇"了。这个字，广东人念"mou"，就是"有"字的缺失。"无"的最简单的形式和意思形式就是有的缺失，是依靠于"有"而来的。

第二种"无"是最复杂的一个"无"字，就是繁体字的"無"字。在甲骨文里，显然是一个人张着两只手，手里提着两串东西。这是一个跳舞的"舞"，舞蹈者手里提着两挂东西，根据文献上说可能是牛尾巴，也可能是茅草。抓住一些东西在跳舞，这是最早的"无"。

跳舞的"舞"后来一变为"无"，有一个非常有趣的过程。过去对舞蹈的起源有一种解释：人们劳动疲倦了，然后休息，休息时就跳舞；或者人们高兴了就跳舞，就唱歌，这是鲁迅先生对音乐和舞蹈起源的一种解释。可是根据人类学家在少数民族地区所做的人类学调查来看，事情不是这样的。他们跳舞的最根本原因，是为了与一个神灵打交道。他们不是高兴了、吃饱喝足了，才去跳舞；恰恰相反，是没了吃的东西，想出去打猎了，打猎以前，举行的一种仪式。譬如说今天要去猎熊，事前就组织一个仪式，仪式上最重要的活动就是模仿狗熊的各种活动，这就成了狗熊舞。这是为了通过这种形式与狗熊的神灵打交道，求得狗熊神灵的谅解，祈求帮助。这是人类学家调查出来的舞蹈的最基本的动因。农业收获或播种的时候也跳舞，他们是为了与农作物的神灵打交道。后来随着生活慢慢的丰裕和丰富，跳舞内容也会增加，如增加喜庆的内容。神灵是看不见的，看不见就没法表示，象形文字没办法像看不见的形。他们相信神灵的存在，神灵管理着我们许许多多的事。农作物、打渔、打猎的，都有自己相关的神灵。可这神灵看不到，只是相信他确实存在。确实存在又看不到，因此就没法表现，但是还偏要表现它，不然思想就没法交流、没法保存。古人想了一个办法，就用跳舞的动作的图形来表示跳舞的对象，用有形的舞蹈去表示那个无形的、又确实存在的、要与之打交道的那个神灵。因为舞蹈是为了与神灵打交道，舞蹈就成了神灵的形象化。所以，这个"舞"字，作为动作，叫作"舞"；作为侍奉的那个对象，就是"无"，就是繁体字的那个"無"，它是从跳舞的"舞"字演化出来的。

　　汉代《说文》在这又犯糊涂了。《说文》里"无"字"从大"，表示"丰也"。《说文》里关于"无"有三种意思：丰富，快乐，逃亡。实际上，一个字就能说清楚，就是跳舞的那个"無"。为什么会是"丰也"？"无"是没有，是绝对的少，为什么会是丰富？实际上"无"所侍奉的对象，所代表的神灵，他是丰富的，所以"无"有"大"的意思。"无"不是没有，"无"是比"大"还要"大"，"无"是最大。这种解释在现在许多文字字形里面还保留着。如"芜"字，草字头下面一个"无"，就是荒芜。荒芜不是不长草，不是一点草也没有。恰恰相反，荒芜就是有大量的草，比应该有的还多，这就是荒芜。假如"无"字旁边加个"肉"，就是"月"旁边加"无"的这么一个字，这不是说骨头没有肉，事实上是说这块骨头上面有很多肉。广场的"广"字里边加个"无"，就是房屋，正殿两旁的房子叫作"两庑"。两庑不是说两面没房子，是两面的房子数量非常多。你到故宫去看中间的正殿，两庑的房子比正殿多得多。曲阜孔庙，正殿只有大成殿，两庑则有一百间房。一切表示大的、繁的、多的东西，往往用"无"来表示。《说文解字》不大懂，v但还是解释对了，说是"丰也"。"丰"就是丰富。后来清朝人段玉裁作《说文解字注》，就真闹了个笑话了，他批评前人说，"无"就是没有，怎么是"丰也"？其实是他自己搞不清楚。

　　跳舞是为了与神灵打交道，与那个"无"打交道。谁最善于用跳舞跟神灵打交道呢？谁最懂得神灵在哪儿，神灵喜欢什么、不喜欢什么，因而跳出这样或那样的舞来表达人类的意思，与神灵来交通呢？这种工作本来是全民族的事情，氏族里的每一个人都会。后来由于生产的发展，出现分工,这种职业渐渐地集中到一种人身上,这种人就叫作"巫"。巫是通过跳舞来与"无"打交道的人。舞、无、巫,三个字是一个字,一个是跳舞的手段,一个是跳舞的对象,一个是跳舞者。"巫"字,是甲骨文里跳舞的那个"舞"字的简化。把跳舞的形状规范化,或者说幻化。因为跟神灵打交道这个事本来就有点虚幻,巫婆、神汉本来也就是有一点神经兮兮的。(笑声)造字的人真聪明,干脆再幻化一下,但万变不离其宗,基本还是跳舞的"舞"字。

现在,"跳舞"的"舞"字有三层意思了,一是动作,跳舞;二是代表神灵的"无";三是与"无"打交道的"巫"。这三个字连到一起,就代表了一个东西,就是似无似有的那个"无"。看上去没有或者你看不到的东西,但实际上我相信它有。稍微换一下说法,比如说,天底下有大量的东西是看不见、摸不着,但实在是有的。这些东西并不比那个看得见、摸得着的东西要少,而是更多、更神圣、更伟大。如地球绕太阳运行的规律,一年是365.25天,这个规律看不见,可以通过一些现象来观察。又如地球有一根轴,这根轴指着北极星,成35度倾斜,这根轴也是看不见的。像病毒、病菌,也都看不见,可医生看病必须要相信有,而且他要着手去治这些东西。

所以在中国后来就留下一个习惯。算术的"算",这个字在有的时候中间那个"目"写做"巫"。医生的"医",注意是繁体字的"醫"。现在一改简体字,今天都没法讲了。(笑声)"醫"的下面的那个"酉",很多时候是写成"巫"字的。医生跟巫差不多,算术也是在算看不见的东西。现在的医生都是科学家,其实医生仍然有巫的性质,特别是心理医生。(笑声)医生的处方前头都要写一个Rx,这就是西方的一个符咒,很多医生自己也不知道。所以医生就是从巫来的。

这就告诉我们一个非常有趣的事情,就是我们应该把没有的东西看得比有还要有。在佛经里边有两句话叫"实而不有,虚而不无"。一个东西是实在的,但是没有,这个"没有"就是看不见的意思,这就是"实而不有";它是虚的,但不是无,这就是第二个"无"字最简单的意思。

我找到一个铜器铭文拓片,里面有三个"无"字,分别代表三种意思。无有、跳舞和巫,三个"无"字,都是一个字,就是前面说的三种意思。跳舞的动作,跳舞的对象,跳舞者,三个字在一个铜器铭文里同时出现，这是了不起的事。我有这种思想在前，后来就偶然发现这个铭文，正好有代表这三种意思的三个"无"字。

第三个"无"就是我们现在简写的那个"无"，是"绝对没有"。本来没有，过去也没有，现在还是没有，绝对没有。这是一个不必待"有"的无。《墨经》说："无，不必待有。"不必等待有，才是最无的。这个"无"是"绝对没有"，跟任何"有"没有关系。

《墨经》里开始出现这种思想，这个时间很晚，要到战国末年。要形成一个绝对的没有的观念，是非常困难的事情。《墨经》举"无马"为例说：本来有马，现在没有了，或者死了、卖了、跑掉了，所以"无马"之无是待"有"之"无"。另一种"无"是不必待"有"的，如"无天陷"的"无"。天是不可能从天上陷落下来的，这是绝对不可能有的，所以这个"无天陷"的"无"，就是绝对不可能有的那一种。与"无马"之"无"不一样，"无马"的"无"应该写成"亡"，是第一种的"无"。

绝对没有的思想和观念，在中国是到战国才形成的。到了战国的文献上，我们才看到一种绝对没有的观念。这种观念以前是没有的，如果有的话，我们能找到相应的符号。以前只有两个符号，就是我们前面所说的第一种相对于"有"的"无"和第二种虽然超越了"有"，但还离不开"有"的"无"。

怎么来表示"不必待有"的"无"呢？《说文》里有一个字，就是现在这个简体的"无"字。《说文》称："奇字，无也。"为什么是很奇怪的一个"无"呢？"通于元者，虚无道也。王育说：'天屈西北为无。'"这就是《说文》的解释。什么叫"通于元者"？如果把"元"字的一笔往上一捅，就出来"无"字了。"元"就是开始，"通元"则是开始以前，那就到了一个"无"的境界了。那是一个"绝对没有"的地方，就是虚无，是"道"，是"形而上"的地方。所以说这个奇字"无"字，是"通于元者，虚无道也"。把"元"字往上捅一下，就出来"无"字，这个"无"就代表着一种"道"，形而上的本体，比开始还要开始，比没有还要没有。

可是那个王育先生又说了："天屈西北为无。"为什么屈西北为"无"呢？这是中国古代天文学的一个观念。古代天文学简单地认为太阳是从东南角升起来的，然后运行到西北坠落下去，没了。第二天升起的是另外一个太阳，它重复着前面的运行轨迹。所以，西北角有一个大洞，是个黑洞。黑洞质量绝对大、无限大，任何东西都可以吸到里面去。黑洞思想在中国古代天文学中已经有了。（笑声）当然，没那么科学。西北有一个大洞，天就缺了一块，女娲补天的故事就是这样来的。天缺西北角一块，就是"无"，那是一个无底洞。为什么缺的是西北呢？这个字怎么看出西北来的呢？这涉及古代中国地图的一个方位问题。中国地图是上南下北、左东右西，是一个人面南坐在那里看地图的方位，跟现在西方传来的地图的方向完全是相反的。"天"字的右下角，也就是西北角屈起来，就是"无"了。天缺西北角，西北角上是一个洞，那个地方就是"无"。这就是汉代人对"无"这个奇字的解释。

这个"无"字是由两方面构成，一是"通元"，二是"天"字缺西北角。两种意思构成一个字，这真够复杂。实际上恐怕根本不是这么回事，没这么复杂。最早大概是有一个观念，就是想要表示这个绝对的"无"。表示绝对的"无"更是困难，如果造字的人要是真的想到了"天"和"元"还真是不错的想法，因为"天"和"元"都是最接近开始的。

第三个"无"实际上相当数学里的零符号。零符号也是费了一番苦心的。要表示没有，不能不画出一个有的圈子或框框，这本身就是个悖论。什么都没有的地方，外面却有个框。如果把这个框拿掉，这个"没有"就没有了。零符号的发明是非常重要的一件事情。过去中国数学是用空一格来代替零符号的。后来，印度人最早发明了零符号，大概是在9世纪。传到中国时已经很晚，已经是12世纪了。

关于"无"我们就讲这些，下面我们讲"玄"。

"玄"比"无"还要难说，"无"可以跟"有"对，"玄"跟什么对呢？《说文》上说："玄，幽远也，黑而有赤色者。"春秋或西周时"玄"的字形，像一串香肠，（笑声）或像一个葫芦啊。甲骨文里的"玄"字，好像是一把改锥。因此，解释字的人就说："玄"，就是"镟"，图形我们可以理解为拿一个改锥去镟东西。竹简上的"玄"不像镟东西，而像是天上掉下来两个包子之类的东西。（笑声）这个字跟"镟"就没关系。谁解释成"镟"呢？大学者郭沫若先生说应该是"镟"，是钻木取火的动作。现在"镟"字被简化为"旋"了，"旋"字是"方"字旁，"方"字旁的字都跟旗杆有关，像旗、旎、旌，所以旋转的"旋"实际上就围绕着旗杆在转圈,"旋"跟"镟"没有多少关系。

"玄"有三层意思:其一,黑色,黑里透红就是玄色;其二,遥远;其三,高深莫测,奥妙。引申出来,"玄"有时代表宇宙本体。在中国文字里,玄有这么多的意思。这么多的意思,怎么用改锥来解释清楚呢?改锥跟黑有什么关系呢?改锥跟宇宙本体有什么关系呢?郭沫若先生解释说:"玄"应该是改锥,后来解释为"人旋转",人一旋转,头就发晕,眼就发黑,因此"玄"有黑的意思。(笑声)这不是开玩笑,这是一种很艰苦的求解方式,也是很浪漫的一种解释法。

对于"玄"字,我找到一种解法,现在公诸于众,看看是否能说清楚。解释"玄"字,我们要找出它既是玄远的,又代表黑颜色的,又代表天道的,代表本体的,看上述三层意思能不能在一个"玄"字里面包含。

1955年在湖北和四川交界长江边上的屈家岭修水库,挖掘出一座古代的房子,房子里有很多纺锤。纺锤就是一块石头或者泥巴做的一个圆圆的东西,中间有一个眼儿而已。出土的纺锤上面都有花纹,而且是红颜色的。我现在收集到的有18种之多,从中找出6个更典型的图案,将它们简化一下,看起来像是一种水的旋涡!旋涡要表现,就是用花纹,这种花纹就给人一种旋涡的感觉。假设纺锤中间支上一根棍儿,让它转起来,它的花纹自然形成一个渐进形的旋涡。

古人为何突发奇想,要搞这个旋涡干什么呢?我设想:这是古人对水的一种崇拜。他们认为是水带来了一切,生命的源泉,生活的需要,最后乃至于死亡以后的归宿,都跟水有关系。崇拜水怎么表示?先民们所做的就是画水的旋涡。他们认为水的旋涡足以表示水的奥妙、神奇、深不可测。画出图案后,抹上红色,表示浓重和神圣,用红色的水纹表示先民对水的崇拜。因为万物都是从这个旋涡里出来的,万物最后又归集到这个旋涡里去。我们看旋涡可以产生这种感觉,水面上有一个旋涡,漂浮的一些小草什么的都会被旋进去。万物又产生于旋涡,比如说孙悟空要借宝时,孙悟空借宝,不到天上去借,却要到东海龙王那儿去借。万物藏于海,海里是最神奇,所以孙悟空跑到龙王那儿去借宝。

水可能是绿的、白的,由于光的关系,旋涡本身看起来是黑颜色的,先民相信旋涡是奥妙的,是不可测的,万物都是从这里出来的,万物又归到这儿去。这许多含义正是"玄"字的几种意思。万物所出和所入的地方，就与"天道"、"形而上"联系在一起了。在中国的五行里有一个水神，名字叫"玄冥"。五行大家都知道，就是金、木、水、火、土，古人给每一行都安排了一个神。金神蓐收、木神勾芒、水神玄冥、火神祝融、土神后土。别的神我们不讲，水神为什么叫"玄冥"？以前没有解释，现在我们说，"水"与"玄"有非常密切的关系，玄是水的一种状态，水成旋涡状才叫"玄"，因此，水神就起了这个名字。

崇拜水的思想和观念，后来慢慢发展成为一种哲学，这就是中国的道家。道家是崇拜水的，《老子》五千言里好多地方谈到水，如"上善若水"，"水善利万物而不争"。上善，最高的善，就像水一样，水可以柔弱胜刚强。道家崇拜水，还可与道家发生在中国南方长江流域一带的史实联系起来。道家因此把"玄"作为他们的最高哲学范畴，老子说"玄之又玄，众妙之门"。一切万物都是从这儿出来的，所以是"众妙之门"。

江南许多桥梁上的图案都是这种旋涡，且往往在桥的正中间，在很隆重、很神圣的地方。可见这种观念比较普遍，特别是在水乡。这样的图案在日本和韩国也有。日本神社里经常有一种比较典型的"三元图"，在日本这种图案的名字叫"巴"。为什么叫"巴"？日本许多学者都不知道，说就是叫"巴"。（笑声）现在我找到一个答案。"巴"，即巴蜀之"巴"，屈家岭所在就是"巴"，古代叫作"巴谷"，或者说四川和湖北之间沿江的那一带地方就叫"巴"，可能就是从那儿来的。日本还有一种动物也叫作"巴"，这种动物整天用自己的嘴去咬自己的尾巴。总是咬不到，或刚刚咬到又脱落了，因此它就老是在那儿转圈。我想这个"巴"也是同样表示旋转的意思，而旋转最常见的方式就是水的旋涡。韩国许多地方有这样的图案：一个"三"字形，涂上三种颜色。很显然这也是水的花纹。韩国人经常把它画在大鼓的鼓皮上，或者画在庙里的窗户上。实际上都是水的雏形的变形，是水的旋涡的规范化或图案化。

太极图大家很熟悉，太极图实际上就是刚才纺锤里的一种，当然那个没有这么规范和完整，经过后人特别是宋人的修改，着成白、黑二色，附加了阴、阳诸多观念，于是变得典型、规范。我们很清楚能看出来，太极图就是一个旋涡，它的颜色也帮助我们理解"玄"有黑的意思。太极图虽然在中国出现很晚，思想的萌芽则在新石器时代"屈家岭文化"中已经出现，大概在公元前3000年。

总之,"玄"的解释很简单,就是对水的崇拜,是对水的一种形象化表达,具体地说是对水的旋涡的一种形象化表达。它出于一个崇拜水的氏族,最后一直提升到哲学本体的高度,"玄"字因此变得非常"玄"。如果还原到水的旋涡,很玄妙的哲学思想就变得非常普通,可以与现实的生活历史联系起来。哲学这个东西并不奇妙,如果奇妙只是因为我们还没有弄懂,我们应该用很多办法,从各种方面去弄懂它。我们弄这些干什么?搞清中国文化。搞清中国文化为什么?增强我们民族的凝聚力,增强我们的认同感和归属感。

我想今天关于这两个字,我就简简单单讲这些,耽误大家很多时间,对不起,谢谢!(掌声)

(录音整理:郑任钊)

國學茶座

《乐经》何以失传

项阳

原载：国学版（光明日报2008.6.23第12版）

项阳，祖籍湖北宜昌，1956年生于山东淄博。中国艺术研究院音乐研究所研究员，博士研究生导师。主要研究中国音乐文化遗产。代表性著作有《中国弓弦乐器史》、《山西乐户研究》。在做课题有《以乐观礼》、《中国乐籍制度研究》。

"《易》、《诗》、《书》、《礼》、《乐》、《春秋》为六经，周秦之际已有此称。"（《皇清文颖》）有意思的是，当《乐》被奉为经典之时，却已"失传"。这《乐》究竟是什么，又何以失传呢？

纵观中国之文化传统，两周时期能够被后世认定为乐之经典样式者，应该是礼中用乐。"礼之品有五：吉凶军宾嘉是也。五者其别有三十六，《周官·大宗伯》备言之是，典礼之官于此五者无所不掌。今舜欲求典礼之官，乃使之典三礼。孔氏谓三礼为天神、地祇、人鬼之礼，则此三礼特五礼所谓吉礼而已。"（《尚书详解》）这里是说两周之三礼在汉魏以降归属吉礼，吉礼为祭礼，是诸礼之首。祭即祀，如此合"国之大事，在祀与戎"之理念。一个国家两件大事，一是祭祀，二是战争。在其时将祭祀看得如此重者，其礼中所用之乐方为经典之乐，这是祭祀中的用乐。两周时期国家最高祭礼中的受祀者，反映出周人的"崇圣心态"。"一言礼必及乐，乐依乎礼者也。古之《乐经》存于大司乐，其五声、六律、八音，大师以下备详其制，而六列三宫之歌奏，则'六代之乐'咸备焉。"（《周礼全经释原》卷首）周公在这种崇圣的理念下将前面五代有作为的君主作为"圣人"加以尊崇与承祀，是对这些圣人治理"国家"之政绩以及其人格魅力的充分肯定。将本朝忝列，既有"式"（学习、效法）之意味，亦显示承继先贤的愿景。

六代之乐，又称六代乐舞，是指黄帝之《云门大卷》、唐尧之《大咸》、虞舜之《韶》、夏禹之《大夏》、商汤之《大濩》、周武王之《大武》。六代乐舞用于郊庙祭祀。以《云门》祭天、《大咸》祭地、《大韶》祭四望、《大夏》祭山川、《大濩》享先妣、《大武》享先祖。周公时期将这些标志性的乐舞以制度的形式加以规范，并设专门机构"春官"予以管理，由大司乐"以乐德教国子，中、和、祗、庸、孝、友；以乐语教国子，兴、道、讽、诵、言、语；以乐舞教国子，舞云门大卷、大咸、大韶、大夏、大濩、大武。"（《周礼正义》）这其实是对六代乐舞分"乐德"、"乐语"、"乐舞"三个层次进行教习，而这三层次也构成了六代乐舞的统一体。"乐德"是指乐舞中所具有的社会伦理道德的精神内涵；"乐语"是指在乐德理念下所制各种乐舞其乐章的基本内容以及咏诵方法；"乐舞"有着具象形态，就是指以上六种。这种用于国家祭祀的乐舞在其时属于"歌舞乐三位一体"，即乐舞为独立的个体，但在每一个体之内，是既歌、且舞又有乐者，这是形式与内容的统一。歌，指具有明确祭祀内容的乐章；舞，指在祭祀仪式中的形体表现；乐，则是指"金石以动之，丝竹以行之"（《国语·周语》）的乐队所奏乐曲，承载歌舞伴奏又有独立演奏的段落。整体说来，乐舞属于承载着乐德、乐语，并以乐舞形式整合为一体者，是当时用于国家最高祭祀活动中的经典乐舞。如此，国家祭祀——祭礼用乐——六代乐舞，这是周公时期制礼作乐奉为经典的内容。辨清其特定语境下的所指，是我们理解《乐经》何以失传的关键所在。

史书称《乐经》亡于秦。"《乐经》失传，而汉武帝置'五经博士'，宣帝讲五经同异，遂有五经之目。"（《皇清文颖》）"沈约称：

《乐经》亡于秦。"（《钦定四库全书总目·乐类》）"朱载堉曰：古乐绝传率归罪于秦火，殆不然也。古乐使人收敛，俗乐使人放肆，放肆人自好之，收敛人自恶之，是以听古乐惟恐卧，听俗乐不知倦，俗乐兴则古乐亡，与秦火不相干也。"（《经义考》）《乐经》是否因秦火而失，还是因俗乐兴而亡，这《乐经》何指，何以失传，千百年来成为两大疑案。

何谓《乐经》，后世论者语焉未详。我们以为，《乐经》应该特指在周代被奉为经典的、作为雅乐核心存在、所备受推崇的"六代乐舞"，这里的"乐经"是"经典乐舞"的含义。如此，《乐经》之失便可释然。何以为失，主要是秦代以下的统治者出于多种考量不再将周所推崇的六代君主作为必须承祀的对象。这肇始于"始皇帝"，一统天下者就是自己，干吗还要承祀别人？！由于"六代乐舞"是国家祭祀在特定时间、场合，由特定承载群体所展示的乐舞行为，如果统治者将这种乐舞展示的环境和场合祛除，没有了专习并以致用的承载群体，用不了太长时间，这种具有明确指向性、对场所与环境有着强烈依赖性、只能在国家最高祭祀中所用、作为"小众"的乐舞失传也就势在必然了。特别是在当时尚未发明乐谱、舞谱，亦没有现代科技手段诸如录音、录像的情况下，就乐舞这样一种具有强烈时空性质的音声技艺形式说来，其传承均靠"活体"，没有了管理机构、教习人员、传承对象、使用环境、承祀对象，这种乐舞还会有整体意义上的存在吗？从这种道理上讲，如果说六代乐舞"毁于秦火"，那这火就是始皇帝膨胀之"火"，他从制度上祛除周公定制，这对六代乐舞的打击是致命的。我们看到，秦汉以下的文献中没有了将六代乐舞在各种国家祭祀场合集中使用的记载，这大概就是"乐经失传"的道理。鉴于六代乐舞承祀对象的特殊用途；鉴于人、环境对于六代乐舞承载的具体显现，一旦这些客观条件缺失，六代乐舞失传属于必然。较为明确的是，出于对先贤的景仰和尊崇，周代制定的国家祭祀乐舞将前五代代表性的乐舞承继下来，周代甚至还保留了"商颂"，这在《诗》中可以显现。所谓"颂"，是为祭祀中所用乐章，周能够在国家祭祀中承载颂商之辞，这在后世是不可想象的。秦汉以下祭礼用乐基本属于不跨代相承者，是始皇帝改变了这个制度、这个传统，一旦改变竟然也就"顺理成章"。所以说，秦是祭礼乐舞不跨代相承的分水岭。所谓"秦、汉、魏、晋代有加减……有帝王为治，礼乐不相沿"。（《魏书》）这种观念贯穿了整个封建社会。"三王之兴，礼乐不相沿袭。"（《宋史》）上面第一条文献明确指出不相沿是秦汉以下的事情；第二条说得也不错，但还可以再辨析。那就是祭礼之乐作为部落、氏族、方国一朝君主的象征以别于他者，即便在三王时期也是各自制定礼乐以彰，不相沿者是指各自拥有，这也成为后世帝王自制礼乐的依凭，只不过这后世的君主不似周公那样"圣明"，既有本朝礼乐，又尊前世圣贤，乐不相沿，却可以传、可以用，这显现出周公豁达的胸怀，否则八百年周室，人们可能也就知道《大武》而不知前五代乐舞为何物了，孔夫子在齐也不可能看到展示《韶乐》的场景，发出"尽善尽美"之感叹。秦汉以下，这六代乐舞不再被统治者奉为经典，不再为"用"，从这种意义上讲，《乐经》失传。

说《乐经》失传，主要是指"六代乐舞"这种有具体承祀对象的乐舞形态本身，但礼乐观念"未失"。中华民族的礼乐文化，自邈远的太古发端，到两周时期成熟，并以制度的形式规范。既然是成熟的样态，即是将理念付诸实施，在国家最为重要的祭祀仪式中用乐，所谓"乐者，德之华也"，这样的乐是用"以和邦国、谐万民、安宾客、悦远人"，具有强烈的社会功能性和实用功能性的意味，在祭礼中所用之乐为天神、地祇、人鬼之乐，这是在"为神奏乐"。乐在祭礼仪式中成为沟通人和天地鬼神的桥梁与纽带，又是祭祀仪式的兴奋剂和黏合剂，将人世间最为美好的音声技艺形式作为动态的祭品奉献于祭坛。两周时期对于国家礼乐（多指祭祀用乐）的认知详而精到，有礼乐制度的实施与其相辅相成。诸子百家依周礼而对"乐"持续性地进行诠释，诸如《礼记·乐记》、《乐论》等等，这是礼乐体系化理念的凝聚，并对后世影响深远。《经义考》称"俗乐兴则古乐亡"，这其实是对两种不同性质、具有不同功能用乐形式的混淆。《乐经》所指为祭祀所用的、在周代被奉为经典的六代乐舞，虽因始皇帝的膨胀之火使其失传，但六代乐舞所体现的那种礼乐文化观念却并未被秦火所灭。后世各朝各代依然有用于吉礼之乐，金石铿锵，干戚羽旄翩翩。当然，作为人之性情不可免者，俗乐也不可或缺，中国音乐文化恰恰是在这种礼乐（用于吉凶嘉军宾者）与俗乐并存与互动的状态下向前发展的。礼乐并未因俗乐之兴而亡，只不过是在理念的动态发展中，转而成为不相沿袭却自我尊崇的样式。何以如此？举一个简单的例子，既然祭有专祀，那么自始皇帝以降，更多是本朝制礼作乐以为祀者。赵宋绝对不会用李唐，如用，就意味着替别人祭祖，所以这种祭祀之礼乐——吉礼用乐总是轰然倒在改朝换代的门槛上，不相沿袭的吉礼用乐随着朝代更替必然失传。古乐非因俗乐兴而亡，礼乐观念已经渗透到中华民族的血脉之中，六代乐舞作为两周时期的经典礼乐之所以在秦被废，是因为始皇帝弃周而彰显自我，所失的只是六代乐舞这种经典性乐舞具象形态自身，但"礼乐相须以为用，礼非乐不行，乐非礼不举"（《通志》）的观念，却作为中国传统文化整体中的重要组成部分，贯穿于整个传统社会之中，代有承继，连绵不断。

国学动态

学者研讨古籍数字化

原载：国学版（光明日报2007.8.16第9版），本书有删节。

首届由首都师范大学电子文献研究所联合中国诗歌研究中心和中国传统文化数字化研究中心共同主办的中国古籍数字化国际学术研讨会于8月13日在北京召开。

会上，专家学者们围绕中文古籍数字化的历史、现状和未来，海内外古籍数字化发展方向及新技术应用，历史地理信息系统应用平台与专题研究，古籍加工整理的电子数据格式及规范，简、繁体转换与古籍数据库字形处理，古籍检索平台与知识库建设，古籍文献网络建设与古籍的白话文及多种语种翻译等议题进行了交流和讨论。

古籍电子化是伴随信息技术的进步而发展起来的一个新领域，与古籍整理、文献保护、文化传承紧密相关。一些规模大、水平高、影响广的项目相继投入使用，使中国古籍数字化进入了一个新的发展阶段。

我读《汉书·五行志》

国学茶座

原载：国学版（光明日报2007.8.16第9版）

彭曦

彭曦，男，汉族，1934年生于山东郓城，1960年毕业于西北师大历史系。现为宝鸡文理学院教授、陕西省文史研究馆馆员。长期从事中华古代文化研究。著有《从文化区系看长城历史》、《战国秦长城考察与研究》、《秦简公堑洛考察》、《陕西洛河汉代漕运的发现与考察》、《汉武帝对古代科技的重大影响》、《大河村天文彩陶》、《西周甲骨〈作董〉版初识》、《我国远古数学初探》、《西汉造纸的追踪》等60余篇、部。

上世纪50年代读大学历史专业，老师在讲授《汉书》时，有褒有贬，说班固谶纬思想严重，他的"天人感应"、"五德相生"等唯心史观特别体现在《五行志》中。并举例说《五行志》是荒诞不经。读相关介绍《汉书·五行志》文章，也大都有老师类似的说法。因之我便对老师的讲授深信不疑。

后来自己当大学老师，也要给学生开《历史文选》课，少不了要对《汉书》的讲授。因阅历多了，对先贤们的"尽信书不如无书"的教诲也有了感悟，于是便多遍研读《五行志》，开始对先入为主的师说渐渐有些怀疑。

一次偶然机会，读到1983年5月29日《健康报》头版有照片的一则新闻："宫内婴儿啼不住，孕妇右耳闻哭声——发生在启东县的一种医学上罕见现象。"说是"江苏省启东县大丰公社社员朱正芳产前数日，可以听到自己腹中有两个婴儿的啼声"。后经当时的公社到县医院多次会诊被一再证实无误，剖腹产果然是一对孪生男婴。并说医学界正在研究这一奇异之谜。文中附有两个男婴的初生照片。这使我立即想到《汉书·五行志》中的记录："哀帝建平四年（前3年）四月，山阳方与女子田无啬生子，先未生二月，儿啼腹中。"这则新闻使我警悟至深！于是再次对《汉书·五行志》中的种种所谓荒诞不经的记录分为天学、地学、生命科学、生物科学以及冶金技术等类别，一一研究。比如《志》（以下将《汉书·五行志》简称《志》）中说："哀帝建平中（前6年），豫章有男子化为女子，嫁为人妇，生一子。"经调查当代确有此例，有不经手术而自变性者（上世纪80年代初湖南湘潭例），亦有多个经手术而变者。生命科学研究证明，人生来就俱雌雄两个生理系统，只是在某种特殊原因中会发生雌雄性别的逆转。研究使我对《五行志》更下决心深入破译，于是破译出越来越多的有关科技方面的资料。后来撰成《试为〈汉书·五行志〉》拭尘一文，颇得学界肯定和好评。

现将《汉书·五行志》中可确定为世界最早的有关记录略述于后。

1. 太阳黑子。这是一条早为天文史家揭示的记录。太阳黑子是太阳磁场强烈活动所形成的耀斑。地球上的人用肉眼看到的是太阳光球中的黑斑、黑气。西汉"成帝河平元年三月乙未，日出黄有黑气，大如钱，居日中央"。这是公元前28年5月10日世界上最早最准确的记录。"日出黄"是说太阳生病了。现在天文学家已对太阳黑子有了更多的科学研究，并发现有周期性的规律。

2. 不明飞行物（UFO）的记录。不明飞行物是当代人们十分关注的一种未解之谜。1974年夏秋之交的一个傍晚，我在甘肃环县曲子镇露天电影广场上，和数千群众同睹此种不明飞行物，后来《飞碟探索》等刊物曾有多人报道。《志》中记载："成帝建始元年（前32年）八月戊午，晨漏未尽三刻，有两月重见。"就是说这天晚上后半夜天上忽然出现了两个月亮。这对当今稍有天文常识者来说，绝不可能又不可信。但若说是汉代天

文官们的误记，也不可能。因为自从汉武帝颁行《太初历》之后，观测天象的组织机构和专职官员都有十分严密的管理。天文官们那是要恪尽职守的，岂敢误报或谎报。刘歆等经学家用月球疾行解释，说是当天晚上月球突然加速运行，出现了两次。这充分说明经学家太缺乏天文常识。更有一班人想用《京房〈易经〉》之类的谶纬书籍寻找"理论"。说什么这种天象是由于"君弱而妇强，为月所乘，则月并出"。这更是荒诞之甚。现在我们用UFO来解释，已使学界特别是天文爱好者和广大飞碟探索者们所接受。他们说这确属世界上最早的UFO记录。其他任何解释均不可信。

3. 鲸鱼集体自杀。鲸鱼集体自杀，从18世纪开始引起人们的高度关注。有人说1784年3月13日法国奥栋港32条抹香鲸集体自杀是世界上最早的记录，其实大错。《志》中有这样一段翔实的记录："成帝永始元年（前16年）春，北海出大鱼，长六丈，高一丈，四枚。哀帝建平三年（前4年），东莱平度出大鱼，长八丈，高丈一尺，七枚，皆死。"北海、东莱平度，都是指今天的渤海湾。汉代的一丈合2.3米。长六丈即长达13.8米，八丈即18.4米。这种长达14—18米，高达两米以上的大鱼，当然只能是鲸鱼，四枚、七枚皆死，这是确切的鲸鱼集体自杀记录。这比1784年早了1800年。证明我国的渤海海域是古代鲸鱼游弋和集体自杀的地方。这条记录也证明秦始皇37年（前210年）出游东海至之罘见巨鱼，以及为秦始皇入海求长生不死药的徐市所说的"大鲛鱼"，都是鲸鱼。

4. 沙尘暴记录。沙尘暴成为当今人们十分关注的自然灾害，不少人以为这种自然灾害是近、现代才发生的，其实不然。《志》："成帝建始元年（前32年）四月辛丑夜，西北有如火光，壬寅晨，大风从西北起，云气赤黄，四塞天下。终日夜，下著地者，黄土尘也。"文中西北，当是以长安为中心的方位，大致是今天的蒙、甘、宁地区。辛丑夜至壬寅晨，约12个小时，沙尘降至长安，可见这次沙尘暴程度之烈范围之广，实为古今罕见！这项记录，对我们今天拉长时空考虑我国西北地区的气候和生态变化是十分珍贵的。

5. 最早用煤炼铁的记录。《志》："武帝征和二年（前91年），涿郡铁官销铁，铁销，皆飞上去。""成帝河平二年（前27年）正月，沛郡铁官销铁，铁不下，隆隆如雷声，又如鼓音。工十三人惊走。音止，还视地，地陷数尺，炉分为十，一炉销铁散如流星，皆上去。与征和二年同象。"《志》中将两次炼铁铁炉爆炸作为五行中的火灾灾异看待。其实，经现代研究，这是由于武帝推行"笼盐铁"政策后，我国历史上出现了空前的冶铁大潮。人类最早炼铁，都是用木炭作为燃料，我国亦然。据推算古代炼1吨铸铁，约要消耗4—5吨木炭，甚至更多。而1吨木炭所消耗的树木，不少于7至8倍。这便要大肆砍伐森林。其后果当然是水土流失、气候异常。所以当时就引起人们的忧虑和批评，认为这是破坏"地脉"、"地气"。为了降低成本，减少森林的破坏，便开始用碳氢化合物生成的煤做燃料。煤在燃烧时要释放出大量的一氧化碳（CO）、二氧化碳（CO_2）和特别易燃易爆的天然气甲烷（CH_4）。如再有矿石及燃料中含有多量的水分，炼炉中便会生成大量蒸汽，而蒸汽又能与高温铁置换出大量氢气，并生成四氧化三铁。氢是强烈的还原剂，导热能力特别强，可使炼炉内的气压迅猛增大。在古代鼓风输氧技术不佳而炼炉容积过大时，发生炼炉爆炸是必然的。上世纪河南铁生沟等地的汉代冶铁遗址中，发现大量的煤炭、煤饼和木炭三种燃料并存的事实。所以，西汉两次铁炉爆炸的记载，和考古资料的相互印证，使我们不但破译了炉爆的原因，而且确证我国是世界上最早用煤炼铁的国家。以后的经验积累，使我国明代便掌握了早于西方的炼焦技术，成为被确认世界上最早发明了炼焦技术的国家。

　　班固在《志》中用了大量当时人们还无法解释的种种灾异、怪异，来阐发他的"天人感应"、"天垂昭示"等主观唯心的谶纬思想，以期引起统治者们对天下安危的警觉。但他万万没有想到为我们后人留下了那么多珍贵而有趣的古代科技资料。

　　以上略举之例，真可谓挂一而漏万！但是足以说明国学与科学技术的密切关系。若将商、周甲骨、金文，及其后的先秦诸多文献，《二十四史》，特别是自新、旧《唐书》至《明史》中的《方技传》，以及清·阮元《畴人传》，旁及大量方志中有关古代科技资料进行系统整理，相信其数量是巨大的。这是国学中必须重视的宝贵遗产。我们的国学家应领悟班固的话："方技者，皆生生之具，王官之一守也。"我们更应该认真拜读中国科技史泰斗英人李约瑟（Joseph Needham）博士用毕生精力研究并撰成的《中国科技史》巨著，相信那会使我们对国学与科学有更深的感悟。他生前一次给我的信中说："中国的古代文献是人类最宝贵的遗产……"科技兴国，国学有责！

国学茶座

"钟嵘序"辨伪

卞孝萱

原载：国学版（光明日报2007.4.26第9版）

卞孝萱，男，1924年出生于江苏扬州。任南京大学中文系教授、古典文学专业博士生导师，发表论文200余篇，出版著作30多种。主编《资治通鉴新编》、《中华民族优秀传统文化丛书》、《六朝丛书》等多种图书，主编《中国历代史话》。

发掘、利用古典文献，首先要鉴别真伪。如把伪文当作真迹，所做的研究工作就徒劳无功了。举一个例子：民国廿八年（1939）刊《河东柳氏宗谱》中有一篇署名柳宗元的《谱牒论》，有人写文章介绍它，说"该文为柳宗元所写无疑"，"有非常重要的价值"。我从五个方面进行考证，指出是伪作。（详见《文献》2006年第4期）最近，《许昌学院学报》谢文学同志，从泰和三塘《钟氏族谱》中看到一篇署名钟嵘撰的序，复印邮示，请我鉴别真伪。钟嵘不比普通文人，序文的真伪问题，至为重要。故将答谢同志函，在国学版上公开发表，供大家参考。

钟氏是名门望族，据《唐贞观八年条举氏族事件》，"颍川郡七姓"中有钟氏一姓。颍川是钟氏郡望。南开大学藏清钞本《颍川郡钟氏族谱》卷首所载《颍川郡钟氏族谱源流总序》明言："裔等追继家谱纂于南宋。"怎样解读这句重要的话？《宋史·刘烨传》："唐末五代乱，衣冠旧族多离去乡里，或爵命中绝而世系无所考。"《通志·氏族略》："家藏谱系之书，自五季以来，取士不问家世，婚姻不问阀阅，故其书散佚。"《宋史》、《通志》从不同的角度说出了唐末五代时家谱散佚的原因。钟氏家谱纂于南宋，可见原有家谱散佚了。假设钟氏旧谱中有钟嵘序言，也一同散佚了。绝无家谱散佚而序言独存之理！泰和三塘《钟氏族谱》中的钟嵘序言，来历不明，不能轻信。下面揭示这篇序言的伪造痕迹。

序文署："梁大通二年岁次戊申嗣孙嵘序。"钟嵘生于何年？学者虽有不同的考证，约在泰始三年至七年（466—471）之间，是学术界普遍接受的意见。卒于何年？约在天监十七年（518），没有分歧的说法。卒后十年为大通二年（528）。《钟氏族谱》所载大通二年之序，与钟嵘生平不合。

序文说"传至伯州犁仕楚为大夫"。据《元和姓纂》："桓公曾孙伯宗，仕晋；生州犁，仕楚。"《新唐书·宰相世系表》："伯宗子州犁仕楚。"《钟氏族谱》所载之序，将伯宗、州犁父子二人误为"伯州犁"一人。序文又说："因地受氏，则钟离眛也。"据《姓纂》、《新表》，钟离眛为项羽将，《钟氏族谱》将"眛"误为"眛"。这都与钟嵘家世不合。

序文说："其间为儒、为宦、为士大夫、为素封者，累今相继。"在中国封建社会中，"素封"对封君而言。有封邑的贵族，称为封君；无官爵封邑而拥有资产，与封君一样富有者，称为"素封"。南北朝重视门第，虽有钱而无官爵封邑，社会地位很低。举一例子：据《陈书》记载，太原晋阳人王元规，八岁而孤，兄弟三人，随寡母依舅氏往临淮郡，"郡土豪刘，资财巨万，欲以女妻之。元规母以其兄弟幼弱，欲结强援"。王元规哭着对母亲说："岂得……辄昏非类？"母感其言而止。一个流落异乡的书生，尚且不屑与资财巨万的庶族之女结婚，从这个故事可见当时的社会风气。至于钟嵘本人，非常重视门第，据《南史》记载，天监初，钟嵘上言："臣愚谓永元诸军官是素族士人，自有清贯，而因斯受爵，一宜削除，以惩浇竞。若吏姓寒人，听极其门品，不当因军遂滥清级。若侨杂伧楚，应在绥抚，正宜严断禄力，绝其妨正，直乞虚号而已。"看出他把士、庶的界限划分得多么清楚。《钟氏族谱》所载之序文，列举钟氏祖先，将素封与儒、宦、士大夫相提并论，不符合钟嵘的思想实际。如序文是钟嵘手笔，必不以祖先"素封"为荣。

序文说："其与子寿、道济之通谱，盖同符而合辙矣。彼元振之妄拜，正伦之求附，又焉可同言而语哉！"据两《唐书》，张九龄字子寿，张说字道济，元振姓郭，正伦姓杜。所谓"通谱"，张九龄家于始兴，为曲江人；张说之先为范阳人，世居河东，徙家洛阳。张九龄、张说同姓而不同宗，"张说谪岭南，一见（张九龄）厚遇之"。（据《新唐书》）用今天流行的话来说，两个人认本家了。所谓"求附"，杜正伦是相州洹水人，与京兆杜氏、襄阳杜氏，同姓而不同宗。"正伦与城南诸杜昭穆素远，求同谱，不许，衔之。"（据《新唐书》）暂且不说《钟氏族谱》所载之序，运用这几个典故，妥当与否；四位唐朝人，怎么可能出现在钟嵘的笔下？

以上指出，这篇论文，与钟嵘之生平、家世、思想皆不合，还运用了钟嵘绝不可能知道的后世的典故，足以说明它是冒名之伪作。至于文笔拙陋，大大玷污了钟嵘，我就不多说了。

国学动态

《国际儒藏·韩国编》首发

原载：国学版（光明日报2008.11.3第12版），本书有删节。

由中国人民大学孔子研究院编纂的《国际儒藏·韩国编》近日在京举行首发式。《国际儒藏》依各国仿《四库全书》体例，分为经、史、子、集，但有所创新。所编纂的文献按照"古籍点校条例"进行整理、标点、校勘，并撰写简明提要，对收入著作的作者生平思想、著作内容、版本源流、后世评价及影响做一简单介绍。

海外儒学是儒学的重要组成部分。儒学在公元前3世纪便传播海外，成为世界性的学问。近年来，中国人民大学孔子研究院积极搜寻世界各国儒学著作，力争编纂一部完备的《国际儒藏》，以惠及学术界。按计划，《国际儒藏》将分为《国际儒藏·韩国编》、《国际儒藏·日本编》、《国际儒藏·越南编》和《国际儒藏·欧美编》等几部分。（陈慧麒）

国学茶座

拨开云雾见"则仙"
——《儒林外史》新发现

原载：国学版（光明日报2010.5.10第12版）

李汉秋

李汉秋，1960年北京大学中文系毕业，先后在中国科学院文学研究所和安徽大学中文系从事中国古典文学的研究和教学；《儒林外史》副会长兼秘书长；关汉卿研究会副会长。出版研究《儒林外史》的专书16部，研究关汉卿的专书4部，被国家图书馆馆藏的书已逾50部。

古典小说名著《儒林外史》，世人原知的评点只有三种，1984年经我发掘增至八种，收入上海古籍出版社的《儒林外史会校会评本》。1986年我又发现并整理了"黄小田评点"，使评点总数增至九种。其中大部分出自南汇、上海一带文人之手，从而让清末上海周边的一个"儒林外史沙龙"浮出水面。我任全国政协委员的二十年中，行踪遍及全国各省，乘便寻访《儒林外史》的"隐逸"资料。数年前在一个省级馆发现了"则仙评批"，喜不自胜！本拟及时公诸学界，因考索"则仙"真面，延迟至今。也属敝帚自珍吧，愿与同好分享剥茧抽丝、探微索隐、终于拨云见日的考探乐趣和成果。

评者伊谁

在一本清同治甲戌（同治十三年，公元1874年）版的上海申报馆第一次排印本《儒林外史》上，眉批密密麻麻。第一回开头眉批写明"天目山樵评本"，因此凡是过录"天一评"者一般不署名。经仔细鉴别，在天一评和一条"百花庄农"评之外，还有一百三十七条眉批和回末总评。这些都是谁批的呢？

分辨署名

如果署名明确，就可径考其身世。无奈落款五花八门，竟有十八九种之多，不能不先分辨一番。径署"则仙"的有六十八条，是主体。同类署名有：仙、谪仙、朱谪仙、朱则先、则先、醉仙、抱仙、橘仙、乔木山人（前二字合为"橘"，后二字合为"仙"）。细品知其皆围绕一个"仙"字。从中可知评批者姓朱，但则仙等是名、是字、是号？不得而知。另一类署名有：最不羁生、不奇（羁）生、卧读生、白鹇池钓徒、退速庐主、海上羽公、美、金夸山人。这八种中前五种，从内证就可知与则仙是同一人：第二回同一条眉批既自称卧读生又署谪仙；第十三回总评落款"时光绪三十二年七月卧读生则仙氏志"；第三十六回落款"三十二年七月退速庐主卧读生志"；第三十三回眉批落款"庚戌中秋则仙志于紫源堂饭次"，而第五十三回总评落款"白鹇池钓徒书于紫源堂下"，二者字迹相同；与最不羁生、不奇生字迹亦同。可证均为一人。总自称"生"，又自称"钓徒"而不称"钓叟"，估计主要年龄段还在中壮年。

追溯同道

目标锁定一人，就可追踪他的同道交游。南汇上海一带的《儒林外史》沙龙，以天目山樵（张文虎）为中心，以传抄和评骘天目山樵评批为基本活动。则仙在第一回开头眉批就写明"天目山樵评本"。这天一评在1881年刊印的上海申报馆第二次排印本上才正式刊出，而则仙在光绪四年（1878年）就过录天目山樵写于光绪二年（1876年）的"暮春识语"，那只能出于传抄本。第三十三回回末总评说"天目山樵遊宪幕，享盛名，晚年隐于復园，著书自娱"；又说天目山樵与小说中韦四太爷有"臭味相同"处，"议论丰采有不免相似处，是以倾倒，若此于以见天目山樵之率真也"。可见则仙与这个沙龙中的同道一样，都以天目山樵为嚆矢。

则仙与南汇上海《儒林外史》沙龙中的其他同道也有交往。第四十二回眉批说自己"尝与南汇顾绩臣先生论及"。卷首目录之后抄录"百花庄农"——上海华约渔的评语，此评写于1878年，被上海石史（徐允临）抄于1884年、刊于1885年的"从好斋辑校本"《儒林外史》中。看来则仙也与上海石史沙龙有关系。

探测地分

探测出则仙的地分就容易找出蛛丝马迹。小说第四十一回写南京中元节盛况，则仙批："我曾六踏省门，确见如许景况。"第五十二回总评则仙又说自己"屡踏省门"，而无由瞻仰瞻园。凡此可确证他是江苏人。无怪乎第五十三回眉批中把"卖弄"写作"买弄"，吴语"买"、"卖"音不分也。落款中还有"白鹇池"、"紫源堂"、"退速庐"等池名堂名庐名，但暂都未考出。再从何处下手呢？

第三十回总评署"癸卯巧月卧读生志于泖东之一乐居"。初时我还不大在意，查下去，方知这是重要信息。按泖河（也有称泖湖）原在松江（现已淤为平地），古人按其流经的形状称"大泖"、"圆泖"、"长泖"，统称"三泖"，与"九峰"相配，"九峰三泖"原为松江代表性山水景观，是历代诗文描绘的松江胜景。元末流寓松江的诗人杨维桢在《泛泖》中有名句："天环泖东水映雪……九朵芙蓉当面起。"就是写峰泖相依的泖东山水之胜，泖东应是峰泖景观的佳处。第四十一回总评又有"壬子……谪仙书于一乐居"。可见光绪癸卯（1903年）和壬子（1912年）则仙在此评批《儒林外史》，这是确凿无疑的。那时松江正属江苏省（直到1950年才划归上海行政区）。

水落石出

确定松江之后，我咨询了一些松江朋友，他们都不知其人。多亏松江区商务和旅游委员会娄建源副主任，他潜海寻珍终于搜得宝贵线索。多年来经同仁多方查考已觅得一些有关文献：

《华娄续志I稿》的"华亭县艺文志"集部别集类赫然写着：

《一乐居文稿》、《屯窝诗稿》，朱昌鼎（子美）著。

同书的科举表中，光绪十六年庚寅"恩贡"栏中唯一一名就是："朱昌鼎（子美），华亭。"那是公元1890年慈禧六十六寿庆，隆恩天下书生而特设的"恩贡"。现存松江博物馆的《屯窝诗稿》是朱昌鼎悼亡之时，仿黛玉葬花，积咏成集的，上下二册共收诗二一四首。昌鼎族弟朱久望1920年跋称："先兄存年四十有九，而四十以后竟无字吟咏。"他的《儒林外史》评批盖多在四十以后。上述两种之外，昌鼎尚有《梦昙庵词稿》、《朱氏家谱》以及署名"云间不羁生"的《词媛姓氏录》。

徐珂编的《清稗类钞》里生动记述了朱子美与"红学"、与小说的关系：

嘉、道两朝，则以讲求经学为风尚、朱子美尝讪笑之，谓其穿凿附会，曲学阿世也。独嗜说部书，曾寓目者凡九百种，尤精熟《红楼梦》，与朋辈闲话，辄及之。一日，有友过访，语之曰："君何不治经？"朱曰："予也攻经学，第与世人所治之经不同耳。"友大诧。朱曰："予之经学所少于人者，一划三曲也。"友瞠目。朱曰："红学耳。"

"经"字少一画三曲便是"红"字。近时红学家以此认为，朱昌鼎是"红学"一词的开先河者。可见他评批《儒林外史》是"独嗜说部书"的结果。说不定他和这个沙龙的先驱者黄小田一样，同时评批了《儒林外史》和《红楼梦》。现在，《儒林外史》朱评已发掘整理出来，《红楼梦》朱评尚待发现。

既知昌鼎字子美，署名中之"美"者何人，自不言而喻。"海上羽公"者，"海上寓公"之谐音也，亦当即昌鼎。唯不知"金夸山人"何解。

时见珍异

置身"儒林外史沙龙"氛围中,则仙评批有些有识之见。第四十九回小说原作写凤四老爹出场:

一个……大汉,两眼圆睁,双眉直竖,一部极长的乌须垂过了胸膛……肘下挂着小刀子。

则仙眉批:此"小刀子"为裁纸刀耶抑解手刀耶?当云"肘后佩着不长不短的腰刀"。第十四回眉批马二游杭州吴山:"有济胜之具而无选胜之才,似此游山,未免山灵腾笑。"这与后来鲁迅等人欣赏"马二游西湖"相一致。则仙作为清末文人,能品出小说对杜慎卿和韦四太爷风雅倜傥的描写是褒而非贬。指出《儒林外史》对《野叟曝言》、《海上花列传》的影响。受天目山樵尚考据的影响,则仙对小说人物和情节也做了一些原型考索,如在小说第三十五回写庄绍光夫妇在玄武湖念《诗说》处眉批:"念诗一事借用袁、赵。"对卧评、天评不时提出一些异议。也探索小说的"微言大义",如第二回总评说:"此书以汶上县起",是因为"圣门惟闵子品最高,可以上配泰伯。"第三回总评说:"《水浒》首王进、史进……此书首周进、范进",是《春秋》笔法。

评批时间,落款者有1884、1886、1901、1903、1906、1907、1909、1910诸清末年份,只有两条在辛亥革命后的1912年。他的生命大约不久也终结。则仙很有"末世感"。第三十六回在虞博士中进士时批:"虞博士果然欢喜,亦则仙所旦暮求之而不可得者也。不伦之拟,阅者谅之。"明知"不伦",情不自禁地要表达热衷进士之情,落款"癸卯",已是废止科举制度的前夕。同年在第二回周进撞号板处批:"恃目前有现成饭……任意花消,欲吃饭而难得现成者正复不少。愿与末世守成子弟交勉之。"他已预感到"末世"难得现成饭吃。在二十二回总评哀叹:"水晶结子且不足重,何论方巾哉!"二十五回总评说:"用夷变夏,不可言矣!"二十八回眉批更说:"……抬出东洋外国来也。"反映出时代巨变中一个传统儒士在阅读《儒林外史》时所引发的悲哀。

以数量言,则仙评批仅次于卧评、黄评、天评,是《儒林外史》的第四大评批,即将增补入我的《儒林外史汇校汇评本》。

开卷未必有益

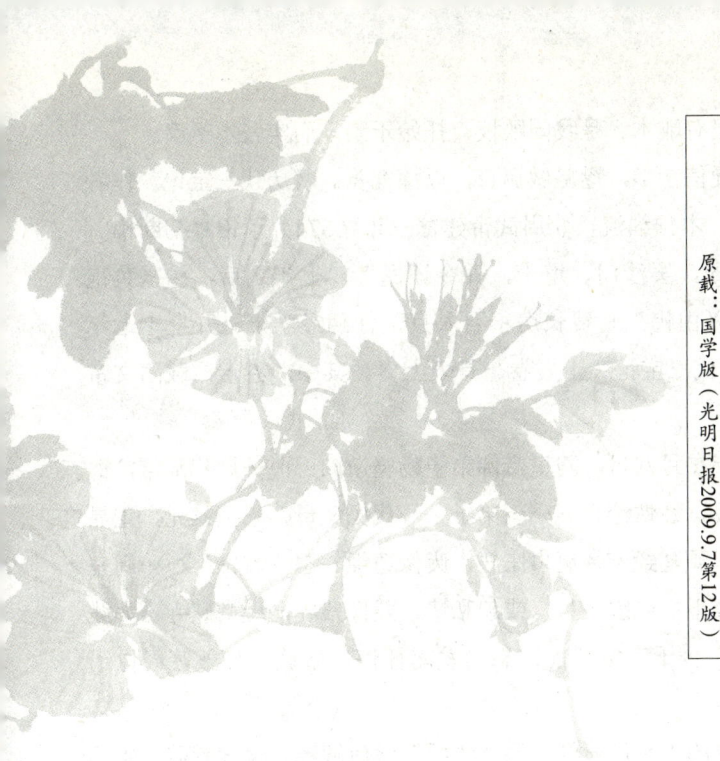

我国雕版印刷始于隋朝？

崔富章

原载：国学版（光明日报2009.9.7第12版）

国学茶座

崔富章，山东淄博人。1967年9月，杭州大学语言文学研究室研究生毕业。1973年调入浙江图书馆，1984年任副馆长。1986年10月调杭州大学古籍研究所任常务副所长。现任浙江大学古籍所教授、博士生导师，兼任中国《诗经》学会副会长、中国《楚辞》学会副会长、日本秋田大学客座教授等职。

我国发明雕版印刷术，推动了全人类的文明进程，国人为之自豪。一般认为我国雕版印刷书籍始于隋朝，说者每引《历代三宝记》"废像遗经，悉令雕撰"为证，殊欠斟酌。如最近购得新版《中国雕板源流考》（孙毓修等撰，上海古籍出版社2008年版），开端"雕板之始"曰：

世言书籍之有雕板，始自冯道。其实不然（监本始冯道耳），以今考之，实肇自隋时，行于唐世，扩于五代，精于宋人。陆深《河汾燕闲录》："隋文帝开皇十三年十二月日敕，废像遗经悉令雕造。"《敦煌石室书录》："大隋《永陀罗尼本经》上面，左有施主李和顺一行，右有王文沼雕板一行。宋太平兴国五年，翻雕隋本。"按费长房《历代三宝记》，亦谓隋代已有雕本。是我国雕板，托始于隋，而实张本于汉。

开卷读来，疑信参半，遂略做调查，以探究竟。《历代三宝记》作者费长房，成都人，本预缁流，北周武帝建德三年（574）下诏"初断佛、道二教，经像悉毁，罢沙门、道士，并令还民"。七年之后，杨坚黄袍加身，声称"我兴由佛"！费长房奉召入京，任翻经学士。开皇十七年（597）撰成《历代三宝记》十五卷，具表上奏。其中，卷十二载隋文帝礼佛文：

开皇十三年十二月八日，隋皇帝佛弟子杨坚敬曰：……周代乱常，侮懱圣迹，塔寺毁废，经像沦亡。……弟子……代民父母，思拯黎元，重显尊容，再崇神化，颓基毁迹，更事庄严，废像遗经，悉令雕撰。……周室除灭之时，自上及下，或因公禁，或起私情，毁像残经，慢僧破寺，如此之人，罪实深重。今于三宝殿前，悉为发露忏悔，敬施一切毁废经像绢十二万匹。

关键在于文中的"废像遗经，悉令雕撰"做何解释。误读者盖肇始于明人陆深。陆深，字子渊，号俨山，上海人。弘治十八年（1505）进士，嘉靖初督学山西期间，撰《河汾燕闲录》二卷。其中上卷引《历代三宝记》"隋文帝开皇十三年十二月八日敕废像遗经悉令雕撰"之后，陆氏发挥道："此印书之始，又在冯瀛王先矣。"万历年间，胡应麟（1551—1602）《少室山房笔丛》卷四引"陆子渊《河汾燕闲录》云：'隋文帝开皇十三年十二月八日，敕废像遗经，悉令雕板。此印书之始。'据斯说，则印书实自隋朝始，又在柳玭先，不特先冯道、毋昭裔也。"先是陆深误解文义，胡应麟则径改文献，方以智（1611—1671）、袁枚（1761—1798）等等，皆由胡氏书转引陆深语，"雕板"云云，遂相沿成习。《中国雕板源流考》从《提要》引作"雕造"，解读文义与胡应麟、陆深无别，"费长房《历代三宝记》亦谓隋代已有雕本"，则一误再误矣。按：《隋书·经籍志》"开皇元年，高祖普诏天下，任听出家，仍令计口出钱，营造经像。而京师及并州、相州、洛州等诸大都邑之处，并官写一切经，置于寺内；而又别写，藏于祕阁。天下之人，从风而靡，竞相景慕，民间佛经，多于六经数十倍"。由是观之，"废像遗经，悉令雕撰"者，即雕刻佛像以"重显尊容"，撰集佛经以供"官写"、"别写"暨信众转写，隋时并无雕版印刷佛经之史实也。

于此种误读，王士禛（1634—1711）于《居易录》卷二十五中早已进行过辩证，云"毁像残经"者，"像"指佛像，"经"指佛经。"废像遗经，悉令雕撰"者，说的是雕造被毁之佛像，撰集残缺之佛经。"予详其文义，盖雕者乃像，撰者乃经，俨山连读之误耳"。清乾隆间修《四库全书》，《四库提要》也批评胡氏"引开皇十三年敕'废像遗经悉令雕板'为证，然史文乃'废像遗经悉令雕造'，非雕板也"。"史文"云云，抑亦想当然欤？近世相关出土文献，也可提供有力佐证。罗振玉据伯希和所得部分经卷，撰《敦煌石室书目及发见之原始》，登《东方杂志》六卷十期（1909年10月），同时由广雅书局莫棠活版印行，改题《敦煌石室记》。首自叙缘起（即"发见之原始"），次书目。罗氏所见诸书中，有刻本《陀罗尼经》十余纸，"（一）一切如来大尊胜陀罗尼，二朝灌顶，国师三藏大广智不空译。每行十五六字不等，其字似初唐人写经。又'国师'之'国'字上空一格，其为唐刻本无疑。（二）大隋永陀罗尼，经末有'□杨法雕印施'六字。（三）大佛顶陀罗尼，经末有'开宝四年十月廿八日记'十字。（四）大隋永陀罗尼，经上面左有'施主李知顺'一行，右有'王文沼雕板'一行，经末有'太平兴国五年六月雕板毕手记'十三字。此外无年号者甚多"。

《中国雕板源流考》引《敦煌石室书录》，"书录"当系"书目"之讹，内容即上述第四种，北宋太平兴国五年（980）王文沼雕板印本。大英博物馆、日本国立博物馆藏有王文沼雕板本《法国吉美博物馆藏本残》，系纸本单张印刷品，卷面立体为陀罗尼轮，轮之中心为菩萨像，坐莲上，八臂，手中各持法器，像周围以梵文神咒，颠倒廻环至十九圈。轮外右上方有"施主李知顺"，左上方有"王文沼雕板"，轮外下底矩形框内刊印发愿文："大隋求陀罗尼；若有受持此神咒者，所在得胜。……太平兴国五年六月二十五日雕板毕手记。"每行九字，二十一行。据此检视罗氏《书目》，有数处著录错误，主要是把"大隋求"之"求"误认为"永"。稍后罗氏撰《莫高窟石室祕录》，登《东方杂志》六卷十一、十二期，在"雕本第二"部著录该卷"大隋求陀罗尼"，改"永"字之误，又增"隋"字之"讹"。《中国雕板源流考》所引，乃将罗氏《书目》、《祕录》两篇之讹误累加，进二割裂篇题，以就己意。众所周知，"陀罗尼"为梵汉音译，指诸菩萨倡导善行、制止恶行的真言以密语形式表达出来的"呪"、"一切如来大尊胜"、"大佛顶"、"大随求"以及"佛顶尊胜"、"无垢净光"、"遍身香如来"、"金刚摧一切罪如来"、"大般若波罗蜜多"等等，分别是数以百计的中国的"陀罗尼"名，无论译写何字，与中国的王朝名号都是不搭界的。《中国雕板源流考》竟析出"大隋"二字，望文生义，擅增"翻雕隋本"四字，累及罗振玉，为论者所非议。

叶梦得《石林燕语》卷八："世言雕板印书，始冯道，此不然，但监本五经板始道为之耳。"胡应麟《经籍会通》卷四："遍综前论，则雕本肇自隋时，行于唐世、扩于五代，精于宋人。此余参酌诸家，确然可信者也。"《中国雕板源流考》首节，即采信上述两家之说而成。除"肇自隋时"假说有待确据，"行于唐世，扩于五代，精于宋人"三句，言简意赅，精彩至极。雕版印刷"行于唐世"，已是不争的事实。1906年，吐鲁番出土唐武则天时期刊印《妙法莲花经》卷五（如来寿佛品第十六、分别功德品第十七）；1944年，成都唐墓出土梵文陀罗尼一卷，为8世纪后期刊印本；1966年，韩国庆州佛国寺释迦塔内舍利瓶上绸袋内发现《无垢净光大陀罗尼经》一卷，含六道神呪并经文故事，为唐武则天时期洛阳刊印本；1974年，西安柴油机械厂内唐墓铜臂钏内发现梵文陀罗尼纸本单张印刷品，专家考定为初唐（7世纪初叶）长安刊印本；1975年，西安冶金机械厂内唐墓小铜盒内发现《随求即得大自在陀罗尼神呪》，武周或稍后刊印本。宝藏不时间出，在在证明，我国雕板印刷"行于唐世"的论断是经得起考验的，旧说"起源于唐末五代"，应该予以纠正。

《中国雕板源流考》初版于1918年，1924年印至四版，1930年改版辑入《万有文库》，1990年影印四版辑入《民国丛书》，九十年间，一版再版，自有其不可磨灭的历史价值。我们没有理由苛责先贤，却必须考虑如何面对读者。新版《中国雕板源流考》的读者对象，有专业工作者，更多的则是中青年爱好者和稍有兴趣的初学者，他们身上寄托着我国古籍整理事业未来的希望。像这等"案头必备的基础资料和实用指南"，对读者的影响会很深刻。第一印象至关重要。转弯子，淘汰更新，则要付出高额成本。与其任由读者消化不良，不如未雨绸缪，或导读，或注记，叙明原委，显示真知，庶几读者、编者、出版者多方共赢，该有多么美好！援引"文责自负"条例，起先贤于泉下，既不现实，亦欠公平，新版主理应承担起相应的社会责任。

（说明：在雕版印刷史上，因最初的印版多以木板为原料雕刻而成，故雕版又称为"雕板"。《中国雕板源流考》一书中用"雕板"二字。）

国学动态

华东师范大学召开《子藏》论证会

原载：国学版（光明日报2010.4.20第12版），本书有删节。

由华东师范大学组织的《子藏》学术工程论证会，于近日在该校逸夫楼会议室举行。来自国内主要高校和学术机构的十多位专家、学者，齐聚一堂，为即将开展的《子藏》工程把脉和鼓劲。著名学者傅璇琮先生担任论证会主席。

《子藏》工程是继《儒藏》之后又一个超大型学术工程，它也是华东师范大学"985"工程的重大课题。工程由华东师大诸子研究中心主持，方勇教授领衔。其编纂计划包括两部分：一是全面搜辑影印民国以前的先秦汉魏六朝诸子白文本和历代诸子注释、研究专著，分为《老子集成》、《庄子集成》、《管子集成》、《荀子集成》、《韩非子集成》等系列，总共预计收书5000余种，约10亿字，收书数量和总字数将超过《四库全书》。二是为每种著述撰写内容提要，按各个集成系列出版提要单行本，并在单行本出齐后汇总为总目提要。《子藏》的部分工程，在五年前已经开始付诸实施。到目前为止，已完成了《庄子集成》，该集成收辑《庄子》白文本和历代庄子学著作220余种，各著述的提要亦已完成。

国学漫谈

"六经"早成

王中江

原载：国学版（光明日报2010.3.3第11版）

中国古代学问在20世纪中国发生了两种巨大的转变，一是因西方学术和方法的输入而使中国古代学问走向学科化和专门化，并造就出了现代性的学术形态，如考古、历史、文学、哲学、宗教等等；二是因地下新文献的出土和发现而产生了新的古代学问，如20世纪初开始并很快兴起的甲骨学、敦煌学和70年代以后走向规模化的简帛学。

20世纪90年代以来，随着郭店楚简和上博简的陆续发现和公布，学术界对新出土文献给古代中国学术史、文字学、文献学、思想史和哲学史带来的具体影响都从不同方面进行了探讨，尽管在评估这些影响方面大家的看法不尽相同，甚至出现了过低或过高的倾向，但不管如何大家都确实承认新出土简帛文献给中国学术史、思想史、哲学史等许多方面带来的新的变化。根据我们的研究，这里仅就新出土简帛文献为我们带来的关于古代思想世界的一个新知——儒学经典文明早成做一梳理。

古代不同地域的伟大文明有一个共同的特征，就是建立经典并通过经典来引导人类的精神生活和文明的不断创造，在这一方面儒家所代表的文化传统是非常突出的。按照《史记》的记载，儒家的"六经"——

《诗》、《书》、《礼》、《乐》、《易》、《春秋》等，基本上都是通过孔子之手而删削、整理、编纂而定型的。实际上，儒家信奉的"六经"特别是《书》、《易》、《诗》、《礼》等，此前已经有很长的时间的变迁、积累、学习和传播过程。按照《国语·楚语上》的记载，楚庄王曾就教育太子箴之事咨询过申叔时（申公），申叔时提出的教育内容，其中有"教之《诗》"、"教之《礼》"和"教之《乐》"，说"教之《春秋》，而为之耸善而抑恶焉，以戒劝其心"、"教之《诗》，而为之导广显德，以耀明其志"、"教之《礼》，使知上下之则"、"教之《乐》，以疏其会合而镇其浮"。庄王在位时间是从公元前613年至公元前591年，太子箴共王公元前590年即位，孔子在40年之后的公元前551年诞生，这说明在孔子之前，《春秋》、《诗》、《礼》和《乐》，都是教育的基本典籍，经过孔子的"传述"工作，"六经"开始成为儒家的经典和象征。孔子作为通常所说的中国第一个创办私人教育的教育家，"以《诗》、《书》、《礼》、《乐》教"而拥有的大量弟子，其中"身通六艺者七十有二人"，儒家早期的子书中充满着"《诗》云"、"《书》曰"之固定引用模式，孔子晚年也喜好《易》，与"易传"具有密切的关系。《左传·僖公二十七年》记载了《诗》、《书》之教，而且开始概括每部经典所代表的意义："说《礼》、《乐》而敦《诗》、《书》。《诗》、《书》，义之府也；《礼》、《乐》，德之则也；德、义，利之本也。"根据《礼记·经解》，儒家"六经"的具体所指已经明确，而且每部经典的意义都得到了归结，与"经"相对的经典的解释方式（"解"）也出现了："孔子曰：入其国，其教可知也。其为人也，温柔敦厚，《诗》教也；疏通知远，《书》教也；广博易良，《乐》教也；絜静精微，《易》教也；恭俭庄敬，《礼》教也；属辞比事，《春秋》教也。……其为人也，温柔敦厚而不愚，则深于《诗》者也；疏通知远而不诬，则深于《书》者也；广博易良而不奢，则深于《乐》者也；絜静精微而不贼，则深于《易》者也；恭俭庄敬而不烦，则深于《礼》者也；属辞比事而不乱，则深于《春秋》者也。"《庄子·天道》记载，孔子往见老子求"西藏于周室"，其中说到"十二经"，其具体所指不明，但应该包括有"六经"。"六经"之名在战国时已经确立，《庄子·天运》记载："孔子谓老聃曰：'丘治《诗》、《书》、《礼》、《乐》、

《易》、《春秋》六经,自以为久矣,孰知其故矣,以奸者七十二君,论先王之道而明周、召之迹,一君无所钩用。甚矣!夫人之难说也?道之难明邪?'老子曰:'幸矣,子之不遇治世之君!夫六经,先王之陈迹也,岂其所以迹哉!今子之所言,犹迹也。夫迹,履之所出,而迹岂履哉!'"《庄子·天下》也记载了这"六部"经典,并很独到地概括了每一"经"的意旨:"其在于《诗》、《书》、《礼》、《乐》者,邹鲁之士、缙绅先生多能明之。《诗》以道志,《书》以道事,《礼》以道行,《乐》以道和,《易》以道阴阳,《春秋》以道名分。其数散于天下而设于中国者,百家之学时或称而道之。"《庄子·天下》概括的是六部经的各自意义,据此可以推测第一句列举的"经",在《乐》后面还当有《易》和《春秋》。

但是,近一个世纪以来,海内外的中国学研究,怀疑、不承认儒家"六经"及解释学在先秦已经产生,将儒家"六经"的定型及其经典解释学推移到汉代,抽空了早期儒家学说和思想的经典基础和"传述"传统。新出土文献证明,这种"晚出说"是不能成立的。郭店楚简儒家文献《性自命出》,列举了四部经典,并对其特征做了归纳:"《诗》、《书》、《礼》、《乐》,其始出皆生于人。《诗》有为为之也;《书》有为言之也;《礼》、《乐》有为举之也。""有为为之"和"有为言之"的说法,已见之于《礼记·檀公上》("然则夫子有为言之也")和《礼记·曾子问》("昔者鲁公伯禽有为为之也"),正如裘锡圭氏所正确地指出的那样,《性自命出》的"有为",同《礼记》两篇用的"有为"意思一致,"为"读去声,"有为"是说"有特定目的"或有特别的用意。《性自命出》说四种经典都是为了特定目的而创作,《诗》是"有为为之",《书》是"有为言之",《礼》、《乐》是"有为举之"。在郭店竹简《语丛》(一)中,我们也看到了它对"六经"意旨的概括:"《易》,所以会天道人道"、"《诗》,所以会古今之诗也者"、"《春秋》,所以会古今之事也"、"《礼》,交之行述也"、"《书》,□□□□者也";郭店竹简《六德》中有"观诸《诗》、《书》则亦在矣,观诸《礼》、《乐》则亦在矣,观诸《易》、《春秋》则亦在矣"的说法;郭店简《缁衣》中已经以"《诗》云"的句式大量引用《诗》,以之作为其言论和思想的根据。这说明儒家的六部经典,当时已经编定并被广泛学习、阅读和传诵，并对其各部经典的义旨、特质进行解释和阐述。上博简《易》的发现，证明了《易》在当时已经定型并作为经典流传。马王堆帛书也证明了孔子晚年喜爱并研究《易》的真实性。孔子对《易》的浓厚兴趣，不在筮占本身，而是通过筮占和卦爻辞推阐德义。《易》本是占筮之书，它以占卦的方式预测人类行为的吉凶，但春秋时期强调吉凶由人说，也就是说吉凶不是来自外在的客观命运，最终是由人的德性和德行来决定。孔子不重"占筮"预测吉凶而重视其德义，扩展了这一传统，这正是《荀子·大略篇》所说的"善为易者不占"的意义。这促使我们重新看待作为解释《易》的"易传"（"十翼"）同孔子和孔门后学的密切关系。

国学动态

北大乾元国学教室开通短信版

原载：国学版（光明日报2006.4.5第5版）

乾元国学教室日前开通了手机短信版。这种国学的传播与现代通信技术的牵手使国学的普及工作获得新的推动力。从即日起，手机用户只要发送LX至231546（移动用户）或9315（联通用户），即可收到国学短信。国学界的知名学者汤一介、余敦康、陈鼓应等对这一新生事物表示支持，并兴致勃勃参加了新闻发布会。据悉，短信版国学全部由北京大学哲学系的一批博士生导师分条撰写。他们以其深厚的国学功底、丰富的人生体验、个性化的解读方式，将古代经典的精髓高度浓缩，以手机短信的方式传播给读者。国学的学习从此走出教室，变得更加自由、便利。

国学漫谈

何谓宋学

原载：国学版（光明日报2008.3.31第12版）

龚延明

　　国学，是中国古代传统学术中的主流学术，渊博精深，源远流长。在其发展与演变过程中，汉学与宋学占有十分重要地位。自宋以下，宋学取代汉学，无疑又成为国学发展的又一座高峰。然而人们涉及宋学的定义，就出现不同意见。我们讨论与研究宋学，又避不开关于宋学内涵的界定，必须就"宋学"的定义取得一个共识。为此，笔者对迄今为止有关宋学的定义的种种说法，进行了一番梳理。总括起来，关于"宋学"，学术界有三种定义：

　　第一种认为："宋学"在中国经学史上，是与汉代"汉学"相对的一种学术概念，也可以说是一种经学研究流派，即区别于经文考据的、重于经义阐述的"义理之学"。《四库全书总目提要》卷一《经部总叙》：清初经学"要其归宿，即不过汉学、宋学两家互为胜负"。周序同在《"汉学"与"宋学"》一文中说："从两汉一直到清末以前，这一千余年的长时期中，所有学术思想就是汉学与宋学两大主题。"邓广铭说："宋学不过是对汉学的反动。"汉学之所成为宋学的对立物，是由于汉学只从辑补、校正、训诂入手，从而形成了重考据训诂的研究方法，久而久之，演变为钻牛角尖。以至于有的汉代经师为了解说经文一二个字，居然动用了三五千字加以考据，陷于烦琐的泥坑。从而失去了生命力，致宋学应运而生，取代了固步自封的汉学。宋学摆脱了汉学的章句之学，从经书的要旨、大义、义理着眼，去探究其丰富的内涵，所谓阐释微言大义。从学术角度来说，它是从宏观上去把握，开辟了中国学术史的一个新时代。

第二种认为：宋学就是宋明理学，或谓"宋代新儒家学派"。钱穆在《中国政治得失》一书中称"宋学，又称理学"。章太炎《国学概论》中则谓："中国哲学，在宋明，为理学，有道学问、尊德性之分。而西洋哲学，文字虽精，还不能到宋学的地步。"邓广铭则说："把萌兴于唐代后期而大盛于北宋建国以后的那个新儒家学派称之为宋学。"他以为理学只是新儒学的一个分支。

第三种认为，提出"新宋学"的概念，国学大师陈寅恪从历史文化角度立论，认为"新宋学"包括宋代整个学术文化。他指出："吾国近年之学术，如考古、历史、文艺、及思想史等，以世局激荡及外缘熏习之故，或有显著之变迁。将来所止之境，今固未敢断论。惟可一言蔽之曰，宋代学术之复兴，或新宋学之建立而已。"显然，新宋学不局限于思想史范畴，它涵盖了考古学、历史学、文学、艺术及思想史等各个领域。

宋学研究源远流长。首先，我们可以追溯到清代黄宗羲的《宋元学案》。它以宋代学术人物为主线，按学派与地域解构两宋整个时代的学术史，当然，还比较粗糙，算不上规范的学术史。但它开启了宋学研究的先河，其功不可没。而且，当今探讨宋学，绕不开它，必须参考这一具有原创性的学术专著。

进入20世纪，宋学研究有了新进展。上半叶，最早、影响较大的三部宋学著作是：《中国理学史》（贾丰臻）、《宋学概要》（夏君虞）、《理学纲要》（吕思勉）。上述三种著作，明显地受《宋元学案》的影响，未脱离按人物、学派、地域三要素叙述的方式。但已有新思路的探索。如夏著《宋学概要》已显露出试图描绘两宋学术全貌的努力，并非单一地论述理学史。

20世纪中叶以后，接近现代学术史写作规范的宋学著作开始陆续出现。思想史通史中辟专章论述宋学的，如冯友兰的《中国哲学史》、侯外庐主编的《中国思想通史》，及《宋明理学史》，这三种著作，在中国学术史研究领域产生了巨大的影响,其影响迄今不衰。它们首先运用现代学术研究方法和表述形式,淡化了《宋元学案》中按地域编排学术流派思想方法,揭示了传统学案体系中未能达到的学术思想的内核——历史的、社会的因素,并据此调动相关人物与学术流派予以综合,从而比较清晰地彰显出各流派的学术特色。可以说,冯、侯二位开辟了当代宋学研究的全新模式,其功不可没。从历史主义角度看,《宋元学案》所提供的学术信息量更大,这是它的优势;而冯、侯之著作,则在研究方法、思路上,比较客观、合理,符合科学性。20世纪中叶学术史研究存在的问题是,以人物为核心与纲领的章节体系,掩盖了学术发展的内在逻辑,即学派的形成、发展,与各学派之间的互动,这是全景式的,不可能以人物为纲领予以包括的。

这个问题,到了20世90年代,已引起学术界深刻反思。葛兆光的两卷本《中国思想史》,首先对以人物为中心的写作模式进行了改革,采用从广阔的历史、社会领域中梳理、选择学术史材料,以构建学术演变史的新路子。这一著作具有创新精神,已成为学术史(包括宋学)描述的又一模式。

断代学术史方面,尤其是本文所关注的宋代学术史方面,上世纪90年代以来至21世纪初,有突破性进展。学术界对宋学的认识,渐渐地从宋学单一地与理学挂钩,开始向宋代儒学复兴与宋学延续发展深入。宋学不应看成单一的学问,而是多元化的学问。诸如漆侠的《宋学的发展和演变》、张立文的《中国学术通史·宋元明卷》,都把理学看成是宋学发展一个阶段,并将宋学与元明儒学联系起来。

余英时新著《朱熹的历史世界》(上、下),对宋学的成因有了更深入的探讨;并从士大夫政治文化角度出发,对宋学的延续性和继承性有独到的见解,是一部颇为学术界所关注的佳作。

然而,从多元文化角度研究宋学的还不多见,值得注意的是包弼德(Peter K. Bolue)的《斯文:唐宋思想的转型》、庐国龙的《宋儒微言》,前者将宋学与文学联系起来,后者把宋学和政治联系起来,这是向广义宋学研究走出的第一步。其后,出现了李春青的《宋学与宋代文学概念》等。这是十分可喜的新现象,一提及"宋学",人们不再只想到理学或新儒学,新宋学还包括历史、文学、艺术等等。

综观一个多世纪来的宋学研究路程，宋学的学术视野越来越宽广，实际上已成为一门多元的、跨学科的研究。其时间也不止于宋代，而是一直延续到明清。故而，有人称之为"大宋学"。

（作者单位：浙江大学古籍所）

国学动态

《厦门大学国学研究院集刊》出版

原载：国学版（光明日报2009.2.2第12版），本书有删节。

由厦门大学国学研究院编辑的《厦门大学国学研究院集刊》第一辑日前由中华书局正式出版发行。

八十年前的厦门大学国学研究院曾经筹创《厦门大学国学研究院季刊》。当时，创刊号已经编好，但由于印刷困难等种种原因最终没有出版。为了发扬光大前辈开创的国学研究事业，复办后国学院决定恢复编辑出版《厦门大学国学研究院集刊》。此次，由中华书局出版的《厦门大学国学研究员集刊》第一辑共分上下二编：上编为八十年前未曾印行的《厦门大学国学研究院季刊》存稿，其中有鲁迅、林语堂、张星烺、顾颉刚、容肇祖等前辈学人的论著。下编为当今学者关于朱子学论题的系列论文，以及其他有关文史演革、文献梳理的探索性文章。（傅小凡）

国学漫谈

古典何在

徐新建

原载：国学版（光明日报2008.7.7第12版）

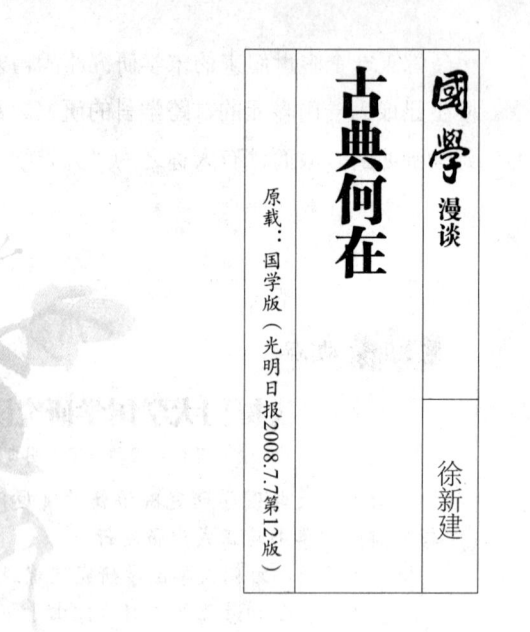

前不久，李零呼吁"重归古典"，对比胡适、冯友兰，且借术问学，质疑新儒，一下蹚出不小的问题。（《读书》2008年第3期）

李零不同意冯友兰对儒的继续独尊，赞扬胡适从"经学"回归"子学"，理由是这样的回归拓宽了视野和言路，解决了思想解放上的真正平等——是诸子之间的对等争鸣，而非一圣独大的众生仰止。李批冯的原话是其一方面"开口闭口都是做圣人，应帝王"，另一方面则"书越写越大，路越走越窄"。这话既狠也准，点到了汉儒以来直到近世"国学"的要害：一心成圣，其圣也私。

但回归子学是否就回到了源头？

长久以来，讲国史，打通古今是个关键，但路有两条。冯友兰以孔子（诸子之一）为起点，而经学而理学而新儒学，走的是自上而下，或曰借古助今；李零从胡、冯之别说起，返经学再返子学，倡导重归经典，追溯原创。二者相比，哪条路更通？不好说。有一点要注意：宋明以后，越过经学朝重返之路走的人虽然数量日减，影响却不可低估。现代新文化运动把"孔家店"推倒，最大的震撼，是切断了经典们赖以依存的"正"和

"统"。其把眼光向进化论看，以往的积存都成了低等，而且越古越荒。依照此理，三代胜不过秦汉，诸子比不了新儒，往圣皆不如近童……

不过即便在彼时，西潮急涌、进化至上，仍不断有与之较量的反向潮流。其中最甚者，便是以华夏为本，对国族始祖的集体追溯，以致营造。此潮流关注族脉，凝聚民心，无论章太炎、孙文、黄兴还是陈天华、鲁迅……，大大小小各式人物莫不卷入其中。其共同特点有一个，那就是：都越过孔子，直指轩辕。这股复兴主义的潮流前仆后继，官、学互补。

这里仅举钱穆为例。1944年，钱穆携门人著《黄帝》。《黄帝》的重点，在于古今打通。按钱穆排序，轩辕是根和本，华夏文明由其奠基。孔子只是最突出的传人。在孔之前，堪称楷模的是周公。周公的经典作用在于"制礼作乐"。而所谓礼，即"文化的外形"，分实用的"术"和理想的"述"两类。周为前，孔在后。所以周公的人格不在孔子之下。由此推论，从轩辕往下一脉传承，孔子的意义，并非始创，而是对先王"道统"做最大"发挥"。钱穆也发挥，即通过说史，连接华夏数千年蔓延不断的"基本精神"，以治近代以来的"几天"之病。为此，因目标宏大崇高，欲使之实现，对古史中那些"后人想象"或神奇传说，最便利之法，当然是提纲挈领，统而用之。其中的统，多位一体，从学术（学统）到政治（治统、正统）乃至终极（道统），最后再加上从族脉（血统），里外上下，尽收网中。

可见，当年冯与胡争，出手就胜了一半。胡适讲诸子，单枪匹马，仅凭个人式自由；冯倡孔圣，人多势众，据着前呼后拥的政教一统。如今李零追溯古典，为胡翻案，最大困境，当不在学，亦不在术。何在？或许在"统"。自古以来，学之为经，成果为统。输掉统，便失去学和术（这或许能解释如今国势崛起，国人开门办学，为何在全球有那么多学院均以"孔子"美名，却未见诸子当中有谁分享一二。内中功劳，既在至圣先师，在轩辕黄帝，更在一脉相承的大一统）。故李零比较胡、冯，举了三个区别。其实漏掉一个，即面对此"统"，胡在外，冯在里。

还有一个问题。李零"翻案"（这词可能用得不好），扬胡抑冯，离经返子，但仍把《论语》留在古典之中，且列在其首，作为基本教材向世人推荐。《论语》能当此地位吗？我倒看重秦晖最近的提示。他说"孔子之功非论语，绍述'圣道'在六经"。孔子述而不作，意义不及周公，可以为"先师"而非"先圣"。《论语》的作用不能与六经（诗、书、礼、乐、易、春秋）同日而语（《南方周末》2007.3.12）。这些皆不是时下发明，是宋明以前的老话。

李零的意图，是想用"古典"代替"经典"，也就是减弱"经"的制约。但既然讲"典"，便仍有碍；以孔子打头，"古"得也不够；而以书为据，无疑挤缩了"回归"视野。即便回到"六经"，其中的《诗》是唱的，《乐》是奏的，《易》和《礼》都是操作和实践的（解释性的"传"只是使用说明，不能算），怎能只当书来念诵？

话说开来，若以轩辕为古，即便依钱穆所述，初始时代，注意不是后来的"轴心时代"，堪称文明创始的，除了黄帝，更有神农、蚩尤。尽管后人附会了有关黄帝"发明"的许多传说，但炎、蚩强盛之时，轩辕族还在草地上游牧不定。同样的传说则记载神农善用火，蚩尤造兵器……均留下不少奠基之作。

由此比照，什么是古典？

（作者单位：四川大学文学院）

国学动态

《国学四十讲》面世

原载：国学版（光明日报2008.4.14第12版）

近期，卞孝萱、胡阿祥二先生主编的120万字巨著《国学四十讲》由湖北人民出版社出版。

《国学四十讲》在体例上进行开拓与创新，对于国学的内容分四十科目，每个科目进行专门的论述。这四十个科目，既有如经学、诸子学这样的大纲，也有有关一部书（如红学）、一类书（如方志学）、一种文化现象（如避讳学）等形成的专门学问细目。

该书还重视古代学术中自然科学知识的总结。本草学、博物学、农学、术数学、数学、物候学、舆地学、律学八个科目涉及古代自然科学的多个方面，约占全书的五分之一。（王霏皓　武黎嵩）

再读《天下》篇

国学漫谈

熊铁基

原载：国学版（光明日报2009.2.23第12版）

近有学生提问：《庄子·天下》篇（以下简称《天下》）为何没有评述儒家？这实际是一个"《天下》遍评百家而不及孔子"的老问题。看来，仍有必要求其答案。

此次思考，反复研读了钱基博先生的《读庄子天下篇疏记》。钱先生没有讨论《天下》的真伪问题，实即肯定为庄子之作。钱的论述一方面以"道"为中心，"论衡天下之治方术者"，认为《天下》"匪徒一家之疏记，将发九流之筦钥"。他说：庄生著篇以论衡天下之治方术者：曰墨翟、禽滑釐；曰宋鈃、尹文；曰彭蒙、田骈、慎到；曰关尹、老聃；曰庄周；曰惠施、公孙龙。五者皆许为"古之道术"，而不私"道"为一家之所有；且历举其人，明其殊异，而不别之曰某家某家。另一方面，庄子又"品次"了"天下之治方术者"，他说：自庄生观之，"天下之治方术者"，道者为上，儒者次之，百家之学又次之，而农家者流为下。

关于《庄子》整本书的主要思想，钱先生认为就是"内圣外王"之道。他明确指出：

"内圣外王之道"，庄子所自名其学；而奥指所寄，尽於《逍遥游》、《齐物论》两篇；盖《逍遥游》所以喻众生之大自在；而《齐物论》则以阐众论之不齐。则是《逍遥游》者所以适己性，内圣之道也；《齐物论》者所以与物化，外王之道也。

钱先生强调："圣"之古训为"通"，"王"之古训为"往"。以上是钱书《叙目》中指出的，在其《总论》中又进一步说：

博按："圣"之为言"通"也，所以适己性也，故曰"内"。"王"之为言"往"也，所以与物化也，故曰"外"。"内圣外王"，盖庄生造此语以阐"道"之量，而持以为扬摧诸家之衡准者。

显然，这与后世所言儒家之"内圣外王"虽有相通之处，又很不一样，至少是对"圣"和"王"的理解不一样。钱先生认为《庄子》是以"内圣外王"解《老子》的"道"、"德"。同时一再强调指出，其要旨和纲领就在《逍遥》与《齐物》两篇，而且，整个三十三篇都是围绕这个主旨阐发的：

体任信真，故自由在我，《逍遥游》之指也。理绝名言，故平等而咸适，《齐物论》之指也。综《庄子》书三十三篇，其大指以为：俯仰乎天地之间，逍遥乎自得之场，固养生之主也。然人间世情伪万端，而与接为构，日以心斗；唯无心而不自用者，为能放乎逍遥而得其自在也。夫唯逍遥之至者，为能游心乎德之和，不系累于形骸，而见其所丧，视丧其足，犹遗土也；斯固德充之符矣！是则虽天地之大，万物之富，次其所宗而师者无心也。夫无心而放乎自在，任乎自化者，应帝王也。

把内七篇分别归为阐发"逍遥"、"齐物"之指。不仅如此，外篇、杂篇均可以这样理解，整个《庄子》书除《天下》之外，"言《逍遥游》者二十篇，言《齐物论》十二篇……则是详于内圣而略于外王也。"

如果把《天下》和整个《庄子》书做上述理解，当然还要回答和解决一系列相关问题。

首先，当然还是真伪和作者问题。应该肯定《庄子》书是反映庄子（或者说庄生）思想的书。那么，如"内篇出于汉代说"之类的讨论，实在有些节外生枝。但是，如上所指出，今本《庄子》从篇目到内容、文字都曾经过汉人一直到魏晋人"改造"，特别是如刘向父子整理图书与郭象等人作注时的情况，则是必须充分注意的。至于具体内容，例如《天下》中关于惠施的记述是否为另一篇？例如其中"诗以道志"等六句是否注文？都是可以讨论的问题。

其次，如何看待"《天下》遍评百家而不及孔子"？即本文开头提出的问题。这里又涉及两个方面的问题：一，汉以前虽有家、派之实，尚无家、派之名，用墨子的说法是"一人一义"、"百人百义"（《尚同》），《天下》则说的是"各为其所欲焉，以自为方"。但《天下》中已有了"百家之学"分类记述的趋势，把观点相承相近的人放在一起来评论。二，既有"百家之学"称法，为什么又只列举墨翟（包括墨子后学）、禽滑釐、宋钘、尹文、彭蒙、田骈、慎到、关尹、老聃、庄周、惠施、公孙龙这么一些人？这些人分别与后世所谓墨、名、道、法的学派有关，而《天下》记述他们，是因为他们各自遵从"道术"某一方面，有自己的理解、发挥乃至实践。例如，对于墨子以及墨家，在庄子看来，"墨翟、禽滑釐之意则是，其行则非"，虽然不赞同他们的行为，但他们的学说是符合"道"意的。而道家之"道"与儒家之"道"，应该说有很大不同，所以《天下》就没有评述儒家、孔子，但也做了交代："其在《诗》、《书》、《礼》、《乐》者，邹鲁之士搢绅先生能明之。"

再次，可否、是否应该把《天下》当作中国古代学术史的开创之作？我想回答也应该是肯定的。此前未发现这么相对完整、全面的论学术之作，后来总结的儒、墨、名、法、道等等都涉及了，特别是墨家一派已经列出，文中有"墨者"、"别墨"、"巨子"、"墨经"等这些构成学派的要素。另一方面又不很成熟，主要是讲各个人的思想主张，学派意识还未完全形成。应该说整个战国时期也都是如此，如《尸子·广泽》、《荀子·非十二子》一直到《吕氏春秋·不二》，均以个人（《荀子》则是相近的二人）主要思想列举，《孟子》的"杨"、"墨"之说也是如此。只有《韩非子·显学》论儒、墨显学，学派意识要强一些。

最后，以上诸篇提到的人，是否是学术上有影响的人？我们也想做一个肯定的回答。这里想先从孟子论杨、墨开始，过去有人就因为杨朱难考，从而怀疑孟子"天下不归杨则归墨"之说，怀疑杨朱思想的影响，这是不恰当的。不能否认杨、墨的思想影响，不能以后世的眼光看当时，不能因后来有无影响或传人而否定曾风云一时的"豪士"。《鹖冠子·博选》云："德千人者谓之豪"，"豪士"是指杰出人才，后人作注常用"豪士"之名称以上学术史论中提高到的一些人。当时，先后有影响的人士，除《天下》之外，《荀子》所非十二子为：它嚣、魏牟；陈仲、史鳅；墨翟、宋銒；慎到、田骈；惠施、邓析；子思、孟轲。《尸子·广泽》突出介绍六个人的思想："墨子贵兼，孔子贵公，皇子贵衷，田子贵均，列子贵虚，料子贵别囿。"《吕氏春秋·不二》概述了十个有影响人物的思想："老聃贵柔，孔子贵仁，墨翟贵廉，关尹贵清，子列子贵虚，陈骈贵齐，阳生贵己，孙膑贵势，王廖贵先，兒良贵后。"以上这些，有的是当时和后世公认为的"豪士"，有的只此篇著有他篇未言，甚至很少出现。其原因可能与时段、地区以及记述者本人之见闻和主观意图等等有关系。总而言之，"皆天下之豪士也"。时人和汉人的许多著作中均有涉及，如贾谊《过秦论》中就有兒良、王廖等许多后世并不太知名的人士。近代不少学者也有考证，如钱穆《先秦诸子系年》和顾颉刚、罗根泽编《古史辨》所收论文中，对于上述诸"豪士"就有较集中的考证，其他不必一一胪列。

由此而进一步可以引申出的问题是，"百人百义"的"百家之说"如何"相灭相生"、"相反相成"（《汉书·艺文志》语）的发展？又是如何形成几个有明显特色的学派的？它们又如何"百虑而一致、殊途而同归"的？这些都是先秦学术史值得进一步深入探讨的。

國學漫談

邵雍的"加一倍法"就是严格意义的"二进位制"

姜广辉

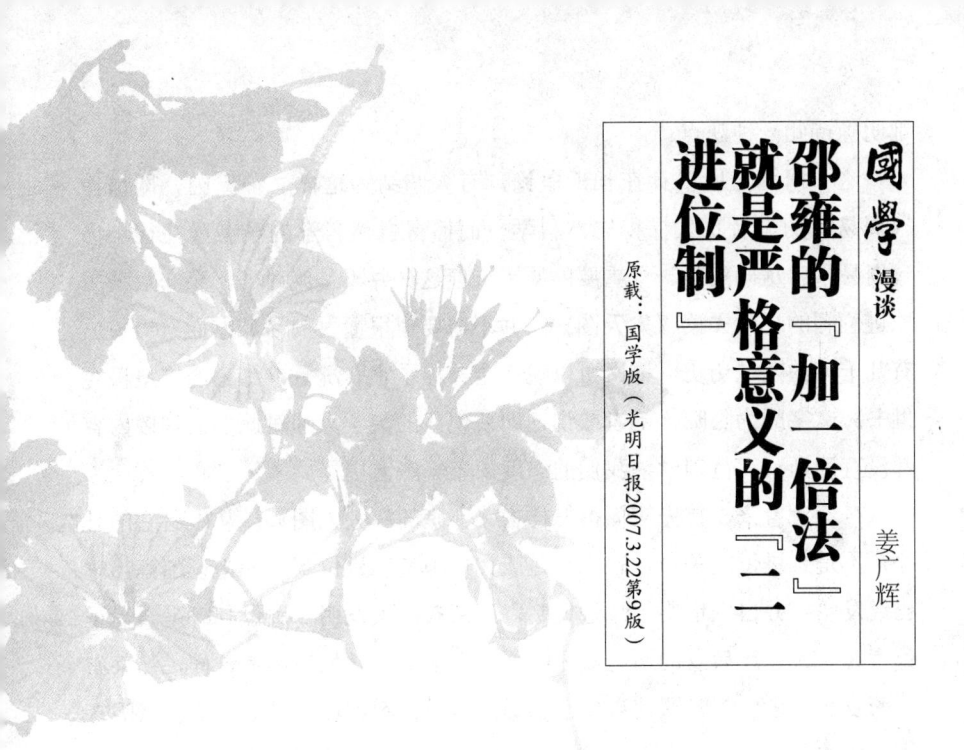

原载：国学版（光明日报2007.3.22第9版）

邵雍（1011—1077），字尧夫，谥康节，是中国北宋时期著名的哲学家，主要哲学著作有《皇极经世书》。他发展《周易》象数学，以"数"作为其哲学思想的逻辑起点。他提出一种《周易》先天学，此学有关于伏羲八卦与六十四卦卦序排列的四种图表，称为《伏羲四图》，即《先天图》。

近二十多年来学术界讨论的一个非常热门的话题就是：德国大哲学家、数学家莱布尼茨（Gottfriend Wilhelm Leibniz，1646—1716）发明二进位制与邵雍《先天图》的关系。参加这场讨论的有西方包括李约瑟（Joseph Needham，1900—1995）在内的科学史家，以及国内许多著名的科学史与中国哲学史的专家学者。讨论的焦点大致有两个：一是邵雍的《先天图》卦序是否一种二进位制的关系？或是一种"无意识的巧合"（李约瑟语）而符合二进位制的关系？二是莱布尼茨发明二进位制是否受了邵雍《先天图》的启发？主流的学术观点认为邵雍的《先天图》不是二进位制，或至少不是一种自觉运用的二进位制；莱布尼茨在其发明二进位制之前并未看到邵雍的《先天图》。几乎所有参加讨论的国内外著名学者都明确持此一种观点。

这一问题之所以存在长期争论，有人归结为这样一种原因，即懂得《周易》的学者不大懂得自然科学，而懂得自然科学的学者又往往不懂《周易》。这确实是一个重要的原因。但这又并不是绝对的，莱布尼茨用二进位制的视角去读《先天图》，并不需要他很懂《周易》；而《周易》有几千年的发展历史，谁又可以说完全弄懂了它？况且，邵雍的《皇极经世书》文字颇为隐晦，笔者敢说，即使现代的国学大师对此书的许多内容都没有读懂。对待国学，我们的态度谦卑一些会更好。

在笔者看来，首先应懂得怎样去读邵雍的《先天图》，从中看它的卦序是不是二进位制关系，它如何是或如何不是二进位制。如果说邵雍当时已经发明、并自觉运用了二进位制，那莱布尼茨发明二进位制时是否受了邵雍《先天图》启发的问题就已经不那么重要了。如果不是这样，那莱布尼茨发明二进位制时即使看到了邵雍的《先天图》，那又能说明什么呢？而奇怪的是，学者们虽然关于这一话题有过许多讨论，但恰恰没有涉及怎样去读邵雍《先天图》这一关键性的问题。

邵雍的《先天图》四图的卦序都遵循着一种逻辑法则，当时被称为"加一倍法"。所谓"加一倍法"即是今天严格意义上的"二进制"进位方法。其中有二图比较直观，兹附图如下：

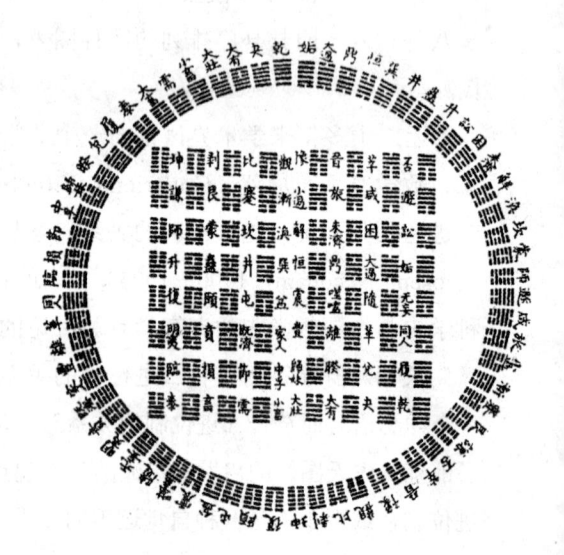

伏羲八卦次序图　　　　　伏羲六十四卦方位图（即圆图方图）

邵雍的《先天图》无论八卦还是六十四卦，其卦序顺读都是始《乾》终《坤》，我们的绝大多数学者都按顺读的方法来读它，这当然不容易发现其中的二进位制关系。但邵雍已经指出："夫易之数，由逆而成矣。"（《皇极经世书》卷十三）他告诉我们考察《先天图》的易数关系的要诀是"逆数"，即倒着数，其中包括卦序的"逆数"和爻序的"逆数"。卦序的"逆数"是从从《坤》卦至《乾》卦，如果我们将卦画中的--设定为"0"，—设定为"1"，那上面的《伏羲八卦次序图》正好是按二进制方法所表示的0－7的自然数表：

坤☷　　000－0
艮☶　　001－1
坎☵　　010－2
巽☴　　011－3
震☳　　100－4
离☲　　101－5
兑☱　　110－6
乾☰　　111－7

《伏羲六十四卦方位图》在六十四卦的圆图中，又置有一个六十四卦的方图。无论圆图和方图，卦序之中都内在地具有严格意义上的数学二进制关系。其中的方图更为典型而直观，读懂它的要诀就是"逆数"，即由左向右，第一行始坤终否，接第二行始谦终遯，再接第三行始师终讼，以下接第四行、第五行、第六行、第七行，最后接第八行始泰终乾。而这正是按二进制方法所表示的0－63的自然数表：

坤䷁	000000－0	萃䷬	000110－6
剥䷖	000001－1	否䷋	000111－7
比䷇	000010－2	谦䷞	001000－8
观䷓	000011－3	艮䷳	001001－9
豫䷏	000100－4	蹇䷦	001010－10
晋䷢	000101－5	渐䷴	001011－11

小过	001100－12		随	100110－38
旅	001101－13		无妄	100111－39
咸	001110－14		明夷	101000－40
遯	001111－15		贲	101001－41
师	010000－16		既济	101010－42
蒙	010001－17		家人	101011－43
坎	010010－18		丰	101100－44
涣	010011－19		离	101101－45
解	010100－20		革	101110－46
未济	010101－21		同人	101111－47
困	010110－22		临	110000－48
讼	010111－23		损	110001－49
升	011000－24		节	110010－50
蛊	011001－25		中孚	110011－51
井	011010－26		归妹	110100－52
巽	011011－27		睽	110101－53
恒	011100－28		兑	110110－54
鼎	011101－29		履	110111－55
大过	011110－30		泰	111000－56
姤	011111－31		大畜	111001－57
复	100000－32		需	111010－58
颐	100001－33		小畜	111011－59
屯	100010－34		大壮	111100－60
益	100011－35		大有	111101－61
震	100100－36		夬	111110－62
噬嗑	100101－37		乾	111111－63

需要指出的是，《先天图》的二进制数表是以《周易》卦画为形式的。从易数的观点看，卦画所表示的是数，而不是象。其计数方式是通过两个基本的卦画符号--和━来进行的。而爻位就是二进制数的位值。先天八卦图体现的是三位二进制数表（0－7），先天六十四卦图体现的是六位二进制数表（0－63）。

以上所说，是读懂《先天图》卦序的要诀：卦序的"逆数"。而要进一步理解先天易数的具体进位方法，还有一个要诀，就是爻序的"逆数"：由低数位向高数位进位，是上爻向五爻进位，五爻向四爻进位，四爻向三爻进位，三爻向二爻进位，二爻向初爻进位。而进位的原则是逢二进一位。如剥䷖000001为自然数1。若加1，则以此1加上原来的1而为2，则进一位为比䷇000010，为自然数2。再加1，因此数位上是0，则不须进位，将0改为1而为观䷓000011，为自然数3。再加1，因观䷓000011后两数位为11，则连续进两位而为豫䷏000100，为自然数4。如此类推。

现代国内外有学者提出邵雍《太极图》的易数关系并不是一种自觉运用的二进位制。我们认为，如果邵雍不是自觉运用"二进制"的进位方法排出这一卦序，我们想不出他还可能用其他方法排出这种卦序，而正巧与"二进制"的数表完全相吻合。因为大家都知道，如果我们对六十四卦任意排列组合，那可以排出的卦序的种类，应是64的阶乘：1乘2乘3乘4……乘64，其结果将是一个无比庞大的数字。而邵雍能一卦不差地按二进制的顺序排列出伏羲六十四卦的卦序，这足以说明邵雍已经发明并能熟练运用"二进制"的进位方法。问题在于，邵雍虽然已经发明了二进制的进位方法，但除了能逻辑地处理卦序关系外，还不能将此二进制的进位方法派上其他用场。即使这种发明在当时公诸于世，由于其进位方法太不直观和便捷，相信也不会为世人所留意。更何况当时及后世很少有学者发现并懂得邵雍这项发明的价值。

邵雍的这项发明，已为当时的程颢所理解，并为之命名为"加一倍法"。有一次程颢对邵雍说："尧夫之数，只是加一倍法。以此知《太玄》都不济事。"事实上，两汉之际的扬雄（公元前53年—公元18年）所发明的太玄数已经是严格意义的三进位制，程颢认为邵雍的"加一倍法"比扬雄的太玄数更高明。当时邵雍听到程颢的话之后惊抚其背说："大哥，你恁聪明！"邵雍要向二程兄弟传授"加一倍法"，二程兄弟并没有领情接受。程颢说："待要传与某兄弟，某兄弟那得工夫！要学须是二十年工夫。"（以上参见《二程外书》卷十二）当时二程专于义理之学，不屑于研究"象数小术"。

邵雍的"加一倍法"受到后来的朱熹的重视，他说："自有《易》以来，只有康节说一个物事如此齐整。"（《朱子语类》卷一〇〇）在朱熹那里,"加一倍法"又被称作"加一位法"。而"加一倍法"的要点就在于,加一位,即加一倍。按照邵雍"加一倍法"的原理,每增加一个爻位(实即数位),二进制数表中所包含的自然数的数目便会增加一倍,比如二进制六个数位包含了六十四个自然数(0—63),若增加到七个数位,那自然数的数目也便翻了一番,而包含一百二十八个自然数(0—127)。若增加到八个数位,便包含二百五十六个自然数(0—255)。而若从八个数位增加到十五个数位,那自然数的数目便翻七番,而包含三万二千七百六十八个自然数(0—32,767)。如此类推,数位越多,包含的自然数的数目也越多。而即使再多数位,其中包含的自然数的数目再多,要用二进制的计数方法写出它所包含的所有自然数,也并不困难。这也就是说,只用两个符号便可以以一种明白无误的逻辑方法(可操作、可验证的)表示从0至无穷大的自然数。反过来也可以说,一切自然数都可以用两个符号以逻辑的方法表示出来。这正如清代思想家王夫之所说:"使以加一画即加一倍言之,则又何不可加为七画,以倍之为一百二十八,渐加渐倍,亿万无穷,无所底止,又何不可哉?"(《周易稗疏》卷三)

邵雍的"加一倍法"意味着中国早在九百多年前的北宋时期,已经发明了二进位制的进位方法,但当时及后世学者很少有人真正认识到邵雍这项发明的价值,甚至根本就不以为这是一种"发明"。

最后我们再提及一下,莱布尼茨发明二进位制是否受了邵雍《先天图》的启发。关于这个问题,近来已有学者提出可靠的新资料,证明在莱布尼茨发明二进位制之前,至少已经了解到邵雍的"先天四图"中的两图《伏羲八卦次序图》和《伏羲八卦方位图》,同时了解到后天六十四卦的书写形式。前两图都可以体现一种三位二进制数表(0—7)。我们这样说,并不是为了争夺"二进位制"的发明权,这样做是有些无聊的。但实事求是而言,这是中国先哲的智慧和光荣,我们作为后人应该记住它,而不应该抹杀它!

本文得到董光璧教授拨冗审读指正,在此谨致谢意。

(作者单位:湖南大学岳麓书院)

国学漫谈

楚简《恒先》与"八股文"

邢文

原载：国学版（光明日报2010.3.1第12版）

把楚简《恒先》与八股文联系起来，多多少少有标新立异之嫌——楚简《恒先》是出土于战国楚地的竹简文献，现藏上海博物馆；八股文是明代科举考试的应试文体，两者的时代相距千年。难道八股文的起源能追溯到千年以前的战国时代？我们今天要从楚简《恒先》的辞章特色、八股文的文体特点，来讨论这个重要而有趣的问题。

一、从楚简《恒先》谈起

这个问题之所以重要，是因为它不仅关系到我们应该如何看待战国时期的辞章文体，而且关系到我们应该如何整理、复原中国古代的简帛文献。

我们先从《文史通义》中的一个观点来看第一个问题。章学诚在《文史通义》中反复强调："至战国而文章之变尽，至战国而后世之文体备。"他的意思很清楚：到了战国时代，文章的辞章变化已经穷尽，后世的各种文体也已具备。这当然是语带夸张的概括性评述，但它的观点是明确的，也就是说：到了战国时代，文章写作的辞章修辞已经极尽变化，后世文章的主要文体至少已备雏形。从上博楚简《恒先》的修辞特征来看，名噪后世的八股文文体，在文体特征上，确实可以溯源至战国。

上博所藏战国楚简《恒先》有着丰富多样的修辞手法，其中最值得提出来讨论的，是一种基于对偶格的修辞结构——排偶。楚简《恒先》所见排偶，约有两种基本的形式：排比对偶式排偶与联句对偶式排偶。在《恒先》中，这两式排偶也有复合排偶的形式。下面我们看两个例子。

第一，排比对偶式排偶。这种排偶的基本结构是三个以上的句子构成排比句，其中，各句之间彼此对偶。两两对偶是这种排偶与一般排比句的区别。楚简《恒先》第一章有："朴，大朴。静，大静。虚，大虚。"这是一组排比句。构成这组排比的三个句子中，"朴"、"静"、"虚"三词彼此相对，"大朴"、"大静"、"大虚"各以"副词+形容词"的结构彼此相对。句中，"大"字的使用，隔字重复，是类字的修辞手法，属于类叠的一种。此例虽只有九字，但已是由三个彼此相对的对偶、类字结构所构成的排比，是一种简单的排比对偶式排偶结构。

第二，联句对偶式排偶。楚简《恒先》的第五章分为两层，如上下两联，可列作下表：

楚简《恒先》第五章排偶结构			
第一层 （上联）	详义利， 考采物	出于作。	作焉有事， 不作无事。	举天（下）之事，自作为事，用以不可废也。
第二层 （下联）	凡言名先者有疑妄， 言之后者校比焉。			举天下之名，虚树（为名），习以不可改也。

上表中，括号里的"下"、"为名"诸字，是为了便于说明辞章结构而补出的。在上表第一层，"详义利，考采物"是严格工整的对偶句，"作焉有事，不作无事"是句式相对、意义相反的对比句；第二层的"言名先者有疑妄，言之后者校比焉"，也是句式相近、相对的对比句。第一层中的"举天（下）之事，自作为事，用以不可废也"，与第二层中的"举天下之名，虚树（为名），习以不可改也"，构成对偶。整个第五章由上、下两联组成，上联中"详义利，考采物，出于作。作焉有事，不

作无事"与下联中的"凡言名先者有疑妄,言之后者校比焉"相对,上联中的"举天\(下\)之事,自作为事,用以不可赓也"与下联中的"举天下之名,虚树\(为名\),习以不可改也"相对。这样的上下两联句式双行、彼此对偶,是排偶的常见形式。《恒先》第五章的联句对偶式排偶,是一个对偶之中又有对偶、对比的复式结构。

《恒先》的这种修辞特征,不能不使我们想到以排偶为主要辞章特点的著名文体——八股文。

二、是是非非八股文

八股文恐怕是中国历史上最为臭名昭著的文体了。1942年2月,毛主席发表了《反对党八股》,把空话连篇、言之无物的八股文比为"又臭又长的懒婆娘的裹脚",把反对八股文称作是"五四"运动的"一个极大的功绩"。八股文长期以来被视作"科举中最为'丑陋'的部分",学者们甚至在从正面考察八股文的积极意义时,也不会忘记说明要抛弃八股文的旧形式。

然而,细读《反对党八股》,我们发现毛主席所反对的是空话连篇、言之无物的八股文,并不是所有的八股文。实际上,在古人眼中,八股文是一种风格独异的文体,取历代骈、散之精华,甚至可与唐诗、宋词齐名。焦循《易余籥录》:"有明二百七十年,镂心刻骨于八股……洵可继楚骚、汉唐诗、宋词、元曲,以立一门户。"焦循还计划编一部文集,以反映"一代有一代之所胜":自《楚辞》之下,汉代专录汉赋,魏晋六朝专录五言诗,唐代专录律诗,宋代专录宋词,元代专录元曲,明代则专录八股文。即便是反理学、反儒家礼义之"伪情"的公安三袁,他们也认为八股文可以抒发性灵、得文字三昧。袁中道的《成元岳文序》说:"时文虽云小技,要亦有抒自性灵、不由闻见者。古人云:'一一从自己胸臆中流出,自然盖天盖地',真得文字三昧。盖剪彩作花与出水芙蓉,一见即知,不待摸索也。""时文"就是八股文。袁宏道在为一部八股文集作序时,更是把八股文比之于诗,认为八股文和古诗文一样,可以传之后世而不朽。

八股文的名称有多种,如八比、时文、时艺、制艺、制义、经义、举业、四书文或五经文等。八股文在形式上要求有"八股"或"八比";"股"或"比",都是指对偶。"八股"或"八比",说的是在明代科举考试所独有的这种应试文体中，须有八组对偶。这八组对偶，以排偶为体，在八股行文的起承转合中，有着不同的作用。

《明史·选举志》对八股文作有说明："科目者，沿唐、宋之旧，而稍变其试士之法，专取四子书及《易》、《书》、《诗》、《春秋》、《礼记》五经命题试士。盖太祖与刘基所定。其文略仿宋经义，然代古人语气为之，体用排偶，谓之八股，通谓之制义。"这一段文字，从八股文的用途、来源、人称、文体、名称几个方面，界定了八股文。1．八股文的用途：在唐、宋以来的科举考试中，用来命题试士的文体；2．八股文的来源：宋代王安石所创的应试文体经义；3．八股文的人称：以古人语气，代圣贤立言；4．八股文的文体：文章在规定的部分须句式相对，体用排偶；5．八股文的名称：八股、制义等。

八股文在文体上要求有"八股"或"八比"，被认为是出于唐代应试的律诗。毛奇龄《西河集》："唐制试士，改汉魏散诗而限以比语，有破题，有承题，有领比、颈比、腹比、后比，而然后以结收之。六韵之首尾即起、结也，其中四韵即八比也。然则试文之八比视此矣。"就是说，在唐代的科举考试中，限用诗句对偶的律诗，有起、有结，有破题、承题、领比、颈比、腹比、后比，其中的"八比"就是后来"八股"或"八比"的来源。这当然只是一种说法，许多学者并不赞成，如晚清探花商衍鎏先生就在他的《清代科举考试述录及有关著作》中，对此进行了批评考证。但毛氏之说，至少总结了八股文体的若干重要特征。

综合各家意见，我们可以把八股文文体的构成及其形式特点归纳如下：

1．破题：破解题意；文字散行。

2．承题：承接并进一步说明所破题意；文字散行。

3．起讲（又称原起、小讲）：总括题意，覆罩全篇；文字散行。

4．起比（又称起股、题比、前股、提股）：开始议论；句式双行，相对成文，四、五句或八、九句，构成排偶。

5．中比（又称中股）：承上启下，充分议论，全篇的重心所在；句式双行，相对成文，句数不限，构成排偶。

6．后比（又称后股）：发中股所未发，铺张推陈，畅所欲言，与中股共同构成全篇的重要部分；句式双行，相对成文，句数不限，构成排偶。

7. 束比（又称束股）：回应前文，申明主题，收束全篇；句式双行，相对成文，二、三句或四、五句，构成排偶。

8. 大结：结束语，发挥己意；文字散行。

对照《明史·选举志》等文献所记，可以知道起比、中比、后比、束比这四组偶句，体用排偶，构成狭义的"八股"或"八比"。

这种"八股"或"八比"的文体特征，已见于战国楚简《恒先》。

三、楚简《恒先》所见"八股"

战国楚简《恒先》与八股文的关系问题，也涉及中国古代的出土文献应该如何进行整理、复原的问题。

最近几十年来，大量的出土简帛文献问世，许多古文字、古文献学家和考古学家等专家学者，为出土简帛的整理、释读做出了巨大的贡献，使广大读者有可能学习与研究这些失传千年的古代文献。以楚简《恒先》为例，整理者最初发表的释文、学者们随后对释文的讨论与修订，都是我们今天讨论《恒先》的不可或缺的基础。然而，楚简《恒先》发表至今已有六年，国内外的研究文章已近百篇，但我们对于《恒先》的分章复原仍然不能取得基本一致的意见，这是为什么？我们认为，虽然学术观点的分歧会有种种原因，但在楚简《恒先》的案例中，对于《恒先》分章复原众说纷纭的一个重要原因，就是对楚简《恒先》本身的文献结构，未给予足够的重视。我们发现，楚简《恒先》的行文及文献结构，有着繁复严密的组织；基于《恒先》这种内在的文献结构而提出的分章复原方案，不仅清楚地反映了《恒先》严整的内在结构，解读了若干释读、断句的疑难，而且能够说明战国楚简《恒先》重要的辞章特点：体用排偶，"八比"成篇。

下面，我们把战国楚简《恒先》的释文，按明代八股文行文的起承转合之例，简析如下，看看《恒先》的行文与后世的八股文究竟有怎样的联系。"恒先"的篇题，是楚简《恒先》的自题。全篇从"恒先无有"开始，引出"或作"（或即是恒），层层深入，大致可分如下几个层次：

1. 恒先无有，朴、静、虚。

破题：虽然篇名"恒先"应该是出自篇首的"恒先"二字，但全篇以"恒先无有"开篇，在形式上也是明破主题，下启全篇。

2．朴，大朴。静，大静。虚，大虚。

承题：这三句每句三字，但两两对偶，排比成文，以一个排比对偶式排偶格，承题而论，说明前文的"恒先无有，朴、静、虚"。

3．自厌不自忍，或作。有或焉有气，有气焉有有，有有焉有始，有始焉有往者。

起讲：这一节分两层，"自厌不自忍，或作"是第一层，描述"或"（即"恒"）的始作；"有或焉有气"等四句是第二层，以两两对偶、排比成文的排比对偶式排偶，浑写了一个宇宙发生论，拈出全篇议论的主线，开启全篇讲论。

4．未有天地，未有作行出生。

起比：这两句句式相同，虽字数互异，但成分相对；尽管对偶（"比"）不严整，但也可视作下文论述部分若干组对偶结构的起点，所以是"起比"。

5．虚静为一，若寂寂梦梦，静同而昧或萌。昧或滋生，气寔自生。恒莫生气，气寔自生自作。恒、气之生，不独有与也。或，恒焉。生或者，同焉。昏昏不宁，求其所生。异生异，归生归，违生非，非生违，依生依。

求欲自复。复，生之生行。浊气生地，清气生天。气信神哉，云云相生，信盈天地。同出而异生，因生其所欲。业业天地，纷纷而多采物。先者有善，有治无乱。有人焉有不善，乱出於人。先有中，焉有外。先有小，焉有大。先有柔，焉有刚。先有圆，焉有方。先有晦，焉有明。先有短，焉有长。

天道既载，唯一以犹一，唯复以犹复。恒、气之生，因复其所欲。明明天行，唯复以不废。知几而无思不天。有出于或，性出于有；意出于性，言出于意；名出于言，事出于名。或非或，无谓或。有非有，无谓有。性非性，无谓性。意非意，无谓意。言非言，无谓言。名非名，无谓名。事非事，无谓事。

中比：这是楚简《恒先》的主体与全篇的重点，是一个大型的复合排比结构。在意义上，"昧或萌"与"求欲自复"、"天道既载"成分相对，"昧或滋生，气寔自生"与"浊气生地，清气生天"、"唯一以犹一，唯复以犹复"成分相对；在修辞上，"恒、气之生，不独有与也"与"同出而异生，因生其所欲"、"恒、气之生，因复其所欲"排比、相

对、"昏昏不宁，求其所生"与"业业天地，纷纷而多采物"、"明明天行，唯复以不废"排比、相对，而"异生异，归生归"、"先有中，焉有外"与"有出于或，性出于有"三组排比句，是一个结构严密的内含排比与对偶的复合排比对偶式排偶格。

6. 详义利，考采物，出于作。作焉有事，不作无事。举天之事，自作为事，用以不可赓也。凡言名先者有疑妄，言之后者校比焉。举天下之名，虚树，习以不可改也。

后比：如表所示，这是联句对偶式排偶，发中比所未发。

7. 举天下之作，强者果天下之大作。其尨不自若作，若作，庸有果与不果？两者不废。举天下之为也，无掖也，无与也，而能自为也。举天下之生，同也，其事无不复。

束比："举天下之作"与"举天下之为"、"举天下之生"构成排比，回应前文的起比、中比、后比，收束全篇。

8. 天下之作也，无忤极，无非其所。举天下之作也，无不得其极而果遂。庸或得之？庸或失之？举天下之名，无有废者欤？天下之明王、明君、明士，庸有求而不虑？

大结：用句式相近的陈述句与问句组，发挥己意，收结全篇。

需要说明的是，以上八个层次，是从文体结构与辞章学分析的角度，对战国楚简《恒先》与"八股"或"八比"所做的比较。我们并不是说《恒先》就是八股文，而是说战国楚简《恒先》的文体与修辞特征，与明代八股文已经惊人地相似，"八股文"的文体已备于战国。此外，以上的分层讨论，仅适用于特定的文体辞章学分析，并不是《恒先》的分章方案。

综上所述，广义的"八股文"作为一种具备某种特定辞章特点的文体，已经滥觞于战国，但这并不是说后世八股文这一狭义的、特定的应试文体始于战国。战国楚简《恒先》的发现与研究告诉我们，古人认为后世文体皆备于战国，绝非无稽之谈；从文体辞章学的角度去考察出土简帛，一定会有更多重要的新发现，应该成为中国简帛学的一个研究对象。楚简《恒先》与八股文的关系分析，验证了我们提出的楚简《恒先》分章方案的合理性。这一研究表明，从出土简帛内在的文献结构与修辞特征入手，是我们整理、复原出土文献的重要方法。

（作者系湖南大学岳麓书院兼职教授、美国Dartmouth College副教授）

附：八股文范文

大学之道在明明德在亲民在止于至善

圣经论大人之学，在于尽其道而已矣。盖道具于人，己而各有当止之善也。大人之学尽是而已，圣经所以首揭之，以为学者立法欤？自昔圣王建国，君民兴学设校，所以为扶世导民之具，非强天下之所不欲，而其宏规懿范之存，皆率天下之所当然。是故作于上者，无异教也；由于下者，无异学也。其道可得而言矣，己之德所当明也，故学为明明德焉。人受天地之中以生，所谓昊天曰明，及尔出王，昊天曰旦，及尔游衍，非吾心之体乎？人心惟危，道心惟微，此人之所以有爽德也。谓之明者，明此而已。懋吾时敏缉熙之功，致其丕显克明之实。洗心濯德，超然于事物之表，而光昭天地之命。盖吾之德，固天地之德也。德本明，而吾从而明之耳。不然，则道不尽于己，非所以为学矣。民之德所当新也，故学为新民焉。吾与天下之人而俱生，所谓立爱惟亲，立敬惟长，始于家邦，终于四海，非吾分之事乎！道有升降，政由俗革，此世之所以有污俗也。谓之新者，新此而已。尽吾保乂绥猷之责，致其裁成辅相之道，通变宜民，脱然于衰世之习，而比隆三代之治。盖今之民，固三代之民也。民本当新，而吾从而新之耳。不然，则道不尽于人，非所以为学矣。明德新民，又皆有至善所当止也，故学为止至善焉。惟皇建极，惟民归极，会其有极，归其有极，孰不有天理之极致乎！知至至之，知终终之，此道之所以无穷尽也。谓之止者，止此而已。有宪天之学，而后可以言格天之功；有格天之功，而后可以言配天之治。不与天地合，其德犹为未明之德也；不与三代同，其治犹为未新之民也。人己之间，道犹有所未尽，而非所以为学之至矣。是则明德以求尽乎为己之道，新民以求尽乎为人之道，止至善以求尽乎明德新民之道，古人无道外之学也如是。

［归有光（1506—1571），江苏昆山人。］

国学动态

数字化开创宋史研究新局面
《宋辽夏金元史电子馆》通过专家鉴定

原载：国学版（光明日报2010.8.16第12版），本书有删节。

由河北大学宋史研究中心与北京国学时代文化传播股份有限公司合作开发的第一个全数字化断代史料数据库——《宋辽夏金元史电子馆》，于近日在京举行的成果鉴定会上，受到与会专家的充分肯定。鉴定委员会一致认为，该成果内容宏富，体例适宜，总体上已达到国内的领先水平。它的完成和投入使用，对于中国古代史教学科研手段现代化具有重要意义。其进一步完善，必将对中国断代史研究和古籍数据库建设产生深远的影响。

河北大学宋史研究中心与北京国学时代文化传播股份有限公司自2004年开始筹划宋代历史文献的数字化工作，经过三年的论证规划和前期准备，2007年双方共同投资300万元正式启动《宋辽夏金元史数据库》项目，经过了选目论证、数据加工、程序开发、系统调试四个阶段。共完成524种历史文献和10种论著索引。

《本草纲目》释名之误

国学漫谈

邵则遂 张蕾

原载：国学版（光明日报2008.12.15第12版）

明代著名医药学家李时珍撰写的《本草纲目》，系统地总结了我国药物学、植物学等宝贵遗产，被达尔文盛赞为中国古代的"百科全书"。他专辟《释名》一项，对许多药物的名称详加考释，不仅收录了其前各本草书中有关释名的资料，且广泛征引古代训诂材料，并提出自己的见解，集明以前本草名物训诂之大成。李时珍不是训诂学家，加上历史时代的局限，对一些名物的诠释，受到后人的诟病。主要在四个方面。（一）误拆联绵词。《本草纲目·螳螂》条："两臂如斧，当辙不避，故得当郎之名。""螳螂、当郎、蟷蠰、刀蜋"都是一声之转的联绵词，是汉语中两个音节联缀成的表示单个含义的词，是彼此不能分开而从字面上去解释的，只能取它们的声音。（二）误解外来词。"虎魄（琥珀）"条："虎死则精魂入地化为石，此物状似之，故谓之虎魄。"《汉书·西域传》："罽宾国出虎魄。"其语源，一说为突厥语xubix；一说为叙利亚语harpax；一说来自中古波斯（倍利维语）kahrupai。"虎魄"是音译外来词无疑。因其类玉，故加玉旁作"琥珀"。（三）误释借音词。"慈姑"条："一根岁生数子，如慈姑之乳诸子，故以名之。""慈姑"是一种多年生的草本植物,具有多产性,其本名是"茨菇"。"慈姑"是"茨菇"的借音。有些植物的名称在长期的使用和演变中,往往借用其音同或音近的字来表示,如果按借音词去释义,必然穿凿附会。(四)滥用声训法。"莽草"条:"此物有毒,食之令人迷罔,故名。"用同音词"罔"来解说"莽",是声训法,是说"莽"来源于"罔"。《汉书·景帝纪》注:"草深曰莽,艸多曰莽。木多亦曰莽。""莽"是草木众盛的意思。"莽"并不来源于"罔"。以上四个方面的失误,都有一个共同的特点,即从所用汉字的字形出发,寻找其命名之由,也就是拘泥于"形训"。汉字本身是一个复杂的系统,它不是一时一地的产物,在其发展过程中经历了许多的变化,要寻找名称的来源,从语言的内部形式(语音)着手,才能打开缺口。

　　古人曾以声音为线索,寻求词源。如孔子说:"政者,正也。"在孔夫子看来,政治之政所以取音为"正",是因为政治的重要属性是端正,统治者端正了,民众自然被感化为端正。东汉许慎《说文解字》也较多地用到声训,但用得较为谨慎。"声训"的全面运用滥觞于东汉刘熙的《释名》。《释名》以声音为线索探求事物名称的"所以之意",撇开字形以语言本身为研究对象,导词源学专门研究之先路。《释名》的失误在于没有区别原始词汇和派生词汇,因为原始词汇的意义结合具有任意性特点,是不可论证的。到了宋代王圣美的"右文说",着眼于形声字的声符来讨论语源问题,即所谓"凡字,其类在左,其义在右"。通过探讨形声字的音义关系——即推求同声符字的共同义素——来实现,而不顾词的语音形式,又使语源研究受到了字形的束缚,范围受到局限。王安石的《字说》更是推到极致,主张字的各个组成部分都有意义。他任意牵合语音上的联系,或者扩大会意字的范围,把许多形声字都当成了会意字,以偏概全,既不能解释其他结构关系的形声字,更不能解释非形声字。陆佃是王安石的学生,他的《埤雅》受《字说》影响甚大,依据汉字楷书形体释义,牵强附会者俯拾皆是。宋人从字形出发的声训,使释名工作走了一段弯路。李时珍所处的明代,正是受到了宋人"形训"的深刻影响。《本草纲目》引《字说》、《埤雅》甚多,很多释源都来自王、陆。到了清代,由于古音学昌明,学者们才能够突破文字形体的束缚,看到文字背后的语音。清人为声训释词制定了严格的标准:首先限定在同源词的范围之内,只有同源词才有共同的语源义,才有共同的语义特征,才可以在相互训释中显示出被释词隐含的内部形式或语义特征。在语音方面，必须以古音为依据，韵部声纽相同或相近；在词义方面，必须或为同义词，或有种种显著关系的近义词。王念孙说："大抵双声叠韵之字，其义即存乎声，求诸其声则得，求诸文（字）则惑矣。"清人的"因声求义"既不像刘熙"声训"那样泛滥无边，又不像"右文说"那样局限于文字的声旁，从语音上去追寻词与词的音义联系，彻底完成了语源研究中文字学观向语言学观的转变，取得了空前的成就。

李时珍不可能超越于他所处的时代，中国语言学的发展还没有达到能解决如何准确释名这个问题的地步。何况动植物命名的考证历来就是公认的难题。宋人郑樵《通志略·昆虫草木略》中说："夫物之难明者，为其名之难也。名之难明者，谓五方之名既已不同，而古今之言亦自别。"从另一方面说，李时珍注重实地调查，看重民间一些"俗词源"的说法，运用丰富的想象，使其解说生动形象，如"慈姑"、"葡萄"等的解说，仍不失为饶有兴味、富有情趣的语用学材料。

（作者单位：中南民族大学文学与新闻传播学院，江汉大学文学院）

国学动态

《儒藏》精华编首批推出两本分册

原载：国学版（光明日报2007.5.31第9版），本书有删节。

《儒藏》精华编第104册、第281册近日由北京大学出版社正式出版发行。

《儒藏》精华编第104册收入经部四书类学庸之属和论语之属著作5种（其中1种存目），第281册收入出土文献类著作10种，所收文献均为在中国学术思想史上占据重要地位的儒学著作，并分别代表《儒藏》工程对传世文献类古籍和出土文献类古籍的整理状况。

《儒藏》工程由编纂与研究两部分构成，它既要对儒家典籍文献进行全面的整理和编纂，又要对儒家思想文化进行系统的研究和阐释。其编纂部分分为两步进行，先编纂"《儒藏》精华编"，其中将收录中国学术思想史上具有代表性的儒家典籍文献，再编纂"《儒藏》大全本"，其中将尽量收录中国历史上重要的儒家典籍文献，两者均以繁体竖排标点并附有简明校勘记的形式出版，同时制作成便于检索的电子文本。（胡仲平）

国学漫谈

说"文"谈"字"

原载：国学版（光明日报2006.2.21第5版）

任继昉

　　记录语言的书写符号是文字，记录国学典籍的则主要是汉字。文字最早的叫法是"文"，本指彩色交错的现象或图形。《易·系辞下》："物相杂，故曰文。"韩康伯注："刚柔交错，玄黄错杂。""玄"是黑色。《礼记·乐记》："五色成文而不乱。"清代王夫之《读四书大全说·论语·泰伯篇十二》："异色成彩之谓文。"花纹、纹理就是彩色交错的具体表象。《左传·隐公元年》："仲子生而有文在其手。""文"即花纹。因为文字最初是古人模仿各种事物的轮廓而画成的图形，犹如花纹，所以就把它叫作"文"。《左传·昭公元年》："于文，皿虫为蛊。"杜预注："文，字也。"汉代许慎《〈说文解字〉叙》："盖依类象形，故谓之'文'。"唐代张怀瑾《文字论》："察其物形，得其文理，故谓之曰'文'。……日、月、星、辰，天之文也；五岳、四渎，地之文也；城阙、朝仪，人之文也。"刻写文字或刺画花纹图案也可称"文"。《礼记·王制》："东方曰'夷'，被发文身，有不火食者矣。"孔颖达疏："越俗断发文身，以辟（避）蛟龙之害，故刻其肌，以丹青涅之。"在字形上，"文"的甲骨文就像一个叉腿站立而胸背画着花纹的人形。

至于"字",本来也不是指文字,而是指怀孕、生育、哺乳、养育。《易·屯》:"女子贞不字,十年乃字。"虞翻注:"字,妊娠也。"《广雅》:"字、乳,生也。"《诗·大雅·生民》:"诞寘之隘巷,牛羊腓字之。"高亨注:"字,养育,指给他乳吃。"在字形方面,"字"由"宀"+"子"组成,"宀"像房顶,房子里有"子",表示生育、哺育孩子。在字音和字义方面,"字"与"子、籽、滋、孳"等构成一个词族,都与"滋生"有关,而文字的"字"也是由"文"滋生的结果。《〈说文解字〉叙》:"其后形声相益,即谓之'字'。……字者,言孳乳而寖(音浸)多也。"张怀瑾《文字论》:"'文字'者总而为言,若分而为义,则文者祖父,字者子孙。……母子相生,孳乳浸多,因名之为'字'。"正因为"字"是由"文"滋生而来的,所以后来也叫"字",《说文解字》书名的意思就是"说明独体之'文',解析合体之'字'"。

最早将"文字"合用的,是秦代的琅邪台刻石:"维廿八年(公元前218年),皇帝作始。端平法度,万物之纪。……器械一量,同书文字。"《史记·秦始皇本纪》:"一法度衡石丈尺,车同轨,书同文字。"

国学动态

《中华国学研究》创刊

原载:国学版(光明日报2008.11.3第12版),本书有删节。

正值中国人民大学国学院成立三周年之际,由国学院主办的《中华国学研究》杂志推出创刊号。这是新中国成立以来,第一本有正式刊号的,并冠以国学之名,专门以国学为研究内容的学术杂志。它的出版引起了社会各界的广泛关注。

《中华国学研究》全部为繁体字。创刊号上开设了"国学与文化"、"经学研究"、"国史研究"等若干栏目,并刊登了李学勤、傅璇琮、张立文、彭林、陈来、葛兆光等知名学者的学术文章。人大校长纪宝成在发刊词中表示,这本杂志以研究中华民族传统文化为宗旨,举凡经史子集和新出国学资料的研究,都将作为其研究对象。它将尽可能地释放最大数量的国学研究前沿资讯,体现国学研究的主流成果及发展趋势,反映海内外国学研究的最新水准。(学 院)

国学漫谈

考"赖"

原载：国学版（光明日报2008.9.1第12版）

周桂钿

《孟子·告子上》："富岁，子弟多赖；凶岁，子弟多暴。非天之降才尔殊也，其所以陷溺其心者然也。"有的注家，释"赖"为"懒"，二字只差一个竖心的偏旁，可以说"形近而误"。另外，丰收了，粮食多了，衣食无忧，自然不必为肚子操劳，很多人变得"懒"了，似乎也很符合实际。这一说法也被收入现代最权威的词典《辞海》。但是，我仍然觉得，这是值得商榷的。

凶岁与富岁相反，暴与赖也是相反的。懒应该与勤相反。怎么与暴相反呢？暴应该与善相反，怎么与懒相反呢？在《四书集注》中，朱熹注："富岁，丰年也。赖，藉也。丰年衣食饶足，故有所顾藉而为善；凶年衣食不足，故有以陷溺其心而为暴。"富岁，收获多，衣食足，就多行善事。凶岁，收获少，衣食不足，善良的心被埋没了，所以为暴。朱熹的解释，正是暴与善相反。将"赖"解释为"懒"，除此之外，未见其他典籍有这一解释的。在训诂上有没有根据呢？在思想上能不能说通呢？

一、先说训诂

赖，多数典籍中出现的都是在"依赖"这种意义上使用的。此外，还有"赢"的意义。如《国语·齐语》：管仲回答齐桓公时说到商人，"相语以利，相示以赖，相陈以知贾。"注："赖，赢也。"对于商人来说，讨论的是利润的事，展示的是赚钱的本事。赢是正当赚钱。在这里，不可能相互展示"懒"。经商要赢，也不能靠懒。

也有"利"的意义，如《战国策·宋卫·秦攻卫之蒲》："秦攻卫之蒲。胡衍谓樗里疾曰：'公之伐蒲，以为秦乎？以为魏乎？为魏则善，为秦则不赖矣。'"注："姚本：赖，利也。"从"为魏则善，为秦则不赖"来看，为魏与为秦，效果是相反的，一为善，一为不赖。不赖应该就是不善。那么，赖，相当于善。利是有利的意思。善指有好处。赖，利，与善相通。

《吕氏春秋·离俗》："故如石户之农、北人无择、卞随、务光者，其视天下若六合之外，人之所不能察；其视富贵也，苟可得已，则必不之赖。"高注："不之赖，不赖之也。赖，利也，一曰善也。"陈奇猷认为赖与利、厉同音。"赢亦利也。"（参见陈奇猷《吕氏春秋校释》卷十九《离俗》注）高诱认为：赖可以释为利，或者善。

《说文解字》贝部："赖，赢也。""赢，有余贾利也。"赖、赢、利，有相通之处。高诱注与朱熹注，都有"善"字。善与上三字也有相通之处。在训诂上，赖，可以释为赢、利、善。在其他典籍中没有发现"懒"的意思。

二、再说思想

孟子的思想上承《管子》，下启王充。最早应从《管子》一书说起。《管子》曰："仓廪实，民知礼节；衣食足，民知荣辱。"这就是说丰收年景，民知礼节，知荣辱。这都是"善"的表现，而不是懒。

再看王充《论衡·治期篇》的内容。他说："传曰：'仓廪实，民知礼节；衣食足，民知荣辱。'让生于有余，争起于不足。谷足食多，礼义之心生，礼丰义重，平安之基立矣。故饥岁之春，不食亲戚；穰岁之秋，召及四邻。不食亲戚，恶行也；召及四邻，善义也。为善恶之行，不在人质性，在于岁之饥穰。由此言之，礼义之行，在谷足也。"王充虽然没有引孟子的话，同样从《管子》那里得到这一思想。王充的说法与孟子的语言完全一致。孟子说："非天之降才尔殊也，其所以陷溺其心者然也。"王充说："为善恶之行，不在人质性，在于岁之饥穰。"王充讲的"人质性"，就是孟子讲的"天之降才"。他们都认为善恶不是天生的本质，而是物质条件对人性的深刻影响。王充讲，丰收了，"礼义之心生，礼丰义重"，"穰岁之秋，召及四邻。""召及四邻，善义也。"这一切说法，只能解释为"善"。哪有"懒"的影子？王充比孟子说得更明白、更清楚一些，让后人不可能产生什么误解，也无法曲解。其他所有典籍中也没有释"赖"为"懒"的。仅仅以"形近而误"猜测出来，于文字训诂并无实据，于思想流传也无旁证。

国学动态

吐鲁番：历史之门正徐徐开启

原载：国学版（光明日报2007.3.8第9版）

随着新获吐鲁番出土文献校录工作的完成，吐鲁番又一次成为学界关注的焦点。

由北京大学中国古代史研究中心、新疆维吾尔自治区吐鲁番学研究院、中国人民大学国学院三个单位合作组成的"新获吐鲁番出土文献整理小组"，经过一年多的辛勤工作，已初步完成全部新获文书的整理、录文和校对，并编成《新获吐鲁番出土文献》一书约150页的初稿。

这批出土文献约有三四百件，主要包括自1997年以来，特别是2004—2005年度，吐鲁番地区文物局对该地的古墓进行抢救性发掘出土的文书，同时还有一批向社会征集来的新出土文书。参加整理工作的专家们欣喜地发现，这批文献蕴涵着巨大的学术价值。

历史和历史研究总是存在一定的不平衡性，这一点在吐鲁番得到了充分的印证。整理小组组长之一、吐鲁番地区文物局局长李肖感慨地说，在古代，吐鲁番只是蛮荒之地，流放囚徒之所，远离华夏文明，可以说是汉文化海洋中的一个孤岛。而今天，由于其丰富的历史资源，已逐渐成为历史研究的资料中心、学术界关注的焦点。学者们在吐鲁番发现了古代中国的历史,从中国历史上也发现了文化丰富的吐鲁番。

根据目前新获吐鲁番出土文献整理小组的整理情况,这批文书主要集中在阚氏高昌王国时期和唐西州时期。此外,高昌郡、麴氏高昌王国时期亦有所涉及。李肖局长认为,随着研究的不断深入,有的资料为传世文献的记载提供了进一步的佐证,有的为学术研究开辟了新的方向,有的则为一些悬而未决的学术难题提供了确凿的证据。

这次发掘只有一座墓葬出土了阚氏高昌时期的文书,即1997年清理的洋海1号墓,但这些文书却异常丰富。该墓的主人是一个名叫张祖的官人,生前的官职可能是"威神(?)城主",这在当时应是一个重要的职位。由于他是官人身份,又由于他是一个通经义、会占卜的文人,所以在他的墓中出土了一批富有研究价值的文书和典籍,为我们研究高昌王国时期的早期历史提供了多方面的数据和资料。

在他的墓中出土的官文书主要包括衣物疏、契券和账历等,这些文书为我们呈现了阚氏高昌时期的社会制度和当时人们的物质生活状况。其中出土的一件大约为永康九年、十年所写高昌送使的记录,更为我们提供了当时高昌送往迎来的信息,以及高昌派各城镇计人出马的记录,反映了阚氏高昌的对外交往,为这一时期的东西交流提供了珍贵的数据。而这件文书中保存的一批地名,也可以帮助我们探讨高昌王国早期的城镇设置问题。

在张祖的墓中发现了一件典籍写本残叶,一面写某家的《论语》注,另一面写《孝经义》,都是现已失传的古书。经过整理小组的学者推断,这个写本是以书籍的形制作为陪葬物的,应是张祖生前所读之书。《论语》古注和《孝经义》本身是十分珍贵的佚书,有助于我们理解儒家典籍及其传播的历史。另外,这个墓中还出土了一件关于易杂占的文书,大约有三张纸的篇幅,或许可以填补战国秦汉简帛文献和敦煌文献记载之间的某些空白。这件占卜书的背面,还有关于历日和择吉的文字,年代较早,因此也是十分珍贵的历法史和数术史资料。这组典籍类文献,可以帮助我们理解北凉及阚氏高昌时期学术文化的渊源,特别是与南、北朝文化的联系。

新出吐鲁番文书中有大量属于唐朝西州官府各级衙门的官文书,内容涉及官制、田制、赋役制、兵制等方面;从社会的角度来观察,则是研究官员生活、百姓负担、日常生活等社会史的材料。其中有一些与此前发表的吐鲁番文书有所不同的材料,如巴达木113号墓出土了此前从来没有见过的一种文书(04TBM113:6-1),登记高昌县思(?)恩寺三个僧人的僧名、法龄、俗家出身、剃度年份、至今年数及诵经名数。根据学者的研究，这件文书应当是《唐龙朔二年西州高昌县思恩寺僧籍》的原本，非常珍贵。而且，文书作于唐朝的西州时期，但把僧人出家的时间追溯到高昌国时期，表现了唐西州佛教教团的延续性，以及唐西州官府对于高昌僧尼人口的承认。

李肖局长还向我们介绍了2004年木纳尔102号墓出土的一些文书残片，经过整理小组仔细拼接，获得了唐高宗永徽五年（654）秋天和永徽六年夏天的两组文书，都是西州折冲府低级将官申请让人代替"番上"的牒文，后有长官批文。虽然文书保存文字不多，但其中关键的词汇却让我们得以重新解释唐朝府兵"番上"的内涵，历史得到了重新解读。

此外还有一些实际应用的文献材料，如可能是初唐西州当地学生所写的《千字文》，还有更早的高昌王国时期的《急就篇》写本，可以看出高昌地区习字文本的演变。还有一件学生习字，抄的是隋朝岑德润的《咏鱼》诗和一首佚诗，颇为难得。学者们认为，在西北边陲州郡，连儿童的习字都受到南朝诗歌的影响，充分表明了一个时代的风尚。

吐鲁番出土文物对于历史研究的价值还不仅局限在纸质的文书上，墓葬的形制、出土文物、墓志和墓砖等也为研究提供了丰富的资料。以墓志为例，2004—2005年发掘的交河沟西康家坟院，总共有四十余座墓，其中包括一些鞠氏高昌国时期的墓志。在巴达木和木纳尔墓地的一些墓葬中，也有一些墓志保存下来，这些墓志对于高昌王国的纪年、官制、婚姻、外来移民等方面的研究，都提供了新的资料。

"新获吐鲁番出土文献整理小组"为了使新出土文书尽快公诸于众，以供学界研究，付出了辛勤的劳动，他们的劳动成果《新获吐鲁番出土文献》一书将于年内问世。李肖局长不无自豪地说，吐鲁番地区墓葬丰富，目前我们的考古发掘仅仅是其中非常小的一部分，随着发掘和研究的不断深入，吐鲁番将为我们带来更多的惊喜。相关背景链接吐鲁番地下埋藏着十分丰厚的文化宝藏，由于葬俗和气候特殊，文书、纺织品等有机质的文物容易保存下来，从而为研究古代历史保留了很多珍贵的资料。早在一百多年前人们就开始了对它的发掘和探索。19世纪末至20世纪初，帝国主义列强们纷纷组成探险队，在吐鲁番地区进行找宝探险活动。他们从吐鲁番地区盗走大量古代文书。由于缺乏科学的计划和指导，以及系统的发掘记录，造成的损失也很大。

吐鲁番地区同中原、丝绸之路的联系密切，许多有价值的历史信息只有吐鲁番文书有所保留。在唐代,吐鲁番叫作西州,中央政令在这里的贯彻实行,吐鲁番出土的资料成为我们现在研究唐代前期历史的最直接证据。

从1959年到1975年,考古工作者在吐鲁番先后进行了十三次科学发掘。1975年,"吐鲁番出土文书整理小组"成立,以武汉大学唐长孺教授为首的全国专家学者对这批文书展开了及时的整理和研究,并于1981年起将整理成果——《吐鲁番出土文书》十卷本的录文本和大四卷本的图板本陆续出版。这次的发掘和整理工作比较科学系统,奠定了吐鲁番学在中国的坚实基础,吐鲁番学研究也进入了一个新的阶段。(李蕾)

第四单元 圣贤气象

▌國學漫谈
国学大师与学位
鲁迅的笔名与《周易》
那"一园花树 满屋山川"——台北素书楼登临记

▌國學讲演厅
宋明学案：为往圣继绝学
从名士风度到圣贤气象

▌國學茶座
国学家的精神世界——对章太炎与"《苏报》案"的再认识
"恪"字究竟怎么读

国学漫谈

国学大师与学位

张三夕 桑大鹏

（原载：国学版（光明日报2007.4.5第9版））

  1905年，科举制度被废除以后，中国出现了一大批学贯中西而最终仍然回归并认同本国文化精神的国学大师。他们先是求学于中国，大量阅读传统文化典籍，后又远渡重洋，广泛深入地研读西学。他们对科举制取消之后纯粹标举知识修养的西方学位制，态度各不相同，产生了以下几种情形。

  第一种是遍游欧美，深研各门学科，获得许多博士学位，身上挂满了博士头衔。这种情况以胡适为代表。胡适1910年通过艰苦的准备，一路过关斩将，通过考试获得了美国用庚子赔款余额设立的庚子赔款奖学金，前往美国康奈尔大学求学。他先是学农，后又辗转于哥伦比亚大学等美洲各高校之间，如饥似渴地钻研西方近现代哲学、文学与科学，到1917年学成归国。胡适通过哥伦比亚大学博士论文答辩，到1927年哥伦比亚大学授予胡适哲学博士学位，前后相隔十年，其间外界有很多的议论或猜测。如果从胡适1910年开始准备留学算起，到他获得第一个博士学位，前后花了长达十七年时间，可谓在西方求学位道路漫长。这从另一个侧面也反映出在西方某些名牌大学要想获得博士学位实属不易。

不过，胡适一旦具有博士头衔，加上他自己的聪明勤学以及特殊的政治身份，此后却一路鸿运高照，种种博士头衔纷至沓来。在1935年至1959年间，胡适共获得了35个博士学位，授予其博士学位的学校遍及美、英、加拿大和中国香港。其中美国31个，加拿大2个，英国1个，中国香港1个；若按学科分，则法学27个，文学7个，人文学1个。当然，其中不少是"荣誉博士"头衔。

更有甚者，胡适还放弃了许多次获荣誉博士学位的机会，大约身上的学位太多，已没有心情搭理，或者说多一个博士学位少一个博士学位对于他来说已经没有什么意义。这种事主要发生在他任驻美大使期间。1940年3月21日，他给夫人江冬秀的信中说："去年得了2个荣誉博士学位，因病辞了3个。"1941年1月21日，美国就任总统举行就职典礼，邀请中国驻美大使参加授勋，胡适未去，又舍掉了一个博士头衔。此外，胡适留美的第一个学校康奈尔大学，曾打算授予胡适荣誉博士学位，因该校校史上未有先例，胡适不愿"破例"，又抛掉了一顶博士桂冠。

第二种是在中西学术领域尽情涉猎，学术兴趣广，但同时于其中深钻一两门，并取得相应学位，博而专精，知识结构合理。不少国学大师走的就是这条路子。

中国现代著名哲学家冯友兰先生对于哲学似有一种与生俱来的独到领悟。1915年考上北京大学文科中国哲学门后，经过勤奋学习，又于1919年12月考取了河南省官费出国留学，到美国哥伦比亚大学的研究院深造。在美国，冯友兰系统地接触到了西方大哲学家的原著，柏拉图、亚里士多德、笛卡尔、培根、斯宾诺莎、柏格森、叔本华、皮尔士、詹姆士、杜威等等，一大串西方哲学家的名字，一大堆西方哲学的概念，不同的流派、范畴接踵而至，给冯友兰以强烈的冲击。东西方的众多哲学流派，冯友兰几乎无所不窥，营建起一种广博而渊深的知识结构。

1923年夏，冯友兰的博士毕业论文答辩在杜威教授等人的主持下获得通过，取得了哥伦比亚大学哲学博士学位。而冯先生的学术思想却不仅仅限于哲学本身，他在1921年哥伦比亚大学哲学会议上提出"中国为什么没有科学"的问题，后来被转换成了著名的"李约瑟难题"。《中国科学技术史》的首席作者李约瑟提出，无论是在以前的千余年，还是在近五百年，中国的科学技术事实上一点也没有退步，一直在缓慢而稳步地前进，而西方在经历了几乎没有任何科技上的建树的黑暗中世纪之后，却因文艺复兴引发了科技大革命。由此李约瑟问道：何以这种科学革命不在中国或印度发生而是在西方发生？冯氏命题触动了李约瑟并因此而引起了全世界的沉思，其余波一直影响到上个世纪80年代发生于中国国内的文化反思热潮。其40年代的"贞元六书"（《新理学》、《新事论》、《新世训》、《新原人》、《新原道》、《新知言》）沿着"中国为什么没有科学"的逻辑理路一路前行，对国民灵魂进行更深入的探索，建立了独具个性的新理学体系，其哲学劳作的身影已化入了民族的精神世界，因此，冯先生这一博士学位上凝聚的是一种理性的深邃与文化的良知。

第三种情况是广采博纳，博大精深，学究天人，但却无意于学位的获取，成为没有学位的大师，这种情况以陈寅恪先生为代表。

陈寅恪，湖南巡抚陈宝箴之孙，大诗人陈散原老人之哲嗣，曾留学美、日、德、法、瑞等国，精通梵文、西藏文、巴利文、英、法、德文，主治魏晋南北朝隋唐史，佛经之比较研究。

陈寅恪先生的正规学历是淞吴复旦公学毕业，那时的复旦公学还不能算作正规大学，也不授予学位。陈先生自己认为，该校相当于高中程度。1909年他从复旦公学毕业后，考入德国柏林大学，1911年转入瑞士苏黎世大学，后又入法国巴黎大学，不久因第一次世界大战爆发而回国。1918年再度出国，先赴美国哈佛大学，1921年又赴德国柏林大学研究院，1925年归国后就任于清华大学国学研究院，成为清华国学院四大导师（王国维、梁启超、陈寅恪、赵元任）之一，被誉为"教授的教授"。

据记载：陈先生的侄子陈封雄曾问他："您在国外留学十几年，为什么没有得个博士学位？"陈先生回答："考博士并不难，但两三年内被一个专题束缚住，就没有时间学其他知识了。只要能学到知识，有无学位并不重要。"后来，陈封雄向自己的姑父俞大维提起此事，俞大维说："寅恪的想法是对的，所以是大学问家。我在哈佛得了博士学位，但我的学问不如他。"

陈先生在自己扎实的旧学根底上遍游欧美深研西学，其学渊深海阔，深不可测，他以《唐代政治史述论稿》、《隋唐制度渊源略论稿》、《元白诗笺证稿》、《柳如是别传》以及关于梵、藏、巴利文之研究成果等论著炳彪于学术史，成为没有学位的大师。

国学动态

《诸子学刊》推出创刊号

原载：国学版（光明日报2008.1.21第12版），本书有删节。

　　由华东师范大学先秦诸子研究中心主办的《诸子学刊》，于近日创刊。该刊聘请知名学者王叔岷（台湾）、任继愈、陈奇猷、饶宗颐（香港）等为顾问，李学勤先生为名誉主编。《诸子学刊》横跨文史哲等学科，旨在繁荣诸子学研究，为海内外广大学人相互交流、取长补短构建一方学术平台。

　　诸子学一直是国学研究中不可或缺的组成部分。诸子百家的思想在相互碰撞中交织融会，为整个中华文明的发展和兴盛奠定了坚实的基础。历代有关诸子学的著作亦可谓卷帙繁浩。近代以来，新文献的出土及西方理论的引入，为诸子学的发展注入了新鲜血液，也提供了多维的研究视角。同时，由于国际上汉学研究的兴盛，诸子学也随之成为海外学人关注的热点。然而，当下诸子学的研究成果虽则层出不穷，却始终缺乏一个集中而广阔的交流平台，《诸子学刊》的创办填补了这一空白。

　　《诸子学刊》第一辑汇集了目前国内外众多名家新作，研究重点也各有侧重。内容有依据新出土文献对诸子著作进行阐释、先秦诸子的籍贯考证、对诸子义理加以诠释等、历代学者对诸子学的批判和继承以及新书评论等。

国学漫谈

鲁迅的笔名与《周易》

原载：国学版（光明日报2007.11.22第9版）

赵献涛

鲁迅，在有些读者或学者的接受视野里，是一个激进的反传统文化的人物；其实，鲁迅思想的肖像不是一句"反传统主义"就可以勾勒出来的。

鲁迅曾经自我陈述，他是读过十三经的，《周易》是十三经之一。鲁迅的部分笔名与《周易》有着内在而深刻的联系，我们分析鲁迅的笔名就会知道鲁迅是如何巧妙地吸收《周易》文化、默默承载并传承着国学精华的。

"乐贲"是鲁迅曾用笔名之一，鲁迅署此笔名发表的文章是《"日本研究"之外》与《介绍德国作家版画展》。"贲"（bì闭）是《周易》其中一卦名，由"离下艮上"组成，是装饰、文饰之意。《周易》曰：

《贲》：亨。小利有攸往。《彖》曰：《贲》亨，柔来而文刚，故"亨"。分，刚上而文柔，故"小利有攸往"。刚柔交错，天文也。文明以止，人文也。观乎天文以察时变，观乎人文以化成天下。 周振甫先生的说明是：

《贲》卦指装饰、文饰。从爻辞看，写对偶婚……《彖传》扩大了卦爻辞的意义，认为《贲》卦是刚柔交错的天文，文明以止的人文，是观天

文以察时变，观人文以化成天下。（周振甫译注《周易译注》）

至此，我们明白了"贲"的含义，而鲁迅正是在此意义上使用"贲"这一卦名的。"乐贲"之"乐"即快乐，合而观之，是对文饰或"人文"快乐的意思。这一笔名的意思与鲁迅署此笔名的两篇文章的内容是息息相通的。

《"日本研究"之外》与《介绍德国作家版画展》所涉及的内容都与中国传统意义上的"人文"相关。前篇关乎中国出版界，后篇关乎版画艺术。在《"日本研究"之外》一文里，鲁迅愤慨于中国人的日本研究的论文和小册子，"是中国人大偷其日本人的研究日本的文章了"，为此提倡不仅要研究外国，"尤其是应该研究自己"；最后告诫国人，"我们也无须再看什么亡国史了"，"我们应该看现代的兴国史，现代的新国的历史，这里面所指示的是战叫，是活路，不是亡国奴的悲叹和号咷！""观乎人文以化成天下"的精神在鲁迅此文里得到了继承和发扬。《介绍德国作家版画展》是对具体的德国创作版画展览会的介绍，"其版类有木，有石，有铜。其作家都是现代德国的，或寓居德国的各国的名手，有许多还是已经跨进美术史里去了的人们"，展览会上的版画"和翻印的画片，简直是天渊之别，是很值得美术学生和爱好美术者的研究的"。版画艺术，鲁迅一直对之比较喜爱，并积极绍介和组织相关活动以推动中国版画艺术的复兴。版画正是"人文"之一种，鲁迅对它的喜爱正好与"乐贲"的字面意义（乐于文饰）吻合。在"乐贲"这一笔名里，不仅寄托着鲁迅对具有装饰性的版画艺术的钟爱，而且同样寄予着鲁迅以艺术革新社会的抱负。鲁迅对宏观的"人文"——出版界和对具体的"人文"艺术——版画予以高度的关注，与化成天下、改造社会的精神紧密联系，与《周易》中《象》对"贲"卦的发挥和阐释遥相呼应。

鲁迅"乐贲"的笔名，来源于《周易》的"贲"卦，是鲁迅对"贲"的装饰、文饰意义的借用，恰当地表达了鲁迅对装饰性艺术自幼便喜爱、至年老而不衰减的钟爱之情；同样，"乐贲"的笔名寄予了鲁迅对《象传》对"贲"卦所阐释的"观乎人文以化成天下"的伟大精神的继承和发扬，表达了鲁迅乐于致力于"人文"，从而化成天下、推动社会进步的崇高精神。

鲁迅"元艮"这一笔名也有着鲁迅阅读《周易》的文化背景。"艮"

本为《周易》六十四卦之一，"元艮"这一词汇的创造同样是受到《周易》语言的启发。在《周易》中，在乾卦、坤卦和屯卦里都有"元亨"一词，"元亨"是"大通顺"的意思，"元"即"大"之意。鲁迅笔名"元艮"的创造与《周易》有一定的实质性的联系。

"元"是"大"之意，"艮"是什么意思呢？我们看看《周易》的艮卦。艮读为gèn，去声，由"艮下艮上"构成。《周易》曰：《艮》：艮其背，不获其身，行其庭，不见其人，无咎。《彖》曰：《艮》，止也。时止则止，时行则行，动静不失其时，其道光明。艮其止，止其所也。上下敌应，不相与也。是以不获其身，行其庭，不见其人，无咎也。《象》曰：兼山，《艮》。君子以思不出其位。周振甫先生的说明为：

《艮》卦艮下艮上，山下山上，山是止，即止而又止。艮又是注视，艮上艮下，即加强注意。

"艮"有"注意"和"止"两层意义。由此推论，"元艮"即"大注意"和"大止"的意思。

"艮"的注意的意义体现在上面引用的卦辞中，意思是说，不要拘泥于局部，而要统观整体。"艮"的这层意蕴与鲁迅对施蛰存的批评异曲同工。施蛰存提倡青年去《庄子》和《文选》里找词汇，恰恰是一种只知道局部而不顾及整体的论点。鲁迅与施蛰存的思考方式相反，他是读过古书、得益于古书但也深深知道古书毒害的人，正如进过监狱而知道监狱真相的一样；沾染了牢狱气的人是可以说牢狱的坏话的，读过古书的人也可以说古书的危害。鲁迅完全是从整体的角度考察读古书对社会及青年的危害，不拘泥于细枝末节。所以，以"元艮"为笔名，是与《反刍》一文的内容紧密联系的，较好地表达了鲁迅对施蛰存的批评和否定：不可只注意于古书局部的词汇语言而忽略古书整体思想内容的危险。施蛰存是太过于注意局部问题了。

"艮"的"止"的意义体现在《彖》的内容上，如上所引。"元艮"这一笔名含蓄地表明，施蛰存式的言论大可以停止了。"'五四'运动的时候，保护文言者是说凡做白话文的都会做文言文，所以古文也得读。现在保护古书者是说反对古书的也在看古书，做文言——可见主张的可笑。永远反刍，自己却不会呕吐，大约真是读透了《庄子》了。"主张既然可笑，就应该停止了吧！鲁迅以"元艮"的笔名暗示了自己的态度，婉转、含蓄地传递着自己的立场。

鲁迅"丰之余"的笔名的由来,同样蕴涵着鲁迅对《周易》的理解和接受。不再赘述。

鲁迅,以其独到而精微的意识化用着《周易》的文化蕴涵,传承着国学的精华。在今天大力提倡国学的时候,在一个又一个国学大师被重新认识和学习的时候,鲁迅,作为国学大师的一面,依然被遮蔽着,还缺少足够的理解和挖掘。鲁迅,寂寞的国学大师。

国学动态

海洋贝瓷工艺盘上雕刻"孔子"像

原载:国学版(光明日报2007.4.5第9版)

地处渤海岸边的山东无棣县,在102公里海岸线上拥有两条目前世界上罕见的贝壳砂带。近几年,该县科技人员利用贝壳砂制成高档日用瓷器,以"薄如纸、白如玉、声如磬"的独特优点,荣获国家技术发明二等奖和国际展览会金奖。为表达对孔子这位文化圣人的敬佩之情,该县雕刻师利用传统的手工雕瓷技术,在海洋贝瓷工艺盘上雕刻出栩栩如生的"孔子"像。向人们传递友谊、和平、积极进取的精神,以及人与自然和谐相处的美好愿望。(吴书华 李 政)

国学动态

孔子铜像在中国政法大学落成

原载:国学版(光明日报2009.4.20第12版),本书有删节。

近日,高达数米的孔子铜像正式落成于中国政法大学文渊阁前。该铜像由香港孔教学院汤恩佳先生向中国政法大学国际儒学院捐赠。剪彩仪式上,中国政法大学校长黄进指出,孔子是中国伟大的思想家、教育家,儒家思想是中华民族传统文化的精彩部分。孔子在为人、为学、为政、为教方面都取得了光辉的成就,"己所不欲,勿施于人"、"三人行必有我师焉"等都体现了孔子的思想。孔子圣像在法大的落成,不仅优化了法大的学校环境,有利于构建和谐校园,也使师生们能够仰慕圣像,缅怀孔子,弘扬中华传统文化的精华,为法大学生提高精神境界、人文素质提供了机会。(柳 霞)

國學漫談

那"一園花樹" 滿屋"山川"
——台北素書樓登臨記

钱婉约

原载：国学版（光明日报2007.3.8第9版）

　　从台湾回北京已有几个月了，心里却时常惦记一桩事：台北士林区外双溪临溪路72号钱宾四故居素书楼的枫树到底怎么样了？在今冬的寒气中，它还能像往年那样擎起如火焰般灿烂的一方云霞吗？

　　这是我第一次去台湾，因而也是第一次拜登素书楼。去台湾是参加一个学术研讨会，主人得知我是第一次到台湾，就热心地与纪念馆联系，做出安排，由纪念馆的负责人开车来接我和同时参加会议的三叔去拜谒祖父的故居。

　　素书楼位于阳明山下，紧邻东吴大学，作为祖父生前最后二十多年生活、讲学的居所，通过祖父的书籍、祖母的讲述，通过父辈们几次亲临带回来的照片，我对于这个依山临溪的小楼以及楼前的庭院，可谓神交已久。这座两层小楼由祖母亲手绘制蓝图而建，因祖父怀念曾祖母纪念无锡故居素书堂而命名，楼前庭院的一砖一石、一草一木都是主人入住后，亲手营建种植，悉心浇灌培育的，经年累月，素书楼渐渐成为一个松、竹挺立，枫、梅横斜，还有绿草茵茵、杜鹃竞艳的小型园林。

　　去年11月12日的台北正赶上降温，风很大，天色也阴沉着。车在故居大门前停下，就看到那挂着祖父手迹"素书楼"三字的熟悉的大红门呈现眼前。我就仿佛看到祖父右手驻杖，左手手执烟斗，站立在门前微笑着气定神闲的样子。祖父曾有诗句写素书楼："一园花树，满屋山川，无得无失，只此自然。"他曾在这里给学生讲课，接待来访宾客，我仿佛又听到他那带着浓重乡音的慷慨激越或娓娓而谈。在这里，一群民族文化的有志之士们曾经怀着"志于道，据于德，依于仁，游于艺"的古训，博文约礼，出入经史，关怀于天人之际，叩问于古今之变。于是乎，屋室虽小，却满眼山川，琴瑟悠扬，往昔与当下，自然与人文便融为一体。一园花树中，要算松、竹最与主人贴近，那些弟子们为祖父在园中拍下的照片，特别是那两帧站立在修竹下，端坐在古松旁的照片，也成为我心中祖父品格与素书楼风骨交相融合的永恒形象。

我们进入大红门，左侧是一条斜坡小道，拾石级而上，两旁是枫树夹道，祖母或许是更爱那枫树的，她曾经写道：

"台湾气候不寒，所以秋天枫叶不红。有一年，寒流早临，又迟迟未去。枫树上的叶子尚未落尽，一时都变红了，颜色鲜艳，令人陶醉。我初见真觉满心欢喜，离开了大陆二十多年，这是我第二次再见红叶，更何况它长在我们自己的园中，那份欣喜岂是这支笔所能道尽的……"

原来，松竹可以常青，大陆台湾无异，而枫叶尽染霜重红透，却并非南国宝岛所能常见，所以，那张祖父母站立在红枫下欣喜于色的照片，给人印象就更深，这是红枫牵动了家国羁旅的情怀，同时也慰藉了千里之外游子心的写照。

一边想着曾经的红枫，一边抬头望去，却见两旁枫树的枝叶显得稀稀疏疏，靠近门口的几株更是树干枯黄，没有枝叶，陪同我们参观的故居管理处主任刘女士告诉说：这几年枫树得病了，有几棵有枯死的危险，我们给它们打了针，施了药，要尽力挽救它们。站在二楼的楼廊上，又看到窗下草坪前方的一棵松树，一树的松针虽还挂在树枝上，却已成了死寂的灰褐色，刘女士说，这是招了虫害。环顾庭院，忽觉松、枫憔悴，修竹强名，惟松下、竹下主人坐过的石凳还在，让人怦然遥想当年……

我们在刘女士的陪同下，参观了小楼的上上下下。一楼的书房里，书桌上空空如也，桌后顶天立地的书架中，只有小部分架子中疏朗地放着一些新书，像一个正在搬家的居室。二楼卧室旁边一小间，则是完全空着，一无陈设与说明，后来听祖母说：那原来其实是我们的书库。

故居路前仅几十米处，正在兴建一个高楼，据说将是东吴大学的艺术馆。素书楼二楼的楼廊特为观景赏月而设计，是主人当年眺望园景、休息闲话的地方。以前读祖母的《楼廊闲话》一书，心里就无数遍地构想过这样的情景：多少个暖阳里的冬晨，明月中的夏夜，还有细雨霏霏的春日，鸣虫啾啾的秋暮，素书楼主人双双倚靠在楼廊的藤椅上，骋怀游目，风光、景物、历史、人文，便都在喁喁低语中成为一篇篇谈古说今、即物抒怀的"楼廊闲话"。我到来这里，不免也在廊上小坐，缅怀当年情景，可眼前却是一片高高的脚手架和隆隆的机器声。想到将来高楼建成，又将是怎样的景象和感受呢？

离开素书楼后，我们去祖父生前最后的居所，也是祖母现在的住地看望祖母。知道我们刚从素书楼来，她自然要问起那里的一切，花花草草，甚至书桌长椅。而没待我们回答，她随即自语道：

"那斜坡两旁原有上千株的杜鹃，盛开时那漂亮，现在没有了吧？……我已经几年没有回去了，不能回去……"

我感到她省略了下面三个字："太伤感"。我也就没忍心再告诉她枫树的生病、松针的变色。是的，植物也是有感情的，它可以感知主人的殷切和真情，物换人移，那些纤弱的生命，岂能一无变化？

我想对祖母说：素书楼成为纪念馆，有专门机构和人员管理，已然是幸事。留得青山在，那些花草纵使一时枯萎，今后应该还会有人来像你们当年那样悉心栽培、经营庭院的。

国学讲演厅

宋明学案：为往圣继绝学

陈来

原载：国学版（光明日报2007.7.3第12版）

如果没有范仲淹这样的人物出现，没有这种道德精神出现，那宋明理学的出现应该说是没有前提的，也就是没有可能的。

通过对佛教、道教的学习，然后找到一个"他者"，这个"他者"给他提供一些思想的营养，也让他看清了这些思想的一些特性。

有人讲，宋明理学宋儒讲"格物致知"、"正心诚意"，讲"存天理、灭人欲"，是讲给老百姓听的，是用来控制老百姓的思想，这个是不对的。

时间：2007年6月27日
地点：湖南大学岳麓书院

演讲人简介：陈来，哲学博士，北京大学哲学系教授。1952年生于北京，祖籍浙江温州。现任湖南大学岳麓书院国学研究基地兼职教授，北京大学儒学研究中心主任、北京大学哲学系学术委员会主任，并在清华大学、武汉大学、湖南大学、香港科技大学等校兼任教授，教育部社会科学委员会委员。主要研究方向为儒家哲学、宋元明清理学。著有：《朱熹哲学研究》、《朱子书信编年考证》、《有无之境——王阳明哲学的精神》、《宋明理学》、《古代思想文化的世界》、《中国近世思想史研究》、《诠释与重建——王船山的哲学精神》等。

今天讲会的题目是"宋明学案"。学案就是录载学术的传承、发展、演变，"宋明学案"就是把我们国学的宋元明这个时代的国学的主要形态和发展做一个大概的介绍。这里"宋明学案"的学是指儒学，而儒学在宋明时期是以理学为主，其中又包含各个派别。我们今天讲的这个"宋明学案"，是要从"宋明理学"来看看国学的发展在这个时期有什么特色和它的发展演变。

一、宋明理学的起源

理学发端于11世纪，但是发展的苗头可以追溯到中唐时期以韩愈为代表的早期儒学复兴运动。韩愈的儒学复兴运动有一个明确的背景，排佛。大家可能都记得几年前曾经发生过的一个重要的文化事件，法门寺的佛指舍利被迎到香港、台湾，当时凤凰卫视做了全程实况转播，特别是台湾地区的行程，受到上百万人的欢迎，后来这个佛指舍利又到泰国。懂一点历史的就知道，这个佛指舍利正是和韩愈有关，这个佛指舍利在唐宪宗的时候曾要把它迎到宫中做一个短期的供奉，结果被韩愈知道了，韩愈写了一个《谏迎佛骨表》，劝诫皇帝不要这么做，不要迎这个佛骨到宫里面来。韩愈认为佛教的进入，让人们不知君臣之义、父子之情，佛教的教义和它的僧侣实践违背了中国传统社会的纲常伦理，因此任由其发展就会破坏这个社会的伦理秩序，使社会无法维持。所以韩愈非常有先见之明地把《大学》提出来，高举《大学》旗帜，用修身、齐家、治国、平天下的理想来打击和压制标举出世主义的佛教，通过这种方式扩大儒学影响，开始了儒学复兴运动。

还有一个人是我们必须提及的，范仲淹。从唐代末期到北宋，中小地主和自耕农为主的经济形态出现，他们的子弟通过科举进入到国家政权队伍里面，成为士大夫的主体，成为儒学学者的主体，这成为这个时代的特色。因此这种社会出身的知识人，在伦理观念、文化态度和思想倾向方面，跟中唐以前、魏晋时代，尤其士族出身的知识分子的想法大异其趣。范仲淹两岁时父亲死了，困穷苦学。这样的经历在北宋理学很多重要人物的身上都可以看到。冬天学习困了的时候，用冷水洗面来刺激精神，没什么吃的就喝很稀的稀粥。范仲淹不仅有很多讲学的成就，更是代表北宋前期儒家知识群体的精神人格，他提倡"先天下之忧而忧，后天下之乐而乐"、"每感论天下事，时至泣下"，关心国家大事，以国家大事、以民生为己任的那种情怀，可以说感染了当时一代知识分子，"一时士大夫

矫厉尚风节,自仲淹倡之",这影响了士大夫风气的变化,也可以说代表了当时北宋儒家人格的发展方向。如果没有范仲淹这样的人物出现,没有这种道德精神出现,那宋明理学的出现应该说是没有前提的,也就是没有可能的。讨论理学,按照《宋元学案》的讲法,得从宋初三先生胡瑗、孙复、石介讲起,而其中两位重要人物,一个是胡瑗,一个是孙复,都是由于范仲淹的亲自推荐才得以在朝中做官,才得以从事讲学事业。

二、宋明理学的真正发端

我们先把这个发端追溯到周敦颐。因为周敦颐做过二程的老师,二程又是北宋道学真正的建立和创立者。周敦颐号濂溪、字茂叔,湖南道县人。二程在回忆跟周敦颐学习时是这样讲的:"昔受学于周茂叔,每令寻仲尼、颜子乐处,所乐何事。"就是说孔子跟他的弟子颜回他们即使很贫困地生活,在颠沛流离中也保持了一种精神快乐,"所乐何事,所乐何处?"这就是周敦颐让二程兄弟经常寻求的问题。兄弟两个就开始琢磨这个问题,当时有没有琢磨通我们不知道,但是这个问题对他们后来的发展很有影响。"寻孔颜乐处"后来变成整个宋明理学一个内在的主题。

理学发端的第二位,我们来看张载。张载号横渠。张载对《易经》、《易传》,特别是对《系辞传》的解释发展出一种气本论的哲学,特别讲"太虚即气"。为什么"太虚即气"在这个时候要被强调起来呢?我们知道宋明理学最初的动机是对佛道哲学,特别是对佛教挑战的一种回应。佛教讲"空",有的时候也用"虚"这个概念,道教里边更多地讲"虚"、"无",从魏晋到隋唐,佛教、道教的思想影响很大。张载为了反对佛老的这种虚无主义,首先建立了一个以"气"作为主要载体的实在主义的本体论,回应佛道本体论的挑战。

需要指出的是,张载和范仲淹也有关系。他21岁的时候去见范仲淹。史书讲范仲淹"一见知其远器",即一见就知道这个人是有长远大发展的人才。范仲淹对张载说:"吾儒自有名教可乐,何事于兵?"就引导他去学习《中庸》。张载又尽读释老之书,史书说他"累年尽究其说",看了很多年之后他觉得对佛教、道教有点了解了,了解之后"知无所得",知道这里边没什么东西,然后"返而求之六经"。张载这个例子跟我们后面讲的很多理学家的例子是一样的，先有一个"出"，然后再来"入"，这样学问才能够最后坚定地确立起来。他通过对佛教、道教的学习，然后找到一个"他者"，这个"他者"给他提供一些思想的营养，也让他看清了这些思想的一些特性。通过这样的学习，能够帮助他回来重新了解儒家的思想。你直接了解不一定能够真正了解到，所以你需要一个迂回，需要一个"致曲"。

张载还提出很重要的四句话，冯友兰先生把它概括为"横渠四句"，这四句也对后来理学有重要影响，就是："为天地立心，为生民立命，为往圣继绝学，为万世开太平。"这四句话可以说不仅是对宋明的理学家，而且对宋明时代的很多知识分子都起到一种精神激励作用，即使有些人不以理学发展为志业，也都会受到这种思想的感染和激励。现在，大家对横渠四句中的第一、第二、第四"为天地立心，为生民立命，为万世开太平"这三句话都能够肯定，但对于第三句"为往圣继绝学"以及它的现代意义往往有些疑虑。其实这第三句也可以有广义的理解，"为往圣继绝学"这个"圣"字不是仅仅讲孔孟的，那是从尧舜开始的，从华夏三代文明开始的，三代文明的精华沉淀在六经，儒家则始终自觉传承六经代表的中华文明的经典，所以说，"为往圣继绝学"，可以理解为，是要接续、继承、复兴、发扬从尧舜周孔到以后的中国文化的主流传统，所以这里的"学"，所代表的不仅仅是儒家文化的发展，而是我们夏商周三代以来整个中华文明发展的一个主流传统，用今天的话来说，就是努力复兴中华文化。这代表了理学的一种文化的自觉。所以这句话即使在今天看，也是有深刻的文化意义的。

三、理学的建立

理学的建立主要讲二程兄弟。以往学者比较喜欢讲"北宋五子"，"北宋五子"包括我们前面讲过的周敦颐、张载，还有二程、邵雍。其实，"北宋五子"里边的核心是二程。为什么呢？因为"北宋五子"是以二程为联结中心的。周敦颐是二程的老师，张载是二程的表叔，也是讲学的朋友，而邵雍呢，和二程一起居住在洛阳，是一起讲学讨论的同仁，可见二程确实是理学或者道学的建立者。二程中的老大是程颢，号明道，人称明道先生。程颢也是"泛滥于诸家,出入于佛老几十年,返求之六经而后得之"。

关于理学,程颢在思想上有什么发展呢?他活着的时候讲过这样一句话,说"吾学虽有授受,但天理二字是自家体贴出来"。我们知道在中国文化史上,"天理"二字早就出现了。《礼记·乐记》里边讲,"不能返躬,天理灭矣。"这是宋明理学最直接的一个来源。程颢有一个命题,说"天者,理也"。什么意思呢?实际上是他在对以六经为代表的古典儒学进行新的诠释。我们知道,在古典儒学里边,特别在《尚书》里边,它保留了作为神格的天的概念,所以就有"皇天震怒"这样的语句出现。程颢认为,我们如今在《诗经》中看到的那个有人格的"天",我们在《尚书》中看到的那个有人格的"天"并不是真正的有人格的"天",那个"天"其实是"理",是宇宙的普遍法则,这是"天者,理也"真正的思想。所以这样的"天"的概念的确是以前所没有的,理学家们把上古儒学中一些迷信的东西扬弃掉,"理"就被发展、诠释为一个上古时代六经中"天"所具有的最高的本原性的概念,理学体系便从此具有了其真正意义。

史书记载,程颢这人具有一种"温然和平"的气象,对人很有感染力。有的学生跟从程颢学习几个月后感叹,如在"春风和气"中坐了几个月。一般而言理学家跟皇帝关系都不好,而程颢虽也批评皇帝,但是皇帝却很被他感染。神宗本来是很信任王安石的,王安石跟程明道政见不和,可是在程颢见完皇帝临走时,皇帝嘱咐要程颢"可常来求对,欲常相见"。这样的君臣关系是少见的,这就说明了程颢与皇帝的谈话很让皇帝受感染。程颢曾经跟皇帝说,我希望皇上你要常常注意防止自己人欲的萌发。同样的话朱熹也曾对孝宗皇帝说过,但孝宗很不喜欢,可是神宗皇帝听完程颢的话后,却拱手对说:"当为卿戒之。"意为你这样劝我,我当为你来提醒我经常警戒自己。

他的兄弟就不同了。二程中的另一位程颐,号伊川。程颐18岁时到太学求学,当时主教太学的胡瑗出题考学生,题目便是"颜子所好何学"。程颐于是写了一篇《颜子所好何学论》,此文令胡瑗对他刮目相看,于是让程颐参与教学,结果当时有的京中官员就把程颐做老师来对待。程颐也曾参加过科举考试,但是考过几次未中,就放弃了。后来家里有推荐做官的机会他都让给了族人，拒绝接受。所以直到四五十岁依旧是个没有任何出身的布衣。但是50多岁时他一下被提升为皇帝的老师，官衔为崇正殿说书，当时小皇帝即位，大臣都推荐他去给皇帝教书。但是程颐的性格与程颢有所不同，程颢是"温然和平"，而程颐则是"严毅庄重"，对待皇帝、太后都非常严肃，要求给小皇帝讲课时太后应在帘后同听，垂帘听讲而不是垂帘听政。在他以前，给皇帝讲书的官员是站着的，皇帝是坐着的，而他说这不行，一定要让讲官坐着讲，以此培养皇帝尊儒重道之心。此外程颐还提出了很多大胆的建议，不怕因此得罪皇帝、太后，但最后终因得罪人太多而被外派。他非常严谨，生活上也是如此，一生谨守礼训。晚年有学生问他："先生谨于礼四五十年，应甚劳苦？"意为先生视听言动、待人接物什么都是按礼来做，是不是太辛苦了？程颐答："吾日履安地，何劳何苦？"意为我按着礼行事使我每日就像踏在安全的平地上，有什么辛苦的，如果你不按着礼行事，那便使你每天都处于危险的地方，那才辛苦。

如程颢一样，程颐也提出了理学思想中非常重要的一个命题，就是"性即理"。"性"就是指人的本性，这句话跟程颢所提的命题"天即理"在理学中具有同样重要的地位，都是非常核心的命题。以前学者讲人性有讲人性善、人性恶、人性无善无恶、人性三品等等，到北宋时如王安石也是受到人无善无恶的影响。程颢是用"理"来规定、界定天的概念，天是最高的本体。程颐则用"理"来规定、来解释人的本性。

四、理学的发展

宋明理学的发展，其最核心的人物，最简单的讲法就是程朱陆王了，前面讲了二程的阶段，后面就讲讲朱和王。

同许多宋代知识分子一样，朱熹也是出入佛老、泛滥百家，然后返求诸六经。前人说他"致广大，尽精微，综罗百代"，他既吸收了二程的思想，还吸收了周敦颐、邵雍、张载的思想，扬弃了佛道的哲学，通过对《四书》的不断地、终身地、死而后已地注释，建立了自己的理学体系。在他的体系中，提出了关于"格物致知"的一套系统的理论解释。《大学》的"八条目"里面最基础的就是"格物"，格物才能致知，致知才能正心诚意。可是，什么是格物呢？汉人的解释很不清楚，把"格"解释为"来"。朱熹就通过解释发展二程思想，把"格物致知"解释为"即物穷理"。"即物"，就是不能离开事事物物；穷理就是要研究了解事物的道理。

朱熹讲"格物致知"，最早是讲给皇帝听的。他34岁的时候，孝宗继位之后召见了他。他就给孝宗讲了"格物致知"，说帝王之学，必须要先"格物致知"。第二年，他又去见皇帝时说，大学之道，即"格物致知"。皇上没有做到"即物穷理"，没有做到"即事观理"，所以就没有收到治国平天下的效果。可见理学提出"格物致知"这些理论，不是用来约束老百姓的，首先是针对帝王之学的。朱熹要给皇上讲治国平天下的道理，而孝宗皇帝是不喜欢别人批评的，所以他对朱熹的两次奏对都不是很高兴。又过了十几年，朱熹在白鹿洞书院讲学，因为全国大旱，皇帝就召集学者多提批评意见。朱熹又写信上谏了，讲"天理人欲"、"正心诚意"，说皇上不能"格物穷理"，所以只能亲近一些小人，没有国法纲纪，不能治国平天下。皇上听了很生气。到了朱熹晚年的时候，他又入都奏事，走到浙江时，就有人对他说，你喜欢讲"正心诚意"，但这是皇上最不爱听的，这次你就不要提了。朱熹很严肃地说，我平生所学，就是这四个字，怎么能够欺君呢？他见到皇帝的时候，还是批评了皇帝，说皇帝内心里面"天理有所未存"，"人欲有所未尽"。有人讲，宋明理学宋儒讲"格物致知"、"正心诚意"，讲"存天理、灭人欲"，是讲给老百姓听的，是用来控制老百姓的思想，这个是不对的。我们看朱熹的经历，他一开始就是讲给皇帝听的，是向承担各级职务的知识分子来宣讲的。我们知道，古代对皇帝、士大夫阶层没有一个十分健全的监察监督机制，所以需要用道德的警戒、道德的修养来提醒、规诫、劝导他们，朱熹就用《大学》、《中庸》的思想来为所有的官员、士大夫确立规范。不仅仅是规范，他同时也指出一条怎样发展自己的宗旨。一个士大夫，怎么培养、发展自己，包括从科举考试开始，包括成功或者不成功，或者进入到国家的官僚事物里面，要有一个宗旨。这个为学的宗旨，就包含学习知识和发展德性两个方面。我们也可以把朱熹的思想概括为两个方面，一方面强调"主敬涵养"，另一方面讲"格物穷理"。这适应了那个时代整个士大夫阶层的思想文化发展的要求。

在朱熹的同时，已经出现了和朱熹思想相抗衡的以陆九渊为代表的心学思想。朱熹讲要通过广泛的学习了解来获得"理"，可是陆九渊认为"理"就在我们的心中，只要返回内心，就可以得到"理"，这种思想经过元代、明代不断地发展，总体来讲，还没有变成很有影响的理论。到了明代中期，新的思想运动兴起，这就是明代中后期有重要影响的心学运动，心学运动的主导人物就是王阳明。而王阳明的思想，是全面继承和发展了陆九渊的思想而来的，所以历史上称为"陆王心学"。然而我们看王阳明的思想发展，不是从读陆九渊的书而来的，而是从读朱熹的书而来的。

王阳明5岁还不会说话，等他会说话后，智力发展很快。因为不会说话的时候，他一直在听他的祖父背诵那些经典，等他说话之后，就一下子成篇成章地把那些经典背诵下来。

王阳明在十五六岁的时候，开始读朱熹的书。朱熹讲格物致知，天下万事万物都要去了解，这样才能做圣人。于是王阳明找到他一个姓钱的朋友，一起来到他父亲官署后的一片竹林里面，打算对竹子进行"格物"。首先是他这位姓钱的朋友格竹子，三天三夜不吃不喝，结果病倒了。王阳明当时认为是他这位朋友力量不够，于是他自己去格，格了七天，结果也病倒了。这是一个真实的故事，王阳明自己曾多次讲到。我们可以看出，王阳明早年是多么信奉朱子的学说。但是，他的方法不是很得当。朱熹并没有让他不吃不喝，坐在那冥思苦想。朱熹的格物方法，可能并不是让人坐七天七夜，而是告诉学者应长期观察事物生长的道理，并把生长的道理与自然界的道理进行比照、结合，由此延伸到人生的道理。显然，青年王阳明太年轻了，不能全面了解朱熹的思想，可朱熹的思想对王阳明的影响还是很大的。一直到中年的时候，王阳明仍旧被这个问题所困惑，这个"理"究竟在哪儿？我们如何才能够格到？在王阳明三十几岁的时候，由于他上书要求制止宦官专权而被贬到贵州龙场做了一个驿丞。王阳明在此处生活困苦，于是他日夜静坐，终于对这个问题有所觉悟。王阳明认为，从前他去格竹子的方法是错的，真正的理是在自己的心里。我们可以看到，王阳明格物的路径是顺着朱熹的路径来的，但他所达到的结论是和陆九渊一样的。这就是著名的"龙场悟道"。

此后，王阳明经常讲学，不断发展自己的思想。在贵州的时候，他就提出了一个口号，叫"知行合一"。何谓"知行合一"呢？真正的"知"，是一定能够行的；真正的"行"，也一定包含了知。到了晚年，王阳明进一步发展他的这个思想，提出了"致良知"。"良知"就是"知"、"致"，就是行，发挥、实践、扩充的意思。这个时候的王阳明认为，格物，就是要在每一件事物上，去把自己的良知发挥出来。

最后，我们做个总结。第一，宋明理学发展的内在理路。宋明理学的发展，首先是气学，用气学面对佛教和道教虚无主义本体论和人生观的挑战，建立一个实体性的哲学。可是仅仅讲"气"还不够，还要了解作为实体的宇宙运行的普遍规律，于是出现了理学。理学是要尽力掌握世界的规律，包括自然的规律和社会、历史、人生的法则。程朱理学把"理"当成最高的本体，把宇宙实体和宇宙规律与儒家伦理的原则结合起来，在道德实践上"理"被强化为外在的、客体性的权威。虽然这个外在的、客体性的权威有其很强的道德范导功能，但对人的主观能动性是有所抑制的。因此，理学的进一步发展，就有了心学。陆九渊、王阳明相信人心就是理的根源，也是道德法则的根源。他们提出"心即是理"，相信自己的内在价值更胜于外在权威，使人的道德主体性进一步发展。所以，从气学到理学，再到心学，宋明理学的发展经历了一个逻辑的内在的展开。第二，宋明理学出现的原因。首先，宋明理学是和社会变迁相伴随的，互为表里。宋明理学与宋代以来的近世平民社会的发展趋势相符合，宋明理学作为近世化的文化形态，可以被看作中世纪精神和近代工业文明的一个中间形态，其精神是突出世俗性、合理性、平民性，它是脱离了中世纪精神、适应了社会变迁的"近世化"过程而产生的。第三，宋明理学与外来文化的挑战有关系。中国本土的主流正统思想对待外来文化，需要经历一个消化、接收和发展的过程，对于佛教的传入，很多理学家都努力建立一个能够吸收其精华的思想体系，于是就有了理学的出现。第四，从总体的文化流变来看，宋明理学的意义更广泛，它不仅是儒家对佛教挑战的回应，同时是儒家对魏晋玄学的挑战的一种回应和消化，而宋明理学更直接面对的是自北宋初期以来的整个中国文化价值重建的时代背景，因为从唐到五代，中国文化的价值遭到了很大破坏，宋初人对五代的风气非常痛恨。在这个意义上，理学的出现，承担了重建价值体系的职能。通过对理论挑战和现实问题的创造性回应，古典儒学通过理学而得以复兴。可以说，宋明理学对汉代以后整个中国文化的发展有一个新的反省,并通过这种反省致力于儒学的复兴。从儒家角度来看,汉代以来,作为中国本土主流思想的儒学发展出现了某种中断,宋明理学是先秦儒家学说的复兴,同时也是中国本土主流传统的复兴。宋明理学道统说的意义就在此。

从中古一直到现代,中国文化一直在和各种外来的文化因素的互动场域里面不断发展。儒家文化只有深入探讨作为他者的佛、道思想,才能够反过来深入地认识到自己的优点和缺点,才能掌握自己的发展方向。所以,外来因素并不是儒家发展的障碍,恰恰可能为儒家思想的发展提供一些营养、契机,给儒家认识自己提供更好的参照。自19世纪后期以来,我们面临着新的现代化社会变迁的时代,遇到了更广泛的世界文明的环境,同样也遇到了社会价值的重建的课题等,重新再看宋明理学的产生、建立和发展,也有可能为我们今天提供思想文化上的启发。

国学动态

蔡元培和汤用彤学术讲座在京举行

原载:国学版(光明日报2008.12.8第12版),本书有删节。

由北京大学《儒藏》编纂中心、北京大学中国哲学与文化研究所、中国文化书院、中关村文化发展股份有限公司和第三极书局共同主办的第十一届蔡元培学术讲座和第十二届汤用彤学术讲座近日在北京大学逸夫一楼举行。韩国著名学者、儒林领袖崔根德教授分别就《韩国传统社会的家庭礼俗与现代》、《21世纪儒教的展望与课题》以及《〈论语〉中孔子的经济思想》三个讲题发表了精彩的演讲。他在演讲中认为儒教的人类中心主义哲学,是解决人类终极问题的一种道德和信念体系,我们应该灵活利用儒家思想文化中积极的一面,使之能够适用于目前正处在过渡期和转型期的现代社会。崔根德教授现任韩国成均馆馆长,韩国儒教学术院理事长、院长,韩国儒教学会理事长,并曾经担任第一届国际儒学联合会理事长。(胡仲平)

國學讲演厅

从名士风度到圣贤气象

朱汉民

原载：国学版（光明日报2007.12.20第9版）

到了东汉后期，一种"亦儒亦吏"的社会阶层完全形成。

魏晋名士们总是在所谓"魏阙"与"江湖"之间充满心灵的挣扎与精神的分裂。这一精神境界表现于外就是一种洒落自得、悠然安乐的"圣贤气象"。

中国古代的人生哲学有自己的显著特征，其思想的逻辑起点与最终结论不是人的知识、理性，恰恰是人情。

时间：2007年11月7日
地点：湖南大学岳麓书院明伦堂

演讲人简介：朱汉民，1954年生于湖南省邵阳市。现为湖南大学岳麓书院院长、教授、博士生导师，兼任湖南省社会科学联合会副主席、湖南省政府院士专家咨询委员、教育部历史教学指导委员会委员等职。主要研究方向：中国思想学术史、地域文化。著有：《宋明理学通论》、《湖湘学派史论》、《湘学原道录》、《中华文化通志·智育志》、《儒家人文教育的审思》、《中国学术史》（宋元卷上下）、《宋代〈四书〉学与理学》等。

今天我将和大家一起探讨魏晋和宋明两个时期的人格理想，也就是"名士风度"与"圣贤气象"两种不同类型的人格理想及其内在关联。"名士风度"与"圣贤气象"是士大夫们所追求的两种理想人格类型，它们是魏晋与宋朝两个不同历史时期的产物，故而二者之间有着十分明显的区别：魏晋名士往往是与不拘礼法、率性纵情、风流潇洒、饮酒服药的生活方式联系在一起；而宋明理学家所追求的"圣贤气象"则总是体现出一种忧患民生、兼济天下、恪守礼教、修养心性的人生追求。

其实，这两种理想人格类型均是作为"学者—官僚"的士大夫的精神投射。中国古代丰富的人生哲学、人格理想的学说，说到底均是一种士大夫精神的表达。士大夫是中国古代独特的一种"学者—官僚"的社会阶层，由于既从事社会管理又从事文化创造，故而形成了一种独特的士大夫精神、人格理想。无论是"名士风度"还是"圣贤气象"，其实均体现出古代士大夫的精神追求。

我们希望对这两种理想人格类型形成的社会条件、文化资源、内在机制做一些探讨，由此进一步思考它们在文化特质、思想形态、价值取向上的内在理路与相互关联。

一、魏晋名士风度

魏晋名士风度的文化现象是与西汉以来出现的士大夫政治现象密切相关的，故而须从士大夫政治讲起。应该说，西周封建制时代就有了宗法贵族的士大夫，并且也是兼及道艺与政事。但是，决定封建时代士、大夫身份的是他们的血缘关系，这与后来帝国时代由文化知识及相关的科举制度来决定士大夫身份是不同的。西周的士大夫阶层到了春秋战国时期发生解体，其突出表现是政事与道艺的分离。在秦帝国时代，这种分离进一步制度化，出现了独尊文法、专职行政的"文吏"与知识文化专业化的"学士"的不同社会角色的分立。但是，从西汉时期开始，随着"礼治"与"法治"并举，"儒生"与"文吏"开始融合，到了东汉后期，一种"亦儒亦吏"的社会阶层完全形成，也就最终演生出了兼具行政功能与文化功能的士大夫。东汉时期完成的士大夫政治一直延续到中华帝国的末期，在传统中国的社会政治结构中一直占有重要地位，并产生了深远的历史影响。

就在"士大夫"阶层的演化、形成过程中，出现了一种对所谓"名士"推崇的现象。"名士"之所以能够有名并受到推崇，当然首先在于他们作为文化知识占有者的学者身份，这是帝国时代士大夫们能够成为居

有高位的官僚身份的必要条件。所以，两汉时期出现的大量"名士"，在主政者及民间社会的眼中主要是那些有才华、有品性、有学识的书生，并且许多往往还是不仕的民间学人。《礼记·月令·季春之月》中有"聘名士，礼贤者"的记载，而《注》云："名士，不仕者。"《疏》在解释"名士"时说："谓王者勉励此诸侯，令聘问有名之士。名士者，谓其德行贞纯，道术通明，王者不得臣，而隐居不在位者。"但是，到了合"学者—官僚"身份于一体的士大夫阶层成型的东汉时期之后，人们指称"名士"并不特别在意其"不仕"的身份，而是在意其士大夫特有的文化风貌、精神气度。由于朝野的知识群体均普遍地追求这种士大夫所独有的文化风貌、精神气度，故而在东汉时期出现了一种推崇名士的社会风尚。这些士大夫们往往是"共相标榜，指天下名士为之称号"。

虽然都普遍表达出对士大夫精神气度的推崇和标榜，但东汉之末与魏晋时期的"名士"之标准却发生了一个十分重大的变化，东汉党锢之祸前后所标榜的是"风节名士"，"名士"往往通过"匹夫抗愤，处士横议"的行为表现出一种积极入世、敢于与黑暗政治势力抗争的精神。

魏晋时期所标榜的"名士"，则转型为"风流名士，海内所瞻"。魏晋所追求的"风流名士"风尚，正是这种洒脱活泼、自在适性的精神自由和个性表达，甚至许多与儒家礼教相悖逆的纵情率性行为，往往成为魏晋名士风度的标志。譬如《世说新语》载王孝伯所说："名士不必须奇才。但使常得无事，痛饮酒，熟读《离骚》，便可称名士。"

魏晋时期风流名士的突出特点是个体意识的觉醒，这种个体意识的觉醒，使得魏晋名士全面关注、重视与感性生命、个体存在相关的一切价值：从追求外表的仪态容貌之美，到向往延年益寿的服食养性；从情色生活的纵情享受，到口吐玄言的哲理清谈；从寻求归隐山林、率其天性的精神自由，到"使我有身后名，不如即时一杯酒"的及时行乐，总之，一切与个人肉体与精神生命有关的价值，诸如健康、长寿、美貌、智识、艺术以及精神享乐与肉体快感等都是魏晋名士所追求的。社会道德的"节义"不再是他们作为"名士"的人格标志。

"士大夫"毕竟是一种合"学者—官僚"身份为一体的社会阶层。魏晋名士为了处理好个体价值与礼治秩序、精神自由与社会责任之间的关系，形成了魏晋名士所特有的双重人格。

"学者—官僚"的双重身份，转化为自然与名教、隐逸与出仕、精神自由与恪守礼法、真情与文施、血性与世故的双重人格。

譬如，有关出仕与隐逸的两种人生道路选择方面，他们的内心中一方面汲汲于功名利禄的追逐，向往庙堂之上的显达、权势与功名，盼望在经邦济世的政治活动中施展自己的人生抱负；但另一方面他们又常常显出对世俗权位、名教礼法的不屑一顾，表现出一种超脱世俗的生活追求，即向往山林之中的清逸、自在与闲适，盼望在竹林的清淡中获得高雅的人生。所以，魏晋名士们总是在所谓"魏阙"与"江湖"之间充满心灵的挣扎与精神的分裂。

其次，名教方面的神形分离而产生的双重人格。他们在外在形体及行动中追求精神自由、个体价值的张扬，故而对约束自己的名教有诸多的贬抑甚至诋毁，另一方面他们在内心中又坚守名教，是礼教精神的坚定维护者。

唐宋时期，中国的政治社会结构发生巨大的变革，并使得士大夫的价值观念与人格理念也发生重大变化。北宋初开始，士大夫们普遍倡导一种新的理想人格，这就是所谓的"圣贤气象"。

二、宋明圣贤气象

唐宋时期，中国的政治社会结构发生巨大的变革，并使得士大夫的价值观念与人格理念也发生重大变化。魏晋以来的名士风度、双重人格的思想与行为受到新一代士大夫的批评指责，一种新的人生价值观念、人格理想普遍地受到主流士大夫们的向往和追求。北宋初开始，士大夫们普遍倡导一种新的理想人格，这就是所谓的"圣贤气象"。"风度"与"气象"意思接近，均是指一种精神人格的外在表现与流露，但"名士"与"圣贤"内涵则不同。魏晋的士大夫虽然也推崇周孔等儒家圣人，但他们从不把圣人作为自己追求、实践的人生目标，而仅仅希望自己成为率性自由的风流名士。而宋儒则不同，他们不仅仅是推崇儒家圣贤，而且强调每个士大夫均要通过修齐治平的道路做圣贤，以圣贤的人格理想作为自己毕生追求、实践的人生目标。

那么，宋儒所追求的"圣贤气象"的内涵是什么呢？

首先，在宋儒眼中具"圣贤气象"的士大夫，必须能够关怀社会、心忧天下，具有"民胞物与"的博大胸怀，以社会和谐、国家富强、天下安泰为己任，积极参加治国平天下的经世济民的活动。《宋史》："士大夫忠义之气，至于五季，变化殆尽……真、仁之世，田锡、王禹偁、范仲淹、欧阳修、唐介诸贤，以直言谠论倡于朝，于是中外搢绅知以名节相高、廉耻相尚，尽去五季之陋矣。"两宋时期士大夫群体中这种心忧天下、名节相高的士林风习，促成了他们对传统儒家人格理想——"圣贤气象"的执著追求。

二程在教授弟子读儒家经典时，强调要在孔子的人文关怀与道义承担的精神中寻找"圣贤气象"，他说：

孔子曰："老者安之，朋友信之，少者怀之。"观此数句，便见圣贤气象大段不同。

其次，宋儒所推崇的"圣贤气象"除了具有东汉"节义名士"及儒家传统的救时行道、名节相高的社会道德内涵之外，同时还有魏晋"风流名士"以及老庄道家所追求的洒落自得、闲适安乐的个体人格及其精神超越。

两宋开始，士大夫群体中盛行追求"孔颜乐处"。二程十四五岁从学于理学开山周敦颐，周子并没有向他们传授什么深奥的哲理与经典的解读，而是教他们"寻颜子仲尼乐处，所乐何事"。据说后来程颢"自再见周茂叔后，吟风弄月而归，有'吾与点也'之意"。他显然是从周敦颐那里领悟了"孔颜乐处"的深刻含义。据《论语》记载，孔子曾自述："饭疏食饮水，曲肱而枕之，乐亦在其中矣。"另外，孔子还对弟子颜回赞扬说："贤哉，回也！一箪食，一瓢饮，在陋巷。人不堪其忧，回也不改其乐。贤哉，回也！"在宋儒看来，孔子、颜子能够在"人不堪其忧"的艰苦生活中感到精神上的快乐，具有十分深刻的思想内涵和人生指导意义。这一"圣贤之乐"正应该是他们深思的，也应是他们效法的。

孔颜之乐的深刻意义在哪里呢？其实它表达的正是"圣贤气象"中追求个体精神洒落自得的一面。圣贤内心所达到"与物同体"、"天人合一"的精神境界，这一精神境界表现于外就是一种洒落自得、悠然安乐的"圣贤气象"。这一点，在指导二程兄弟寻"孔颜乐处"的周敦颐那里，就表现得十分明显。周敦颐是一个追求并达到这样一个悠然自得的人生境界的人，据记载，周子"人品甚高，胸中洒落，如光风霁月"。这正是他的人生境界透露出宋儒所推崇的"圣贤气象"，所以李侗赞叹说："此句形容有道者气象绝佳。"可见，"孔颜乐处"与"圣贤气象"有着深刻的联系。

宋儒对"孔颜乐处"甚为热衷。胡瑗曾以《颜子所好何学论》为题试诸生。二程兄弟从学周敦颐以后，就一直重视寻孔颜乐处及所乐何事。据《宋史·道学传》记载，张载年少时喜谈兵，"年二十一，以书谒范仲淹，一见知其远器，乃警之曰：'儒者自有名教可乐，何事于兵！'因劝读《中庸》"。"名教可乐"是北宋学术的"问题意识"，这种问题意识"正是道学的萌芽"。由此可见，宋代士大夫们所推崇的"圣贤气象"，不仅仅具有心忧天下、救时行道的一面，同时还有洒落自得、闲适安乐的另一面。他们总是借助于《论语》中的孔子、颜回、曾点等圣贤对"乐"的追求，而表达自己在自我的心灵世界中对自由、自在、自得、自乐的无限向往与追求。总之，北宋理学家们对"孔颜乐处"的追求和标榜，成为一种十分突出的文化现象。

宋明的"圣贤气象"包括了上述两个重要方面：社会责任与个人自在、忧患意识与闲适心态、道义情怀与洒落胸襟。宋儒希望"圣贤气象"的理想人格在承担社会责任的同时又有个人的身心自在，在具有深切忧患意识的同时又不能放弃闲适的心态，在坚守道义情怀的同时又具有洒落胸襟。

宋明儒家在中国思想学术史上的巨大贡献，就是将"圣贤气象"中社会关切和个体安顿奠定在一个以"天道"、"天理"、"太极"、"诚"为终极依据的哲学本体论基础之上。名教与个体人格的终极依据均不是魏晋名士所说的"无"、"自然"，而是实际存在于社会之中与自我心性之中的"天道"、"天理"、"太极"。这时，社会忧患、经世情怀的价值依据不仅仅是人文关怀，而是与阴阳造化相关的宇宙精神；同样，身心安顿、洒落胸襟的人道执著亦不局限于道德信念，也是由于对这个主宰浩浩大化的终极实体的精神依托。

在宋明理学史上，能够列为著名道学家的重要学者，能够成为理学名篇的代表著作，几乎均是在建构宇宙本体论中统一社会关切与个人安顿，从而为"圣贤气象"的理论体系做出了重大贡献。理学家们发现，在推崇孔颜之乐、曾点之志时，如果过于强调个人身心的自在、闲适、舒泰、喜乐，使这种身心自在的追求与社会关怀、博济事业分离开来，那就会落入魏晋名士、佛道宗教的价值虚无中去，从而背离周孔创立的圣人之学，而决不是周孔之教的"圣人气象"！另一方面，作为一个儒家士大夫仅仅是讲经世之业，而离开了天理的大本大根，同样会因沾染政治功利之习而丧失圣贤气象，尽管这种人十分有才干并做出了政治事业。《朱子语类》载："圣人虽见得他有驳杂处，若是不就这里做工夫，便待做得事业来，终是粗率，非圣贤气象。"朱熹认为那种能办事、创造事业者如无道德心性功夫，仍无圣贤气象。他强调的圣贤气象必须建立在政治功业与从容洒落、尧舜事业与德性功夫相统一的基础之上。

三、名士风度与圣贤气象的内在关联

无论是魏晋盛行的名士风度，还是宋明追求的圣贤气象，它们均是中国文化史上一道亮丽的风景，为当时及后世的文人学者所景仰，被不同历史条件、不同人生际遇的士大夫们所追求。应该说，这是古代士大夫的两种人格理想类型，它们确实存在明显的差别。但是名士风度与圣贤气象决不仅仅是两种不同类型的人格理想，这两种人格是中国古代士大夫的人生哲学、人格理想发展中前后相关的两个阶段。名士风度与圣贤气象之间不仅有着明显的传承发展的历史关系，而且其问题意识也具有深刻的思想脉络与内在理路。

我们着重对此问题做进一步分析。

（一）士大夫主体意识的发展

魏晋与宋明时期的士大夫追求着"名士风度"与"圣贤气象"的不同理想人格，但仍是深刻地体现出士大夫人生哲学与理想人格的思想逻辑脉络与发展理路。

关于魏晋名士风度的思想特征及其评价，学术界一直有一个比较流行的看法，认为这是士大夫阶层的一次思想解放与人的自觉，体现出士大夫个体自我意识的觉醒。

宋明士大夫追求一种"圣贤气象"的人格理想，这种现象体现出士大夫群体价值意识的高扬。这种理想人格表达了以天下为己任的主体意识精神，但同样包含并充分体现出魏晋名士风度中的个性化主体意识的内涵。如果说东汉名士体现出一种群体价值意识的精神，魏晋名士追求的是一种个体价值意识的话，那么，宋明士大夫推崇的"圣贤气象"，则正是一种群体价值意识与个体价值意识的双重弘扬。如果没有魏晋名士有关个体生命、自我意识的觉醒，也就不会有宋明士大夫中有关"圣贤气象"对理想人格的独特追求与全面表达。

由此可见，从士大夫的主体意识角度来考察，宋明的圣贤气象不仅包含和体现出士大夫的群体价值意识的觉醒，故而表现出他们忧患天下的人文关怀、经世济民的社会责任；同时包含着士大夫的个体价值意识的兼容，从而表现出对个体心灵愉悦的追求、对自我精神安顿的关注。应该说，如果宋明的圣贤气象只有前者或只有后者，那就与汉魏的士大夫精神没有分别，体现不出士大夫精神人格的丰富发展与历史演进。正由于"圣贤气象"包括了上述的两个方面，那么，它与魏晋风度的精神脉络与内在理路关系就显示出来。

（二）名教可乐的共同追求

在士大夫建构人生哲学与人格理想的过程中，名教与乐也是一个绕不开的问题。"名教"涉及群体生存的家国伦常、社会秩序，"乐"则涉及个体存在的生命意识、人生意义。然而，二者在现实中究竟是一种什么关系呢？历代士大夫在各种历史条件、社会处境中均能感到名教与乐之间的紧张关系。但是，他们无论是作为社会管理者还是文化创造者，均希望能够将二者统一起来，也就是要在理论上、实践中证实"名教可乐"的问题。

将"名教"与"乐"联系起来，其"问题意识"源于魏晋名士。西晋乐广提出："名教内自有乐地，何必乃尔。"由于魏晋名士认为名教之乐归本于名教中所依据的"自然"，其名教之乐就仍然只能归因于自然，故而并没有真正缓和名教与乐的紧张关系。从周敦颐、程颢、张载等宋儒在"寻孔颜乐处"中表现出"圣贤气象"来看，应该说，他们确是从自己的内心深处领悟了这种名教之乐。魏晋名士的"乐"与宋明理学家的"乐"有相通之处，即在对世俗的得失、毁誉、是非、生死的超脱中获得心灵自由、达到精神愉悦的境界。

但是，朱熹说："曾子之学，盖有以见夫人欲尽处天理混然，日用之间随处发见，故其动静之际从容如此。"朱子强调学者必须在合乎名教、追求仁义中达到"与道为一"的精神境界，这是宋儒解答名教可乐的最终答案。

（三）相通的性情结构

中国古代的人生哲学有自己的显著特征，其思想的逻辑起点与最终结论不是人的知识、理性，恰恰是人情，原始儒家在思考社会与人生时，总是以"情"作为思考的起点和最终的目标。

和"情"密切相关的概念是"性"。先秦儒家总是把"情"作为其学说的起点，同时又把"性"作为"情"的内在依据，所以，性与情的关系就被视为一种密切相关的概念。

魏晋名士继承了先秦儒学，在有关人格依据的探讨中，肯定了"情性"是一切人的根本的观念。正始名士王弼在注解孔子的"兴于诗，立于礼，成于乐"时说："夫喜、惧、哀、乐，民之自然。应感而动，则发乎声歌。所以陈诗采谣，以知民志风。既见其风，则损益基焉。故因俗立制，以达其礼也。""情"是一个经验事实，而"性"则是一种价值取向和理论预设。儒家关注人的喜怒哀乐的"中节"与"不中节"，主张中节之情来之于性，不中节之情来之于物；而道家则更为关注人的情感的真实性，认为只有真实的情感才是来之于人的自然本性，而虚伪的情感则来之于人的外在机心。

魏晋名士的性情学说也体现出儒道兼综的特色，他们认为"真情"源于人的自然本性，这样他们通过引进道家自然的学说，从而使先秦儒家性情学说进一步演变成魏晋的性情学说。

从理论形式上来说，宋明理学的性情学说在贯通情与性，特别是以性统情的问题上继承了魏晋玄学，从而体现玄学与理学之间的学术传承与逻辑关联。

当然，宋明儒者更为重视"情"对儒家仁义礼智信的"中节"与"不中节"，其性理已赋予儒家伦理的含义。所以，宋儒必须对"性"做出新的诠释，就是将"性"的内涵确定为儒家人伦之理。朱熹指出："仁、义、礼、智，性也。"并进一步确定了性（也就是儒家伦理）对情的主宰者地位。朱熹说："性，本体也；其用，情也；心，则统性情、该动静而为主宰也。""心固是主宰底意，然所以主宰者是理也。"

（四）性与天道相通的共同学理

道德与人生不仅需要现实起点，而且还需要确立终极目的；不仅仅应确立人的内在依据，而且需要确立一个超越的依托，这样才能为理想人格及其人生境界建立起形而上的终极依据。

在关于性与天道的问题上，魏晋玄学标榜的名士风度与宋明理学所追求的圣贤气象同样表现出前后相承的思想脉络与内在理路。

先秦儒、道两家对性与天道的关系问题曾做出过一些阐释。儒道两家在"性—命"问题上各有卓见和不足，魏晋玄学与宋明理学均须综合儒道两家，从而将"性与天道"何以贯通的问题建立在宇宙本体论的基础之上。

王弼所以主张以性统情的"性其情"的观点，是因为此"性命"是自然本性，它与"天道"的自然本性在本质上是融通的。在郭象这里，"性"不仅是"情"合理性的内在依据，更重要的是，他认为天地万物所必须顺应的"自然之理"，其实均来自于它的"自然之性"。这样，"性"与"天道"是一体贯通的。魏晋名士将人性的内涵、特质设定为一种"自然"的特性，又把自然之性归结为天道自然，从而使人性与天道之间得以贯通，但这种贯通是建立在儒家以情为依据的名教与道家以天道为依据的自然之性相结合基础之上的。

理学家们以儒家伦理为内涵，将人性与天道贯通起来。二程曾提出"理也、性也、命也，三者未尝有异"，张载还提出"形而后有气质之性。善反之，则天地之性存焉"。他们都是将人性与天道结合起来，使人性获得了宇宙意义。这一点，朱熹做了十分哲学化的论述："性即理也，天以阴阳五行化生万物，气以成形，而理亦赋焉，犹命令也。于是人物之生，因各得其所赋之理，以为健顺五常之德，所谓性也。"仁义礼智的伦理准则既是主宰宇宙大化的"天理"，又是主宰人情的"性"，这种性与天道相通的理论为"圣贤气象"的人格建立起形而上的终极依据。

今天我的主讲就到这里，谢谢大家。

国学家的精神世界
——对章太炎与「《苏报》案」的再认识

章开沅

原载：国学版（光明日报2007.5.17第9版）

章开沅，1926年生于安徽芜湖。早年就读于金陵大学，后长期执教华中师范大学，中国辛亥革命史研究会、华中师范大学历史研究所（现改名为中国近代史研究所）和中国教会大学史研究中心的创办人。论著主要有《辛亥革命史》、《辛亥革命与近代社会》、《开拓者的足迹——张謇传稿》、《从耶鲁到东京——为南京大屠杀取证》、《传播与植根——基督教与中西文化交流论集》等。

历经戊戌政变、八国联军之役与自立军起义失败，章太炎终于与康、梁决裂。壬寅（1902年）三月，他在东京举办"支那亡国242年纪念会"，表明反清革命决心。癸卯（1903年）早春二月，太炎到上海爱国学社任教，并与蔡元培、章士钊等在《苏报》上鼓吹民族民主革命。《苏报》言论日趋激烈，特别是太炎先后发表《驳康有为政见书》及评介邹容《革命军》等文，直斥皇帝为："载湉小丑，未辨菽麦"，更引发一场文字狱——《苏报》案，章太炎、邹容因此入狱服刑。

从癸卯（1903年）闰五月初六被捕，到丙午（1906年）五月初八刑满释放，太炎被囚整整三年。作为一代国学大师，其狱中生活亦颇有可圈可点之处。南社诗人柳亚子称赞说："泣麟悲凤伴狂客，搏虎屠龙革命军。大好头颅抛不得，神州残局岂忘君。"（《癸卯冬日有怀太炎、慰丹》）

诗中"伴狂"一词颇有深意。因为太炎性格古怪，常被人讥称"章疯子"。"疯"即是"狂"，但并非狂妄和轻狂，而是性情自然流露的真率，可能有所张扬，却无丝毫虚伪，所以称之为"伴狂"，可见诗人遣词用字的功力。

狂还可以理解为"狂狷"。在孔夫子还未成为神圣的那个年代，儒本来有"狂狷"与"乡愿"之分。《论语·子路》就有此一说："不得中行而与之，必也狂狷乎！狂者进取，狷者有所不为。"太炎重视国学，并不独尊孔子，他敢于把孔子放在与其他诸子平等的地位而品评其短长。但就其品格而言则颇近于儒之"狂狷"，无论是进取还是有所不为，都显现出几分真率。

太炎自视甚高，因此自责甚严。他在狱中感叹："上天以国粹付余，自炳麟之初生，迄于今兹，三十有六岁。凤鸟不至，河不出图。……至于支那闳硕壮美之学，而遂斩其统绪。国故民纪，绝于余手，是则余之罪也。"人们可以非议太炎以国粹存亡续绝系于一身之谬误，但却不能不尊重这"泣龙悲凤"之伴狂背后的厚重历史责任感。其实，既往的真正国学大师们，有谁不是把自己的生命与国粹融为一体，并且把维护、继承、发展民族文化作为最高天职。

太炎在狱中仍不忘国学的延续，他把年轻的邹容视为接班人，经常给以关爱和指点。读经需要从识字开始，因此小学（语言、文字诸学）乃是经学的基础。邹容在狱中认真诵读540部首说解，是为进窥经学做必要准备。邹容聪明绝顶，在狱中还学习写诗，吟得一首《狱中答西狩（即太炎）》："我兄章枚叔，忧国心如焚。并世无知己，吾生苦不文。一朝沦地狱，何日扫妖氛？昨夜梦和尔，同兴国民军。"太炎大喜，和诗中有"天为老夫留后劲，吾家小弟始能诗"。并且每天都为邹容讲解经书、佛典乃至因明学，认为"学此可以解三年之忧"，不仅可以治学，而且有助修养。

但邹容毕竟年少气盛，加以不耐狱中饥寒之苦与各种凌辱，终于猝然病逝。据太炎回忆：入狱之第二年（1904年），"仲春三月，时近清

明，积阴不开，天寒雨湿，鸡鸣不已，吾弟以亡。"前往视之，"目犹未瞑"。作为生死相依的兄长与老师，太炎的悲愤与失望，难以言说。

先是，《苏报》案起，报馆主事者多逃亡外地，但太炎却坦然入馆待捕并掩护他人。太炎与邹容"相延入狱，志在流血"；不仅勇于承担文责，而且期望以自身牺牲唤醒亿万国民。太炎在狱中曾绝食抗争，但七日未死。恢复进食后又多次奋勇抗击狱卒凌辱，虽屡战屡败，多受酷刑，甚至被棒击昏厥，但仍然表现出士可杀而不可辱的大丈夫气概。先贤说过："孔曰成仁，孟曰取义，读圣贤书，所为何事？"章太炎的"佯狂"乃是伸张正义，反抗邪恶，决非乡愿式的作秀，而是表里如一的狂狷！

太炎珍爱国粹，但决不泥古。他已经涉猎西学，吸收进步学理与思想。他不仅以新的时代精神，重新审视并整理国学，而且还试图创建新的中国通史体例，推动史学革新。他在爱国学社教中文，不仅在课堂上宣传进步思想，而且故意以"×××本纪"为题，布置学生写自传体文章，否定皇帝对"本纪"一词的垄断，公开向君主专制挑战。入狱以后，清政府指控为"立心犯上，罪无可逭"，理应处以极刑。太炎在法庭上坦然答辩："所指书中'载湉小丑'四字触犯清帝圣讳一语，我只知清帝乃满人，不知所谓圣讳。"并且以国学知识幽清方承审员一默："'小丑'两字本作'类'字或作'小孩子'解，《苏报》论说，与我无涉。"皇帝与老百姓在租界法庭打官司，太炎以一介布衣，而抗衡君主威权，这也是当时千古未曾一见的大变局，所以引起中外媒体关注，造成深远影响，有力地推动了革命思潮与革命运动的发展。多年以后，孙中山在追述辛亥革命的历程时，特别指出《苏报》案的意义："此案涉及清帝个人，为朝廷与人民聚讼之始，清朝以来所未有也。清廷虽讼胜，而章、邹不过仅得囚禁两年而已（原文如此）。于是民气为之大壮。"

宋明以后，儒学发展到极致，但从精神层面而言，道学却逐渐走下坡路。正因为道学维护皇权，皇权利用道学，便出现了许多道学家的堕落。狂狷渐少，乡愿日多，不仅是国学的衰微，而且也是国运的衰微。所以，我希望今天的国学提倡者，应该真正从精神层面着眼着手，努力继承并发扬传统文化中可贵的民族精神。千万不可把国学变成一种时尚，甚至变成商品，袭其皮毛，弃其精华，无异买椟还珠。

國學茶座

"恪"字究竟怎么读

王继如

原载：国学版（光明日报2007.7.26第9版）

王继如，男，苏州大学文学院博士生导师。出生于1943年，广东揭阳人。1966年毕业于南京师范学院（今改师大）；后师从训诂学大家徐复先生和文献学大家张舜徽先生，获文学硕士和历史学博士学位。长期从事文献语言的研究工作。曾任台湾东吴大学客座教授。主要著作有《训诂问学丛稿》、《敦煌问学丛稿》等。

史学大师陈寅恪先生名讳中的"恪"字究竟应该读什么音，是kè还是què，已经在报刊上和网络上讨论了好几年了。从去年年底到今年春天，著名学者周汝昌和吴小如先生也都参加了。我以为吴、周两先生的论证有些可以讨论，我也通过这个问题引起了理论上的一些思考。

首先，我以为这个讨论是很有意思的。它关系到：一、一些有异读的音，应该如何规范；二、语音的演变，应该如何研究；三、语音演变中的特例，应该如何对待；四、从这些问题中，来看语音研究中的根本理论问题。

陈先生的名讳"寅恪"何所取义？"寅"是其生年，陈先生生于1890

年，时为光绪十六年庚寅；"恪"是其辈分，他在义宁陈氏中是"恪"字辈。据说，陈先生的祖父陈宝箴的同科举人陈文凤制定了谱派——"三恪封虞后，良家重海邦。凤飞占远耀，振采复西江"，陈先生的父亲是"三"字辈，名"三立"，陈先生的孩子都是女性，名字中就不用谱派，其侄子陈封可等，是"封"字辈。"三恪封虞后"是有出典的，史书上说：武王克殷，未及下车，就封黄帝之后于蓟，封帝尧之后于祝，封帝舜之后于陈。用这三封，来表示恭敬。"恪"就是恭敬义。据此说来，陈氏的远祖，就是虞舜了。"恪"字本来写作"愙"，宋代的文字学家徐铉说"恪"是其俗体字。"恪"读什么音好？京津地区，大都读què。著名的音韵学家王力先生也是跟着念què的。吴小如先生的文章说：京津一带，《愙斋集古录》便读作"què斋"，所以"恪"读què是有根据的。陈先生本人又是如何读的呢？他自己1940年亲笔书写的致牛津大学的英文信，落款是"Tschen Yinkoh"（《陈寅恪集·书信集》第223页，三联书店2001年版），显然，这是据"恪"为苦各切的音拼写的（"恪"只有这一个反切，在历史上它不是多音字），所以还保存了入声尾h。据此是难以断定陈先生是如何将此字折合成国语的（国语中没有入声，也没有ko这个音节）。陈先生对这个字的国语读法，有两个版本，一个版本是读kè，据说，清华图书馆元老毕树棠先生曾经问过陈先生，陈先生告诉他"恪"应读kè音，他又问："为什么大家都叫你寅què，你不予以纠正呢？"陈先生笑着反问："有这个必要吗？"另一个版本是读què，据说，陈先生本人就说过此字读què（传说而已，羌无实证），所以他的夫人、女儿、助手、学生都如是读。这些都是口耳相传的说法，叫人莫衷一是了。

"恪"究竟应该读什么音，这关系到g/k/h受后面的高元音的影响而读成j/q/x的问题，也就是颚化问题。这个颚化，明朝时已经显示出来了。迄今为止，其基本规律已经非常明白了，就是：四等（除蟹摄合口外，如"桂"字）必颚化；三等开口必颚化（如"九"字），合口则存在两种状况（如"去"颚化，"鬼"不颚化）；二等开口大都（不是全部）颚化，而方言中却常常不颚化，两种状况的存在相当普遍，二等合口不颚化；一等则不颚化。

"恪"是一等字，不颚化，据其反切折合成今天的音是kè，而北京话在"恪守"这个词里也都读kè。汉字读音的规范,是以北京音为标准的,同时也考虑到反切折合成今音的规律。两者如果不一致,自然以北京音为准,这自然限于北京话中常见的字。按照这个办法,将"恪"的读音规范为kè是恰当的。

认为应该读què的大都据二等字来证明,这样的论据是不能证明其论点的。很多人都喜欢用"确"字来证明"恪"可以读què,这是有问题的。"确"字是胡觉切,二等字,常组成"硗确"一词表示土地多石而贫瘠,现在用作"確"的简体字,而"確"本身是苦觉切,同样是二等字。所以"確"在方言中会读为"ko"或"ka"(均为入声),而普通话中读为"què",这是二等开口字的颚化,不可以用来证明一等字必然颚化。周汝昌先生文章中所举的例子中,"客"、"嵌"都是二等开口字,按语音演变规律,多数是颚化的,但是也不是全部都颚化。如"客"字,周先生文中说其家中的保姆读qiè,我所知道的,还有山东德州、内蒙古的呼和浩特、乌兰察布市都念qiè,这不能说违背规律。但北京话仍念kè,所以规范的读音是kè。"嵌"虽然也有不少方言读kàn,但也只能根据北京音读qiàn。周先生的文章较别人不同的是还举了三四等的字,这就更不能说明问题了。如"去"是三等合口,北京话中是颚化了的。清代八旗人念作kè,今延安人也如此念,京剧《法门寺》的道白也如此念,这样的读法还有很多地方,如南京、江淮等地。这只能说明该地保留一种老的读音。而京剧本来就要求分尖团,用这样的读音是正常不过的了。但这些都不能改变qù为标准音的读法。"契丹"之"契",是四等字。俄语中"契丹"对音为kitai并用来称中国,只能说明当时俄国人听到的这个字的音是未曾颚化的,其声母是k,不见得当时它也可以以q为声母。它后来颚化了才读为qì。不同地域、不同时代,同一个字有不同的读音,这些不同是源于同一反切的分化呢,还是本来就有不同的反切?这些都是值得研究的宝贵的语言材料。但是,不宜作为同一个平面来看待。

同一个字,同样的反切,在今天的不同方言区会有不同的读音。这种状况,音韵学上一般是不叫作"一音之转"的。我们说的一音之转,指的是两个不同的字,它们之间声韵有转变的关系,而意义上也有相近相通之处。周先生文章中所说的"可正是"如果确实可以将"可"读为"恰"的话,那就是一音之转。而且,"可"是一等字,这样说来一等字也就可以颚化了。

可惜的是，周文所举的这个例子，是成问题的。"可，犹恰也。"张相的《诗词曲语辞汇释》卷一已经说过。所举最早的例子有李白的《古风》："吾亦澹荡人，拂衣可同调。"《西厢记》"可正是人值残春蒲郡东"是其第三例。周文所说实承张相。不过，张相可要审慎得多了，他只是说"可"可以训为"恰"，并没有说"可"可以读成"恰"。想想吧，在唐代，"恰"有收音"p"，是咸摄二等字，"可"是个开音节，是果摄一等字。你要说"可"能读成"恰"，要花多少力气拐弯抹角去寻路径呀！用这个无法得到实证的例子，怎么能证明一等字也可以颚化呢？说一音之转，那必须有相当多的证据。不可不谨慎。

据上说述，"恪"在京津地区，既读kè，又读què，实在是一种特例。为什么可以读què呢？我根据吴先生文章提供的线索，做了点猜想。吴先生说"愙"字京津读为què。此字同样是苦各切，本来也是一等字；但字从"客"得声，而"客"是个二等字，京津地区也许就依此作为二等字来读吧？而"恪"既是其俗体字，自然也就可以读作què了。《集韵》中从"愙"字孳乳出一个"愘"字，有丘驾切的音，也是个二等字。据丘驾切折合成今天的读音，就是qià了。吴先生说听讲吴语的人将"恪"读成qià，其原因可能就在此。

至此，我认为，"恪"在现在这个历史阶段，规范的读音应该仍为kè，读què则是其变音，不可以为典要。但是，如果颚化还在继续进行、继续扩大，也不排斥将来某一天，会将què作为其规范音。

只有一个反切的"恪"字，在京津一带却歧为两读，实在是非常有意思的语言事实。这个事实，对原来的从西方引进的新语法学派的音韵理论提出了挑战。这种理论认为，语音规律是无例外的，符合音变条件的词，会同时发生同一变化，出现"聚族而居"的状态。鉴于这种理论和语言实际的龃龉，旅美华人学者王士元先生经过多年的研究，提出"词汇扩散理论"来纠正它的缺陷。"词汇扩散理论"认为：读音的变化，并不是所有符合音变条件的字同时发生同一变化，而是在时间推移中逐个变化的。只要这个过程还没有完成，就可以观察到不规整的现象，即所有应该变化的字中，有已变的，有未变的。而率先变化的，是那些使用频率较低的字，其原因是它的音韵位置没有使用频率高的字来得明确。

用这个理论来看我们所讨论的问题，就会看得更加清楚些。汉语的颚化过程，也许迄今并未完成，其迹象如：上面所说的二等开口颚化的不规整状态，其典型的如"客"在有些地方读qiè；二等合口本不颚化，而河南灵宝虢镇将"虢"念作jué，颚化了（友人马汉鹏说，他曾在该地工作多年）；三等合口变化的不规整状况，吴语中也如是，"龟"、"鬼"、"跪"、"柜"、"贵"颚化了，而"归"、"轨"、"亏"等不颚化；四等蟹摄合口是不颚化的，如"桂"字，但在温州话中却颚化了，念jù（温州大学马贝加教授说）。

这个颚化过程，迄今基本上没有涉及一等字。一等字有颚化的又音的，今天我所知只有"恪（愙）"字，其所以颚化，究其原因，就是在口语中使用频率不高，其音韵位置又不太明确，虽然反切音是一等，而"愙"的从"客"得声，"客"却是二等，而从"愙"字孳乳出来的"恪"又是二等，清代惠栋的《春秋左传补注》卷四就说"三恪"在魏封孔羡碑又作"愙"，有这两个原因，就让它率先产生颚化的又读què了。"恪"的正读和又读在京津地区同时并存，很是有趣。

回头再看陈先生对他的名字中的"恪"的读音处理，以为正读是kè，而又不去纠正què音，这正显示了智者的眼光呀。

国学动态

"朱子民本思想与当代"学术研讨会在黄山召开

原载：国学版（光明日报2007.6.7第9版）

由安徽省朱子研究会、江西上饶师范学院朱子学研究所、福建武夷山朱熹研究中心联合主办，安徽省朱子研究会具体承办的"朱子民本思想与当代"学术研讨会近日在"程朱阙里"的黄山市召开。来自全国各地的七十余名专家学者参加了会议。

原安徽省政协副主席、安徽省朱子研究会会长龙念出席会议并讲话。与会学者就朱熹民本思想的内涵、当代价值、渊源与影响等展开了热烈的讨论。大家一致认为朱熹的民本思想代表了儒家思想的精华，对于今天构建和谐社会，坚持"以人为本"的科学发展观也具有积极意义。（詹向红）

第五单元 中国文化西来说的终结

国学漫谈

重建形上学的中国路径
链接：百年以来中国哲学家形上学建构之路
道家，花开他乡
异文化交流中的《老子》
国学与汉学
中国文化西来说的终结

国学争鸣

我们有没有"是"
我们有什么"是"——与许苏民先生商榷

国学漫谈

重建形上学的中国路径

原载：国学版（光明日报2010.5.17第12版）

郭沂

同西方形上学相比，中国形上学的一个重要特色，是宇宙论与本体论合一。中国先哲还从这种形上学体系中，开出种种有关人生、伦理、社会、政治的学说。宇宙论和本体论合一的形而上学，为开辟未来哲学提供了一条可靠道路。

一、重建形上学的必要性

中国哲学的缺陷在于知识论的缺失，而现代西方哲学的不足则是价值论的淡化。双方恰恰可以取长补短，相得益彰。可以预见，在中西哲学相互渗透、相互激荡下形成的未来世界哲学，将是一种以价值论为主导、以知识论为辅助的新的哲学体系。

建构这样一种新的哲学体系的出路在哪里？

我以为，这首先需要我们对形而上学抱有正确的态度。形而上学是哲学的命脉。自亚里士多德以来，形而上学就被称为"第一哲学"，可见其在传统西方哲学中的地位。但是，近代以来，西方哲学出现了重大转向。

随着分析哲学、后现代主义等思潮的流行，西方哲学开始由形而上走向形而下，由本体走向现象，由先验走向经验，"解构形而上学"、"哲学的终结"的呼声此起彼伏。

本体与现象的分离是西方传统形而上学的基本特征，恐怕也是最大缺陷。由此所导致的种种后果和弊端，最终致使西方传统形而上学积重难返。这要求我们改革甚至重建形而上学，而不是将它抛弃。以历史的眼光看，可以预见，反形而上学的潮流将不过是整个哲学发展史的一个过渡阶段。哲学终究要回到哲学的轨道上，回到形而上学的轨道上。

二、中国形上学的构成

形而上学也是中国哲学的基础与核心。按照我的理解，中国形上学由两个基本部分组成，一是本原论，二是人性论。子贡说过："夫子之言性与天道，不可得而闻也。"所谓"性与天道"，分别相当于人性论和本原论，乃形上学的问题。

"本原"之"原"又含二义。一为源泉之"原"，这个意义上的本原论所探讨的是宇宙之起源，即宇宙论。二为原本之"原"，这个意义上的本原论所探讨的是世界之本相本体，即本体论。

应该用什么概念来表达宇宙之本原、世界之本体？先民认为，万物皆为天所生，这样"天"就成了中国最早的表达宇宙本原的概念。春秋末年，老子第一次提出了具有哲学意味的"道"来表达宇宙之本原、世界之本体。其后，从今、帛本《易传》看，晚年孔子提出了"易"的概念。尽管如此，当时人们仍然认为"天"具有至高无上的地位，所以战国至汉唐的儒家既没有接受"道"，也没有采用"易"，而是继续沿用了"天"作为本原、本体概念。魏晋时期，玄学大盛，老子的"道"逐渐为越来越多的人所接受，以至于连宋明理学家们都大谈"道体"。尽管各派所使用的概念有同亦有异，但他们对这些概念的性质，却有各自的规定。儒家以善为之定性，孔子的"易"、思孟的"天"以及宋明理学的"道体"，其本性都是善。道家以自然为之定性，所以老子之"道"的本性为自然。佛教以空为之定性，所以真如即空。

需要说明的是，即使使用同一概念，各家的理解也有或大或小的差异，历代哲学家正是通过重新诠释这些概念来建构自己的形上学体系，从而发展中国哲学的。当然，这并不妨碍同一学派的不同学者会尊崇相同的价值观。

中国形上学的第二个基本组成部分是人性论。"德"、"欲"及其相互关系，是整个中国传统人性论的核心问题。儒释道三家人性论，无不以德欲之辨为出发点和归宿点，只是各家之"德"的具体内容不同而已。从历史上看，由这个核心问题引发了两条发展脉络。一是春秋末期之前以"欲"为"性"或者说气质之性的旧传统。这个时候的性为人的本能，并不具有抽象的、超越的意味，所以不属于形上学的范围。二是老子和晚年孔子所开创的以"德"为"性"或者说义理之性的新传统。老子首先将"德"作为人之为人的内在本质，掘开义理之性之大源。早期孔子提出"性相近也，习相远也"，对"性"的理解，基本上维持了传统的观念。从孔子有关《周易》的论述看，晚年孔子则进一步以"德"为"性"，从而完成了对传统人性论的根本转化，实为性善说之滥觞。老子和孔子都建立了一套形上学体系，从他们开始，性才被纳入形上学的范围。此后，子思提出"天命之谓性"之说以弘扬新传统。竹书《性自命出》建构了一套独特的外在道德先验论，从而使旧传统发扬光大。孟子起而纠正这一趋势，力主只有"四端"才是"性"，从而将新传统推向极致。唐宋之际以前，中国人性论的主流一直是旧传统，而新传统不过昙花一现。宋明理学的人性二元论，事实上是在继承旧传统的同时遥绍新传统，并将二者纳入一个统一的思想体系中。

不过，人性是内在的，是靠人心来呈现从而发挥作用的。在中国本土哲学中，"心"这个范畴介于形而上下之间。心可以体验和被体验，本处于经验的层面，但鉴于它和性的关系，讨论人性的时候必然要讨论人心，所以从这个意义上看，人心论也是中国形上学的一个组成部分。各家对人心的探讨异彩纷呈，不胜枚举。

在本原论、人性论、人心论三个部分中，人性论承上启下，实居核心地位。中国哲学是关于人生和社会的学问，而人性则是一切的根据。各种本原、本体概念性质的差异，事实上是基于各家对人性的洞察。哲学家们是将人之本性赋予各种本原、本体概念，然后反过来以之论证人性，从而建构自己的形上学体系的。

三、中国形上学的特色与优势

在中国哲学中，道、天等各种超越概念既是宇宙之本原，又是世界之本体。这显示出，同西方形上学相比，中国形上学的一个重要特色，是宇宙论与本体论合一。宇宙论是研究宇宙起源、演变的理论，本体论是探讨世界本原、本性和结构的学问，而在哲学层面上，宇宙和世界两个范畴相当，它们都是天地万物的总称。所以宇宙论和本体论的对象只不过是同一事物的两个方面，将二者混而为一是有充分根据的。

我大略地把中国古代的哲学宇宙论归为三种主要宇宙模式。第一种宇宙模式是，宇宙产生于一个原始元点，万物都由这个元点产生。郭店楚简《太一生水》把宇宙的原始元点称为"太一"："太一生水，水反辅太一，是以成天。天反辅太一，是以成地……"第二种宇宙模式，不但认为宇宙来源于一个原始元点，而且对产生这个元点的母体做了进一步的探讨，从而将我们的视野引进一个绝对的本体世界。如今本《老子》说："道生一，一生二，二生三，三生万物。万物负阴而抱阳，冲气以为和。""一"就是宇宙的具体产生者，即宇宙的原始元点，相当于《太一生水》中的"太一"。值得注意的是，作为万物产生者的"一"，又由"道"所生，道是原始元点之上的绝对的本体世界。第三种宇宙模式见于《易传·系辞》："是故易有太极，是生两仪。两仪生四象。四象生八卦。八卦定吉凶，吉凶生大业。""易"为绝对的本体世界，相当于今本《老子》的"道"，"太极"即"太一"。"易有太极"一语有两层含义。一是"易"含有"太极"，二是"太极"与"易"同在，二者之间不存在"生"与被"生"的关系。

同西方形上学相比，中国形上学的另一个重要特色是体用一如，上下一贯。

作为"原始原子"的奇点与万物之间存在什么样的内在关联呢？现代生物学证明，母亲的基因会遗传给子女，而一个拥有共同祖先的族群会携带相同的基因。由此推断，作为宇宙之母的奇点应该蕴藏着万物的一切基本信息，或者说任何事物都会携带奇点的原始信息。这正是中国古代哲学家们的思维方式。他们认为，在产生万物的过程中，宇宙万物的产生者将自己的特性赋予万物，以成万物之性。如今本《老子》把"道"与万物的关系比喻成母子关系："天下有始，以为天下母。既得其母，以知其子。"在这种宇宙论的基础上，本原论、人性论、人心论直如高山流水，一贯而下。不仅如此，先哲还从这种形上学体系中，开出种种有关人生、伦理、社会、政治的学说。这样就有效地避免了西方哲学本体与现象脱节的弊病。

可见，中国古代哲学宇宙论至今仍然具有强大的生命力，在此基础上建构的宇宙论和本体论合一的形而上学堪称典范。这样一来，以现代宇宙学和中国古代哲学宇宙论为基础，以中国古代形而上学为榜样，综合中西古今的哲学意识，重建一套新的宇宙论和本体论合一的形而上学，就成了开辟未来哲学的一条可靠道路。

链接：百年以来中国哲学家形上学建构之路

近代以来，中国哲学家们试图建构新的形而上学体系，以回应西方哲学的挑战，并发展中国哲学。但成就卓著并为历史所承认的，寥寥无几，仅熊十力、冯友兰、金岳霖、牟宗三数人而已。

熊十力融会儒释，将陆王的本心之学发挥为绝对的本体，建构了一套叫新唯识论的儒家形而上学体系。他指出："本心是绝对的本体"，而"仁者本心也"。他将本体之用称为"翕辟"："翕即凝敛而成物，故于翕直名为物；辟恒开发而不失其本体之健，故于辟直名为心。"新唯识论的宗旨是体用不二，本体与现象相即不离。宇宙一切原为大用流行，而这正是体的显现。

冯友兰吸收西方新实在论的观点，运用逻辑分析的方法来建构儒家形而上学体系。其新理学的主要概念有四个，即理、气、道体、大全。其中理是纯粹的形式，气是纯粹的质料，道体是理气合一之流行，大全是"一切底有"。新理学最终归结到人生境界问题："理及气的观念，可使人游于'物之初'。道体及大全的观念，可使人游于'有之全'。这些观念，可使人知天，事天，乐天，以至于同天。这些观念，可以使人的境界不同于自然、功利及道德诸境界。"

金岳霖是从经验主义出发来重建形而上学体系的。其基本概念有三个，即道、式、能。"道是式—能"，"式"类似于朱熹的"理"和亚里士多德的"形式","能"类似于朱熹的"气"和亚里士多德的"质料"。认为宇宙万物都是式与能的结合体,而现实世界的发展变化,就是通过"式—能"关系而展开的。他又把道表述为"无极而太极",指出:"道无始,无始底极为无极";"道无终,无终的极为太极";"无极为理之为显,势之未发";"太极为至,就其为至而言之,太极至真、至善、至美、至如"。

"消化康德,而归于儒圣",建构一套道德形而上学体系,是牟宗三哲学的主要任务。他把康德的自由意志、道德自律与儒家的良知、仁体、心体、性体结合起来,将道德本体提升为宇宙本体。康德认为,只有上帝才有"智的直觉",而人不可能有,而牟宗三则认为"人可有智的直觉",这就是良知。他还试图通过"有执的存有"和"无执的存有"即两层存有论,来解决"转识成智"的问题。

总之,各家建构形而上学体系的路径不同,熊十力主要借助于佛学唯识论,而冯友兰、金岳霖、牟宗三则主要引入西方哲学。就学术谱系而言,冯友兰接程朱之统续,而熊十力、牟宗三师徒则承陆王之余音,至于金岳霖,似乎可以理解为"中国语境的西方哲学"。

国学动态

有一本书叫《明心宝鉴》

原载:国学版(光明日报2007.10.11第7版)

自秦汉时期,中国典籍便开始了绵绵不绝的东传历史。两千年间,规模不断扩大。比如,从1693年到1803年的111年间,仅日本长崎港,就有43艘中国商船,共运进中国文献典籍4781种。

中华书局今年3月出版的严绍璗撰《日藏汉籍善本书录》,共收录至今仍在日本保存的汉籍善本约1.08万种,比起《四库全书》所收还多出几百种。

在流传海外的众多中国文献典籍中,有一本书叫《明心宝鉴》。

一

《明心宝鉴》大约成书于元末明初,辑录者或整理者是范立本。这本书由二十篇共六七百段文字组成,内容网罗儒、释、道各家学说。作为一部修身养性、安身立命的国学"通俗读物",此书从明初起即极为盛行,多次重刊、重印,万历皇帝还让人重辑修订一遍。与此同时,此书迅速向东亚、东南亚及中国周边各国传播,长期广泛流传于日本、越南、菲律宾等地。

自成书至今700年间,《明心宝鉴》一直是朝鲜、韩国社会广泛阅读的"国学普及"读本。去年热播的韩国电视剧《大长今》中,长今与各地官衙的医女们接受医女训练时,经典课开篇就是学习《明心宝鉴》。剧中提到此书《天理篇》的开头几句:"天听寂无音,苍苍何处寻?非高亦非远,都只在人心。"

不唯如此,《明心宝鉴》还是目前有据可考的中国译介到西方的第一本典籍,1592年以前就由天主教士高母羡(Juan Coho,1529—?)在菲律宾将其译成西班牙文。1595年,高母羡的手抄双语译本被带回西班牙献给王子斐利三世,这一抄本现藏于马德里西班牙国立图书馆,2005年,马德里大学还出版了该书的校订本。校订本封面选择了一幅风景图,内页左边是西班牙文及注释,右边是中文。

而在这本书的故乡,自清代以后,它便逐渐淡出国人的视线,以至于除了少数专业研究者外,今天的中国人几乎谁也不知道还有过这么一本书。

这真应了那句话:墙里开花墙外香。

二

有着相近"身世"的中国典籍还有很多。《日藏汉籍善本书录》收录的流传至日本的1.08万种善本中,有3000多种版本在国内已经失传。

北京大学比较文学比较文化研究所所长严绍璗认为,与其惋惜这些典籍在国内的失传,倒不如把它们在域外的传递和保藏作为一种文化现象来看待,思考其生命力源泉及对当地文明的参与和影响。

"文化的传递需要两个因素的共同作用,一是本国的综合国力,二是对象国的强烈要求。而对象国的内在需要归根结底源自汉文化的强烈魅力",严绍璗说,汉籍在域外的传递和保藏,尤其是在古代东亚地区传播的历史之久远、规模之宏大、保存之完好,根本原因在于汉文化的巨大吸引力。

严绍璗在日本二十四载,他告诉记者,日本对于汉籍始终怀抱尊敬的态度,一般情况都保存得非常完好。这与日本注重文化教育、珍视文化财产有一定关系,但深层原因还是汉文化早已渗入日本文化的内核,尤其日本老一辈知识分子受汉文化的影响非常深刻。现在日本国民生活中汉文化的影响仍然存在。日本文字中保留着不少汉字,很多物品名称前有一个"唐"字,说明是古代从中国传入,中小学课本中选有汉文文章、唐诗,NHK电视台也会播放朗读中国古诗的节目,1900多个当用汉字还是日本公务员考试的一项内容。日本民族文化中也透露出大量汉文化的影响。比如每年七月的祇园祭，31个彩车在街道巡行，每个彩车表现一个故事，有七八个彩车上布置的是中国古代故事。

三

　　汉籍在传递我国悠久灿烂文化的同时，也参与了世界文明的进程和文化的发展。严绍璗认为，我们关注这些典籍不寻常的传播经历，更应该思考它们与对象国文明的对话，充分认识中国典籍和文化的世界性和历史意义。

　　据中国作家协会副研究员李朝全介绍，《明心宝鉴》荟萃了明代以前中国先圣前贤有关个人品德修养、修身养性、安身立命的论述精华，忠、信、礼、义、廉、耻、孝、悌这八方面传统美德教育无所不包；继善、天理、顺命、孝行、正己、安分、存心、戒性、劝学、训子、省心、立教、治政、治家、安义、遵礼、存信、言语、交友、妇行等20篇几乎囊括了一个人安身立命、齐家治国的方方面面。这样一部"劝善惩恶"的人生教科书在日本、韩国的思想史上都曾产生过巨大影响，在西班牙等欧洲国家也受到不同程度的重视，不少学者对此已有论述。今后这些优秀的中国典籍还将继续发挥它的作用。

　　北京外国语大学中国海外汉学研究中心主任张西平说，美国学者孟德卫有一本书叫作《1500—1800：中西方的伟大相遇》，这三百年间确实是文明之间的平等对话和交流。历史证明，中国的典籍和文化，无论东传还是西传，都对当地文明发生了重要作用。中国文化对西方走出神权统治，对西方现代思想的形成功不可没。可以说，中国参与了世界史、世界文化的变革。

　　严绍璗也认为，各国的文明在文明的流动中得到提升。典籍本身承载着文化发展的成果，对象国在文明发展过程中根据自身的需要从传递来的文化中吸收养料，发生变异，从而出现文明的新值。这些在文明的流动中产生的新值聚集交融就成为新的文化增长点，造就出新文明。文明继续向前，新文明又逐渐成为历史的传统，传统本身就是一个不断丰富发展的概念。

　　但文明的流动并不总在平和稳定的状态下进行。19世纪后期至20世纪前期，大量汉籍以被掠夺的方式流传域外，域外的中国学研究也常常难以走出欧洲中心主义的樊篱。张西平说，不少当代学者致力于研究中国典籍在域外的传播、影响与接受的历史，就是要努力把握中国文化在全球传播和发展的脉络，为现实的文化传播提供借鉴。现在对中国的误解不少，偏见也不少，迫切需要我们承担起文化传递的任务。中国文化不是博物馆文化，不仅仅是一个遥远的失去的灿烂文明，我们要把活着的中国、青春的中国、发展生动的中国介绍给世界，让中国文化焕发出应有的光彩。（颜维琦）

国学漫谈

道家,花开他乡

刘笑敢

原载:国学版(光明日报2007.1.18第9版)

"中国人相信的是道,这种道教的思想实际上在中国的三种主要的思想流派中都存在。道是宇宙运行的方式,是自然的规律,是一种统一的和自发的行动。世界万物和每一种变化都有它内在的必然性,都是部分的协同的合作来促进一个整体。"说这番话的是诺贝尔经济学奖获得者、有"欧元之父"称号的罗伯特·蒙代尔教授。去年9月5日,他在2006年诺贝尔奖获得者北京论坛的致辞中,讲了上面这一席话。

一个外国人,一个经济学家在正式的演讲中讲到道家或道教思想,似乎颇为新鲜,令人意外。但是,了解道家和道教思想在海外的长期影响之后,就会知道这也不是太不可思议的事。当年,美国的里根总统在第二次的就职演说中就引用过《老子》中"治大国若烹小鲜"的话,大致从那之后,道家或道教的书就在西方世界多了起来。

上个世纪80年代我刚到哈佛访学时,听说几乎每两年就会有一个新的《老子》英译本出现,到了上世纪90年代,差不多每年都会有新译本出现,最近再次访问哈佛大学,发现新译本更多了,几乎每年都会有两三种出现。有严肃的学术性的译本,有普及的每日自修式的读本,还有图文并茂的礼物式译本。译本有侧重于哲学方面的，有侧重于宗教性的，也有侧重于个人精神修养的。翻译《老子》的除了专门的翻译家以外，还有中国哲学的专家、语言学家、汉学家，甚至有完全不识中文的诗人。一个大出版社曾花百万美元请一个著名的诗人翻译《老子》。在一个重视知识产权的国度，允许不懂中文的人假借别人的解释翻译《老子》，似乎有些奇怪。但是对于一般美国读者来说，尽管诗人不懂中文，其文笔却更为喜闻乐见，更易于领会接受，自有其独特之处。不过，随着中文的普及，这种现象可能会越来越少。类似的情况中国也有。上个世纪三四十年代，有个完全不懂外文但文笔出众的林琴南就翻译过一两百部外国作品，包括法国的《茶花女》、美国的《黑奴吁天录》，以及《伊索寓言》等。其地位，在翻译史上可与严复齐名。后来，懂外文的人多了，靠不懂外文的人来翻译的事也听不到了。但是，一个翻译家同时有文学家的生花妙笔，却非易事。

　　道家和道教的概念是20世纪以后的说法。道家特指以老庄为代表的哲学思想，道教特指天师道以来的宗教现象。区别哲学与宗教，还是西方学术传入以后的事。英文字Taoism是19世纪的传教士根据"道"字的发音创造出来的，当时中国统称儒释道为"三教"，"教"字并没有表明是宗教还是哲学，所以西方人的Taoism既指宗教现象，也指老庄哲理。

　　道家、道教的根在中国，但其命运多舛。中国人，特别是知识精英常把道家或道教看作消极的文化代表。梁启超还说过，道教是中国人的耻辱。我在新加坡教书时，一个国内来的研究生很兴奋地跟我说，听了我的课感到很新鲜，因为他们在国内时，一提到儒家就感到迂腐，一提到道家就感到消极。他们不知道道家中有那么多深刻的智能。

　　"五四"运动以来对传统文化的批判以儒家为主，道家受到批判相对较少，这恐怕是因为道家在传统社会中的影响不如儒家重要，并不是因为文化精英偏好道家。现在听说有了所谓国学热，但热的仍然是儒家，道家道教总是叨陪末座。在国外，情况有所不同。在大学研究儒学的专家专著比较多，但是大众关注却比较少。大学中专门研究道家道教的教授不是很多，但是市场上关于道家道教的书籍却非常多，甚至延伸到儿童读物。

　　更为值得注意的是，道家的思想元素开始融入西方人的生活和思想之中。十几年前，我在普林斯顿大学做研究，一查图书馆的目录，发现有

365

"道"（Tao，Taoism）字的书和文章多达百种，不仅有物理学之道、科学之道、艺术之道，而且有爱情之道、夫妻之道、两性之道等等。粒子物理学家卡普拉的《物理学之道》曾轰动一时，人文心理学家马斯洛更创造了道家式的科学、道家式客观性、道家式教授、道家式情人等概念，其作品也成了畅销书，其影响远播于学术界之外。对照道家在一般中国人心中的消极印象，我们似乎可以说，道家之根在中国，道家的现代之花却先绽放在海外他乡。

国学动态

日本小学悬挂文天祥遗训

原载：国学版（光明日报2007.11.22第9版）

宋丞相文天祥手书"忠、孝"二字的石刻拓片，在日本一所小学里被奉为校训。

这所岩科小学位于日本伊豆半岛西南端，是一所山村（岩科村）基层小学，于明治十二年（1879年）动工，次年建成。在该校大厅正中，悬挂着文天祥手书"忠、孝"拓片。1975年被日本政府指定为国家重要文化遗产。该拓片笔力苍劲，气势感人，"忠、孝"二字下面各有竖排4行16字的诠释，"忠"字下为"上事于君，下交于友，内外一诚，终能长久"，"孝"字下为"敬父如天，敬母如地，汝之子孙，亦复如是"。据介绍，该校对文天祥遗训推崇备至，代代相传，奉为校训，培养学生以"忠、孝"为一生处事做人的原则，忠君敬老、恪守诚信。（唐景孝 崔贵兰）

国学漫谈

异文化交流中的《老子》

李均洋

原载：国学版（光明日报2007.12.27第9版）

从话语学的角度看，经翻译者翻译后形成的文本已不同于原文的底本，而是翻译者读解的话语文本。这一译者话语文本，是由译者的研究方法和认知观（知识结构和学术兴趣也包含在内）而构成的。从这一话语学角度来解析文本的内在性质，不只适用于翻译文本的研究，对古典研究和外语教育中的异文化交流研究也是可行的。

下面是《老子》第67章三种不同的日语翻译文本。

一、世人皆批判我的无为之道大而不肖（道）。可我的道正是惟其大而不能见其真面目，假如能见其道，那早就成为矮小之道了。我的道内含三宝，我一直珍惜恪守着。一曰"慈"，即慈爱之心。二曰"俭"，即节俭之品格。三曰莫为世人先。具有慈爱之心可成为真正的勇士，具有节俭之品格会乐善好施，莫为世人先可成为最有器量之人。可如今，舍弃慈爱之心而欲成为勇士，舍弃节俭之品格而欲乐善好施，舍弃甘为人后而欲出人头地，这样只会断送性命。说到底，慈爱之心是根本，有此心战无不胜，有此心守若金汤，谁有此心天也会救助谁，拥有此慈爱之心，会守护我们安然无恙。（福永光司注释《老子》（下），朝日文库，1978年，

第153—155页）

二、听过我说"道"的人都埋怨说，"尽管"道"伟大而非同一般，但总觉得有股迂腐荒唐气"。有此感觉是因为我说的"道"实在是大。如果不大，那早就被轻视，被忘却了。但我持有三宝，时常珍惜着。其一是爱，其二是知足而不多求，其三是不为世人先。也就是说，唯有深深的爱，人才会真正地勇敢起来。平日里养成俭朴之风，一旦遇到困苦之人，就会慷慨地施舍于他。什么时候也不为世人先，不知不觉间，别人会从后面推着你，使你享受到王者的待遇。没有爱还要自恃勇敢，或者理应在人后，却要勉强站在先头，毫无例外必然会栽跟头。实际上，有了深深的怜悯和爱心，即使在战斗中失败了，那也算不上是真正的失败，如果坚守，自然会固若金汤。"道"就是这般拥有如此深深的爱，守护着你。（加岛祥造译著《伊那谷的老子》，淡交社，1995年，第89—91页）

三、皈依于"道"的领导者拥有三件宝物。一乃慈爱之心，惟有慈爱普天下人之心，即使遇到何等困难也会鼓起勇气去战胜它，拥有慈爱之心去战斗就不会失败，其原委由于天以更大的慈爱之心来守护后援他。二乃谦虚之心，他从不计较自己的事，总是他人在前、自己靠后，时时尊戴他人，不出人头地，所以反过来被人们拥戴为领导人。三乃节俭之心，他不浪费铺张，会积蓄财物，所以会对贫困的人们乐善好施。（新井满《自由译：老子》，朝日新闻社，2007年，第78—80页）

以上三种《老子》（第67章）日语翻译，实际是三种话语文本。这里所说的话语文本，是指从话语学的角度讲，这些文本具有主题、背景和结论这三要素。

福永光司是日本屈指可数的汉学家之一，尤其在老庄研究上颇有建树。他的《老子》日译，是在长年深刻研究的基础上的。他说，"既然要把玄而又玄、难以把握的《老子》文章，用书面语言表现出来，把其浑沌逻辑分明地加以译解，就要遵从书面语言的'自然性'，尽可能正确地解读《老子》的文章。"

而加岛祥造的《老子》日译有以下背景：

读阿萨威莱和林语堂的英译《老子》，从中感到一种全新的境地，即明快地捕捉到了老子所指引的方向，令人击节称快。然而通过自己的"黑匣子"译为日语，却在文体、口气和韵律上没有信心起来，产生了想参照

其他更多英译《老子》的念头。于是，拜托约我把英译《老子》译为日语的女编辑推荐其他英译版本。她通过在伦敦的熟人，不出两周就寄来了，竟有十一册之多。采用何种译法呢？带着这个问题我阅读了这些英译本，终于在这十多种英译本中，发现了共通的翻译背景，也可以称作共通的基础，那就是从西欧人或者说英语国民的思考和气质中自然产生的倾向性，具有同现有的日语译《老子》的世界全然不同的特色。下面仅列举其最醒目的三点：

一、各位译者虽然程度不等，但都刻画了自己理解的《老子》的形象……

二、英译者不否定老子这个人在历史上的客观实际存在……

三、也是最鲜明的一点，十多种英译都把《老子》当作诗来译。

新井满的日语自由译《老子》是2007年出版的新作，他以福永光司译注的《老子》为参考书，并言明坚守两个翻译原则："一，绝对严守原作者的思想观念；二，日语翻译尽可能明白易懂。"（第119—120页）

不难看出，福永光司日语译《老子》的特色是"尽可能地读解《老子》的文章"，新井满的自由诗日语译是"绝对严守原作者（老子）的思想观念"。与此同时，加岛祥造的英译流的日译则是"具有自我理解的《老子》的特色"。

然而，从上面列举的三人的日译作品中，我们发现了三种不同的话语文本各具个性，特别是其中的主题关键词。

"我的道内含三宝，我一直珍惜恪守着。"（福永译）

"但我持有三宝，时常珍惜着。"（加岛译）

"皈依于'道'的领导者，拥有三件宝物。"（新井译）

"我的道"、"我"、"皈依于'道'的领导者"，这三个不同的话语主题词指向使这三种日语译文本，具有了各自的个性理解。具体说，福永光司解读的主题关键词是"道"和"三宝"的内在关联，认为"道"并非老子一个人的思想，《论语》、《礼记》等儒家思想和《庄子》的思想也内含其中。与这一多重多元的老子形象相反，加岛祥造从英译读解的是，实实在在客观存在的老子个人和"三宝"的内在关联。所谓"实实在在客观存在的老子"，是指"在日本，早在江户时代（1603—1867）日本就已有否定老子个人客观存在的议论，至今仍有学者坚持这一观点。理由是《道德经》五千言中，除老子自身的语言外，还夹杂有许多古代格言、谚语等。不用说，中国也有类似的观点。"而众多的英译老子却否定了日本和中国的这一传统观点，认为《老子》属于老子个人，是个人思想的结晶。

新井满读解的老子，则贯穿着现代式的人文价值观，着眼于使领导者们觉悟的"道"和"三宝"的内在关联。

尽管三种翻译文本各具个性，但也有共同点，这就是对"三宝"中"慈"的读解。正如获得日本文化勋章、紫绶褒章、朝日文化奖等国家级荣誉，编著有举世闻名的巨著《大汉和辞典》的世界级汉学者诸桥辙次先生所阐述的："中国民族是实实在在的和平之民，民主主义之民……'天地之大德曰生'（《易经》）这句话，是所有中国人共通的想法。天地帮助万物生长发达，即以生息化育而形成其核心。接受天命的人也必然奉天心助化育，这就是人间之道。正因为立足于这一根本，孔子才思考总结出诸道德的总称为仁。仁是爱，是恩惠，是广助万物化育的核心。老子的说教中多有同孔子不同之处，但在人生最大的目的乃广泛地化育万物这一点上是相同的。所以，在说到'我有三宝'时，举出'一曰慈'。慈是恩惠，是万物成就生息的核心。在这些教诲下成长起来的中国人，不用说，原原本本接受的是和平主义教育。"

同《老子》在中国常常受到有所保留甚至非议的地位相比，"二战"后异文化交流中的《老子》的地位却非常高。"20世纪60年代，已有30多种《老子》英译，到了90年代，足有超过40种的英译，再加上绝版书，英译《老子》有50多种。另外，在多种英译版中，都异口同声地写道，《老子》仅次于《圣经》，是英译版本最多的外国书籍……超过了孔子的《论语》和佛典。"（加岛祥造《伊那谷的老子》，第118页）这给我们一个启示，《老子》在战乱后的和谐国际社会建设中，有着无以替代的经典价值。

（作者单位：首都师范大学诗歌研究中心）

国学与汉学

國學 漫谈

原载：国学版（光明日报2009.6.29第12版）

杨煦生

20世纪90年代以来的中国学界，国学和（域外）汉学几乎同时成为不断占据学术界视野的学术焦点和学术发展流向。然而，这二者都面临着某种定位的危机。汉学和国学的对象领域，表面上是互相叠合的学术领地，可这种表面的叠合，正是充满悖谬的一切的一个基点。在现代学科体系中，在当代思想版图上，二者的学科定位、研究主体、对象范围的划定、方法论基础、与其他学科的关系等等，都依然是亟待进一步深入反思和细致梳理的问题。

汉学的范式转换

在国际学界，汉学早已是复数概念。关于汉学的定义，特别是在对这一学科的性质和广度方面的厘定，历来较难统一。德国汉学家、德国第一个汉学教席的拥有者佛兰阁（Otto Franke，1863—1946）的定义最为宽泛，因之也得到比较广泛的认同：汉学是一门研究中国人和中国文化的学科。

然而，汉学的自我理解和定位必须从汉学史的回溯开始。从简略的历史看，汉学经历了不同的阶段，在每个阶段都形成了不同的范式，而每种先行的范式，总又不同程度地包含或投射于后起的范式之中。

从始自14世纪游记汉学（前学科阶段）、始自17世纪的传教士汉学（价值对话阶段）、始自19世纪的学院汉学（语文学、历史学阶段）到20世纪50年代以来由美国学界主导的日益多元化和实证化的中国研究（社会科学阶段），无论关于汉学的概念宽泛还是狭窄，汉学总是一种在其他文化语境中成长发展起来的、关于中国和中国文化这个"他者"（das Andere/the Other）的学科。一部严格意义上的西方汉学的历史，究其根底，不过是一场由基督教文明所发起的与中国文化对话的历史。这一部汉学史，首先是西方近代精神史自身的一组血脉。在汉学的名义之下发生的与中国文化的相关性，其实一直是西方（或"东洋"）自我理解的一个曲折历程。无论研究者的立场和价值导向如何、专业旨趣和训练如何，中国及中国文化的汉学研究中的这种"他者"的地位从未改变。

国学的范式确立

自20世纪90年代起，"国学热"日渐升温。然而，一个成为学界普遍共识的国学概念，一直未能达成。在现代学科体系在中国走过大约百年的历史之后，国学概念的重新确立，始终面临着如何跨越当代学科壕堑的技术性难题。

人们尽管可以不假思索地说，是的，一国有一国之学，一国之学，是谓国学。这样的逻辑诚然干净利索。不错，在今天的学科版图上，研究古印度文化的学科称印度学，研究美国社会文化的学科称美国学，这里，民族、国家的边界和学科边界似乎统一。可是，国学其实是一个在民族国家诞生之后才可能出现的文化学术诉求，而这一诉求所指向的恰恰是前民族国家时代的传统。在这个民族国家林立的现代，"国"与"学"的覆盖范围往往事实上无法叠合，这类现象不胜枚举。在西方的文化学科体系中，闪米特学、波斯学、伊斯兰学等以古文化为对象的学科，更是如此，这里，学科的对象并不是某一现代意义上的民族国家的一国之文化，而是以某种语言或语系为核心的文化历史领域。在此意义上，每个国家都有其

"国史"——一个民族国家的自然史，是可以从编年史的意义上建构的；然而却未必就有与之相应的"国学"，即植根于民族语言和传统深处的、同时以民族国家为自然界限的知识体系。

在古代中国，从三坟五典、九丘八索到经史子集、三教九流的漫长古典传统中，一种统一的明晰的国学观念并未形成。人们往往忘记一个世纪前国学概念（章太炎）和西方现代学科分野在现代中国教育体制中的引入之间的微妙的共时关系。国学固然是学——以学科形态所展示出来的关于传统及古典时代的种种知识体系，但无论如何，我们断不可忘记的是，国学之为学，并不等同于任何一学——即某一种有中国特色的学科如甲骨学、训诂学、音韵学等等，国学首先与国相关——独特的文化形态及与此相关的价值问题，以及在今日的全球化语境中这一价值体系的地位等等，乃是这一学科之核心。

在章太炎的时代，国学之为问题，正是国之为国、学之为学成为问题之日开始的。有意味的是，百年之后，国学在完全不同的新的时代语境中成为焦点问题。国学应该是一种关于中国古代文化的前学科和跨学科的学问？应该是各种有独特中国色彩的传统实证学科的重光？或者应该是一种新的时代语境中的关于文化自性（kulturelle identitat/cultural identity）的价值学科？范式确立的难题，恐怕是今日国学之思的首要课题。

国学与汉学的视界融合

在一个文化对话成为自觉或不自觉的生存方式的时代，文化自性何以确立、跨文化语境的视野融合何以可能，都是我们这个时代精神生活对学术实践提出的难以回避的理论挑战。这一精神背景，使对国学和汉学的自我定位和相互关系的考察，成为同样难以遁避的理论课题。

汉学就其本身而言，是一种西方的学问，尽管其对象领域为中国和中国文化；而汉学史就其实质而言，是欧洲近代精神史乃至世界精神史的一个重要维度。因此，一方面，汉学和汉学史的精神历程和成果能否纳入中国思想和学术的视野，正是国学能否获得自觉的价值意识、而同时又成为一个当代学科的重要先决条件。中国文化的自我理解，已经无法在中国学术界的境域中自给自足地循环下去。另一方面，仅仅这样的学术迂回本身根本无法应对我们今日时代的精神课题，没有主体性醒觉和主体性能力，任何互为主体的对话都必然只是空话。国学之所以成为我们今日的学术焦点，恰恰也正是在这种自我醒觉的基础上发生的。这种我们这里所谓的文化对话式的（域外）汉学研究，指的是一种开放的、面向未来的、注重中国文化主体性的研究。在此，"中国"不再仅仅是实证的知识学的对象和他者，而是积极从事自我理解的价值主体。在此，传教士汉学范式中所本来蕴涵的价值对话，将以新的学术形态继续进行。这样的汉学研究，才能与重新提上议事日程的国学研究互为表里、相得益彰。一种重归价值对话范式的汉学和一种获得自觉问题意识、在对话格局中建立自身学科范式的国学，都有待于全球化时代的新一轮的视界融合的发生。

（作者单位：中国人民大学文学院）

国学动态

中西文化哲学会通

原载：国学版（光明日报2008.12.15第12版）

12月10日，北京大学哲学系、中国文化书院在北京大学治贝子园召开题为"中西文化哲学会通：哲学·宗教·生活"的研讨会。美国宾州爱丁堡大学心理系教授李绍崑，美国夏威夷大学哲学与宗教学系教授郑学礼，以及汤一介、牟钟鉴、王守常、孙尚扬等学者就中西方哲学、宗教以及文化的会通、交流展开了深入的讨论。

李绍崑教授介绍了美国当代著名诗人、哲学家托马斯·弥尔顿（Thomas Merton）的文化比较观念，并与与会学者进行了讨论。与会学者认为在当今人类面临的生态、文化等危机面前，不同民族、国家、宗教、文化之间的冲突也在加剧，因此，承认、尊重不同文化的特点，保存文化的多样性、差异性，倡导不同宗教、文化之间的交流，对于促进宗教和解，引导世界的和平、有序发展具有积极的促进作用。（小　钟）

国学漫谈

中国文化西来说的终结

刘学堂

原载：国学版（光明日报2008.10.20第12版）

中国文化西来说在西方学术界由来已久，而在中西学术界产生极大影响则源自于1921年瑞典学者安特生在河南渑池县仰韶村的发掘。

安特生在仰韶村发现大量的彩陶，他将其与东南欧的特里波里、中亚安诺等遗址的彩陶相比，发现有许多相同的地方。在当时的学术思潮中，所谓传播论十分盛行。传播论认为，文化的发明和创造是很困难的，而人群集团之间的文化学习和借鉴则是十分自然的事情。所以世界上许多文化是由一地发明后相互传播的结果。加上正值中国文化西来说在欧洲流行，在此背景下，安特生说"然以河南与安诺之相较，其器形相似之点既多且切，实令吾人不能不起同一源之感想。两地艺术彼此流传未可知也。诚知河南距安诺道里极远，然两地之间实不乏交通孔道"。

为了探寻彩陶的传播路线，安氏寻踪西进，由西安到兰州，再到西宁。经调查，安特生认为甘青地区发现的大量陶器都属于新石器时代，可归入仰韶文化，同时认为它们都是由西方传入，完善了他的中国文化西来说体系。

由于安特生的中国文化西来说是建立在考古学的基础上的，所以一经出笼,便在中国史学界引起极大的震动。受中国传统文化教育极深的学者们断不能接受,但同时也感到要推翻安特生的观点,最终解决中国文化起源这样的大问题,在材料上还有许多实际困难。不过,不少学者已意识到,在欧洲、近东和中国黄河流域之间,横隔着疆域辽阔的新疆,要解决仰韶文化彩陶西来说的问题,须对新疆地区的彩陶进行系统研究。安特生对此也有同感,"由地理环境上分析,确实新疆为吾人最后解决仰韶问题之地也"。

1931年留学归国的梁启超的次子梁思永,发掘了安阳高楼庄的后岗,在这里他发现了中国考古学史上著名的"后岗三叠层",即仰韶文化层、龙山文化层、商文化层由下而上的三层堆积,从地层上证明了中国的历史由史前到历史时期是一脉相承的。梁先生的这一发现,对中国文化西来说是一个很大的冲击。安特生认为仰韶彩陶西来的一个重要前提是甘肃地区的彩陶年代上比中原的仰韶文化要早。1945年,著名考古学家夏鼐先生通过对甘肃宁定县(今广河县)半山区发现两座齐家文化墓葬,指出安特生在考古遗存认识上的错误。

然而,由中国彩陶来源引起的中国文化西来说时隐时现,其影响一直未销声匿迹,并为一些别有用心的学者所利用。时至最近,国外个别学者依然坚持认为中国彩陶来源是西来的,以彩陶为代表是中国远古文化根植于西方。给这个问题真正画上圆满句号的是彩陶之路发现。

彩陶之路的发现是新中国成立以后,新疆彩陶不断发现、研究不断深入。

新疆彩陶很早就有发现,但一直到上世纪80年代前,受中原考古学研究模式的影响,这些彩陶一直被当作是新石器时代的遗存。上世纪80年代后,学者们开始对新疆出土彩陶的墓葬或遗址进行具体分析,认为它们大多属于青铜时代,晚者甚至到了铁器时代,这使新疆彩陶研究跨出了关键一步。特别是上世纪90年代到新世纪开始的几年内,新疆发掘出史前墓葬四五千座,出土大量彩陶,逐步搞清了新疆彩陶兴衰的基本线索。新疆彩陶并非是由西而来,是东方黄河流域彩陶西渐的结果,从而提出了彩陶之路的渐渐理念。

至少在距今8000年前,黄河流域彩陶文化逐渐开始向四周扩张,距今7000年以降,进入到六盘山东西两侧;距今5500—5000年,扩展到青海东部；距今5000年以降，西进至酒泉境内的祁连山北麓；距今4000年前后，现身于新疆哈密地区。不过，这支东来的彩陶文化并没有在哈密绿洲驻足，至少在距今3000年以前，向西进入了吐鲁番盆地，同时沿天山间的山谷和山间通道，进入乌鲁木齐周围，再向西沿着天山北坡的绿色通道，进入伊犁河谷；约在距今2500年前，这支文化继续向西挺进巴尔喀什湖以东，成为这里所谓塞克·乌孙文化的主要构成因素之一，但传播至此，彩陶文化已是强弩之末。公元前后的汉代，这支源于东方的古老彩陶文化终于被其他文化所取代。

中国彩陶文化，在西渐过程中，沿途不断与其他文化交流、融合，逐渐形成新的地方性的考古文化。由黄河上游起点，通过河西走廊，在新疆地区沿着天山山脉这座沟通东西文化的大陆桥西进，终点到达巴尔喀什湖东岸一线，前后历时5000多年，沿途不同的考古文化是黄河文明一波又一波向外不断扩张的历史缩影。

至此，地处东西方之间具有关键性地位的新疆彩陶面貌逐渐明朗。彩陶之路的发现，使建立在其上的中国古代文化西来说终成历史。

（作者单位：新疆师范大学人文学院）

国学动态

儒学在全球化趋势中的历史责任
——第二届世界儒学大会学术综述

原载：国学版（光明日报2009.11.2第12版），本书有删节。

世界儒学大会日前在山东曲阜召开。来自中外21个国家和地区的300多位专家学者参加了会议，并围绕下述议题展开讨论。

一、全球化趋势下的儒学传承与发展

进入21世纪以来，在全球化趋势的影响下，各种文化形态互相交流、融合、碰撞，与会代表立足于这一时代背景，围绕儒学怎样自我定位、选择的议题，从不同的角度各抒己见。有学者认为儒家文化提倡的世俗伦理，和谐人类心性，和谐人际关系，化解管理危机，是21世纪重要的思想资源。同时，儒家文化必须开本返新，进行转化和更

新。就儒家思想对世界文明的贡献和作用，有学者强调，全世界在认同和接受儒家文化的古今成就方面尚存在着很大的障碍。因此，采用最受欢迎的教育方式来介绍儒学至关重要。还有学者认为当下研究国学一方面要兼顾历史的脉络，但又不能完全局限于其中，而是要有一些新的视角和方法。

二、儒学与社会经济发展

去年的国际金融危机所造成的破坏和影响还未完全消退，经济与文化之间种种形式的关联也愈发引人注目。因此，这一届的儒学大会特别注重探讨了儒家思想在推进社会经济发展方面所起到的重要作用。

美国夏威夷大学的成中英教授讨论了儒学中的"均、和、安"政治经济原则，认为儒家中道德与经济的相互为用以达到国家与社会发展的目的。与会者关注全球化背景下的中国文化选择。有学者指出：儒家文化与商品经济的种种矛盾影响着中国现代化的进程，中国的传统文化精神将在冲撞中扬弃、死灭和再生，形成具有中国特色的新文化。有学者以"金融危机语境下的儒家伦理与儒商精神"为题进行探究，认为次贷危机和金融危机的幕后实质是诚信危机，是大范围、群体性的茫然失信所致。这就需要弘扬儒家伦理与儒商精神，秉承明德，存心以诚，处世以恕。

三、儒学理念的阐释

儒学能否在新的历史际遇下实现自我发展，超越其他文化形态，还有赖于对自身进行学理上的梳理。有学者细致剖析了儒家思想中的大一统观念，依次论及孔子、孟子、公羊高、董仲舒等人的相关思想，厘清了儒家的大一统观念的历史脉络，指出，儒家"大一统"思想所包含的国家和民族统一理论和社会制度统一理论，对于两千多年中国社会的发展有着重大的影响，至今仍然有着不可忽视的价值和意义。

中国社会科学院哲学所的蒙培元教授探讨了儒学的生态意义，认为中国哲学是"生"的哲学，儒家的"爱物"之学是深层生态学，提出了人类应当如何生存的重要原则，有了这个原则，就会"取之有道"而"用之有度"，走可持续发展之路。

对于儒家文化一些最基本的概念，与会学者也有精彩的阐释。有学者认为儒家之"和"包含着丰富多样的含义，并着重讨论了儒家的中和思想，包括其基本内涵、主要特征、对于人的发展所产生的影响等。

经过与会代表在诸多方面热烈而细致的讨论，大家达成了这样的共识：在世界全球化趋势越来越显著的时代背景下，在多元文化共生共存的现实语境中，承载了深厚历史积淀的儒学思想理应担负越来越重的责任，在社会经济发展、文化艺术创作等方面发挥更为显著的作用，也为中华文化的复兴做出更大的贡献。（叶楚炎）

国学动态

挺立自家传统　融会西方新潮
——方东美研讨会综述

原载：国学版（光明日报2008.11.3第12版），本书有删节。

近日，全国首家方东美研究所揭牌仪式和方东美学术研讨会在安徽大学举行，安徽大学哲学系主任李霞教授兼任研究所所长。来自清华大学等高校、科研院所的代表共60多人参加了成立仪式和学术研讨。与会者指出，方东美哲学思想博大精深，研究和弘扬方东美哲学思想具有重要价值。

方东美属安徽籍圣贤，既是大陆哲学和文化的符号，也是台湾哲学和文化的符号。其家学渊源为儒家、气质内涵为道家、宗教派别属佛家、治学学理属西家。他将帕格森生命哲学与周易的过程哲学、立体哲学进行有机结合，创立了生命本体哲学，为现代新儒家"重建儒家形而上学"做出了贡献，反映了新儒家"挺立自家传统，融会西方新潮"的文化立场，内容丰富。有学者认为方东美哲学思想的特色有三个方面：一是中西会通、综合创新，重建爱国主义传统，对中国哲学在现代条件下进行尝试和努力；二是兼容并述，诸家并重，如重儒但不独尊儒，不同于冯友兰的"接着"理学讲出新理学，不同于牟宗三、熊十力"接着"心学讲述新心学，而是讲出非儒非道非佛，亦儒亦道亦佛的崭新学说；三是哲思与哲理相交融，在形上学方面，建立圆融和谐的精神境界，不同于西方的矛盾对立等二元状况，而是让"广大和谐"进入中国哲学。（施保国）

国学争鸣

我们有没有"是"

许苏民

原载：国学版（光明日报2008.1.7第12版）

早在上世纪三四十年代，关于中国有没有哲学的问题就有争论；新世纪来临后的"中国哲学合法性"讨论，更使问题显得尖锐。很多质疑中国哲学合法性的学者，都以张东荪在1947年写的《从中国语言构造上看中国哲学》一文为论据，认为中国传统语言的最大特点是缺少系词"是"，既然传统语言中连系词"是"都没有，当然也就谈不上有探讨"是之所以成其为是"的哲学了。

中国传统语言中真的没有系词"是"吗？不是的。中国的文言文，除了用"乃"、"系"、"即"、"诚"等字来表征"是"的意义之外，直接使用系词"是"的文献有《论语》、《孟子》、《庄子》、《韩非子》、《睡虎地秦简》、《春秋繁露》、《论衡》、《世说新语》，以及魏晋学者翻译的佛教典籍等等。在这方面，古代语言文字研究者已有很多成果问世。

至于讲到中国哲学，先秦文献中直接运用"是"来表达的哲学命题固然比较少，但汉晋以后却是不胜枚举。然而，通观历代哲学话语，无论是表面上对系词"是"省略，还是直接运用系词"是"来表达哲学观点，其实都是在回答"是之所以成其为是"的问题。在这方面,不仅古今相通,而且中西哲学之间也并没有什么不同。

一、表面上省略了系词"是",而将系词"是"蕴涵在哲学的思维方式和文言的特殊表达方式之中,可以《周易》、《老子》为代表。这一点,严复早就做过深入分析。

精通西方哲学的严复开创了从语言学视角来从事中西哲学比较研究的思路。他认为,西方语言中系词"是"（to be或is）与谓词（what）有明确的区分和表达方式,便于给概念下定义,比起中国秦汉文言来确实要明晰多了,但这并不意味着中国古人不运用系词来给概念下定义,问题只在于人们在阅读古代文献时要善于"合其位与义而审之"："西文有一察名（what）,大抵皆有一系名（to be或is）为配。中文亦然,如《周易》八卦乾健、坤顺云云,皆指物德,皆妙众物而为言者也。系,西文曰阿布斯脱拉脱,此言提,犹烧药而提其精者然。"所谓阿布斯脱拉脱,即abstract,译成中文是"抽象"的意思,其具体用法为onto,而所谓本体论即为ontology。严复认为,中国古代哲人的"妙众物而为言",遵循的是与西方哲人同样的哲学思维方式。

这一观点在严复对《老子》的研究中做了进一步的论证。《老子》书中几乎没有用作系词的"是"字,严复认为老子是把系词"是"的运用蕴涵在他的思维方式之中了。他甚至还由此做出了一个惊人的论断,说"西国哲学所从事者,不出《老子》十二字",这十二个字就是《老子》书中所说的"同谓之玄,玄之又玄,众妙之门"。他把西方语言的系词to be或is（"是"）与老子之所谓"玄"看作同一概念,首先以"系"译"是"："中文之义,系者悬也；意离于物,若孤悬然,故以取译。"所谓"系"或"悬",在哲学认识论上就是把事物的一般意义抽象出来,使之与具体事物相分离；进而以"悬"释"玄"："玄,悬也。凡物理之所通摄而不滞于物者,皆玄也。哲学谓之提挈归公之物德。"也就是说,老子之所谓"玄之又玄",也就是西方哲学思维方式的"是之又是",即通过对"to be as to be"（是之所以成其为是）的探究,来揭示事物之普遍属性、本原或终极原因："一切皆从同得玄。其所称众妙之门,即西人所谓Summum Genue,《周易》道通为一,太极、无极诸语,盖与此同。"这终极的"是"（to be, is）或存在（being）,就是老子的"道",也就是西方哲学所讲的"第一因"。

中国哲学的本体论不仅回答了"什么是"的问题，也回答了"怎么是"的问题，反映了对于世界的辩证本性的认识。严复说，在中国哲学中，"道生于对待"，"凡对待，皆阴阳也"。"《周易》以二至矣，……夫以二准阴阳，阴阳亦万物所莫能外者"。在《易》理中，论天行，则有自强不息为之先；论凡动必复，则有消息之义居其始；而"乾坤其易之蕴，易不可见，乾坤或几乎息"之旨，则是对本体的辩证本性的具体规定。黑格尔之所谓"中国哲学只具有形式上的抽象普遍观念而缺乏具体规定"的观点，也是不合乎实际的。

二、汉晋以降，直接运用"是"来表达的哲学命题大量出现。如董仲舒论人性，有"曰性善者是见其阳，谓恶者是见其阴"之说。王充论天道自然无为，批评灾异谴告说"是有为，非自然"。孔颖达《周易正义·系辞上》云："道是无体之名，形是有质之称。"佛教禅宗说"一切声，是佛声；一切色，是佛色"；"青青翠竹，尽是法身；郁郁黄花，无非般若"。又如陆九渊："宇宙便是吾心，吾心即是宇宙。"如王门四句教："无善无恶是心之体，有善有恶是意之动，知善知恶是良知，为善去恶是格物。"如王门四无教："心是无善无恶之心，意是无善无恶之意，知是无善无恶之知，物是无善无恶之物。"如罗钦顺《困知记》云："理只是气之理。"李贽云："穿衣吃饭即是人伦物理。""岂知吾之色身外而山河……皆是吾妙明真心中一点物相耳。"如此等等，不一而足。

然而，又有学者质疑道：西方的系词"是"具有"有"的意思，中文的系词"是"则没有。确实，在西方哲学语言中，"是"与"有"互为表里，探讨"是之所以成其为是"就是探讨"有之所以成其为有"，哲学形上学也就是关于"being"的学问，"being"即最高的"存在"或"有"。那么，中文的系词"是"究竟是否包含"有"的意思呢？回答是肯定的。唐诗"借问酒家何处是"，亦作"借问酒家何处有"，"是"与"有"可以相互置换；王充云"曲妙人不能尽和，言是人不能皆信"，李贽说"厥初生人，唯是阴阳之气、男女二命"，其中的"是"字皆可当"有"来解。至于"实事求是"之"是"，显然是以实事之"有"为前提，并且可以包举和含摄实事之"有"。

特别值得注意的是，中国哲学中有一个"诚"的范畴，它既被用做系词"是",亦被释为"实有"。《朱子语类》卷六《性理三》云:"诚只是实","诚者,实有此理。"利玛窦在《天主实义》中说,中国先儒在《中庸》所讲的"诚者物之终始"、"不诚无物"之说与以"物之原"为"实有"的西方哲学是一致的:"儒谓易有太极,故惟以有为宗,以诚为学。""夫儒之谓,曰有曰诚。"王夫之扬弃朱熹以先验的"天理"为实有的观点,认为"诚"是一个作为"物之体"而存在的标志着客观实在的范畴,从人类的生活和实践与物质世界的依存关系来阐发"依有、生常"之义,讴歌"破块启蒙,灿然皆有"。

在中国哲学中,"诚"与"性"、"道"、"名"同属哲学形上学范畴。严复对此有很深刻的认识,他说中国古代哲人的"学问思辨皆所以求诚、正名之事",可见在他们心目中也有亚里士多德"第一哲学"式的本体论与逻辑学之一致的观念。有感于老子讲"道可道,非常道;名可名,非常名",以"道"与"名"为同一层次的概念,严复译西方的逻辑学为"名学"。"名"固奥衍精博,"诚"亦广大精微。求诚、正名,皆所以闻道,亦即孟子之所谓尽心、知性、知天:"精而微之,则吾生最贵之一物亦为逻各斯……老子所谓道,孟子所谓性,皆此物也。"严复对"诚"与"性"、"道"、"名"诸范畴与西学之"逻各斯"的概念的会通表明,中国哲学之有本体论,乃是不言而喻的事实。这一认识是深刻的,也是合乎中西哲学之实际的。

17世纪思想敏锐的中国学者认为,"吾儒之学得西学而益明";而严复更强调指出:"欲读中国古书,知其微言大义者,往往待西文通达之后而后能之。"他自述其研究西方语言文字的"至乐"云:"考道之士,以其所得于彼者,反以证诸吾古人之所传,乃澄湛精莹,如寐初觉……此真治异国语言文字者之至乐也。"当然,严复是在精通中学的基础上去研究西学的,所以当他以西学的观点来看中学的时候,并不妄自菲薄。在这方面,我们是应该向严复学习的。治西方哲学者作中西哲学比较研究,且须先认真仔细地研究了中国哲学以后再下结论,庶几立论更为审慎。

(作者单位:南京大学中国思想家研究中心)

国学争鸣

我们有什么"是"
——与许苏民先生商榷

周浩翔

原载：国学版（光明日报2008.2.4第12版）

许苏民先生近日在《光明日报》撰文指出，中国不仅有系词"是"，也具有西方的"是"所具有的意义（如"有"），由此得出，中国也有研究"是之所以成其为是"的哲学，即本体论。且认为，"在这方面，不仅古今相通，而且中西哲学之间也并没有什么不同"。（《我们有没有"是"》，《光明日报》国学版，1月7日。下引此文者，不再标注）笔者于此有不同看法，想就教于许先生。

要想清楚我们有没有"是"，须首先对西方哲学意义下的"是"有个清晰的认识。由此，方可谈有无的问题。

"是"是西方哲学史上一个非常重要的概念。也有人译为"存在"、"有"。"是"的希腊文为einai，英文为to be，德文为sein。有的前辈学者之所以主张译为"是"，是因为"是"既包括了"是"作为系词"是"的意思，也概括了"是"作为"存在"、"有"的意思。

据汪子嵩、王太庆二先生之论，首先提出"是"的重要意义的是巴门尼德，而对"是"进行全面研究的是亚里士多德。（汪子嵩、王太庆《关于存在和是》）在《形而上学》中，亚里士多德明确提出了一门研究

"是之所以成其为是"的哲学，即后来的ontology，翻为"是论"或"本体论"。据有的学者考证，最初把它译为"本体论"的是日本学者。第一个为本体论下定义的是德国哲学家沃尔夫。他下的定义如下：本体论，试述各种抽象的、完全普遍的哲学范畴，在这个抽象的形而上学中进一步产生出偶然、实体、因果、现象等范畴。俞宣孟先生在他的《本体论研究》中总结了本体论的三个基本特征："（1）从实质上讲，本体论是与经验世界相分离或先于经验而独立存在的原理系统，这种哲学当然应归入客观唯心主义之列；（2）从方法论上讲，本体论采用的是逻辑的方法，主要是形式逻辑的方法，到了黑格尔发展为辩证逻辑的方法；（3）从形式上讲，本体论是关于'是'的哲学，'是'是经过哲学家改造以后而成为的一个具有最高、最普遍的逻辑规定性的概念，它包容其余种种作为'所是'的逻辑规定性。"总之，本体论是运用以"是"为核心的各种范畴进行逻辑构造的思辨哲学。

通过以上的回顾与分析，我们对西方意义下的"是"与本体论有了大致的了解。我们再来看许先生是如何理解的。

许先生在第一部分首先引严复的说法，认为"西方语言中系词'是'（to be或is）与谓词（what）有明确的区分和表达方式，便于给概念下定义"，进而认为，中国古人也运用系词给概念下定义。且不论严复有无此意，但单凭中西都有系名难以断定两者有相同的哲学思维方式，其间并无必然的联系。许先生接下来又对严复的《老子》研究做了评析。认为严复"把西方语言的系词to be或is（'是'）与老子之所谓'玄'看作同一概念"。其实，"玄"在此只是称谓而已，只是为了言说的方便。"是"是最普遍的范畴，是"有"。而"玄"非定有，非定无，是有无之浑然为一。说"玄"是无，无中自存妙有，说"玄"是有，有即无形之有，无有之有。"玄"之意境深微广大，"玄"之为"玄"只是取其称谓而已，若执著于"玄"则正失"玄"之本意。正所谓得鱼忘筌，得意忘言。此与抽象范畴的"是"何其不同。"玄"如此，"道"亦同。"道"同样也不同于"是"。《老子》开篇便云："道可道，非常道；名可名，非常名。"道是不能言说的，是不能执著为对象的。总之，"玄"、"道"都不能理解为西方哲学语境下的"是"。

许文在这部分还指出，"老子之所谓'玄之又玄'，也就是西方哲学思维方式的'是之又是',即通过对'to be as to be'(是之所以成其为是)的探究,来揭示事物之普遍属性、本原或终极原因。"许先生把对西方"是之所以成其为是"(或本体论)探究理解为是"揭示事物之普遍属性、本原或终极原因"的学问。可见,许先生根本没有弄清楚本体论到底是一门怎样的学问。把本体论理解为探究本原、本体的学问,这只是望文生义。中国传统哲学没有西方意义下的本体论。中国传统哲学有其自身独特的形态。

中西是两种不同形态的哲学。对此牟宗三先生有准确的认识。他说,中国哲学的形态"用一句最具概括性的话来说,就是中国哲学特重'主体性'(Subjectivity)与'内在道德性'(Innermorality)。中国思想的三大主流,即儒释道三教,都重主体性,然而只有儒思想这主流中的主流,把主体性复加以特殊的规定,而成为'内在道德性',即成为道德的主体性。西方哲学刚刚相反,不重主体性,而重客体性。它大体是以'知识'为中心而展开的。它有很好的逻辑,有反省知识论,有客观的、分解的本体论与宇宙论;它有很好的逻辑思辨与工巧的架构。但是它没有好的人生哲学"。(牟宗三《中国哲学的特质》)西方哲学以知识为中心,所以才有本体论式的哲学形态。这样的哲学形态始终是向外看的,总是执著于建立一个哲学系统,建立一门所谓科学的哲学。而中国哲学所开显的是一门生命的学问。何谓生命,这不是西方式的概念分解所能明晰的。此生命是道德生命。"诗云:'维天之命,于穆不已。'盖曰,天之所以为天也。'于乎不显,文王之德之纯。'盖曰,文王之所以为文也,纯亦不已。"(《中庸》)由此可知,此道德生命通天人之际。周易乾卦象曰:"大哉乾元,万物资始。"此从天命处说。《诗经·大雅·旱麓》"鸢飞戾天,鱼跃于渊。"老子《道德经》"众人熙熙,若享太牢,若春登台。"同样显天机之生意盎然。"天命之谓性",天命内在于人,便有人之心性,方能开显人之道德生命。此道德生命的生生不息方能开出人生之最高境界。

总之,中西哲学是两个不同形态的哲学。我们不能因没有西方以知识为中心的哲学就妄自菲薄,认为自家没有哲学,更不能用西方背景下的哲学观念硬套中国固有的哲学。哲学本无固定的形态,不同的文化背景凸显不同的哲学形态,而哲学自身也在发展变化。我们当下的工作是在现有的语境下深入挖掘中国所特有的哲学智慧,而不是跟在西方哲学的后面亦步亦趋，随便比附。否则，我们将无法使我们中国传统哲学所蕴涵的广大精深的智慧开显出来。

治中国文化者做中西哲学比较研究，且须先认真仔细地研究了中国哲学和西方哲学以后再下结论，庶几立论更为审慎。可不慎乎？

（作者单位：上海社会科学院哲学研究所）

国学动态

两岸清华携手研究"汉学的典范转移"

原载：国学版（光明日报2010.5.17第12版）

"杜希德与20世纪欧美汉学的典范大转移"学术座谈会，近日在北京清华大学举行。汤一介、乐黛云、郑炜明（饶宗颐先生代表）、陈珏、陈来等先后发言。本次研讨会的召开，标志着两岸清华计划开展的"汉学的典范转移"合作研究项目正式启动。

为共同迎接明年清华百年校庆，两岸清华校方于去年底共同确定，从今年开始，两校每年将各筹集同等数量的研究经费，资助若干前沿性课题，由两校教授各组团队，互相合作，展开高水平研究，寻求突破。"汉学的典范转移"是今年两校核准的二十四个合作研究项目中的一个。该项目由台湾清华大学中国文学系暨历史研究所教授陈珏担任主持，北京清华大学历史系教授、长江学者张国刚任共同主持。

"汉学的典范转移"研究聚焦于一百多年来汉学的两次"典范大转移"，计划以杜希德（Denis C. Twitchett, 1925—2006）为重点个案作深耕研究，观察以欧洲为代表的"东方学"之汉学"典范"，如何向以美国为代表的"区域研究"之汉学"典范"的方向转移。

清华的汉学研究传统源远流长。清华创立之初，即为留美预备学校，稍后在汉学领域，人才辈出，教授中之陈寅恪、赵元任，学生中之林语堂、闻一多、柳无忌，等等，难以枚举。今后的两年中，两岸清华将结合"汉学的典范转移"研究计划，在清华大学开设研究生的汉学高端密集课程，由两岸清华之团队成员共同执教，培养优秀之下一代研究人才。

国学动态

一次跨越文明边界的对话

原载：国学版（光明日报2009.7.6第12版），本书有删节。

6月22日至26日，由尼山圣源书院和北京外国语大学东西方关系中心等单位联合举办的"东西文化比较的新视野：安乐哲师生论道"讲习会在山东泗水举办。

本次尼山圣源书院名人论道围绕着"东西文化比较的新视野：安乐哲师生论道"开展各项学术活动，其中心议题是"金融危机及其文化启示：从东西文化比较看儒家思想的意义"。

许嘉璐教授指出，今天这个时代需要比较哲学已经无可置疑。可惜的是，几十年来，中国哲学几乎成为西方的翻版，在今天这个中国和平崛起的时代，越来越多的学者应该投身于比较哲学的事业，这是对世界文明的贡献，需要有一批学者耐得住寂寞，在学术的领域勇攀高峰。我们今天还要迅速建立跨文化的阐释学，实现语文的训诂与哲学解释学的沟通。在西方，安乐哲的著作代表了一个范型，我们可以在巨人的肩膀上继续前行。语文的训诂学是哲学解释学的基础，中国有着两千多年文献语义的阐释传统，今天我们到了用训诂学振兴中国哲学诠释学和中国文化的时候了。伟大的中国哲学家应当首先是经学家。

夏威夷大学教授安乐哲在致辞中指出，儒家学说传播到全世界是一个历史的潮流，儒家哲学也是中国文化推广到世界上的基石。他深刻阐发了中西比较哲学的方法与内容，认为中西比较哲学的方法有其特殊的价值。他围绕"世界现在需要什么？儒家哲学对世界文明会有什么贡献？"等问题展开他的演讲，认为西方的个人主义是导致其经济衰退的重要原因。西方的二元论以本质化的上帝与人性概念为基础，而这与儒家以孝为本的情感哲学有着根本的不同。中国整体性的思维方式的起点是家庭，儒家哲学以关系性、过程性的自然宇宙论为基础，因而儒家的主要哲学概念都是动名词性的。在今天这个经济危机的时代，儒家的角色伦理学将有助于救治西方的社会病。

尼山圣源书院院长、中央民族大学哲学与宗教学院教授牟钟鉴指出，今年既是新中国成立六十周年，又是孔子诞生2560年，在孔子诞生的神圣地点举办会讲，是以学术表达中华文明的复兴，参与世界文明的对话的最好方式。儒家文化以孔子的思想为原点，经历过两千多年的考验，今天必然在东西文化交流的历史机遇中焕发异彩。（温海明）

国学动态

首届海外中国学文献研究与服务学术研讨会召开

原载：国学版（光明日报2009.9.14第12版），本书有删节。

9月8日"首届海外中国学文献研究与服务学术研讨会"在国家图书馆隆重召开。会议由中国国家图书馆主办，美国匹兹堡大学东亚图书馆、中国社会科学院国外中国学研究中心等协办，来自美国、德国等国内外中国学研究机构和中国学研究文献资源典藏服务机构的学者出席了会议。

国家图书馆馆长詹福瑞做了题为"国家图书馆开展中国学研究的服务定位与目标实施"的主旨报告，对中国国家图书馆开展中国学研究的缘起、服务对象与定位以及目标实施做了全面而综合的阐述；北京大学哲学系教授汤一介做了题为"研究海外中国学的意义"的主旨报告，阐述了从哲学研究方面能看到的西方某些汉学家研究中国学的三个新视角以及他对研究中国学的三个想法等；北京大学中国语言学系教授严绍璗做了题为"我对国际中国学研究的再思考"的主旨报告，阐述了"国际中国文化研究"的概念，"国际中国学"学术价值定位等；会议宣读了俄罗斯当代著名汉学家米亚斯尼科夫题为"俄罗斯汉学的现状与展望"的主旨报告。中外学者还就海外中国学文献研究与服务、中国学研究历史与展望进行了交流，分享了各自的学术观点、研究成果和经验，加强了相互之间的了解和认识，共同推进中国学的研究与发展。（王大庆）

国学动态

中外学者共同梳理当代哲学发展的"中国脉络"
中国哲学三十年

原载：国学版（光明日报2010.8.16第12版）

编者按：由武汉大学国学院等单位主办的"近三十年来中国哲学的发展：回顾与展望"国际学术研讨会日前在武汉大学召开。来自两岸三地及欧美的四十余位学者，站在新的时代高度，于中西比较的视野中，对三十年来中国哲学的发展，进行了整体性及区域性的反思，发表了很多富有建设性的观点。本刊摘要刊登，以飨读者。

近三十年中国哲学发展的泉源与洪流
成中英（美国夏威夷大学哲学教授，国际中国哲学会创会会长）

三十年来中国哲学的发展可以说隐然的走势就是趋向和谐哲学。1979年，我提出了"和谐化辩证法"的论述；如果说这是一波中国哲学的振兴与创新运动的话，那么第二代台港地区的新儒家显然发挥了播种开源的作用；特别需要提及的，是在欧美文化园地里耕耘与推广中国文化与哲学的第三代新儒家。海外中国哲学观念的建立与推广必须归之于英文《中国哲学季刊》（Journal of Chinese Philosophy, JOCP）在1973年的创立与国际中国哲学会（International Society for Chinese Philosophy, ISCP）在1975年的建立。国际中国哲学会以及我较后创办的国际易经学会（International society for the IChing）更带动了其他海外中国哲学团体的成立与中国哲学刊物的发行，甚至也带动了国内大型儒家学术组织的成立与发展。

自2006年来，儒学从各种方向复苏，其动态发展的回馈震醒了中国知识分子的文化潜力，成为中国兴起的文化资源与依持。如果此一文化潜力能够进一步发展，我认为必然形成世界文化发展的力量。基于我的哲学主见，我们不能不认为21世纪将是一个世界轴心文明相互理解的时代。因之中国哲学也有必要扩大胸襟来与其他传统进行同情互惠的理解。此一理解又必呈现人之所同，正视人之所异，发挥同异互动、同异调和的行为方式，建立一个放之四海而行之的人性伦理。在哲学的领域里，最根本的问题仍然是本体学的回归，无此将无以修持人己以趋同存异，维护认知行为与伦理行为的普遍性，同时也开发文化艺术发展的独特性。

中国大陆地区中国哲学研究六十年的回顾与反思
郭齐勇（武汉大学哲学学院教授）

改革开放以后的三十年中国哲学，所以能不断走向深入，原因很多。其中，有一部分问题意识是源自对改革开放之前的三十年诸多问题的反思。所以，应该把六十年看作是一个整体，可分为两大阶段五小阶段。1949年至1966年为第一阶段，1966年至1977年为第二阶段，极左的氛围之下不可能有真正的学术研究。第三阶段约为1978年至1990年，本学科研究进入复苏期。第四阶段约为1991年至2000年，相对而言是潜沉读书与走上学术性研究的时期，方法论与诠释方式多样化的时期，学问分途与个案研究为主的时期。第五阶段约为2001年至今，以"中国经典的现代诠释"为背景，重建"中国文化"的根源性与"中国哲学"学科的自主性或主体性的时期，研究更加精细，个案与精专研究成果丰硕，队伍不断扩大，新生力量逐渐增加。

后三十年转暖或兴起的八大领域：传统哲学与当代；经与经学；佛教；道家与道教；宋明理学；现当代新儒学；出土简帛中的哲学思想；从政治哲学的视阈研究中国哲学。改革开放三十年来最重要的范式转换，是对中国传统哲学与文化之心态与立场的变化。当前的中国哲学研究也存在不少问题或缺失：学科间交叉、对话不够；学术品质与水平，对古典的研读能力的下降；现实向度不够；面向世界的能力尚待加强；问题意识和理论深度还有待提升；少数民族的哲学与古代科学中的哲学的研究还比较薄弱；在少数重要人物的研究上扎堆。瞻望未来，我们预计中国哲学界将会在中国哲学学科主体性的确立，中国经典诠释的多样性，中国哲学范畴、命题与精神、智慧的准确把握，西方哲学的中国化与中国哲学的世界化，中国哲学的创造性转化，中国哲学智慧对现代化的参与及对人类社会的贡献等方面，继续取得重要进展。

中国哲学研究在西方的三个阶段
姜新艳（美国雷德兰兹大学哲学系教授）

在西方的中国哲学研究大致可分为三个阶段，第一个可称为"初步引入阶段"。虽然早在17世纪介绍中国哲学的作品已在西方出现，但对中国哲学经典的翻译是在一百多年前才开始的。所以，中国哲学在西方的初步引入阶段可从那时算起。在这个阶段，由于翻译和研究者都不是哲学家，中国哲学并未同西方哲学发生联系，而只被看作是中国的文化现象。

第二个可称为"中西哲学沟通阶段"（约始于20世纪30年代）。在这一阶段，中国哲学被中国哲学学者以西方哲学家能理解和感兴趣的方式加以介绍并与西方哲学进行比较。这样的介绍和研究使某些西方哲学家对中国哲学有所了解和关注，并使他们试图在中国哲学中寻找有助于回答某些西方哲学问题的东西。这个阶段的工作对梳理中西哲学概念的异同很有价值，且在沟通中西哲学界方面功不可没。但这个阶段上的比较研究基本上是在西方哲学的框架中进行的、以西方哲学为标准的。套用西方哲学的概念、问题和思维方式的倾向常使中国哲学支离破碎、精神全无，因而使其在与西方哲学的对比中处于劣势。

第三个可称为"深入阶段"。在这一阶段上的任务是用西方哲学家理解和接受的语言将中国哲学的真精神、真面貌表述清楚并加以研究和发展。海外中国哲学学者在这个方向上已做了很多努力，尽管他们的方法论不尽相同。更确切地说，海外中国哲学的第三阶段是海外中国哲学研究的第三个层次。这个阶段并没有一个时间上的绝对始点，因为有些中国哲学学者很久以前就在做这个阶段上的工作，而另一些至今却仍未对此予以重视。但总的说来，自上世纪90年代以来，越来越多的人意识到海外中国哲学研究既需要使用西方哲学的某些方法（例如，广义上的分析方法），又不可脱离中国哲学的情境和整体。

从"合法性"到"立法者"
倪培民（美国格兰谷州立大学哲学系教授）

中国哲学的合法性问题本身是在西方物质文明力量占据统治地位以后才出现的。哲学这个概念和其他概念一样也是历史的、变化的。随着合法性问题产生背景的消失，中国哲学正在走出其"合法性"问题的意义域；取而代之的，是中国哲学作为哲学的"立法者"之一，参与世界哲学的发展和变革的时代。这不仅是因为西方后现代哲学对近代西方启蒙主义的批判已经为此做了理论上的准备，西方世界的金融危机和中国在经济上的崛起为此提供了物质上的条件，更因为中国传统思想本身为此提供了丰富的思想资源。尤其是中国传统思想中有关修身的思想，如果通过"功夫"这一概念引入哲学，可以帮助哲学界打破西方主流哲学理智主义的局限，将各种哲学观念和问题当作修炼和践行的指导来加以解读和评价。它也可以允许我们充分开拓对实践主体的转化这一领域的研究，弥补西方主流哲学在这方面的严重不足。为迎接这个时代的到来，我们需要从"立法者"的角度对中国哲学的资源进行仔细的梳理和阐发。

飘散海外之"中"——从灵根自植到和谐外推
沈清松（加拿大多伦多大学哲学系、东亚系教授，国际中国哲学会执行会长）

很多华人因求学、工作、经商、移居而离乡背井、飘散海外。哲学应该能为这种离乡背井、散居海外的生活，提供安身立命之道。在当代中国哲学家里，唐君毅是最早关心海外飘散经验的哲学家。他主张，花果飘零虽属民族悲剧，但飘零之华人应求"灵根自植"，而所谓灵根就是"中"国人的"中国性"所在，也就是发挥中庸的精神，持守"中道"，无偏无颇，有自觉的植根于中华文化的价值中。

此一灵根自植的精神，为其后飘散海外的哲学学人所发挥。例如杜维明将"喜怒哀乐之未发谓之中"之所谓"中"，理解为君子内在可合于天的自我，因此一方面讲求为己之学、慎独，另一方面亦思从此开出一富于创新的生活。秦家懿则将"中"只视为一"中和"的心灵状态，旨在达至适度而无偏的内心修养。然而并不是所有哲学家都会同意主体哲学的架构。来自菲律宾、任教于北美的华人哲学家柯雄文（Antonio Cua）认为"中和"应可协调价值与情绪冲突，兼顾"经"与"权"。同样地，任教于夏威夷大学的成中英，根据他的本体诠释学，秉承《易经》生生不息精神，特别强调"时中"的精神。于上世纪90年代求学、任教的李晨阳，批评美国学者安乐哲（Roger Ames）和郝大维（David Hall）将"中庸"解为"专注于平常"（focus on the familiar）而忽视了"致中和"的根本要旨。

本人一直以来认为，仁义、恕道、和谐这些儒家价值，将可为全球化时代开出新局，尤其恕道更是身处海外多元文化情境中，最值得发挥的精神。我同意李晨阳，若要致中和，须能有恕道的观点。我从"外推"的角度来诠释恕道，并以"最佳和谐"来诠释"太和"。我主张今天中华文化飘散海外，应能与共同居存的各文化团体，在语言层面、实践层面、本体层面，相互外推，以便相互丰富，达至最佳和谐。也因此，我主张从唐君毅的"灵根自植"模式，转以"和谐外推"模式，交互辩证发展。因着相互外推、相互丰富，华人应更能进而返回内心，自觉自身的文化富藏。外推与内省是交互辩证发展的。只内省而不外推，易流于自我封闭；只外推而不内省，则易流于异化而不自觉。可见，和谐外推与灵根自植，是同一进程的双翼，可为离乡背井、飘散四方的华人探寻出安身立命之道。

近三十年欧美地区中国美学与艺术批评研究
刘千美（加拿大多伦多大学东亚系教授）

近年来西方学者从美学伦理学的角度来讨论中国书画艺术与人密切相关的存在方式，已有相当普遍的论述，然而什么是中国艺术的存在与认知方式？"中国艺术"是否可视为一种范畴归类的语词？中国文人的诗书画强调人格精神之陶养与发展的创作与评价特质，是伦理问题，还是市场价格，或政治上的意识形态问题？诗书画之所以为艺，在其作为修身与成德之道，其意义何在？如此等等皆仍是探讨中的议题。

近三十年来，欧美地区中国艺术思想与美学研究与之相关的三个主要议题是：中国艺术与美学之范畴与类（category and genre）的问题、中国艺术的鉴赏与品评的美学伦理化（ethicoaesthetic）问题以及中国诗书画艺术中的文与象（image）问题。这些问题研究跨越多重学科领域，如艺术史、文学理论、比较文学、哲学、中西美学、人类学等。值得注意的是，在西方文化的脉络下来研究中国古典艺术创作的理论与实践，像当代所有跨文化研究工作所面临的问题一样，研究者也面临中国古典文献的翻译与解读、跨文化研究之方法学的恰当性问题以及中西美学与艺术的差异与会通的问题。

"东亚儒学"渐成显学
吴震（复旦大学哲学学院教授）

进入21世纪的近十年来，在经济全球化的背景之下，区域文化的问题正日益受到重视，例如"东亚"问题便是其中之一，所以"东亚儒学"研究领域近来很活跃。究其原因大致有三：上世纪90年代以降"冷战"构造的崩溃，全球化浪潮的兴起以及东亚经济的再一次腾飞。

东亚儒学主要是指发源于中国的儒学思想在东亚地域的历史存在。近世以来，东亚文化之间存在巨大差异，这正表明"儒学"不能成为抹杀地域特殊性的宰制性概念，也正由此，东亚儒学并不必然地含有"中国中心论"的意涵。有关东亚文化多元多样的认识乃是东亚儒学研究的前提。近世以来的日本儒者大多对中国儒学既有认同又有反拨，表现出日本文化与儒学思想的"互为他者性"之特征，所谓"互为他者"，是对"他者/自己"这种二元对立结构的消解。

当代新儒学研究的四个阶段、五种取向
胡治洪（武汉大学中国传统文化研究中心教授）

近三十年中国大陆现代新儒学研究经历了四个阶段。1977—1986年为第一阶段，在这一阶段，随着儒学研究突破"文革"禁区逐渐复苏，以阐扬民族文化特别是儒家传统为一贯宗旨、在中国现代思想史上曾经发生较大影响并于1949年以后在海外递续发展的现代新儒家，也悄然进入大陆学界的研究范围。1987—1996年为第二阶段，在这一阶段，现代新儒家研究主要在国家哲学社会科学"七五"、"八五"规划重点课题的框架中进行，课题组确定梁漱溟、熊十力、张君劢、冯友兰、钱穆、贺麟、方东美、牟宗三、唐君毅、徐复观为现代新儒家代表人物亦即主要研究对象，后来又增补马一浮，并涉及杜维明、刘述先、成中英。随着研究成果的增加及其影响面的扩大，又由于这一课题本身所蕴涵的理论深度以及研究对象所具有的精神魅力，

致使越来越多的学者参与到这一研究领域之中，以致在"七五"到"八五"的十年间取得了非常丰硕的成果。1997—2004年为第三阶段，在这一阶段，现代新儒家研究热潮受到来自不同立场的学者们的批评，但批评并没有影响这一研究的继续深入，这一研究实际上呈现出比前一阶段更加踊跃的势头，诸多研究者基于对儒家精神的深切体认，参以对家国天下的现实感知，将研究凝练为思想，提出了一些具有创发性的论说。2005年至今为第四阶段，现代新儒家研究与各种层面的儒学活动相得益彰，强调自身文化的根源性重建与创造性继承、转化传统文化精神的社会思潮，更趋明朗和强劲，构成当今社会文化的新面相。

今后中国大陆现代新儒家研究若欲取得新的突破，应当致力于下述五种取向，即：现代新儒家哲学史论的系统构撰，现代新儒家学术成就的全面总结，现代新儒家文化思想的总体研究，现代新儒家政治理论的深入探讨，现代新儒家与中国马克思主义的思想异同与谐调互补。随着以儒学为主流的文化保守主义社会思潮的发展，现代新儒家研究可能日趋泛化，逐渐融入当代儒学运动的潮流之中，从而谱写中华文化在新的世纪实现伟大复兴的新篇章。

（武汉大学哲学学院　廖晓炜　整理）

第六单元 解读清华简

解读 清华简

周文王遗言
《保训》十疑
对《〈保训〉"十疑"》一文的几点释疑
怎样成为君王
"中"是什么

解读 清华简

周文王遗言

原载：国学版（光明日报2009.4.13第12版）

李学勤

编者按：为海内外学界瞩目的"清华简"整理工作，自去年7月份以来，于清华大学"出土文献研究与保护中心"有序开展，目前已初见成果。由于"清华简""涉及中国传统文化的核心内容，是前所罕见的重大发现"，故本刊自今日起，开辟"解读清华简"专栏，给予关注。欢迎广大读者阅读，同时也期待学者们发表意见。

清华大学在2008年7月，经校友捐赠，收藏了一批极为珍贵的战国竹简。有关情况，我在2008年12月1日《光明日报》刊出的《初识清华简》小文中已经叙述过了。事实上，从7月15日竹简到校时起，清华就组建出土文献研究与保护中心，对这批文物进行清理保护。已经知道，这批竹简的年代是战国中晚期之际，这一点已经碳14测定证实。文字风格主要是楚国的。简的数量，连同少数残断的在内，一共有2388枚，在迄今发现的战国竹简中为数较多。

由于数量庞大，文字难释，简又经过流散，需要缀合、排比、释读，整理任务无疑是沉重和长期的，何况技术性的保护工作还正在继续进行，目前要全面了解清华简的内容，还是不可能的。不过，从开始清洗竹简时起，在观察间总是不断有所发现，有些还确实是惊人的。这里想介绍给大家的，是我们最早编排起来的一篇简书，原来没有篇题，现据篇文试题为《保训》。

《保训》全篇一共有11支简，每支22—24个字，其中第2支简上半残失，还没有找到，不过篇文大体已经齐全了。这些简有一个特点，是简的长度只有28.5厘米，字体也有点特别，所以容易引起我们的注意。

这篇简书完全是《尚书》那种体裁，开头说："惟王五十年，不瘳。王念日之多鬲（历），恐坠宝训。"大家知道，古代能在位五十年的王很少，刚好是五十年的只有周文王。《尚书》里的《无逸》记载周公的话说："文王受命惟中身，厥享国五十年。"因此，我们看到这第1支简，便猜测是指文王。后来找出后面的简文有"王若曰：发（武王名）"，设想就证实了。

篇文没有记出月份，只有日子的干支："戊子，自靧（即頮或沬字，洗脸）。己丑，昧爽……。"这是文王发布遗言的准备仪式，和《尚书·顾命》所记周成王死前的仪式相似，只是简单一些。

文王对太子发讲了两件上古的史事传说，用这两种史事说明他要求太子遵行的一个思想观念——"中"，也就是后来说的中道。

第一件史事是关于舜的，文王说："昔舜旧作小人，亲耕于历丘，恐求中，自稽厥志，不违于庶万姓之多欲。厥有施于上下远迩，迺易位迩稽，测阴阳之物，咸顺不扰。舜既得中，言不易实变名，身滋备惟允，翼翼不懈，用作三降之德。帝尧嘉之，用受厥绪。"

这段话讲的是舜怎样求取中道。由于舜出身民间，能够自我省察，不与百姓的愿求违背，他在朝廷内外施政，总是设身处地，从正反两面考虑，将事情做好。这使我们想到子思所作《中庸》所载孔子的话："舜其大知也与！舜好问而好察迩言，隐恶而扬善，执其两端，用其中于民，其斯以为舜乎！"

近期首都师范大学黄天树教授有《说甲骨文中的"阴"和"阳"》论文，论证"殷人已能定方位、辨阴阳，有了阴阳的观念"（见《黄天树古文字论集》），所以文王提到"阴阳"并不奇怪。如果考虑到文王与《周易》的关系，更使我们产生不少联想。

第二件史事是关于微的。微即上甲，是商汤的六世祖。文王说："昔微假中于河，以复有易，有易服厥罪。微无害，迺归中于河。"这里讲的是上甲微为其父王亥复仇。王亥与上甲都见于殷墟出土的甲骨文，在甲骨文发现后，王国维等学者从《周易》、《山海经》、《纪年》等文献中钩稽出这段久已湮没的史迹：商人的首领王亥曾率牛车到有易地方贸易，有易之君绵臣设下阴谋，将王亥杀害，夺取了牛车。后来王亥之子上甲与河伯联合，战胜有易，诛杀了绵臣。

周文王所说微的"假中"，是什么意思还需推敲，但按《保训》，微由此把"中""传贻子孙，至於成汤"，于是汤得有天下。和上面讲的舜一样，"中"的观念起了重要作用，这是《保训》篇反复强调的。

大家都熟悉，《论语·尧曰》载尧命舜："咨，尔舜，天之历数在尔躬，允执其中，四海困穷，天禄永终"，并云："舜亦以命禹。"这与《保训》周文王所说有所不同，不过孔子确实重视中道，其孙子思所作《中庸》就引述了孔子有关的话，然后做了专门的发挥："中也者，天下之大本也；和也者，天下之达道也。致中和，天地位焉，万物育焉。"把"中"提高到哲理的高度上来阐述，同时与"和"的观念沟通结合，有很大的发展。无论如何，《保训》的思想与儒学有共通之处，很值得探索研究。

谈到这里，自然难免牵涉到宋儒的"道统"论。朱子撰《中庸章句》，序的开首即讲"道统"，他说："道统之传有自来矣，其见于经，则'允执厥中'者，尧之所以授舜也；'人心惟危，道心惟微，惟精惟一，允执厥中'者，舜之所以授禹也。尧之一言，至矣尽矣，而舜复益之以三言者，则所以明夫尧之一言必如是而后可庶几也。"朱子说的舜授禹之言，见于东晋以下流传的《尚书·大禹谟》，号称"十六字心传"，阎若璩等已经明辨其伪。现在看《保训》篇文，似乎尧舜以来确有"中"的传授，相信会引起各方面的兴趣。《保训》简的图片和释文，不久也会公布，供大家研究。

解读清华简

《保训》十疑

姜广辉

原载：国学版（光明日报2009.5.4第12版）

　　2008年7月，清华大学入藏一批竹简文献，学者称之为"清华简"。近日"清华简"整理小组成员撰写了五篇关于"保训"篇的研究文章，分别在《光明日报》4月13日、4月20日、4月27日的"国学版"上发表。"保训"篇简文图版及释文不曾披露，李学勤先生的文章提及《保训》全篇共有11支简，每支22—24个字，根据几位学者的引文，我们辑出《保训》简文大致如下：

　　惟王五十年，不瘳。王念日之多鬲（历），恐坠宝训。戊子，自靧。己丑，昧爽……王若曰："发，昔前夗传宝，必受之以诃。昔舜旧作小人，亲耕于历丘，恐救（求）中，自诣（稽）厥志，不违于庶万姓之多欲。厥有施于上下远迩，迺易位迩稽，测阴阳之物，咸顺不扰。舜既得中，言不易实变名，身滋备惟允，翼翼不懈，用作三降（隆）之德。帝尧嘉之，用受厥绪。昔微叚中于河，以复有易，有易服厥罪，微无害。迺追（归？）中于河。传贻子孙，至於成汤。"曰："不足，惟宿不羕。"

　　虽然"清华简"整理小组成员已先后发表了五篇关于"保训"篇的研究文章，但整合起来看，我们仍不能对《保训》有一个通贯的了解。而其中有几篇文章对《保训》某些问题的解释和立论也颇有可商榷之处，笔者提出四点质疑；而对于《保训》篇内容本身则提出六点疑问，合称之为"《保训》十疑"。

一、对《保训》篇释读的质疑

（一）关于《保训》篇名。整理者为什么称此篇为《保训》，现有这五篇研究文章均未作交代。"保"固有"保而弗失"之意，但单看篇名容易被误解为"太保训王"之辞。李学勤先生文章中引文作"惟王五十年，不瘳。王念日之多鬲（历），恐坠宝训。"这句话的意思是说，文王即位五十年之时，病重不治。文王感觉到自己的生命就要走到尽头（日之多鬲），担心前人传下来的宝贵训诫会失传。原文写作"宝训"，"宝"是"宝贵"的意思，"训"在这里是"训诫"、"准则"的意思。"宝训"，就是"宝贵的准则"，联系下文是指关于"中"的原则。因此此篇以题为"宝训"为宜。似不应题为"保训"。不过，为了论述方便，下文姑且称之为"保训"。

（二）关于"惟王五十年"的解释。刘国忠教授文章提出，《保训》"证实了周文王在位期间曾自称为王"，而且"怀疑周文王在即位之初即已称王"，并引用《礼记·大传》称："牧之野既事而退，遂柴于上帝，追王太王、王季、文王。"实际上这条材料并不支持文王在位期间称王之说，它是说武王推翻商朝后，追封太王、王季、文王为"王"。《保训》篇竹书下葬年代定为战国中晚期。作为出土文献看，它的创作时间有两种可能：一是文王临终前的实录，二是后人的追述或假托。刘国忠教授显然将此篇看作文王临终前的实录，所以做出了上述的判断。一代国君将崩，是极其重大的事情。国君要向臣子交代紧要之事，臣子肃穆以听，并做好一切必要的紧急安排。《尚书》中的《顾命》与《康王之诰》记周成王驾崩前后事情便是如此。而《保训》篇记文王将崩，竟似闲庭信步，讲那些久远的故事。还有此篇记年、记日，而不记月。以干支记日，文中有"戊子，自靧。己丑，昧爽"之句，"戊子"、"己丑"两个日子，己丑为戊子之后一日。一年中会有六个或七个戊子、己丑日。只记日，而不记月，且戊子一日，只记自己洗脸一事，无关轻重。史官

记述必不如此粗略。所以在我看来，此篇必不是当时史官所记的实录，是后人追述或假托的可能性更大。如果是后人的追述或假托，那便不能据此篇判定"周文王在位期间曾自称为王"或"即位之初即已称王"。

（三）关于"昔前夗传宝，必受之以诃"的解释。此处"传宝"意谓最高统治者传"大宝之位"。赵平安教授将"前夗"二字视作通假字，解释为"轩辕"。按：如果将"前夗"解释为"轩辕"黄帝一个人，文理有些欠通。因为后面有一个"必"字，此处之"必"含有"皆"的意思，传"宝"者是多人，或一人传"宝"多次（轩辕黄帝似不可能多次传"大宝之位"），才用此"必"字。以笔者意见，"前夗"二字当释读为"前贤"。方以智《通雅》卷十八"扼腕"条讲到"腕"字可以写作"上夗下手"，也可写作"上臤下手"，说明"夗"与"臤"可以互代，所以"前夗"即"前臤"，亦即"前贤"。

（四）关于救（求）中、得中；归中、追（归）中的解释。《保训》篇四次提到"中"字，"中"可以说是《保训》篇的一个核心观念，但问题是："中"的意义究竟是什么？李学勤先生将"中"理解为"一个思想观念"，"也就是后来说的中道"，并认为上甲微先向河伯借"中"，用它向有易氏复仇，取得胜利后，又将"中"归还给了河伯。一个"思想观念"或"中道"观念，并不是一件实物，怎么能借来还去呢？赵平安教授将"中"理解为"治国安邦平天下的道理"，并认为上甲微先将"中"寄放在河伯那里，随后他去向有易氏复仇，取得胜利后，又从河伯那里索回了"中"。同样，一个"治国安邦平天下的道理"又怎么能"寄放"在什么地方又"索回"呢？两种解释显然都是说不通的。李均明教授将"中"理解为"与诉讼相关的文书"，他在《周文王遗嘱之中道观》一文中说："此'中'指与诉讼相关的文书，史籍所见通常是最终的判决书，由于它是经过反复审议与衡量形成的，被认为是公正的，所以称做'中'。"上甲微之时，尚是夏代，那时有这样的法律文书吗？即使有，有易氏未经审判，便被定罪，而有易氏见此判决书便俯首认罪，上古时代，会有这样的事吗？这种解释虽然较前两种解释稍胜一筹，但并不符合当时的时代特征。

我以为，如果我们不是像宋明理学家那样将"中"做深奥玄妙的解释，而做一种朴素的理解，反而能将《保训》解释得更通顺。元代儒者王充耘（耕野）曾经批评宋代理学家的所谓"圣贤传授心法"，他说：中土呼事之当其可者谓之"中"，其不可者谓之"不中"，于物之好恶、人之贤不肖皆以"中"与"不中"目之。……其所谓"中"、"不中"，犹南方人言"可"与不可"，"好"与"不好"耳。盖其常言俗语，虽小夫贱隶皆能言之，初无所谓深玄高妙也。传者不察其"中"为一方言，遂以为此圣贤传授心法也矣。

那么，《保训》篇的"中"究竟是什么意思呢？在我看来，"中"就是处理事情时要把握分寸，要将事情处理得恰到好处。

《保训》篇讲了两个故事：第一个是舜的故事，舜最初是一个普通的小民，但他生活在一个恶劣的家庭环境中，"父顽，母嚚，弟傲"，父亲冥顽不明事理，继母和异母弟费尽心机谋害他。所以舜"恐，求中"，就是在恐惧中思考如何将各种人际关系处理得最好。他反省自己的内心追求（"自稽厥志"），发现了一个道理：自己也同其他人一样，有各种各样的欲望和追求（"不违于庶万姓之多欲"）。这是说舜能"将心比心"地看问题。他把这种把握分寸处理事情的方法，即"中"的方法，用于处理"上下远迩"各种人际关系，并且作换位思考，近距离观察（"迺易位迩稽"），用以尝试解决各种矛盾对立的事物（"测阴阳之物"），结果是各种矛盾皆迎刃而解，"咸顺不扰"。这是舜"求中"、"得中"的过程。这样解释，第一个故事就基本解释通了。

第二个是关于商汤之前六世祖上甲微的故事。上甲微之父王亥与有易氏争，被杀。上甲微为父报了仇。上甲微是位贤君，在为父复仇之前，去见了河伯，他不是向河伯借"中"，也不是将"中"寄放在河伯那里，而是去"矵中"，意思是与河伯切磋讨论"中"。"矵"，从石从刀，字书讲是"砌"的俗字。按一般古文字的通用原理，"矵"、"砌"、"切"都是可以通用的。古有"如切如磋，如琢如磨"之语，切磋琢磨是古代玉石加工的方法，引申而为反复讨论问题。所以"昔微矵中于河"，意思是上甲微曾向河伯讨教，并同他反复商讨最佳的复仇方案。结果怎样呢？"以复有易，有易服厥罪，微无害"。故事的后半段是："迺追中于河。传贻子孙，至於成汤。"这里"追"不应理解为"索回"，也不应释读为"归"，理解为"归还"，而应理解为"慎终追远"的"追"，即"追溯"。殷人的把握分寸的"中"的方法，可以追溯于河伯，而由上甲微首先掌握之后,"传贻子孙,至於成汤"。这样解释,第二个故事也基本解释通了。

二、对《保训》篇内容的疑问

这里我想谈谈对《保训》内容的疑问。在我看来,这也许是更重要的。李学勤先生在《周文王遗言》一文中写道:"这批竹简的年代是战国中晚期之际,这一点已经碳14测定证实。"虽然竹简质地业经碳14科学测定,但坦率地讲,这篇文字读起来有许多疑点,下面谈谈我的看法:

(一)关于周文王遗言,史无明文。近代出土文献中,有许多篇籍也是史无明文的,我们对之并不觉得特别难以理解。但作为周文王这样的超级历史人物,有关其遗言后人全不知晓,特别是周族的后代同样也不知晓,那是说不过去的。简文中周文王讲"恐坠宝训",然而"宝训"后来还是坠失了。周人岂不是"不肖子孙"吗?这批竹简的下葬年代既然定在战国中晚期,那先秦诸子百家,也应当有所耳闻,然而他们竟无一人提及,尤其是其思想内容比较接近撰著《中庸》的子思学派,也全然不知文王曾有讲"中"的遗言。一可疑。

(二)关于文王即位便称王的说法,同样史无明文。历史上虽然有文王称王之说,但却从未有过文王即位便称王的说法。《史记正义》引《帝王世纪》称西伯即位四十二年更为受命之元年,始称王,是时八十九岁,至九十七岁而终,称王九年。《保训》"惟王五十年"的书写形式很容易给人造成文王即位之年便已称王的印象,若文王果真于此年称王,怎么会全无文献记载的痕迹呢?二可疑。

(三)关于《保训》的书写笔法。我们先看《保训》首句"惟王五十年,不瘳"的书形式。《逸周书·小开解》关于文王在世的纪年书写形式是这样的:"维三十有五祀",指这一年是西伯即位三十五年,并无"惟王……"字样。当然西周时期"惟王某某年"的书写纪年形式也有例可援,如周夌鼎铭文:"惟王二十三年,九月,王在宗周。"周敔敦铭文:"惟王十月,王在宗周。"不过,检视此类周代鼎彝铭文著录,在交代时间之后,所叙述的人物主语是不能省略的。因为"惟王某某年"表示一国的纪年方式,叙述的人物可以是王,也可以是其他人。《尚书·顾命》讲周成王将终，书"王不怿"，《保训》开篇即讲文王将终，规范的书法应该是"王不瘳"，而不应省略主语。而且，记叙此类重大事件，在纪年之后，是不应该省书月的。还有，从文王遗言的内容看，讲舜的一段，先言"昔舜旧作小人，亲耕于历丘"，此时舜不过是一介普通农夫，耕田种地是本分事，"亲"在这里是赘语。在古代，只有君王行藉田礼才强调"亲耕"。三可疑。

（四）周文王临终前之场景。周文王有众多儿子，姬发（周武王）之外，尚有姬鲜（管叔）、姬旦（周公）、姬奭（召公）、姬度（蔡叔）等等。周在武王伐纣灭殷之前，只是西部方圆百里的一个小国。因此，文王病重临终之时，众子应皆在身边。周人是极重孝道的氏族，此篇记文王临终前之事，只提姬发一人，余子全不言及，似不合当时应有之场景。或者认为文王所传"宝训"是"秘传"，只须姬发一人知道。然通观此篇文意，不过是教姬发将来要以"中道"治国，此点文王平时即可通过言传身教引导诸子，何以要等老迈不支以至临终前作为"宝训"秘传给继位者？而既然只秘传姬发一人，后人又如何知道？四可疑。

（五）《保训》篇之文句，与现存古代文献有许多雷同之处，如《保训》"戊子，自靧。己丑，昧爽"句，《尚书·顾命》有"甲子，王乃洮颒水"之文，"靧"与"颒"同读"会"音，皆为洗脸之意。《汉书·律历志》则载《武成》篇有"甲子，昧爽"之文。又如《保训》"昔舜旧作小人，亲耕于历丘"句，《尚书·无逸》称祖甲"旧为小人"，《淮南子·原道训》称"昔舜耕于历山"。又如《保训》"不违于庶万姓之多欲"句，《逸周书》则称"庶百姓"。又如《保训》"帝尧嘉之，用受厥绪"句，现存世文献中"厥绪"一词，出自伪古文《尚书·五子之歌》中。又如《保训》结语"曰不足惟宿不羕"句，与《逸周书·大开解》结语"惟宿不悉日不足"应该也有关联，从以上举例来看，《保训》篇似乎不无蹈袭套用之嫌。五可疑。

（六）《保训》的核心思想与后世的"道统"论。《论语·尧曰》篇载"尧曰：'咨，尔舜，天之历数在尔躬，允执其中。……'舜亦命禹。"而相传为子思所作的《中庸》则宣传"中道"思想。虽然有这些材料，但并不能说明上古帝王传位必传"中道"思想。我们在先秦诸子的著作也看不到有这样的观念。然而唐代韩愈作《原道》提出一种"道统"

说：“尧以是传之舜，舜以是传之禹，禹以是传之汤，汤以是传之文、武、周公，文、武、周公传之孔子，孔子传之孟轲。轲之死，不得其传焉。”至宋代朱熹那里，则把所传之"道"坐实为所谓"十六字心传"："人心惟危，道心惟危，惟精惟一，允执厥中。"这可以说是宋明理学的一个核心观念。然而，明中叶以后的考据学家却不相信这一套，把它看作韩愈与宋儒的杜撰。如果《保训》是真的先秦文献，那不仅印证了韩愈和宋儒的"道统"说，而且还补上了文王向武王传授"中道"的道统论的实证环节，其文献价值当然极为珍贵。不过，从逻辑上说。"道统"说也有一个致命性的漏洞。韩愈说："汤以是传之文、武、周公。"周文王时，尚是商王朝的天下，商王朝的统治者为什么不传"中道"给他们的子孙，而要传给只是许多小邦之一的周人呢？这在道理上也说不通。六可疑。

解读清华简

对《〈保训〉"十疑"》一文的几点释疑

原载：国学版（光明日报2009.5.25第12版）

王连龙

一段时间以来，《光明日报》国学版连续发表清华简《保训》的解读文章，引起了学界广泛的讨论。特别是，姜广辉先生《〈保训〉"十疑"》一文对《保训》篇的释读和内容所发出的十点疑问，引人深思，颇有启发意义。我们也注意到，在目前《保训》篇研究中，学者多关注其与《尚书》的关系。而《逸周书》中收录的《文儆》、《文传》诸篇与《保训》篇体裁内容近似，尚未引起学术界的足够重视。有鉴于此，本文拟通过论述《保训》与《逸周书》的关系，对《保训》篇研究中涉及的一些问题进行探讨。同时，也对姜广辉先生《〈保训〉"十疑"》一文的若干疑问提出几点不同看法，并就正于同道。

一、关于《逸周书》

《逸周书》先秦旧称《周书》，东汉许慎始称今名。班固《汉书·艺文志》"六艺略"著录"《周书》七十一篇"，言"周史记"，列于《尚书》诸家之后。颜师古注引刘向云："周时诰誓号令也。盖孔子所论百篇之余也。"史学价值不可低估。目前学术界也已经证明，《逸周书》中保存着多篇西周文献及大量春秋战国时期根据西周史料写定的作品。上面提到的《文儆》、《文传》，就是《逸周书》中比较重要的篇章。因其较少有人关注，这里简单介绍一下。《文儆》、《文传》依次为《逸周书》七十一篇的第二十四、二十五篇，记载了文王临终训诫太子发的言辞。关于这两篇作品的成文年代，黄怀信先生《〈逸周书〉源流考辨》根据文中涉及的史实，判定为春秋中期后。刘起釪先生认为二篇保存了西周原有史料，其文字写定可能在春秋时（见《尚书学史》，中华书局1989年，第96页）。按，《墨子·七患》及《潜夫论·实边》对《文传》等篇多有称引。所以，《文儆》、《文传》至少写定于战国时期。

二、关于《保训》的篇名

姜先生"十疑"一文，认为《保训》篇应题为"宝训"。为学者所熟知，在金文及《尚书》等传世文献中，"保"读为"宝"的现象常见，所以，《说文·人部》王筠句读云："古文、钟鼎文'宝'字亦作'保'。"就《保训》篇而言，其属于"书"类体裁。"书"类文献的命名主要是属意于篇章主旨。通常在具体形式上，这类篇名的后一部分代表篇章体裁，前一部分则表示这类体裁的发出者、地点及主旨。而《保训》篇主要讲文王训诫太子发遵行"中"道，以保周祀。所以，李学勤先生试题为《保训》。另外，"保"字用于篇章命名并不是没有先例，《逸周书》就有《保开》篇及《酆保》篇。而且，在《文儆》、《文传》所载文王遗训中，就明确提出"惧后祀之无保"及"我所保与我所守，传之子孙"。显然，就这个角度来看，《保训》篇命名并无不适之处。

三、关于《保训》的体裁

姜广辉先生认为周文王遗言史无明文。事实上，我们浏览一下《文儆》、《文传》全文，就不难看出，《保训》与二者在体裁上若符契合。其一，就主题而言，三者皆为文王临终的训诫太子发之辞。其二，在篇章结构上，三者均为时间、缘由及训教内容的情节安排。另外，《逸周书》

末有《序》一篇,概述诸篇写作缘由。《序》云:"文王有疾,告武王以民之多变,作《文儆》。文王告武王以序德之行,作《文传》。"从二篇所记文王临终训诫太子发的内容来看,《序》文概括与正文所载内容相一致。也就是说,在先秦文献中存在着与《保训》篇体裁内容近似的作品,其事或流传有绪,不宜轻易致疑。

四、关于《保训》篇的性质

在"十疑"一文中,姜先生认为《保训》篇必不是当时史官所记的实录,是后人追述或假托的可能性更大。这涉及简牍制度问题。对此,王国维、劳榦、陈梦家、马先醒、胡平生等前辈学者多有研究,但目前看还没有形成一个较为一致的结论。就《保训》竹简而言,其与同出竹简体裁相同而形制不同的情形(书法也可能存在这种状况,待见竹简图版),可以初步断定这是一种传世的抄本。同时,这也使我们不由地想到近些年出土的其他楚简。比如1987年出土于湖南慈利县石板村的慈利竹简。这批竹简长度差异也很大,内容涉及《逸周书》部分篇章以及《国语》、《管子》等。特别是《逸周书》的《大武》篇有两种写本,书法风格有异,明显为两种抄本(见张春龙《慈利楚简概述》)。这些不同抄本的出现,固然基于墓主的个人喜好,但在一定程度上也可以反映出这些文献广泛流传的历史真实。同时,不容忽视的是,《保训》篇既然为传世抄本,即不能排除有异文讹误甚至润色改写的情况存在。这一点,在我们讨论《保训》篇的文辞时代性及词语省略问题时,必须给予考虑。

五、关于"惟王五十年"

关于《保训》篇的纪年方式,李学勤先生指出这属于《尚书》类体裁文献的开篇。这是非常正确的。同样,《逸周书》中以这样的纪年方式开篇的作品也很多,其中不乏《世俘》、《皇门》、《尝麦》等已被证明为西周作品的篇章。关于文王受命之年,史有所载。刘恕《资治通鉴外纪》卷二《夏商纪》概括其事为"孔安国治古学,见《武成》篇,故《泰誓》传曰:'周自虞、芮质厥成,诸侯并附,以为受命之年。至九年,文王卒。'刘歆作《三统历》，考上世帝王，以为文王受命九年而崩。贾逵、马融、王肃、韦昭皆同歆说"。并引皇甫谧《帝王世纪》"文王即位四十二年，岁在鹑火，更为受命之元年，始称王矣"为证。如果文王即位四十二年更为受命元年，则《文传》"文王受命之九年"，实际上也就是文王五十年。《文儆》篇虽然没有纪年，但开篇云"庚辰"，刘师培《周书补正》根据周历推为文王受命九年二月二十八日。也就是说，《保训》篇与《文儆》、《文传》二篇纪年一致，同为文王五十年。如此，这又涉及文王在位年数问题。为大家所熟知，传世文献关于文王在位年数有五十年及五十一年两种说法。表面看来，《保训》"惟王五十年"对解决这个问题没有太多的帮助。但需要指出的是，与《保训》篇纪年相同的《文传》篇的下一篇《柔武》，其开篇云："维王元祀，一月既生魄，王召周公旦曰：'呜呼！维在文考之绪功。'"这有两点给我们以启示：其一，"元祀"说明武王即位已改元；其二，"文考"说明文王已卒。这种文王事迹至《柔武》篇截然而止的情形，加之，考虑到文王五十年发表遗训的因素，似乎都在证明《保训》"惟王五十年"与文王在位五十年的说法存在暗合。

六、关于"中"

关于《保训》篇的"中"，学者已经多有讨论。虽然，舜、微时期的"中"还有深入探讨的必要。但有一点必须承认的是，在《保训》篇中，文王通过上古的史事传说，教导太子发遵行"中"道。这里，我们可以参看一下《逸周书》有关"中"的论述，这对于进一步了解《保训》篇的"中"应当有所帮助。《文儆》及《文传》篇虽然没有出现"中"字，但其所载文王告诫太子发遵守不失"时宜"和"土宜"的"和"德，却与"中"有密切关系。《礼记·中庸》讲"中也者，天下之大本也。和也者，天下之达道也。致中和，天地位焉，万物育焉"。朱熹注引程颐语云："然'中庸'之中，实兼'中和'之义。"故"中"与"和"实为体与用的关系。再扩及《逸周书》的其他篇章，"中"的思想也多见。仅就以与文王有关的《度训》、《命训》及《常训》等三《训》为例，具有哲理意义的"中"字凡八见。这还不包括与"中"思想有密切关系的

"度"、"极"、"权"等。在具体行文中，三《训》明确提出"明本末以立中，立中以补损"、"以法从中则赏"、"民若生于中，夫习之为常"等主张。通观全篇，"中"既是文章的结构线索，也是理论核心所在。

七、关于《保训》的书写笔法

姜广辉先生《〈保训〉"十疑"》一文还提到《保训》的书写笔法问题，这很重要，也很有意义。姜先生指出《逸周书·小开解》关于文王在世的纪年书写形式没有"惟王……"字样，这是对的。但我们也要看到，《逸周书》关于文王在世的其他篇章中是存在"惟王……"字样的。如《大匡》（十一）开篇云："维周王宅程三年，遭天之大荒，作大匡以诏牧其方，三州之侯咸率……王乃召冢卿。"及《大开》篇首云："维王二月既生魄，王在酆，立于少庭。"这在上文已经有所提及，此不赘。另外，姜先生还提到"亲耕"问题，认为此时舜不过是一介普通农夫，耕田种地是本分事，"亲"在这里是赘语。还认为在古代，只有君王行藉田礼才强调"亲耕"。我们认为这里有两个问题值得探讨：其一，舜并非为以往学者所认为的庶人。关于舜的身份，金景芳先生早有明证（见金景芳《中国奴隶社会史》，上海人民出版社1983年，第6页）。其二，"亲耕"并非完全意义上的"藉田"。从《保训》篇的上下文来看，舜确实曾在历丘进行过劳作。这不仅与《管子》、《墨子》、《孟子》等传世文献的记载相印证，也可以得到郭店简《穷达以时》篇、上博简《容成氏》篇等出土文献的证明。即是说，"亲耕"与西周及春秋时期的"藉田"之礼不是同一个事情。但不可否认，二者之间也存在一定的关联，那就是舜的身份。舜作为原始公社时期氏族部落首长，如何参与耕种等劳作活动已不可详考。但我们注意到，杨宽先生在探讨"藉"礼起源时，曾对海南岛黎族在1950年前部分地区保存的"合亩"制进行过研究（见杨宽《"藉"礼新探》，《西周史》，上海人民出版社2003年，第268页）。在"合亩"制中，每个"合亩"都有"亩头"，黎语称"俄布笼"，是"家族长"的意思。这些"亩头"由掌握丰富生产经验、传统知识及熟悉各种生产相关宗教仪式的长辈担任。"亩头"并没有脱离劳动，而是和亩众一样参加社会生产，在耕田仪式上还要带头做出象征性的挖土动作。所以，"亩头"

还有"头耕"之称。从这个意义上说,舜的"亲耕"与后世的"藉田"应该存在着渊源上的关系。《保训》篇既为传世抄本,在记录舜劳作事时,以后礼按之先事,遂用"亲"字,而非为赘语。

八、关于周文王临终场景

在"十疑"一文中,姜先生对周文王临终的场景也表示了怀疑。总结起来,姜先生的疑问大致有三:一、《保训》为何只提姬发;二、文王为何至临终作训;三、后人何以知道"宝训"内容。第一点,就第一个疑问而言。姬发作为未来周国君的继承者,接受其父文王的遗训,这是很正常的事情。而且,就《保训》篇的训诫内容来看,它只是针对嗣君而发。这一点除了体现在君王治国遵行"中"道外,文王所列举的舜、微都是以帝位继承者的身份出现的,这与姬发嗣君身份是相一致的。第二点,文王为何临终作训。临终作训也是件很正常的事情,只是我们把目光局限于出土的《保训》篇上,而认为它难以承载遗训这样的重要历史事件。事实上,在《逸周书》中文王谋启后嗣的遗训很多。第三点,《训》姑且不说,《大开》、《小开》、《文儆》及《文传》均记载了文王在不同时间训诫太子发的言辞,而且内容各有侧重。至于后人何以知道"宝训"内容,这应与先秦时期的史官文化有关。时贤于此多有研究,不赘。

九、关于《保训》文句

姜先生文章提到《保训》篇的文句与现存古代文献有许多雷同之处。这是一个很重要的发现。事实上,这也在一定程度上印证我们关于《保训》篇战国抄本的认定。进一步说,在姜先生列举出的雷同文句出处之外,我们也发现《保训》与《逸周书》存在着密切关系。比如《保训》篇中的"训"、"受之"、"小人"、"不违"、"上下"、"远迩"、"大命"、"子孙"等词汇,既见于《尚书》又见于《逸周书》。这显然可以证明《保训》篇是属于"书"类体裁的作品。那么与《尚书》相比,《保训》篇中一些独见于《逸周书》的词汇,更是预示着《保训》篇与《逸周书》有着更为密切的关系。如《保训》篇中"不瘳"仅见《逸周书》的《祭公》篇，"咸顺"仅见《逸周书》的《大匡》（三十八）篇，"用受"仅见《逸周书》的《尝麦》篇，"无害"仅两见《逸周书》中《小开》篇以及《周祝》篇。特别是，时代性较强"测阴阳"更是不见于《尚书》。其中，"测"于《逸周书》两见，"阴阳"在《逸周书》则反复四见。在词汇之外，《保训》篇一些文句的使用也引起我们的注意。如赵平安先生介绍《保训》篇"末了告诫说：'不足，惟宿不羕。'"据赵先生所言，"不足"前还应该有一个"曰"字。在同为文王训诫后嗣体裁的《大开》及《小开》篇中，也出现"维宿不悉日不足"句。"羕"通"祥"，已为赵平安先生所证。又《说文·采部》云："悉，详尽也。"是"悉"与"详"义同。按，《诗经》、《淮南子》等文献中"日不足"习见（"日不足"蒙复旦大学子居先生相告）。可推知，《保训》"不足"前应是个"曰"字。是此句不仅与《保训》"不足，惟宿不羕"文辞、意义相同，在文中的位置、功用也相一致。在同样主题、同样人物的对话中，出现同样的语句，这显然不是巧合。

十、关于《保训》与《逸周书》

通过上面论述，我们可以很容易看出《保训》与《逸周书》的密切关系。那么《保训》是否为《逸周书》的篇章呢？目前看，是不能排除这种可能的。笔者曾综合考察春秋战国时期的《逸周书》后，发现《逸周书》在春秋时期以"志"、"书"的初始形态存在，与《尚书》没有区别。从时间和性质上讲，《逸周书》与《尚书》同属于上古"书"的范畴。进入战国时期，"《周书》"之名逐渐专属于《逸周书》。而且，伴随着具体篇名的出现，说明这一时期的《逸周书》已独立结集，并与《尚书》别异。关于《逸周书》的编撰年限，大体可确定于公元前453年至公元前299年之间。李先生文章曾指出，包括《保训》篇在内的清华简碳14测定年代为公元前305±30年。这个时间，正处于《逸周书》编撰成书的时间段内。但限于《逸周书》亡佚篇章较多，后世传抄又多讹误和删减，这种可能性目前还无法证实。

（作者单位：吉林大学古籍研究所）

〈国学动态〉

清华大学"出土文献研究与保护中心"成立

原载：国学版（光明日报2009.5.4第12版）

4月25日，担负"清华简"整理和研究工作的清华大学"出土文献研究与保护中心"宣布成立，清华大学校长顾秉林院士与中心主任李学勤教授共同为中心揭牌。清华大学副校长谢维和教授发言指出，竹简是出土文献中的重要组成部分，是中华文化与文明的重要载体，而清华作为现代意义上的出土文献研究工作的开拓者和重镇，始终将中国历史文化的研究作为一项责无旁贷的学术使命。他表示，对于蓬勃发展、后劲十足的清华文科，学校正在制定文科建设的总体规划，强调以理论创新为特色，以创新性成果为目标，加强文史哲等基础学科建设与发展。为此，清华大学要以这批战国楚简为契机，把竹简等出土文献的研究和保护作为学科建设和文科发展的一个重要平台，作为文、史、哲等基础文科发展的突破口之一，进一步促进基础文科的学科建设和学术研究，促进文科和理工科的学科交叉与融合。他强调，这批竹简是中华民族乃至全人类的瑰宝，清华将积极保护好和利用好这批竹简，并发挥清华大学的多学科优势，深入挖掘整理这批竹简的历史价值和文化价值。此外，在保护和研究工作中，他表示："我们也本着开放的原则，吸收国内外的专家学者共同参与。"

据了解，经由校友捐赠，清华大学于2008年7月入藏这批竹简典籍，与这批竹简同时入藏的还有传为同出的漆绘木笥（装竹简的箱子）残部，纹饰带有楚国艺术风格。经过几个月来精心的清理保护、初步释读及研究工作，最终确定清华简共为2388枚（包括少数残片）。同年12月，受清华大学委托，北京大学加速器质谱实验室、第四纪年代测定实验室对清华简无字残片样品做了AMS碳14年代测定，经树轮校正的数据是：公元前305±30年，即相当战国中期偏晚，与由古文字学观察的估计一致。清华大学分析中心对多片竹简样本经行检测，竹简绝对含水率约为400%。受清华大学委托，中国林业科学院对清华简无字残片和漆绘木笥残部做了树种鉴定，竹简残片鉴定结果为"钢竹"，木笥残部鉴定结果为"枫杨"。各项相关数值从科技层面充分证实了清华简的考古价值。（国　忠）

解读清华简

怎样成为君王

[美]艾兰

原载：国学版（光明日报2010.7.12第12版）

清华简《保训》在《文物》2009年第6期刊布以来，引起了世界范围研究古代中国学者的极大关注。很明显，当清华简全部发表之后，它们必将大大改变我们对于中国历史和思想史发展的认识。虽然这些竹简的含义几代学者可能都无法完全研究清楚，但它们对于研究古代中国的学者来说是一件激动人心的事。在这里，我想就《保训》谈一些不成熟的看法。

到目前为止，学者关注较多的还是"中"的含义问题。李学勤认为"中"是"中道"，李零提出是"地中"，子居视为"众"的借字，邢文则看作是《河图》或《周易》之数。然而，若是这样，简文的另外一个方面仍然令人费解。文王在对其子的训示中提到了两个历史范例：舜，他从尧的禅让中得到了统治权；上甲微，商人的祖先之一。虽然《尚书》是以包括了尧和舜故事的《尧典》开篇的，但是《尚书》的其他章节并没有提到舜。实际上，据我所知，传世文献中并没有文王（或其他周代早期的君王）谈论舜的记载。而且，《尚书》中完全没有提及上甲微，他和周的统治也没有明显的关系。

我认为理解竹简中这些不同寻常方面的关键在于，从整体上和从文王即将去世的视角来解释《保训》简文。虽然我们不知道《保训》简的实际创作年代，但是它至少是对某一历史时刻富于想象的重构。从传世文献来看——虽然不同典籍在受命的具体时间和天命是怎样显现的记载上有稍许的差别——周最早获得天命的君王是文王，而不是他的儿子武王；而且，文王是在去世前获得天命的。所以，在文王逝世的时候，他已经获得了天命，但他还没有完全控制天下。商朝最后的君王纣辛继续统治着安阳和黄河流域的中心区域。在这种情况下，文王没有必要告诉他的儿子怎样获得天命或者怎样调整周的统治。相反，他需要告诉武王怎样使天命成为现实，怎样取得实际的王权。从这个角度，文王对于其子的建议应是：为了成为君王，必须"得中"。

我的想法是："中"是从地理和宇宙意义上说的。如李零所言，它是大地的中心。但是这个宇宙的中心不仅是一种简单的象征，而且有着地理上的实际所指。大致上说，这个中心就是指河南省的偃师县和登封县以及周边地区。在这个区域，有一座位于中心的山脉，即河南省登封县的嵩山。嵩山也以"五岳"的"中岳"闻名于世。我以前曾提出甲骨文中的"岳"字就是指嵩山。在甲骨文中，它往往受到祭祀。根据可能铸造于武王时期的青铜器天亡簋的铭文，武王在牧野克商之后，在返回周的途中，在"天室"举行祭祀文王和上帝的仪式。林沄已经指出"天室"就在嵩山。在很多文化中都有这样的观念：山是世界的中心，是最便于人神交流的地方。在古代中国，中心是一个特别重要的概念，而嵩山这个中心山脉正有着这样的角色。

从考古上看，这个区域也是中国早期文明发展的中心。位于嵩山脚下的登封县正位于新石器时代有墙定居点的区域，而这里则被"夏商周断代工程"视作夏代最早的首都。这个地区也发现了战国时期的遗迹，其中包括"阳城"字样的瓦当。"阳城"通常被认为是治水英雄禹的首都。偃师县是中国早期青铜文明发展区域的中心。它包括二里头文化遗址和早商时期有墙定居遗址——偃师商城。虽然商代最后的都城在安阳，但是商代的统治者曾在这个区域维持自己的统治。偃师当拥有战略和象征的双重角色。

如果我们将"中"既看成是地理中心，又看成是宇宙中心，那么，要想成为"天子"，统治者就必须控制这个地区。可想而知，将"中"视作通往道德君主的"中道"的想法也是这种视角隐喻的发展。

从这个角度看,《保训》简文就很好理解了。文王对其子的训示包括两个部分。在第一部分,文王把舜塑造成楷模,供其子模仿。在第二部分,他提到了商代的一个政治先例,其通过统治中心区域建立了自己的王朝。根据《保训》,舜曾是"小人",后来成为了君王。他曾经在历山耕地。历山的地点不是很确定,不同地区的多个地点都有可能,但它好像并不在河南地区。然而,舜"求"中并"得"中。因为他遵从人们的愿望和自然世界的模式,结果两个方面都实现了。这个中心是地理的,也是象征性的。舜作为人和天下统治者的角色也实现了。言下之意就是,如果发遵循舜的例子,遵守"中道",也会像舜一样成为"天子"。

文王同时告诉他的儿子,要想成为君王就必须取得中心地区。周的故国是在西方,位于今天的陕西省西安市一带。河南地区"中"的那个地方与商代王权有密切的关系。文王提及的微——应当就是上甲微。上甲在甲骨文中作为有权势的祖先,地位非常崇高。它是名字里最早带有干支的祖先。然而,他在周代文献中只是个微不足道的角色。《保训》说道:上甲微与河联合起来,与有易进行战争。在传世文献中,这些事迹见于《今本竹书纪年》,发生在夏代早期君王泄的统治时期。《山海经》中也提到了这样的故事。然而,它们并没有多少朝代更替的意义。《保训》简提到"昔微假中于河"。对于这段简文意思的理解,有很多的争论。如果我的解释正确的话,这句话就是说:微向河"借得",也即暂时占据中心区域。"假"字也可理解为"不是真的",就是说微不是中心区域真正的君王。在打败了有易之后,微撤退回去,并将中心区域归还给河("追[归]中于河")。到了汤的时候,微的雄心终于实现了。汤"受大命",并建立了商朝。我们知道,在父亲死后,武王与商纣在牧野进行了决战,终于控制了中心地区。

总之,因为文王已经接受了天命,所以他对儿子的训示只能是怎样实现天命。为了做到这点,他必须取得中心地区。取得中心区域是获取王权的办法——因为这样可以得到人们的拥护;也可以作为一种战略力量。

(王进锋译)

解读清华简"中"是什么

原载：国学版（光明日报2010.7.12第12版）

编者导读：自本刊于2009年4月在国内率先刊登述及周文王政治遗嘱的清华简《保训》篇释读文章以来，引起海内外学者的持续关注。特别是《保训》反复提到的"中"，引得各种解释。2010年3月19日，在美国东海岸的达慕思大学图书馆的一间会议室内，十余位欧美学者对《保训》篇进行了逐字逐句的讨论。下午，当话题进入到如何理解"中"时，一场唇枪舌战不期而至——

一

主持人（Constance A. Cook, Lehigh University；美国理海大学柯鹤立）：什么是"中"？某个对象或者文本？它是一个形而上的概念吗？那么，"河"又是什么？你用"中"来对有易复仇，有易屈服或者接纳了，或者为自己的罪行负责，于是微就无害了……

瓦格纳（Rudolf G.Wagner, Heidelberg University；德国海德堡大学）：没有伤害，就是"无害"。这里有特别的意思。

主持人：没错。实际上，有人将这一段与《周易》相比较，认为"中"指的是六爻的中间，是获得抽象意义的某种方式。上甲微没有忘记他的使命，所以他把这个传给了后代。

（魏克彬举手）

主持人：魏克彬，你有什么要说的吗？

魏克彬（Crispin Williams, University of Kansas；美国堪萨斯大学）：如果他把"中"还给了河，那他还拿什么传给他的后代呢？

瓦格纳：我认为，他还是回去了，把"中"安置好以后，存放起来，然后把它拿回来，再传承下去。

主持人：也有人说是在"河"中进一步琢磨、推敲"中"。

顾史考（Scott Cook, Grinnell College；美国郡礼大学）：可不可以是他写下来的东西？如果我们把在第9枚竹简上端的"志"字读作"他写下来的"意思……

主持人：你的意思是说，"志"是指"写下来的东西"？

顾史考：是啊，作为一种记录，或者纪念、活动什么的。

主持人：所以，这有可能是微把它记下来的原因。如果你用《周易》对三德的理解来考虑，这里是三种不同的统治方式。"中"应当是正的，而微的方式应该是刚的，而舜应该是柔的。

二

艾　兰（Sarah Allan, Dartmouth College；美国达慕思大学）：李学勤指出，在甲骨文中"河"有两种不同的用法。一个指的是河流或者河神，另一个指名字。有一个占卜的人叫作河，所以有时会混淆。

邢　文（Dartmouth College；达慕思大学）：我个人觉得这个"河"可能就是黄河。如果你有我的讲义的话，你会看见我的解释和大家的不太一样。

（大家翻讲义）

"假中于河"，"假"在这里是"假借"的意思。至于"河"，在传世文献的传统中，就是"舜得河图"、"禹得洛书"的"河"。"微假中於河，以复有易，有易服厥罪"——有易犯了罪，然后有了这一场战争；

在战争中，有易被严惩，有易之君被杀。但上甲微怎么样了呢？他什么事也没有，他"无害"，因为他被"中"所保护。所以这个"中"具有某种超自然的力量。微成功了，所以当他班师的时候，他需要"归中于河"，用汉语来说，他需要"还愿"，去感谢"中"的神通。

主持人：那么，你把"中"看作是一种实物？

邢　文："中"是数。而且，"中"是什么实际上也已经在《论语》中解释得很清楚了。尧曰："咨！尔舜！天之历数在尔躬"——天之数就在你自己的身体之中，然后要"允执其中"。"中"也是所有"中道"思想的来源，可以在《中庸》和一直到宋代的新儒家中见到。上午有人说到的"危"和"微"，尤其是出自伪《古文尚书》的"人心惟危，道心惟微，惟精惟一，允执厥中"，就是在说"中"。这是"中"的整个传统。这一传统与我的理解契合得很好——如果我们把"中"理解为数，也就是孔子所记的"天之历数"的数，那么，这一传统和"舜得河图"、"禹得洛书"还有"文王演《周易》"的传统，构成了我们的传世文献的传统。

在我的讲义中我列出了15个条件来解释"中"。"中"被所有这些文献所定义的要求所限定。如果我们一个个地考察，数将会满足每一个条件。所有其他的解释，都会有一些问题。我会很乐意地去一个个地解说它们。

艾　兰：数。数是什么意思？

邢　文：数就是命数，就是天之数。就像我们来到这里，看起来好像是因为艾兰、柯鹤立和我组织了这次的研读会。但是，按照古代中国的理解，这是一种命数。就是说如果我们不组织这个会，其他人也会组织，我们也还是会在一起。这就是数。

主持人：就像命运？

邢　文：有点像命运。舜"久作小人"，他曾在田地里亲自耕作，但这种农业耕作的结果会是什么样？这是由天来决定的。所以，不管他劳作得多么辛苦，还是有可能有自然灾害来摧毁一切收成。因此，这里有一种命数，所以他非常惶恐；因为作为小人躬耕太久了，所以他会"恐"，并试图找到"中"这个命数。他"恐"而"求中"，然后他把它应用于万事万物，上下远迩，结果是"咸顺"。但是他并没有因此狂妄自大，他非常小心翼翼，并且不更改事物的名称，所以"帝尧嘉之"，并且把女儿嫁给了他，还把自己的王位传给他，最后他说："咨！尔舜！天之历数在尔躬，允执其中！"所以孔子说这太了不起了，并且告诉他的弟子有关"中"，然后子思发展了"中"的思想，"中"的思想到了宋代就变得非常重要，于是李学勤教授用它来解释"中"——"中道"实际上就是这样来的。

艾　兰：问题是我们刚刚讨论的：如何从"中"到"数"，从一个语言的角度，而不是如何从一个词到另一个词？

邢　文：基本的概念是："文王演《周易》"，而《周易》的要点是"得中"。它使占筮的人能得到合适的爻并做出合适的占断。从"数"的形式转换到"中"的位置，《周易》中有很多记录，都和"中"有关。《周易》的基本方法、周王朝的筮法和商王朝筮法的不同之处，就是在于易数以及如何使用这些易数。在商代，他们用不变之数，也就是七和八；但是在周代，他们使用九和六这样的变数。发展了周代的卜筮之术的人是文王，但是他的发展是基于早期的传统，那就是"舜得河图"、"禹得洛书"的河洛之数。文王以变数为占。变数的要点是会决定中位——在卦爻中，是一卦六爻之中的中爻；作为数字，就是决定中爻的"中"数。

主持人：所以他从河里拉出某种书，上面有数字，它们代表了"中"？

邢　文：那些数字就是"中"，"中"就是数，从一到十的河图的数字，叫作"天之数"。这也是我们为什么有十天干。那些数字是河图的数字，按照传说，是舜得到了河图。所以，所有的说法，在这里都说通了。

三

李　锋（Columbia University；美国哥伦比亚大学）：我能说几句吗？（笑声）这完全是一个很漂亮的故事，依据的是"中"的思想的哲学发展。这个说法是建立在舜和"中"关系基础上的，对吗？

邢　文：是的。

李　锋：这种联系好像又是与《论语》有关的，特别是"天之历数在尔躬，允执其中"一句。但是，在这种情况下，它的意思是完全不一样的。它是说你是在你的内心决定的，而不是在中间。就像"分争于中"一样，"中"没有中心的意思，它是"在内"的意思，在自己的内心决定。

邢　文：这和"天之历数在尔躬"是很不一样的，《论语》有它的上下文。《论语》是对尧对舜的忠告的记载，我们看到的上下文是……

李　锋（打断）：在解释"中"和"数"的关系的时候，要根据文献的本身；从文献本身来看，"数"或者"历数"是在你自己的身上，但你不能通过读把"中"和"数"的关系给读出来。

邢　文：我并没有做任何事情，所有这些文献的证据都是孔子给的，他说……

李　锋（打断）：他作的。

邢　文：他说他是从尧那里转述来的这些东西，是尧说的，而不是孔子。"中"是"数"，是"数"的"中"，尧是……

李　锋（打断）：那你怎么知道这就是这个"中"，而不是"在内"的"中"呢？

邢　文：那你怎么知道它就不是呢？（众大笑）

邢　文：这里很清楚的是……

李　锋（打断）：这是你的观点，你必须得说明：为什么这里必须要这样去读？

邢　文：就因为我前面已经说过的每一条理由。"文王演《周易》"是文王最重要的……

李　锋（打断）：就因为所有这些解释，"数"就不得不是"中"？

邢　文：不，不是因为"这些解释"，而是因为孔子的话，"数"是"中"，这是尧自己说的。

艾　兰：我们知道"中"从一开始就是非常重要的观念。它在《周易》中也有一定的发展模式。但是，你不能把它和《周易》必然地联系起来，以为它和《周易》"中"的重要性有一些巧合。我不是说你是错的，你也可能是对的。在其他的占卜系统中，也强调中心的思想。我的意思是"中"是一种超自然的力量，但是这种力量并不局限于《周易》的内容。

邢　文：我对不对其实并不重要，重要的是方法。我们怎么来理解这段内容？我们应当从历史和文献两个方面来比较、解释《论语》此章和《保训》。我们为什么不这么做呢？它是以"天之历数在尔躬，允执其中"开始的，所有有关的用字都是一样的，思想也是一样的，也都符合我们传世文献的传统。这不是我的解释。我没有创造证据，我只是使用它们。

我的解释也与伪《古文尚书》的传统相合所有这些材料都互相支持，我看不出来为什么我们不能这样解释。

艾　兰：如果是那样，我对于"假中于河"的理解仍然有疑惑。

邢　文："假"就是假借，在河假借"中"的力量。河是出河图的地方。那么什么是河图呢？河图就是10个数字，它出于河。河处在中国的中心。根据古代的传说，舜得到了河图。

主持人：你有没有想过《竹书纪年》中的"假"或者"借"实际上是对古文字的误读？河伯只是含有一些神性意味的观念。

邢　文：根据传世文献，有一个部落或者国家叫河伯。河伯和有易的关系很好，所以本来河伯是不会帮助上甲微来惩罚有易的。上甲微没有任何理由去惩罚有易——他们没有做错事。那就是问题。当有易被上甲微打败的时候，国君和许多人民都被杀害了，接着是河伯帮助活下来的有易人民在另外一个地方建立了另外一个国家。这就是传世文献说的。

艾　兰：如果你按照我的方法来理解"中"的话，那么"假中"就应该是暂时接管的意思。

主持人：如果它是邢文理解的那样，假中——这个宝——它来自河。你运用它，解决罪恶。你建立一个合法的范例，好人没有受到伤害，接着你归还给河，并祭祀河。

邢　文：差不多。传世文献说"河出图，洛出书"。"中"不是上甲微路过河的时候从河得到的什么东西，"中"早已为舜所得。禹也已经得到了洛书。它们都是数字。当上甲微路过河的时候，他意识到这一点——或者是早就意识到，或者是当时悟出来的——接着他运用了这种思想。它们也可能是策略，或者它们具有超自然的力量。微的心中可能早已有了河图，或者是他真的有一些占卜者或擅长这些数的专家，于是他就利用了河图。

主持人：它是公正的工具，是吗？

邢　文：公正的工具？或许是兵家的工具，或许是统治的工具。它可能是任何事物的工具，它是宝。它们是数字，在天上，在地上，分阴分阳，万事万物都有。所以当上甲微经过那里，那是河图之数或者"中"出来的地方；他说，我会用"中"去惩罚邪恶的有易。它还真管用了！上甲

微的军事实力不足以打败有易,但是他赢得了战争。他自己完全没有受到伤害,而有易,整个部族或国家都被灭掉。所以当他回到这里时,好吧,奉还吧,但不是奉还数字,而是奉上他感恩的心、他的感谢——还愿。这也是我们今天会做的事。你们大家帮助我走到这里,那么,让我到庙里去说一声:"谢谢。"

主持人:这差不多是"归"的延伸义,即你必须举行感谢的祭礼。这种祭礼的概念也出现在《金滕》中。

邢 文:我们解释"中"的关键,是必须与这两个部分都符合:第一个部分是"求中"和"得中",第二个部分是上甲微"假中"和"归中"。

主持人:所以你认为后面的这个"中"就是前面舜用的"中"?

邢 文:是的。也就是"数"。"天之历数在尔躬",这是尧对舜说的,也是孔子的弟子所记录下来。但你要用的是什么数呢?不是具体的数,而是"中"的数——可以击中要害的数、"中用"的数、"中的"的数。

主持人:但"天"没有被提到。

邢 文:天何言哉?天什么也不用说,万事万物照样自生自灭。(众笑)关键是你理解天。如果你理解天,你就得到了"中"。

(全场议论纷纷,交头接耳,讨论"天之历数在尔躬,允执其中"。)

李 锋:我不能想象在军事作战中使用了"数",你就不会受伤是怎样一个情景。(众笑)

邢 文:那是因为你不是诸葛亮,你不是军事专家……(众大笑)主持人:诸葛亮作战看星相,他读天书。

邢 文:这是"兵阴阳",这是我们的叶山教授的专长。(众笑)"兵阴阳"就是你怎样在军事活动中用"中"、用"天之历数",是不是这样,叶山教授?

(众大笑)

叶 山:是的。

邢 文:谢谢。

叶 山:邢文刚才提到"数"对军事很重要。这有一个很悠久的传统。实际上，所有的军事文献，一直到清代的，基本上所有的军事百科全书，都分成天、地、人三个部分。天的一切都是与数有关的，天人合一，使用多种战术。所以，事实就是你要使用数，在特定的一天来攻打特定的敌人，如北方的或者其他的什么敌人——有易就在北方。有很多的技术你可以使用，它们是非常重要的补充。军事是惩罚的一种手段。所以，法律系统和数结合在一起，是很合理的事。从公元前5世纪开始的早期文献中，它们之间确实有着这种联系。有些是更为具体的，如张家山汉简中的《阖庐》、银雀山汉简中的《地典》，等等。对我而言，邢文的说法是完全有道理的。

邢　文：非常感谢。（众笑）

（翻译、整理：甘凤、王进锋、余佳）

清华简《保训》座谈会纪要

原载：国学版（光明日报2009.6.29第12版）

2009年6月15日，清华大学出土文献研究与保护中心召开"清华简《保训》座谈会"。50余位学者参加了座谈。

会上，清华大学副校长谢维和教授代表清华向各位学者的到来表示欢迎。他指出，此次针对《保训》简展开的专题座谈意味着清华简研究工作的深入，而这是专家们共同推动下实现的，各位专家对清华简所提出的新的意见与看法推动了清华简的研究，我们珍惜这样一些不同意见。希望清华简的研究继续得到各位学者的关心、支持与帮助，共同为国家的历史、文化研究做出贡献。

清华大学出土文献研究与保护中心主任李学勤教授做了有关清华简及《保训》的主题报告，介绍了清华简入藏以来的工作历程，包括清华简的抢救性保护、拍照及竹简释读等情况。

参加座谈会的各位专家学者根据会上提供的《保训》简照片及释文等材料，就《保训》简的释读、《保训》简的思想及其时代等问题展开了热烈的讨论。

一、《保训》简的释读

与会的专家肯定了《保训》简的释读所取得的成绩，同时对于其中个别文字的考释进行了讨论。

吉林大学李守奎教授对简文的一些字的释读提出自己的看法：1. 第3支简缺而未释的字，李守奎教授认为可能应读为"人"；2. 第1支简"不瘳"之"瘳"，楚简中经常出现，应是字，楚简的"余"字下面都有一撇，与该字写法相同；3. 第6简原释为"诰"的字，根据图版，右半部是"芇"，左半部是否"言"尚看不清，但从字形上看释"诰"不太合适。4. 第2简的字释读可以讨论。楚简中此字多次出现，陈剑先生曾把它释为"琮"，假如释为"琮"，就可以从其他方面去考虑。5. 第4简的"旧"字，可能应读为"久"。

中国社会科学院语言所孟蓬生研究员从古代文法角度补充与支持了李守奎教授关于"不瘳"的意见。他说，根据古文献的一些习惯，"不瘳"是病没好，一定要先说病再说"不瘳"，但是《保训》简没有先说病就说"不瘳"，释还是更合适，读为"不豫"。至于李学勤教授提到的"康"为错字的问题，他认为是假借字，并举出楚铜器铭文中的"鼎"读为"汤鼎"为证，证明战国时候"康"和"汤"的声音相通。另外，他对简文"假中于河……追中于河"提出看法。认为"假"字可能可以读为"质"，"追"字与"赉"的形状相同，应该念"赎"。这句简文是讲上甲微讨伐有易时路过河，先以"中"为抵押，然后再要回来，这才能传之后世。

清华大学出土文献研究与保护中心李均明研究员补充了清华简的其他材料，证明"假中于河"中"假"字的释读无误。

北京师范大学李锐博士支持孟蓬生先生关于"康"通"汤"的讲法，指出传世本《缁衣》"惟尹躬及汤，咸有壹德"之"汤"，上博简《缁衣》作"康"。他还认为第9、第10两支简的"衹备"当读为"衹服"，《尚书·康诰》有"子弗衹服厥父事"。他还提出第6支简"身兹（滋）备惟允"当读为"身滋服，惟允"。

北京大学李零教授同意将第3支简缺释之字读为"人"，也同意将第1简"瘳"读为"瘵"。他认为把"溃"字理解为地名更好一点。对于"假中于河"之"假"，他指出该字后世常与"段"字混淆，《说文》讲"段"是磨刀石，他怀疑此字从刀从石与磨刀石有关。"怀"字绝大多数作"倍"或"负"讲，这里是否也可以这么理解。他还补充说，"鼎"铭文是淅川下寺出的，楚器中除这件外，都写作"汤鼎"，所以这是"康"读作"汤"的一个较好证据。他还提出"命未有所氵欠"的"氵欠"是否可以读作"衍"。

清华大学廖名春教授也提出几点意见：1. "多鬲"之"鬲"，疑读为"隔"，"隔"有别离义。"日之多隔"，指来日距离很远，意思与常说的"天人永隔"之"永隔"相近，与后文讲恐惧相合。2."恐坠宝训",疑当读作"恐,述宝训";3."溃"字疑读为"馈",为祭礼。4."诇",指诸侯之共主。5."恐救中"的"恐"当读为"工",义为擅长、善于。6."三降之德"的"降"疑读为"愉","愉"与"乐"是同义词,简文这里是讲舜之政绩。意为在舜的治理下,百姓都安居乐业,各得其所。

中国社会科学院语言所王志平副研究员则认为"诇"应读为"道"。"道"是幽部字,而"诇"是东部字,很多幽部字与东部字相通,可见幽部字与东部字在上古的关系很密切。"成汤"与"成唐"也是音韵的问题。"唐"字在《说文》的古文是"阳"字,它们之间的关系,也就是声母之间的谐声现象,这一现象在战国时代仍有。第3、第5支简的"易立",读为"设位"可能比较好。

中国传媒大学姚小鸥教授也提出两点意见。一是谈到"保训"之"保",有的学者读"宝",他觉得释"保"还是没有问题的。二是他认为"言不易实觅名"应读为"言不易,实觅名"。

二、《保训》简的内容与思想

清华大学刘国忠副教授讨论了周文王受命称王问题。他指出,从文献记载来看,周文王称王问题与周文王受命密切相关,关于文王受命的记载散见于《诗》、《书》及周代各种金文,可见文王受命是周人的普遍共识。古代学者虽多承认"文王受命",但对"文王受命"的具体内容有不同理解,从我们今天来看,所谓的"文王受命"是指文王获得天命去取而代商,早期文献中有关"文王受命"的论述都应该从这一角度来理解。《尚书·无逸》"文王受命惟中身,厥享国五十年"证明文王即位之初即已接受天命灭商,《保训》简"惟王五十年"的记载则印证了文王即位之初即已经称王。伏生、司马迁等学者不了解"文王受命"的确切含义,误以为"文王受命"是受纣王专征伐之命,造成了这一问题的混乱。至于文王在位的时间,应该信从《尚书·无逸》的记载。《无逸》为周公所作,其叙述要比后人准确得多。而《保训》简"惟王五十年"正印证了周文王"享国五十年"的记载。周文王接受天命后,始终以灭商为己任,他表面上仍顺服于商纣王只是审时度势、韬光养晦的需要。

《保训》简中的"中"字引起了与会专家学者的热烈讨论。烟台大学江林昌教授认为,"中"是一种旗帜,公正、不偏不倚,这是古代人的一种原则,《楚辞》有很多这样的例句。廖名春教授则认为"中"是指治理国家的一种最好方法。曲阜师范大学杨朝明教授强调《保训》的"中"和儒家的"中道"是相联系的。

黄天树教授认为，《保训》的"中"究竟是不是虚的东西，他不能确定，但是从古代金文等来看，古代虚的一些东西好像也能用实的动词来讲。例如，金文中常见的"秉明德"、大盂鼎的"敬拥德经"、胡簋的"经拥先王"等。又如大盂鼎"享奔走"之"享"，虚的东西可以称享，实的也可以称享。另外，他还提到甲骨卜辞中有"王中我"，这个"中"不知怎么讲，不知与《保训》简的"中"有没有关系。

李均明研究员认为"假中于河"是一件司法诉讼案，"中"是冠以"公平"名誉的司法权，也指不偏不倚的司法审查与裁决，这个故事讲上甲微从河伯那里借了"中"（司法权），以"覆"（审理）有易，有易服从判决，上甲微便将"中"（司法权）还给了河伯。最后，他指出，周文王给武王讲"昔微假中于河"这一故事，是要武王认识到司法公正在政治中的重要作用。

清华大学出土文献研究与保护中心沈建华研究员则强调《保训》简以尧、舜、微三代帝王之例，用了四次"中"字，向武王讲述了不同时代君主所使用的"中"字理念，有着不同的层次含义，是文王遗训的核心思想。第一个"恐救中"，指舜帝担心失去"中"；第二个"既得中"，指取于执中；第三个上甲微"借中"，指借助公平正义；第四个"追中"，指遵循效法。同样这四个"中"字的使用，前两个是怀柔，后两个是手段与目的，直接反映了"中"这一信仰在不同时期和不同事物上代表不同的看法。周文王遗训的要旨，是向武王表明，作为君王在执中和之道的同时，并非是一味协调，放弃必要的正义斗争，而是既有怀柔的一面，又有强硬的一面。文王希望武王遵循这个道理，正如上甲微灭有易那样，继承大业，建立强大的周王朝统治。

三、《保训》简的时代问题

黄天树教授指出，《保训》简中，有的词比较早，例如"王若曰"这种训诰式的文例比较早，甲骨文中就有，董作宾专门写过《王若曰考》。但是这里面也有些文例不像是西周的，例如第一句"惟王五十年"似乎不合西周早期铭文的体例。《保训》简可能不一定是西周的实录，成分比较复杂，可能在传抄过程中经过改动。

李锐博士也对个别语句可能的时代做了讨论，指出，从铜器铭文看，"惟王五十年"这一格式多见于西周中晚期，战国时期虽也有类似表述，但可能只是一种遗存。其次，"服厥罪"又见于牧簋铭文，"厥罪"也见于《康诰》，当是西周时期的语句。

北京大学李家浩教授也提出《保训》简的时代问题。《保训》简究竟是实录还是后来追记的？如果是后来追记的，究竟是记于西周、春秋、战国中的哪一时期？

李学勤教授指出李家浩教授提出的问题很重要。他指出，在光明日报介绍《保训》简时，他说这篇是"《尚书》体裁"，并没有说它就是《尚书》。很多学者都讨论了《保训》与《逸周书》的关系，他也注意到《保训》的最后一句"日不足，惟宿不"特别像《逸周书》的句子。读了《保训》后，《逸周书》的很多东西才能读懂。《逸周书》至少有十篇有类似"日不足"的文例，而且绝大多数有脱漏的字，从这一点看，此篇归入《逸周书》有点道理。可是，从整篇内容来看，它又特别不像《逸周书》，《保训》是讲实际的事迹，一是尧舜的事，一是上甲微的事，而《逸周书》有关各篇基本上都是一套虚的议论。《逸周书》有序，序中没有《保训》这篇。七十一篇中讲文王末年的有《文儆》、《文传》，和这篇是矛盾的，所以《保训》不属于《逸周书》系统。《保训》与《逸周书》皆有的"日不足"类的文例，可能就是当时训诫的一种通例。至于李家浩教授提出的《保训》篇究竟能早到什么时候，目前尚不能答复。

胡平生研究员提出，清华简称的是"战国简"，而不是依照常例，像上博简一样称"楚竹书"，是否对于清华简的国别有新的看法？李学勤教授回应说，根据现在已有的工作，尚没有能够证明清华简都是楚简。尽管这批简大多数有楚文字特点，可是目前尚未见过别国的简，对于战国时期各国之间的区别尚不清楚，所以暂时称为"战国简"。（刘国忠　陈颖飞）

附 录

附录一：国学版办刊实施方案（2005年12月9日）
附录二：读者对国学版创刊号的反应
附录三：国学版备忘录（2006.1—2010.11）
附录四：国学版总目录（2006.1—2010.12）

附录一

国学版办刊实施方案
（2005年12月9日）

刊　　名：《国学》
刊名题写：拟请国内著名书法家题写
定　　位：

一、关于国学

"国学"是相对外来文化而言的中国固有的文化与学术传统，是中华文化在应对西方文化过程中逐渐成长起来的一种新型学术传统。国学既包含着传统的文化经典，更有现代学人运用现代学术眼光对传统文化做出的富有成效的现代阐释。国学既是我们的民族文化之根，也是中国文化自身的特质之所在。在经济全球化与文化多元化时代，"国学"所蕴涵的核心价值观以及富有中国特色的思维方式，经过一代一代国学大师的不断阐发，不断地向世人展示着自己的魅力。它不仅为我们自己的现代化事业提供着取之不尽、用之不竭的思想资源，而且为文化多元化的世界提供着生存经验与思想启示。

作为现代的中国人应当认真面对这一思想宝库，经常回到历史的深处，在动态的历史之流中去寻找中华文化的思想源头，同时利用现代传媒，将这种文化中的优秀部分传播到更为广大的民众之中，使之成为社会主义先进文化的因子。

二、关于读者

《国学》将面向广大知识分子和文化大众，而不仅是学者和学界。这是与理论周刊最大的不同。这种本质性差异将通过栏目设置、稿件的话语系统及风格等各个方面得到表现。

三、办刊方针

围绕党和国家的中心任务，服务改革发展大局，以马克思列宁主义、毛泽东思想、邓小平理论和"三个代表"重要思想为指导，大力弘扬中华民族的优秀文化传统，大力弘扬以爱国主义为核心的伟大民族精神，坚持批判继承的方针，坚持古为今用的原则，努力为建设社会主义先进文化，为建设社会主义精神文明和构建和谐社会提供思想资源。

四、办刊方式

总的一句话：要在新闻纸上办学术。具体说，第一，走出学术理论版"学者写、学者看"的惯常局面，大胆引入新闻手段和元素对学术话语进行加工，探索出一条"学者写、大众看"的新路子。第二，在处理思想性和新闻性关系上要走出二者难以兼顾的惯常思维，努力追求二者的高度统一。一方面，要让《国学》版的文章从内容到标题都有吸引力，有可读性；另一方面，并不因此影响文章的学术品质和思想内涵。第三，在处理学者与文化大众这两大读者群的关系上，一方面，由于《国学》版的重点栏目"国学访谈"为数位一线的一流学者的"集约化作业"，所论及的主题又是具有前沿性的学术话题，因而它必定会吸引学界和学者的关注，但在基本面上，我们首先考虑的是文化大众。要让他们想看、看得懂，而且喜欢看。

栏目设置：

"国学访谈"：为《国学》版的重点栏目。具体做法：

确定访谈主题和拟请学者名单。每次邀请三到五位海内外一线学者就目前国学研究的前沿学术问题进行面对面的讨论与交流，访谈整理编辑后，发表于《国学》版的头条位置，字数为4000字左右。并附学者照片或速描。我们希望能够通过此栏目的运作，不断积聚学术资源，不断扩大《国学》版的影响，在引领学术，团结广大知识分子方面发挥日益重要的作用。

"国学讲演录"：讲演这种形式兼有思想性和新闻性，因而是《国学》版一个必然的选择。计划平均每两个月推出一块整版。内容为学者所做的国学方面的精彩讲演。每次刊登时，将附讲演者的照片、小传和现场回答听众提问等。

"国学漫谈":学者撰写的兼有前沿思想性与可读性的杂文、言论。漫谈围绕国学以不同角度展开,如国学与人生、国学现代性、国学与经学、国学与小学、学统与门派、国学的历史机构、重要历史事件、国学与西学等等,其观点要成一家之言。基本标准是内容与形式都要为文化大众所喜闻乐见。附作者照片和小传。

"国学动态":报道国学界发生的事件性新闻,视其重要性可做头条。

附录二

读者对国学版创刊号的反应

《国学》版第一期刊出之后,在广大读者中产生了热烈的反响。从10号下午开始到今天(14号),每天都有十几封电子邮件从全国各地飞来。现选摘如下:

《菏泽学院学报》车先生:我们从1月10日《光明日报》五版看到贵报开办了"国学"这一栏目,大家十分欣喜,格外振奋。大家一致认为"国学"这一栏目开得好,开得及时。大家认为,"国学"这一栏目的开办有利于凝聚民族精神,有利于弘扬传统文化,有利于"国学"的研究与传承,完全符合时代和先进文化的要求。我们《菏泽学院学报》全体编辑人员衷心祝贺"国学"栏目开办,祝愿"国学"栏目越办越好!

湖北省襄樊市交通局培训中心艾先生:《光明日报》《国学》版开版,甚好!以往哲学教科书"言必称希腊",愚拙坚持"言必称华夏"。《易经》之玄妙,《道德经》之睿智,《诗经》之华美,《离骚经》之激昂,以及汉赋唐诗宋词元曲明清小说之博大精深,难以尽述。一言以蔽之,国学在世界学术史上绝对是稳坐头把交椅的。遵循毛泽东主席"古为今用,洋为中用"的教诲,认真开展对国学的研究继承弘扬发展工作,《光明日报》开辟了一片绿地。祝这片园地繁荣茂盛!

湖北省文联罗先生:刚从邮局给国学版寄出一篇稿件,题为《钱穆的书斋生活》,上网得知您在责编,先发个邮件告知。

中国人民大学何先生:我是北京师范大学的博士,目前在中国人民大学出版社工作,我的研究方向是文化与传播.对于传统文化,是我们思考的基石。本文是对图书价值观的探讨,这是久违了思想遗产。希望能够采用并提出意见。

读者龚先生：获悉《光明日报》"国学"版创立，不禁有感于心，窃以为此乃文化自觉之举，对于源远流长之中国学术传承殊为无量功德。祝《国学》专版成为研究者和爱好者的精神家园！

四川师大汪先生：欣闻贵报推出了"国学"版，作为一个痴迷国学，而且也算是在研究国学的工作人员来说，我感到非常振奋。此举实是为国学爱好者以及广大读者提供了一个了解国学研讨国学的好阵地。

北京读者桑先生：我是北京的一名大学生，是《光明日报》的忠实读者，看到国学版我特别高兴，非常喜欢，让我感到耳目一新。请问贵报国学版是固定每周二出版吗？遗憾的是，我平时基本在报亭买不到《光明日报》，只能通过网络来看电子版，虽然快捷，但是我还是希望能够方便的购买到一份属于自己的《光明日报》留做资料，尤其是看到国学版的刊出后，这种愿望就更加强烈了，贵报能否每周给我寄一份有国学版刊出的《光明日报》，我只需要有国学版刊出的那一期，报费我付，希望编辑部能实现我的这个愿望，谢谢！祝贵报国学版越办越精彩！祝你们工作顺利！

此外，还有很多作者通过电子邮件向国学版投稿。其中有（按收稿时间排序）：丁先生（《中国古今六大宴席》，网友）、陈先生（《北宋诗人黄庭坚两帧书法作品在无棣面世》，山东无棣县委宣传部干部）于先生、孟先生（《恢复传统道德教育 成就中华复兴大业》，网友）、任先生（《"国学"词源小考》，中南大学文学院教授）、刘先生（《"国语"编纂的政治意图》，曲阜师大讲师）、张先生（《废纸堆里捡出清早期庙用佛经》，山东阳信县委宣传部干部）、刘先生（《古代哲人如何看待物质与精神》，上海师大教授）、乐先生（《孔孟儒学与科技》，厦门大学哲学系教授）、白先生（《中国传统文化的价值缺失与现代化之路》，首都师大教授）等。

附录三

国学版备忘录
（2006.1—2010.11）

国学版2006备忘录

2006年1月10日，国学版创刊（光明日报2006.1.10.第5版）；当年为双周刊，全年共出版23期。

国学版筹备（2005年年底）期间，苟天林、李景瑞等报社领导给予了多方指导，学者姜广辉、吴根友、杨华、王博、陆建华、张凤雷及朋友张文瑞等为如何办好国学版提出了很多意见和建议，书法家欧阳中石为国学版题写刊名，李强先生为国学版设计了版式，本刊编辑撰写了发刊词"告读者"。

创刊号于头条位置，以"国学与二十一世纪"为题，刊登了由任继愈等四位老一辈国学学者参加的"国学访谈"。在这一年间，由于如下访谈的陆续推出并引起读者关注，"国学访谈"栏目逐渐成为国学版的品牌栏目："儒道对话：如果没有道家"、"中国人从'和'而来"、"儒家哪儿错了"、"走出'疑古'还是将'疑古'进行到底"、"儒学与城市文明的对话"、"天涯并不遥远——杜维明与陈来纵论国学如何走向世界"、"道家是中国哲学的根基吗"等等。

国学版创刊在读者中产生强烈反响。它与之前成立的中国人民大学国学院、北京大学乾元国学教室，以及后来的新浪网"乾元国学博客圈"被视为21世纪初中国大陆"国学热"兴起的标志性事件。

2006年2月7日，国学版第三期推出"国学讲演厅"，以整版篇幅刊登学者讲演："儒家、道家与日神、酒神"，首次将演讲这种方式引入《光明日报》。

2006年4月7日，《新闻阅评》以"促进构建社会主义和谐社会 促进马克思主义中国化 光明日报《国学》版凸显报纸特色扬优势"为题，对国学版努力探索"学者写、大众看"，"新闻纸上办学术"的办刊实践给予了肯定。

2008年7月18日，国学版于头条位置刊登牟钟鉴先生《质疑"'国学'质疑"》一文。此为国学版"国学争鸣"栏目的始作俑者。文章所指反映出，与当下兴起的"国学热"如影随形，始终存在着一种怀疑、否定国学当代性的思想倾向与价值观念。它构成了新世纪中国大陆"国学热"的一个特殊的问题化背景。相应地，两种观念的争执与碰撞时常以不同的方式出现于国学版的字里行间，也就在所难免了。

同一期，国学版还推出一个新的栏目："百年国学经典"，与"国学百科"一起成为国学版上相对固定的知识性版块。做出这样的设置是基于两点认识：第一，由于历史的原因，包括我们编者在内的众多国学爱好者，不曾系统地接受国学教育，需从最基本的国学知识开始"补课"，做自己传统文化的小学生；第二，当代国学学者正在行走的"新国学"之路，是由百年以来学贯中西的国学大师们开辟出来的。对于后继者来说，百年国学经典是一笔宝贵的思想遗产。对此，我们应该有所了解。

2006年7月28日，以国学版为主体邀请并组建，100位国学学者加入的"乾元国学博客圈"，在新浪网正式开通。新浪网首页以"百位学者打造新浪国学第一圈"为题，转载《光明日报》同日刊出的一则消息（题为"国学成为新浪网最重量级博客圈"）。当天在新浪网上浏览这条消息的网友为192万人。十二天以后，也就是8月9日，截止到下午16：30分，乾元国学博客圈的独立用户访问量已达500万，总访问量2500万。8月10日上午10：30分，新浪网的宽频直播间里，第一次迎来了来自国学界的学者嘉宾：汤一介，牟宗鉴，干春松，杨立华。由国学版编辑担任特邀主持的这场面向全球直播的访谈，共进行了一个小时，在线观看的网友178万人。

国学版2007备忘录

2007年1月4日，国学版由上年的双周刊改为周刊出版。这意味着，国学版已由"试用期""转正"。这一年，国学版共刊出41期。

从2007年首期开始，国学版在办好已有栏目的基础上，推出一个新栏目："国学茶座"。并先后刊出叶嘉莹、李学勤、邢福义、卞孝萱、章开沅等一批大学者写出的"小文章"，以小见大，贴近生活，贴近时代，雅俗共赏。

2007年5月20日，国学访谈"我教孩子学国学"在北京政协宾馆举行。与此前一律由学者唱主角不同，参加这一访谈的四位嘉宾都是来自基层的普通家长，由报社出资请到了北京。数年来，他们以不同的方式给孩子讲国学，跟孩子一起感受传统文化的魅力。访谈向读者展示了"国学热"于民间的真实情况。

这一年里，"国学访谈"栏目先后推出"鲁迅的国学观"、"来自人类学的声音"、"东学西渐的历史与未来"等一批访谈。

2007年5月，国学版策划组织，国学版与岳麓书院联合主编的《年度国学2006》由首都师范大学出版社出版。该书以年鉴的形式反映国学界年度发展总体状态及趋势。全书共计39万字，由五个部分组成：十数位知名人士的国学感言，2006年国学年度报告，全国近30家国学研究机构工作报告，近百位一线学者的学术成果摘编，2006年大事记。

2007年7月3日，国学版与岳麓书院联合推出"岳麓国学讲会"系列讲座之第一讲："宋明学案：为往圣继绝学"，主讲人：陈来。一年间，先后邀请姜广辉、黄爱萍、郭齐勇、李学勤、朱汉民等演讲。

2007年11月8日，为了贯彻落实"十七大"关于"建设中华民族共有精神家园"的文化战略，由以许嘉璐副委员长为总顾问、傅璇琮等组成的编审委员会领导的，由国学版组织实施的《三字经》修订工程正式启动。工程得到《三字经》作者王应麟（南宋）的家乡——宁波市鄞州区（鄞县）的支持。此次修订采取专家评审和读者征文相结合的方式进行。广大读者热烈响应。据对《三字经》修订征文专用电子邮箱的统计，自2007年11月上旬起，至2008年2月中旬，所收到征文计480多件。这些征文被编组后，由编委择优推荐，在国学版上共选登10次。

国学版2008备忘录

2008年1月，从国学版的"国学访谈"栏目已发稿件中精选出来20余篇稿件，由光明日报出版社以《国学访谈》为名结集出版。国学版全年共出版37期。

这一年里，"国学访谈"栏目先后组织了"道家之中西问题"、"庄子的世界与世界的庄子""《新理学》七十年"、"关于日本汉诗"、"边地上的国学"等访谈，数十名国学界一线学者通过这种方式，进行了大信息量的学术思考与交流，帮助读者进一步深化对国学当代价值的认识。

2008年3月24日，国学版刊登了《三字经》（修订版·征求意见稿）以及修订说明。这标志着于2007年11月正式启动的"《三字经》修订工程"，其主体部分已基本完成。4月初，根据广大读者的意见，《三字经》修订工程编委会又对《三字经》（修订版）的部分内容进行了进一步的调整修改，形成了最终的定稿，于4月中旬由人民教育出版社出版发行。

2008年4月25日，由光明日报社、人民教育出版社、中共宁波市鄞州区委共同主办的《三字经》（修订版）首发式在人民大会堂举行。《三字经》修订工程总顾问许嘉璐、北京大学哲学系教授汤一介、中国人民大学国学研究院院长张立文、《三字经》修订工程编审委员会主任傅璇琮、人民教育出版社总编辑徐岩、本报总编辑苟天林、中共宁波市委副书记唐一军、鄞州区委书记寿永年等参加了会议并讲话。

2008年4月14日，国学版于头条位置刊登署名文章"'四书'应该进中学课堂"，引起各界反响。国学版遂展开系列讨论。先后有十几位作者就"四书要不要进中学课堂"、"中学语文课应不应该回归传统"等问题各抒己见。

此外，国学版还刊登了"我们有没有'是'"、"'三十而立'立什么"等争鸣文章。"国学争鸣"栏目在国学版所占比重因此有较大提升。这在一定程度上反映出国学于当代特有的"生存状态"。

国学版2009备忘录

2009年1月12日，国学版刊出第一期，全年共出版42期。

2009年4月13日，国学版开辟"解读清华简"专栏，率先刊登清华大学"出土文献研究与保护中心"关于"保训"篇的首批解读文章。与此同时，国学版还率先发出了学界对"清华简"质疑的声音，并于第一时间开展对话。由于"清华简""涉及中国传统文化的核心内容"，故国学版"解读清华简"的文章立即成为焦点，引起国内外的热烈反响，国学版也因此赢得海内外学界的重视。

同一期的国学版还刊登了一篇署名文章"现行语文课本的弊端"。此文及后来刊登的回应文章，把自2008年4月开展的关于"'四书'要不要进中学课堂"的讨论自然地延续下来，形成一个序列。

2009年6月1日，国学版推出新一期的对话式访谈："今天该如何评价

儒学"。对话者是分别来自西方哲学、中国哲学和马克思主义哲学三个研究领域的一线学者。两周后，即6月15日，国学版又以"国学是'理论'还是'看法'"为题，刊登了这场对话的下半部分。

2009年7月11日，任继愈先生逝世。任先生生前曾给予国学版亲切关怀和指导。2005年年底，任先生参与国学版为创刊号准备的首个访谈："国学与二十一世纪"；2006年春节期间，任老对前来拜年的一位中国人民大学学者说，"你们要多关心国学版。"

2009年10月26日，国学版以"新国学之路"为题，刊登记者对清华大学国学院院长陈来的专访；一周后，又以"清华园里国学'筑'新院"为题刊登余英时、李学勤、安乐哲、黄俊杰等人的文章。国学版以这样的方式反映事隔八十年清华国学院恢复成立这一历史性事件。

在这一年里，国学版时时关注"国学热"中出现的新事物。"书院观点"、"儒学特区"、"武汉大学国学博士点正式招生"、"首支'国学股'在深交所挂牌上市"等，从不同侧面捕捉国学对现代中国文化建设的参与，以及给当代中国人生活带来的变化。

2009年11月27日，由国学版主持编写、首都师范大学出版社出版的《年度国学2007》、《年度国学2008》在京举行首发式。《年度国学》自2006年出版以来，每年一册，已连续出版三册。它通过"年度国学报告"、国学机构"工作报告"、"国学年度大事记"等方式，力求全面、准确地反映国学界年度发展的总体状态及国内与国学有关的各种动态、信息、事件，全景式地记录发生在21世纪初叶的"国学热"的思想文化现象。

2009年12月7日，国学版刊登署名文章："论国学研究的态度、立场与方法——评刘泽华先生王权主义的'国学观'"，为了方便读者阅读，同时摘要转发了刘泽华先生发表于《历史教学》的文章《关于倡导国学几个问题的质疑》。对此，社会各界反响热烈。国学版又接连刊发两组商榷文章，引起各界进一步关注，一些媒体也相继跟进。有关的讨论至今仍在热烈进行之中。"对话"一词因此成为2009年国学版的一个"关键词"。

2009年12月21日，国学版以整版篇幅推出："大学四校长'国学学科问题'高端访谈（上）该不该为国学上户口？"一周后又刊发了访谈（下）："国学学科可从试点做起"这一访谈，加之此前的"六教授"访谈：国学是一门学科（2009年10月12日国学版），还有此后的国务院学位委员会学科评议组"三成员"回应:"国学'户口'再受关注"(2010年3月3日国学版)等,形成了一个序列,并受到社会各界的持续关注。有关部门就国学学科问题两次进行问卷调查,仅学界即有百余位学者,以不同方式参与到关于国学学科问题的讨论中来。时至今日,讨论仍在进行之中。

国学版2010备忘录

2010年1月4日,国学版刊出第一期。截止到11月15日,共出版37期。

从第二期开始,国学版连续推出"年度国学2009"之"经学报告":多样化推进、"史学报告":面对历史的学术自觉、"子学报告":学术生命的创新与继承、"古籍整理研究报告":整理国故 传承文脉。以专题报告的方式,对2009年国学研究的总体状况进行梳理,做出总结。

"国学争鸣"成为本年度国学版的"重头戏"。国学版围绕"国学研究的态度立场与方法"、"八股文"、"国学概念是否科学"等话题,陆续开展了对话式的讨论。为了便于读者及时、准确地了解对话双方的观点,并做出自己的判断,国学版改变了以往争鸣文章只能先后发表的做法,通过组织策划,在一个版上同时刊出双方的文章。

2010年3月19日,"中国清华简国际学术研讨会"在美国达慕思大学美举行,来自美国和欧洲大陆的近三十位学者围绕"清华简·保训"进行了深入的学术交流。由于国学版于2009年4月份率先推出"解读清华简"栏目,引起国际汉学界的关注,故会议特别邀请国学版编辑出席此次会议并在开幕式上发言。

2010年3月,国学版在光明日报新任总编辑胡占凡、编委陆彩荣等指示下,酝酿改革。

2010年4月20日,创刊以来一直以学术作为自己的主业和基调的国学版,刊出纪实文学《变局:百年国学纪事》第一回:"广雅书院惊天奇论 万木草堂动地潮音"。此后,又陆续刊出了6次。

2010年5月17日,由国学版参与策划、组织的世界文明对话日座谈会在北京举行。5月31日,国学版以"世界文明对话日:来自中国的声音"为题,整版刊登了会议纪要。从7月26日开始,由尼山论坛组委会与光明日报联合主办的"尼山论坛专栏",在国学版上陆续推出。9月23日,国学版刊出记者专访:这个世界需要"对话"——尼山论坛组委会主席许嘉璐先生访谈录。

附录四

国学版五年总目录

2010年国学版总目录

2010年第42期 总第185期
- 对当下国学讲习的期待 2010-12-27
- 关于东西方思维差异的两个试验 2010-12-27
- 易数钩隐图 2010-12-27
- 《诸子学刊》推出第四辑 2010-12-27
- 《当代名家学术思想文库·傅璇琮卷》出版 2010-12-27
- 《经学传统与中国古代学术文化形态》问世 2010-12-27

2010年第41期 总第184期
- 何为《书》? 2010-12-20
- 经部之易论 2010-12-20
- 温州举办明代文化研讨会 2010-12-20
- 《论语》之"敏" 2010-12-20
- 《西铭》的逻辑主线 2010-12-20
- 人大举行《国际儒藏》捐赠仪式 2010-12-20

2010年第40期 总第183期
- 《保训》主旨与"中"字释读 2010-12-06
- 唐代的释奠礼 2010-12-06
- 朱子理学与当代社会 2010-12-06
- "二十一世纪中华文化世界论坛"将首次在海外举办 2010-12-06

2010年第39期 总第182期
- 学界研讨"竹林七贤" 2010-11-29
- 约定俗成本身就是一种学理依据 2010-11-29
- 循名责实并非禅和子斗机锋 2010-11-29
- 儒释道 互补与心态和合 2010-11-29

2010年第38期 总第181期
- 周易口义 2010-11-22
- 构筑对话平台,期盼世界和谐 2010-11-22
- 国学动态 2010-11-22

2010年37期 总第180期
- 不能用非理性的方式批评"国学" 2010-11-15
- "仁"与"智" 2010-11-15
- 不应漠视"国学"概念的非科学性 2010-11-15

2010年第36期 总第179期
- 孝的发生 2010-11-08
- 温公易说 2010-11-08
- 子弓非孔子弟子仲弓考 2010-11-08

2010年第35期 总第178期
- 从《公羊传》看中国统一思想 2010-11-01

- 先父钱穆的学术精神 2010-11-01
- 文献学是国学的基础 2010-11-01
- 两岸清华研讨高罗佩 2010-11-01
- 易童子问 2010-11-01

2010年第34期 总第177期
- 《浮生六记》：中国文学史上的一枝奇葩 2010-10-25
- 韩非之道德观 2010-10-25
- 收藏者语 2010-10-25
- 《海国记》的发现 2010-10-25
- 两岸学者研讨"朱子学与中国文化" 2010-10-25
- 尼山和谐宣言 2010-10-25

2010年第33期 总第176期
- 国学=中国古典学 2010-10-18

2010年第32期 总第175期
- 不偏不倚 2010-10-11
- 何谓"无为"、谁之"无为" 2010-10-11
- 对接 2010-10-11
- 周易本义 2010-10-11
- 国学网举办首届"国学杯"全国业余围棋大奖赛 2010-10-11

2010年第31期 总第174期
- 这个世界需要"对话" 2010-09-23
- 尼山论坛 2010-09-23
- 尼山论坛学术活动简介 2010-09-23
- 汉代的屈骚评论 2010-09-23

2010年第30期 总第173期
- 石鼓作成于战国的铁证 2010-09-20
- 经学流派与分期新议 2010-09-20
- 人格与国性 2010-09-20
- 杨氏易传 2010-09-20

2010年第29期 总第172期
- 经部之周易本义 2010-09-13

- 增设国学为一级学科很有必要 2010-09-13
- 《治学清历》 2010-09-13
- 岭南文化的儒学精神 2010-09-13
- 中和之道与当代温和主义 2010-09-13

2010年第28期 总第171期
- 尼山：聆听世界多元声音 2010-09-06
- 清华学者荣获洪堡研究奖 2010-09-06
- 李渔诗的实录精神 2010-09-06
- 诚斋易传 2010-09-06

2010年第27期 总第170期
- 首届尼山论坛国内学者座谈会在京召开 2010-08-30
- 祖宗崇拜与上帝崇拜 2010-08-30
- 经部之汉上易传 2010-08-30
- 文体考辨 2010-08-30
- 宋元明清时期的道德哲学思考 2010-08-30

2010年第26期 总第169期
- 试谈"国学"学科的设置 2010-08-23
- "养吾浩然之气" 2010-08-23
- 伊川易传 2010-08-23
- 水龙吟 2010-08-23

2010年第25期 总第168期
- 国学门聚群星闪耀 新儒家启数代传人 2010-08-16
- 中国哲学三十年 2010-08-16
- 数字化开创宋史研究新局面 2010-08-16

2010年第24期 总第167期
- 传统是什么？ 2010-08-09

2010年第23期 总第166期
- 如何看待国学热 2010-08-02
- 为什么把世界文明论坛放在尼山 2010-08-02
- 蔡元培礼贤开新风 黄季刚率性谑时彦 2010-08-02

2010年第22期 总第165期
- 孝行当下 2010-07-26
- "文明冲突"与化解之道 2010-07-26
- 挖掘儒学核心价值 共谋儒学价值教育 2010-07-26
- 同一与差异 2010-07-26

2010年第21期 总第164期
- 《子藏》：为诸子继绝学 2010-07-19
- 《子藏》工程纪事 2010-07-19

2010年第20期 总第163期
- "䣁 夜"疑为"耆邝 卒"之误写 2010-07-12
- 怎样成为君王 2010-07-12
- "中"是什么？ 2010-07-12

2010年第19期 总第162期
- 儒家思想与现代经济成长 2010-07-05
- 北京大学儒学研究院成立 2010-07-05
- 黄季刚冒险侍恩师 章太炎题墓论古学 2010-07-05

2010年第18期 总第161期
- 铁槛内外陶铸国魂 黄海东西讲存国学 2010-06-21
- 痛悼冠之兄 2010-06-21
- 经部之东坡易传 2010-06-21
- "十来年"义辨 2010-06-21

2010年第17期 总第160期
- 世界文明对话日：来自中国的声音 2010-05-31

2010年第16期 总第159期
- 国学院该开什么课？ 2010-05-24
- 一点未尝不可告人的小小私愿 2010-05-24

2010年第15期 总第158期
- 重建形上学的中国路径 2010-05-17
- 经部之横渠易说 2010-05-17
- 两岸清华携手研究"汉学的典范转移" 2010-05-17
- 纪明亡东游一学士 倡国粹排满二健将 2010-05-17

2010年第14期 总第157期
- 拨开云雾见"则仙" 2010-05-10
- 妙笔生花启超名噪 牛刀初试太炎遭嫉 2010-05-10
- 炎黄文化研究三十年成果喜人 2010-05-10
- 王蒙在北大演讲 2010-05-10

2010年第13期 总第156期
- 楚简《恒先》与八股文无关 2010-04-26
- 八股文范文——大学之道在明明德在亲民在止于至善 2010-04-26
- "八股文"滥觞于战国 2010-04-26

2010年第12期 总第155期（本期改至周二刊出）
- 广雅书院惊天奇论 万木草堂动地潮音 2010-04-20
- 经部之周易正义 2010-04-20
- 庚寅年黄帝故里拜祖大典拜祖文 2010-04-20
- 华东师范大学召开《子藏》论证会 2010-04-20

2010年第11期 总第154期
- 中国高校应以孔子为友 2010-03-29
- 《易经》之智：变通·趣时·知几 2010-03-29
- 经部之周易注 2010-03-29
- 论元杂剧作者的特殊性 2010-03-29

2010年第10期 总第153期
- 整理国故 传承文脉 2010-03-22
- 采铜于山 沾溉学林 2010-03-22
- 《诸子学刊》第三辑出版 2010-03-22

- 史部之朔方备乘 2010-03-22

2010年第9期 总第152期（本期改至第11版刊出）
- 国学"户口"再受关注 2010-03-03
- 史部之海国图志 2010-03-03
- "六经"早成 2010-03-03

2010年第8期 总第151期
- 楚简《恒先》与"八股文" 2010-03-01
- 儒家安身立命之道 2010-03-01
- 战国文学研究的理论前提 2010-03-01

2010年第7期 总第150期
- 学术生命的创新与继承 2010-02-22
- 道德的形上学之可能 2010-02-22
- 文存中的学术史 2010-02-22
- 天下郡国利病书 2010-02-22
- 学术生命的创新与继承 2010-02-22
- 道德的形上学之可能 2010-02-22
- 文存中的学术史 2010-02-22
- 天下郡国利病书 2010-02-22

2010年第6期 总第149期
- "子见南子"疑案再考 2010-02-08
- 读史方舆纪要 2010-02-08
- 建立马克思主义新国学观和新国学体系 2010-02-08
- 中国学术思想的历史"长河" 2010-02-08

2010年第5期 总第148期
- 面对历史的学术自觉 2010-02-01
- 学者下乡讲国学 2010-02-01
- 阳明学研究的回顾与前瞻 2010-02-01
- 徐霞客游记 2010-02-01

2010年第4期 总第147期
- 也谈国学研究的态度立场与方法 2010-01-25
- 国学的价值评估与文化的辩证法 2010-01-25
- 《季羡林书信集》《季羡林的一生》出版 2010-01-25
- 史部之岛夷志略 2010-01-25

2010年第3期 总第146期
- "民贵君轻"是帝制的统治思想 2010-01-18
- 历史的误读与历史观的偏颇 2010-01-18
- 第二届"孔子与中国人文"学术论坛举行 2010-01-18
- 方东美与《新儒家哲学十八讲》 2010-01-18

2010年第2期 总第145期
- 多样化推进 2008-01-11
- 中国社科院举办"经学史研究"专题报告 2008-01-11
- 中国哲学研究的回顾与前瞻 2008-01-11
- 读《民族宗教关系的社会理论考察》 2008-01-11
- 史部之大唐西域记 2008-01-11

2010年第1期 总第144期
- 国际儒联成立国际儒学研究基金 2010-01-04
- 三十八卷本《张立文文集》出版 2010-01-04
- 方东美诞辰110周年研讨会举行 2010-01-04
- 用中国哲学促进中医药发展 2010-01-04
- 史部之水经注 2010-01-04
- "国学"断想 2010-01-04
- 花间美人《西厢记》 2010-01-04

2009年国学版总目录

2009年国学版（光明日报2009年第12版，每周一出版）共刊出42期 至总第143期

2009年第42期 总第143期
- 国学学科可从试点做起 2009-12-28
- 两岸共续国学文脉 2009-12-28

2009年第41期 总第142期
- 该不该为国学上户口？ 2009-12-21
- 儒家思想与生态文明 2009-12-21

2009年第40期 总第141期
- 学科视野中的长安 2009-12-14
- 盐与中国礼仪文化 2009-12-14
- 早期儒学 2009-12-14
- 史部之温州经籍志 2009-12-14
- 学者研讨传统学术转型 2009-12-14

2009年第39期 总第140期
- 论国学研究的态度、立场与方法 2009-12-07
- 读《语法问题献疑集》 2009-12-07
- 关于倡导国学几个问题的质疑（摘要） 2009-12-07

2009年第38期 总第139期
- 城市中的孝 2009-11-30
- 《年度国学》（2007）（2008）出版 2009-11-30
- 国学动态 2009-11-30

2009年第37期 总第138期
- 诗苑爬剔　荫泽后学 2009-11-16
- 来往升载　吞吐大荒 2009-11-16
- 几点感想 2009-11-16
- 为《四书大全》一辩 2009-11-16
- 四川大学成立儒学研究院 2009-11-16
- 北大举办蔡元培、汤用彤学术讲座 2009-11-16
- 史部之深州风土记 2009-11-16

2009年第36期 总第137期
- 《宁波通史》评点 2009-11-09
- 通史之"通" 2009-11-09
- "文献名邦"的品格 2009-11-09
- 一个新标志 2009-11-09
- 如何成为信史 2009-11-09
- 区域史的点与面 2009-11-09

2009年第35期 总第136期
- 清华园里国学"筑"新院 2009-11-02
- 史部之嘉庆松江府志 2009-11-02
- 儒学在全球化趋势中的历史责任 2009-11-02
- 《公共哲学》译丛出版 2009-11-02

2009年第34期 总第135期
- 新国学之路 2009-10-26

2009年第33期 总第134期
- "雕虫"探源 2009-10-19
- "敬"的当代价值 2009-10-19
- 陈寅恪桂林时期的学术研究 2009-10-19
- 史部之泾县志 2009-10-19
- 朱熹经典诠释的社会担当意识 2009-10-19

2009年第32期 总第133期
- 国学是一门学科 2009-10-12
- 西域闻见录 2009-10-12

2009年第31期 总第132期
- 修辞立诚　直道而行 2009-09-14
- 史部之历城县志 2009-09-14
- 儒家重养老 2009-09-14

・朱熹与《梦溪笔谈》 2009-09-14

2009年第30期 总第131期
・开卷未必有益 2009-09-07
・寻找中国哲学研究新方向 2009-09-07
・《四体不勤五谷不分》献疑 2009-09-07
・湖北通志检存稿 2009-09-07
・德性与学术 2009-09-07

2009年第29期 总第130期
・《儒藏》之境 2009-08-31
・《儒藏》工程大事记 2009-08-31
・《儒藏》与新经学 2009-08-31
・感言精华编 2009-08-31
・《儒藏》构想 2009-08-31
・《儒藏》"日本之部"的独特价值 2009-08-31
・《儒藏》的世界意义 2009-08-31
・越南儒学 2009-08-31

2009年第28期 总第129期
・熊十力的科学观 2009-08-24
・"武王八年伐耆"刍议 2009-08-24
・史部之日下旧闻 2009-08-24
・不畏浮云遮望眼 2009-08-24
・尼山举办《论语》师资研修班 2009-08-24
・安徽大学讲习"徽文化" 2009-08-24

2009年第27期 总第128期
・《诗经》之德 2009-08-17
・《（耆）夜》所见辛公甲与作册逸 2009-08-17
・顺治河南通志 2009-08-17
・《听琴图》 2009-08-17
・徐复观与《中国艺术精神》 2009-08-17

2009年第26期 总第127期
・两次指点 2009-08-10
・吴兴备志 2009-08-10
・《中国哲学史》编撰的盎然诗意 2009-08-10
・董子的理论贡献 2009-08-10

2009年第25期 总第126期
・清华简《（耆）夜》 2009-08-03
・清华《保训》篇"中"的观念 2009-08-03
・四体不勤 五谷不分 2009-08-03
・史部之齐乘 2009-08-03
・《中国哲学季刊》中文版出版 2009-08-03
・《开心学国学》让国学轻松起来 2009-08-03
・一耽学堂招募晨读志愿者 2009-08-03

2009年第24期 总第125期
・中华文明的优秀品质 2009-07-27
・《诸子学刊》 2009-07-27
・断句之误 2009-07-27
・现代化历程与传统文化复兴 2009-07-27
・史部之武功县志 2009-07-27
・中世纪大同的帝都风范 2009-07-27

2009年第23期 总第124期
・季先生的两个心愿 2009-07-20
・深切怀念太老师 2009-07-20
・挽季羡林先生，用杜甫长沙送李十一（衔）韵 2009-07-20
・"天人之学"再评价 2009-07-20
・史部之延祐四明志 2009-07-20

2009年第22期 总第123期
・中国人的内在自我 2009-07-06
・论老子之善 2009-07-06
・史部之三山志 2009-07-06

2009年第21期 总第122期
・一次跨越文明边界的对话 2009-07-06
・哲思绵邈 岱岳长青 2009-07-06

2009年第20期 总第121期
・国学与汉学 2009-06-29

- 史部之澉水志 2009-06-29
- 清华简《保训》座谈会纪要 2009-06-29
- 古代家教的启示 2009-06-29

2009年第19期 总第120期
- "中华孝道弘扬书"发布 2009-06-22
- 史部之临安三志 2009-06-22
- 圣人不仁 以百姓为刍狗 2009-06-22
- 方东美的和谐观 2009-06-22
- 新书速递 2009-06-22

2009年第18期 总第119期
- 国学是"理论"还是"看法" 2009-06-15

2009年第17期 总第118期
- 今天该如何评价儒学 2009-06-01
- 史部之吴郡志 2009-06-01

2009年第16期 总第117期
- 对《〈保训〉"十疑"》一文的几点释疑 2009-05-25
- 史部之刻录 2009-05-25
- 千年《清漾毛氏族谱》显示毛泽东祖居地在浙江江山 2009-05-25
- 把整体型与文选型统一起来 2009-05-25
- 再谈"文选型"课本 2009-05-25

2009年第15期 总第116期
- 《保训》之"中"何解 2009-05-18
- 史部之方志 2009-05-18
- 说"广数" 2009-05-18
- 张君劢与《新儒家思想史》 2009-05-18

2009年第14期 总第115期
- 现代学术转型中国学资源的流失 2009-05-11
- 纪念"五四"九十周年学术研讨会综述 2009-05-11
- 《古文观止》是最伟大的教材 2009-05-11
- 也说"文选型"课本 2009-05-11

- 史部之清一统志 2009-05-11
- 道与仁 2009-05-11

2009年第13期 总第114期
- 首支"国学股"在深交所挂牌上市 2009-05-04
- 《保训》十疑 2009-05-04
- 史部之明一统志 2009-05-04
- 中韩日越四国学者研讨《儒藏》编纂工作 2009-05-04
- 百余位驻华外交官获赠《行知中国》 2009-05-04
- 清华大学"出土文献研究与保护中心"成立 2009-05-04

2009年第12期 总第113期
- 建设孝文化 2009-04-27
- 《保训》与周文王称王 2009-04-27
- 木讷近仁 2009-04-27
- 史部之元一统志 2009-04-27
- 清明·感恩·感恩文化 2009-04-27
- 中华孝道的当代价值与实践弘扬 2009-04-27

2009年第11期 总第112期
- 周文王遗嘱之中道观 2009-04-20
- 《保训》所见王亥史迹传说 2009-04-20
- 史部之方舆胜览 2009-04-20
- 孔子铜像在中国政法大学落成 2009-04-20
- 专家研讨古籍整理与学科建设 2009-04-20
- 知几：《周易》智慧之纲 2009-04-20

2009年第10期 总第111期
- 周文王遗言 2009-04-13
- 《保训》的性质和结构 2009-04-13
- "河之洲"在哪儿 2009-04-13
- 现行语文课本的弊端 2009-04-13
- 回归与创新 2009-04-13
- 古柏行杜甫诗意（国画） 2009-04-13
- 史部之舆地纪胜 2009-04-13

附录

449

2009年第9期 总第110期
- 我对孔子的认识 2009-03-23
- 史部之舆地广记 2009-03-23
- 柳诒徵与《中国文化史》 2009-03-23

2009年第8期 总第109期
- 天地不仁，以万物为刍狗 2009-03-16
- 孔子的理想与无奈 2009-03-16
- 余嘉锡与《四库提要辨证》 2009-03-16
- 史部之元丰九域志 2009-03-16
- 诸子礼学的取向和指归 2009-03-16

2009年第7期 总第108期
- 中西文学传统缘何不同 2009-03-02
- 史部之太平寰宇记 2009-03-02

2009年第6期 总第107期
- 再读《天下》篇 2009-02-23
- 史部之元和郡县志 2009-02-23
- 汉语不如德语富于思辨性吗 2009-02-23
- 嵇文甫对高拱的开创性研究 2009-02-23
- 古代批评家的文体 2009-02-23

2009年第5期 总第106期
- 武汉大学国学博士点正式招生 2009-02-16
- 关于日本汉诗 2009-02-16
- 道教转型与唐人的心性修仙 2009-02-16

2009年第4期 总第105期
- 再谈回归传统 2009-02-09
- 回归传统不是出路 2009-02-09
- 语文课问题何在 2009-02-09
- 史部之十六国春秋 2009-02-09
- 张舜徽与《郑学丛著》 2009-02-09

2009年第3期 总第104期
- 文胜质则史 2009-02-02
- 史部之华阳国志 2009-02-02
- 儒学特区 2009-02-02
- 蔡尚思与《中国礼教思想史》 2009-02-02
- 具茨山岩刻科考获新进展 2009-02-02
- 沂源中小学开展国学教育 2009-02-02
- 《厦门大学国学研究院集刊》出版 2009-02-02

2009年第2期 总第103期
- 边地上的国学 2009-01-19
- 史部之吴越春秋 2009-01-19

2009年第1期 总第102期
- 史部之越绝书 2009-01-12
- 宋代儒学的危机与复兴 2009-01-12
- 千年诗魂醉故乡 2009-01-12
- 书院观点 2009-01-12
- 帘外雨潺潺 2009-01-12

2008年国学版总目录

2008年国学版（光明日报2008年第12版，每周一出版）共刊出37期 至总第101期

2008年第37期 总第101期
- 《新理学》七十年 2008-12-29

2008年第36期 总第100期
- 语文课的出路：回归传统 2008-12-15
- 史部之穆天子传 2008-12-15
- 仁爱思想的现代价值 2008-12-15
- 中西文化哲学会通 2008-12-15
- 《本草纲目》释名之误 2008-12-15
- 日本的国学院大学 2008-12-15

2008年第35期 总第99期
- 庄子的世界与世界的庄子 2008-12-08

- 国学动态 2008-12-08

2008年第34期 总第98期
- 战国竹简入藏清华之初 2008-12-01
- 史部之逸周书 2008-12-01
- 新时代　新视野 2008-12-01
- 儒道佛　从三家到三教 2008-12-01
- 《中庸》的理性主义精神 2008-12-01

2008年第33期 总第97期
- 史部之山海经 2008-11-24
- 北冥有鱼　其名为鲲 2008-11-24
- "以天下为己任" 2008-11-24
- "天人合一"的人文意蕴 2008-11-24
- 陆九渊对自然知识的兴趣 2008-11-24

2008年第32期 总第96期
- 东山书院与《梦溪笔谈》 2008-11-17
- 史部之世本 2008-11-17
- 老子治世之道 2008-11-17
- "礼佛"论 2008-11-17
- 傅斯年的"国学"观 2008-11-17

2008年第31期 总第95期
- 史部之竹书纪年 2008-11-10
- 关于国学本科教育的几点建议 2008-11-10
- 中国人首先要读的两本书：《论语》和《老子》 2008-11-10
- 沈曾植与《海日楼札丛》 2008-11-10

2008年第30期 总第94期
- 最后的日子 2008-11-03
- 史部之战国策 2008-11-03
- 清华国学院的学术传统 2008-11-03
- "明分"之道 2008-11-03
- 挺立自家传统　融会西方新潮 2008-11-03
- 《中华国学研究》创刊 2008-11-03
- 《国际儒藏·韩国编》首发 2008-11-03

2008年第29期 总第93期
- 史部之国语 2008-10-20
- 殷墟发掘八十年 2008-10-20
- 尼山圣源书院　泗水河畔成立 2008-10-20
- 丁龙故事与中国文化 2008-10-20
- 中国文化西来说的终结 2008-10-20

2008年第28期 总第92期（本期改至第10版，周二刊出）
- 大国学即新国学 2008-10-13
- 国学是国民教育的思想宝库 2008-10-13
- 开拓领域扎实基础 2008-10-13
- 负笈追师不辞万里 2008-10-13
- 构建中华民族之间的民族认同 2008-10-13
- 盖有非常之功，必待非常之人 2008-10-13

2008年第27期 总第91期
- 手抄本袁枚日记现身 2008-10-06
- 史部之廿二史考异 2008-10-06
- 老子的"道法自然" 2008-10-06
- 中央党校开设国学课程 2008-10-06
- 林语堂论中国文化的结构 2008-10-06
- 手抄本袁枚日记现身 2008-10-06
- 史部之廿二史考异 2008-10-06
- 老子的"道法自然" 2008-10-06
- 中央党校开设国学课程 2008-10-06
- 林语堂论中国文化的结构 2008-10-06

2008年第26期 总第90期
- "和"论 2008-09-22
- 史部之廿二史札记 2008-09-22
- 水火交融 2008-09-22
- 株洲举行国学精华进万家活动 2008-09-22
- "四书"首次走进清华大学 2008-09-22

2008年第25期 总第89期
- 史部之十七史商榷 2008-09-08
- 朱熹的"存天理、灭人欲" 2008-09-08
- 国学的原义、演变及内核 2008-09-08

• 融会贯通与国学的发展 2008-09-08

2008年第24期 总第88期
• 国学与市场经济 2008-09-01
• 史部之文史通义 2008-09-01
• "×以上"纵横谈 2008-09-01
• 考"赖" 2008-09-01
• 陕西国学界倾力打造《中国传统文化经典语录》 2008-09-01

2008年第23期 总第87期
• 晚清公羊学案 2008-08-18

2008年第22期 总第86期
• 经典原本是讲义 2008-08-04
• 读通鉴论 2008-08-04
• 创建适应时代需要的新国学 2008-08-04
• 中西对比视域下的中国早期叙事诗 2008-08-04
• 赤壁画卷（图） 2008-08-04
• "国学与西学"暑期学校在西北大学举办 2008-08-04

2008年第21期 总第85期
• 其争也君子 2008-07-28
• 技进于道 2008-07-28
• 儒学中的情感与理性 2008-07-28
• 史部之史通 2008-07-28

2008年第20期 总第84期
• 国学何为 2008-07-21
• 《论语》"好学"解 2008-07-21
• "有马者借人乘之"辨正 2008-07-21
• 不要忘了钱基博 2008-07-21
• 史部之续三通 2008-07-21

2008年第19期 总第83期
• 墨家的人文精神 2008-07-07
• 用事实说话 2008-07-07
• 古典何在 2008-07-07
• 硕儒咸集 佳作竞秀 2008-07-07
• 史部之文献通考 2008-07-07

2008年第18期 总第82期
• 中国学术的源起 2008-06-30

2008年第17期 总第81期
• 《乐经》何以失传 2008-06-23
• 我们为什么需要传统 2008-06-23
• "四书"进中学课堂确有必要 2008-06-23
• 史部之通志 2008-06-23
• 张舜徽与《广校雠略》 2008-06-23
• 袁行霈诗文选集《愈庐集》出版 2008-06-23

2008年第16期 总第80期
• 史部之通典 2008-05-26
• 让国学真正热起来 2008-05-26
• 库车汉式墓葬见证了什么 2008-05-26
• 古代咏花诗的科学内涵 2008-05-26
• 王应麟学术研究引起学界重视 2008-05-26
• "四书"进中学课堂应该缓行 2008-05-26

2008年第15期 总第79期
• 古代的时间意识 2008-05-12
• "为学日益，为道日损"是什么含义 2008-05-12
• 也谈"四书"进中学课堂 2008-05-12
• 史部之资治通鉴纲目 2008-05-12
• 严译《天演论》究竟始于何年 2008-05-12

2008年第14期 总第78期
• 史部之左传纪事本末 2008-05-05
• 国学给莱西的孩子带来什么 2008-05-05
• 王国维与《宋元戏曲史》 2008-05-05
• 秦始皇陵与周边社会 2008-05-05
• "四书"进中学课堂刍议 2008-05-05

2008年第13期 总第77期
• 三字经（修订版） 2008-04-28

- 三字经（修订版） 前言 2008-04-28
- "四书"进语文教材不容置疑 2008-04-28
- 语文教学改革的根本措施 2008-04-28

2008年第12期 总第76期
- "四书"应该进中学课堂 2008-04-14
- 悖逆者——清代学者心目中的王充 2008-04-14
- 论儒家伦理思想的原点 2008-04-14
- 史部之通鉴纪事本末 2008 04-14
- 《国学四十讲》面世 2008-04-14
- 《故地沧桑人文八闽》丛书首发 2008-04-14

2008年第11期 总第75期
- 佛教文化与中国古代语言研究 2008-04-07
- 给音乐文化一个家 2008-04-07
- 从儒学的特质看中国哲学的拓展 2008-04-07
- 探索之路 2008-04-07
- 史部之续资治通鉴 2008-04-07
- 通知 2008-04-07

2008年第10期 总第74期
- 何谓宋学 2008-03-31
- 史部之资治通鉴 2008-03-31
- 读扬州 2008-03-31
- 钱钟书与《管锥编》 2008-03-31

2008年第9期 总第73期
- 三字经（修订版·征求意见稿） 2008-03-24
- 《楚辞学文库》总序 2008-03-24

2008年第8期 总第72期
- 中国雪神考 2008-03-03
- 史部之清史稿 2008-03-03
- 佛儒关系的开拓性研究 2008-03-03
- 《三字经》修订征文选登 2008-03-03
- 蒙文通与《古史甄微》 2008-03-03

2008年第7期 总第71期
- 史部之明史 2008-02-25
- 我们如何求"是" 2008-02-25
- 晚唐之翰林学士 2008-02-25
- 《三字经》修订征文选登 2008-02-25
- 侯外庐与《宋明理学史》 2008-02-25

2008年第6期 总第70期
- 史部之元史 2008-02-18
- 秦简中的神话传说 2008-02-18
- 对"国学热"的双向思考 2008-02-18
- 中国古典文献学学科建设高级论坛综述 2008-02-18
- 马一浮与《泰和宜山会语》和《复兴书院讲录》 2008-02-18

2008年第5期 总第69期
- "炎黄子孙"称谓的来龙去脉 2008-02-04
- 史部之金史 2008-02-04
- 我们有什么"是" 2008-02-04
- 《三字经》修订征文选登 2008-02-04
- 学者献策《新杏坛》2008-02-04
- 吴梅与《词学通论》2008-02-04

2008年第4期 总第68期
- 道家之"中西问题" 2008-01-28
- 史部之辽史 2008-01-28

2008年第3期 总第67期
- "情文之辨"原始 2008-01-21
- 魏晋南北朝书籍出版与文学繁荣 2008-01-21
- 史部之宋史 2008-01-21
- 《诸子学刊》推出创刊号 2008-01-21
- 《三字经》修订征文选登 2008-01-21
- 往而知返 并行不悖 2008-01-21
- 王力与《古代汉语》 2008-01-21

2008年第2期 总第66期
- 《三字经》修订征文选登 2008-01-14

- 史部之新五代史 2008-01-14
- 漫话"有所不为" 2008-01-14
- 也谈《老子》六十七章 2008-01-14
- 廖平的《古学考》和《知圣篇》2008-01-14
- 冯友兰研究会常务理事会召开 2008-01-14

2008年第1期 总第65期
- 我们有没有"是" 2008-01-07
- 史部之旧五代史 2008-01-07
- "儒学与当代社会"关系和价值的探究 2008-01-07
- 杨守敬与《水经注疏》 2008-01-07
- 《三字经》修订征文选登 2008-01-07
- 《三字经》古版本征集得到广泛响应 2008-01-07

2007年国学版总目录

2007年国学版（光明日报2007年第9版，每周四出版）共刊出41期 至总第64期

2007年第41期 总第64期
- 异文化交流中的《老子》2007-12-27
- 史部之新唐书 2007-12-27
- 《儒藏》编纂工作进展顺利 2007-12-27
- 儒学与二十一世纪中国文化建设 2007-12-27
- 钱玄同与《文字学音篇》 2007-12-27
- 《三字经》修订征文选登 2007-12-27

2007年第40期 总第63期
- 从名士风度到圣贤气象 2007-12-20

2007年第39期 总第62期
- 史部之旧唐书 2007-12-13
- 国学的当代形态 2007-12-13
- 雍正"推广普通话"的得与失 2007-12-13
- 儒学与中华民族精神 2007-12-13
- 《三字经》学术研讨会召开 2007-12-13
- 《三字经》修订征文选登 2007-12-13

2007年第38期 总第61期
- 史部之北史 2007-11-29
- 普世情怀与"大我" 2007-11-29
- "朱熹'人与自然'和谐论坛"综述 2007-11-29
- 郭沫若与《中国古代社会研究》 2007-11-29
- 《三字经》修订征文选登 2007-11-29
- 学校院墙变身"三字经长廊" 2007-11-29

2007年第37期 总第60期
- 《三字经》修订征文选登 2007-11-22
- 史部之南史 2007-11-22
- 鲁迅的笔名与《周易》 2007-11-22
- 重新修订《三字经》征文启事 2007-11-22
- 学界研讨"国学热" 2007-11-22
- 日本小学悬挂文天祥遗训 2007-11-22
- 许抗生七十寿庆暨道家的精神学术研讨会召开 2007-11-22
- 任中敏与《唐声诗》2007-11-22

2007年第36期 总第59期
- 为什么要重新修订《三字经》2007-11-08
- 《三字经》修订工程编审委员会名单 2007-11-08
- 《三字经》古版本征集启事 2007-11-08
- 重新修订《三字经》征文启事 2007-11-08
- 桑梓忆先贤盛世修经典 2007-11-08
- 三字经（章太炎修订于1928年山西书局

1935年4月出版） 2007-11-08
- 三字经（宋 王应麟著 明 赵南星注）2007-11-08

2007年第35期 总第58期
- "亲亲相隐" 2007-11-01

2007年第34期 总第57期
- 史部之隋书 2007-10-25
- 众芳献瑞诸流和鸣 2007-10-25
- 古籍整理："考文献而爱旧邦" 2007-10-25
- 《老子》的生态智慧及其现代意义 2007-10-25
- 一耽学堂成立连锁义塾 2007-10-25

2007年第33期 总第56期（本期改至第7版刊出）
- 有一本书叫《明心宝鉴》2007-10-11
- 史部之周书 2007-10-11
- 浅谈扬雄方言研究后继乏人的原因 2007-10-11
- 三十而立：传统流变与当代诠释 2007-10-11
- 严复与《天演论》李宪堂 2007-10-11

2007年第32期 总第55期
- 乾嘉学案：高扬汉学的旗帜 2007-9-20

2007年第31期 总第54期
- 史部之北齐书 2007-09-13
- 西域学，在今天远航 2007-09-13
- 传统学术中的学派 2007-09-13
- 胡适与《五十年来中国之文学》2007-09-13
- 中华孔子学会重新登记会员 2007-09-13

2007年第30期 总第53期
- "三十而立"立什么 2007-09-06
- 史部之魏书 2007-09-06
- "恪"字读音的再思考 2007-09-06
- 傅斯年与《民族与古代中国史》2007-09-06

2007年第29期 总第52期
- 九伦 2007-08-23

2007年第28期 总第51期
- 我读《汉书·五行志》 2007-08-16
- 也谈"恪"的音读问题 2007-08-16
- 史部之陈书 2007-08-16
- 《年度国学2006》出版 2007-08-16
- 学者研讨古籍数字化 2007-08-16
- 《新杏坛》开讲 2007-08-16
- 刘师培与《中国中古文学史》 2007-08-16

2007年第27期 总第50期
- 傅璇琮的学术境界 2007-08-09
- 史部之梁书 2007-08-09
- 西方语境里的中国哲学（下） 2007-08-09
- 梁启超与《中国近三百年学术史》2007-08-09

2007年第26期总 第49期
- 西方语境里的中国哲学（上）2007-08-02
- 史部之南齐书 2007-08-02
- "国学"从少儿抓起（图） 2007-08-02
- 周秦伦理与当代社会 2007-08-02
- 张岱年与《中国哲学大纲》2007-08-02

2007年第25期 总第48期
- 《国语》为何不是"经"书 2007-07-26
- 史部之宋书 2007-07-26
- "恪"字究竟怎么读 2007-07-26
- 吕思勉与《经子解题》2007-07-26
- 首届国学国医岳麓论坛在长沙开幕 2007-07-26

2007年第24期 总第47期
- "人定胜天" 一语话今古 2007-07-19
- 史部之晋书 2007-07-19
- 中国古代有没有标点符号 2007-07-19
- 中国人民大学国学院西域历史语言研究所成立 2007-07-19
- 范文澜与《诸子略义》2007-07-19

2007年第23期 总第46期
- 司马迁离我们有多远 2007-07-12
- 史部之三国志 2007-07-12
- 季羡林先生书信征集工作启动 2007-07-12
- 从儒学到儒教 2007-07-12
- 鲁迅与《中国小说史略》2007-07-12

2007年第22期 总第45期（本期改至第12版，周二刊出）
- 宋明学案 为往圣继绝学 2007-07-03

2007年第21期 总第44期
- 史部之后汉书 2007-06-21
- 我教孩子学国学（下） 2007-06-21
- 一如既往 有所作为 2007-06-21
- 古代孩子怎样读经 2007-06-21

2007年第20期 总第43期
- 我教孩子学国学（上）2007-06-14
- "儒学普及工作座谈会"在京举行 2007-06-14
- 史部之汉书 2007-06-14
- 孙诒让与《周礼正义》2007-06-14

2007年第19期 总第42期
- 鲁迅的国学观（下）2007-06-07
- 史部之史记 2007-06-07
- 秦人崇拜熊吗？2007-06-07
- "朱子民本思想与当代"学术研讨会在黄山召开 2007-06-07
- 北大举行朱伯崑追思会 2007-06-07
- 夏承焘与《唐宋词人年谱》 2007-06-07

2007年第18期 总第41期
- 鲁迅的国学观（上）2007-05-31
- 《儒藏》精华编首批推出两本分册 2007-05-31
- 史部之二十四史 2007-05-31
- 陆九渊对自然知识的兴趣 2007-05-31
- 宁波举行王应麟与《三字经》学术研讨会 2007-05-31
- 金岳霖与《论道》2007-05-31

2007年第17期 总第40期
- 唐玄宗之路 2007-05-24

2007年第16期 总第39期
- 国学家的精神世界 2007-05-17
- "贞观之治"何以过早谢幕 2007-05-17
- 国学有什么 2007-05-17
- 钱基博与《现代中国文学史》 2007-05-17
- 史部之史籍 2007-05-17

2007年第15期 总第38期
- "钟嵘序"辨伪 2007-04-26
- 还原戴震 2007-04-26
- 《史记》中的独尊儒术 2007-04-26
- 史部之史 2007-04-26
- 深圳市民文化大讲堂开讲国学 2007-04-26
- 陈梦家与《殷墟卜辞综述》2007-04-26

2007年第14期 总第37期
- 子部之数术家 2007-04-19
- "实学"之三国"演义" 2007-04-19
- 谢兴尧的一件藏书轶事 2007-04-19
- 梁漱溟与《东西方文化及其哲学》2007-04-19
- 读者来信 2007-04-19

2007年第13期 总第36期
- 谈淮阳平粮台纺轮"易卦"符号 2007-04-12
- "洁妇"与《烈女传》 2007-04-12

- 辜鸿铭与《中国人的精神》 2007-04-12
- 不孝之子 2007-04-12
- "黄帝与中华文化"学术研讨会综述 2007-04-12
- 子部之方技家 2007-04-12

2007年第12期 总第35期
- 汉学是什么 2007-04-05
- 经学意识与汉代的屈骚评论 2007-04-05
- 子部之兵家 2007-04-05
- 国学大师与学位 2007-04-05
- 《心论集》：为审视中西文化提供新视角 2007-04-05
- 海洋贝瓷工艺盘上雕刻"孔子"像 2007-04-05

2007年第11期 总第34期
- 摆脱羁绊 沉静深思 2007-03-29

2007年第10期 总第33期
- 邵雍的"加一倍法"就是严格意义的"二进制" 2007-03-22
- 子部之小说家 2007-03-22
- 王国维与《人间词话》 2007-03-22
- 自然数系的二进制表达法 2007-03-22

2007年第9期 总第32期
- 吐鲁番：历史之门正徐徐开启 2007-03-08
- 那"一园花树 满屋山川" 2007-03-08
- 《中华伦理范畴》彰显国学时代性 2007-03-08
- 子部之杂家 2007-03-08
- "中庸之道"的平衡智慧 2007-03-08

2007年第8期 总第31期
- 文景之治 2007-03-01

2007年第7期 总第30期
- 来自人类学的声音（下） 2007-02-15
- 子部之农家 2007-02-15
- 新发现胡适佚文一则 2007-02-15
- 《论语》"罕言利"辨析 2007-02-15
- 一种生命的学问 2007-02-15

2007年第6期 总第29期
- 来自人类学的声音（上） 2007-02-08
- 子部之纵横家 2007-02-08
- 古代文学：中国人的文化主食 2007-02-08
- 《三字经》进幼儿园，好不好？ 2007-02-08
- 一张清代殿试卷 2007-02-08

2007年第5期 总第28期
- "救火"一词说古道今 2007-02-01
- 经部之小学 2007-02-01
- 国学中的价值优先观 2007-02-01
- 言意之辨 2007-02-01
- 陈垣的"古教四考" 2007-02-01

2007年第4期 总第27期
- 儒学是什么样的学问 2007-01-25
- 国学为现代化提供深厚的思想资源 2007-01-25
- 孔氏的三次南迁 2007-01-25
- 国学中的公正价值观 2007-01-25
- 《方立天文集》面世 2007-01-25
- "国学"诚邀访谈嘉宾 2007-01-25
- 经部之谶纬 2007-01-25

2007年第3期 总第26期
- 道家，花开他乡 2007-01-18
- 经部之今文经学与古文经学 2007-01-18
- 孔孟儒学与科技 2007-01-18
- "半部《论语》治天下" 2007-01-18
- 陈寅恪与《唐代政治史述论稿》 2007-01-18

2007年第2期 总第25期
- 国学：民族自信力的试金石 2007-01-11

- 经部之经学 2007-01-11
- 东学西渐的历史与未来 2007-01-11
- 趋时：《周易》的大智慧 2007-01-11
- 张舜徽与《清人文集别录》 2007-01-11

2007年第1期 总第24期
- 《国学》版敬告读者 2007-01-04
- 小词中的儒家修养 2007-01-04
- 学治贯通 汉宋兼综 2007-01-04
- 老子对"道"的追寻 2007-01-04
- 经部之十三经 2007-01-04
- 中国哲学史：一个亟须重新检讨的学科 2007-01-04
- 中国哲学的当代反思与未来前瞻 2007-01-04
- 《东学西渐》丛书展现中华文化普适性 2007-01-04

2006年国学版总目录

2006年国学版（光明日报2006年第5版 每周二出版）共刊出23期

2006年第23期 总第23期
- 中国古代的"普通话" 2006-12-26
- 经部之四书 2006-12-26
- 为什么我们要关注文明 2006-12-26
- 国学讲座首次走入中央党校 2006-12-26
- 莱西学生边做游戏边背古文 2006-12-26
- 钱穆与《先秦诸子系年》 2006-12-26

2006年第22期 总第22期
- 对话：走出"疑古"还是将"疑古"进行到底（下） 2006-12-12

2006年第21期 总第21期
- 对话：走出"疑古"还是将"疑古"进行到底（上） 2006-11-28
- 顾颉刚与《古史辨》 2006-11-28
- 经部之——孝经 2006-11-28
- 经部之——尔雅 2006-11-28
- 中国汉画学展开多学科研究 2006-11-28
- 中国哲学的现代转型之路 2006-11-28

2006年第20期 总第20期
- 国学略说——易、儒、道三句真言 2006-11-14

2006年第19期 总第19期
- 南孔：一个值得寻味的文化符号 2006-10-31
- 子部之阴阳家 2006-10-31
- 国学提供"支援意识" 2006-10-31
- 古典诗词传写之误 2006-10-31
- 我笔下的国学大师 2006-10-31

2006年第18期 总第18期
- 中国人的艺术 中国人的精神 2006-10-17
- 子部之名家 2006-10-17
- 道之别名 2006-10-17
- 易学与中医研究取得新进展 2006-10-17
- 唐君毅与《道德自我之建立》 2006-10-17

2006年第17期 总第17期
- 子部之法家 2006-9-19
- 寻找 2006-9-19
- 沈阳皇姑区中小学国学教育进课堂 2006-9-19
- 中外学者共论中唐以来思想文化与社会演进 2006-9-19
- 一门国际性的学问——"吐鲁番学" 2006-9-19

- 牟宗三与《认识心之批判》 2006-9-19

2006年第16期 总第16期
- 国学与江南文化刍议（图） 2006-09-05
- 子部之墨家（图） 2006-09-05
- 天涯并不遥远（图） 2006-09-05
- 国学也要现代化 2006-09-05
- 专家研讨新世纪的古典文献学科（图） 2006-09-05
- 熊十力与《新唯识论》（图） 2006-09-05

2006年第15期 总第15期
- 国学离开过我们吗 2006-08-22
- 经部之三传 2006-08-22
- 经世之师 修身之范 2006-08-22
- 秦皇岛市举办国学讲座 2006-08-22
- 80位学者纵论当代新实学 2006-08-22
- 俞樾与《诸子平议》 2006-08-22

2006年第14期 总第14期
- 国学精魂与现代语学 2006-08-08

2006年第13期 总第13期
- 经部之三礼 2006-07-18
- 质疑《"国学"质疑》 2006-07-18
- 对话：儒家哪儿错了？（下） 2006-07-18
- "阿得"与陇西李氏 2006-07-18
- 传统文化的承传和创新 2006-07-18
- 章太炎与《訄书》（图） 2006-07-18

2006年第12期 总第12期
- 对话：儒家哪儿错了？（上） 2006-07-04
- 权变思维与企业管理 2006-07-04
- 安顿价值 培育精神 2006-07-04
- 当代儒学发展之趋势 2006-07-04
- 子部之道家 2006-07-04

2006年第11期 总第11期
- 国学与现代意识 2006-06-20
- 子部之儒家 2006-06-20
- 我是这样研究老子的 2006-06-20
- 读书诗一首 2006-06-20
- 由分到合：中国古代文学的学科走向 2006-06-20
- "乾元国学"举办第三期 2006-06-20

2006年第10期 总第10期
- 经学传统与中国古代学术形态 2006-06-06
- 梁一仁和他的国学私塾 2006-06-06
- 子部之先秦子学 2006-06-06
- 中西文化交汇下的中国哲学重建 2006-06-06
- 《诗经》与城市 2006-06-06
- 学者研讨国学教育 2006-06-06
- 北大高端培训黄金周拉开帷幕 2006-06-06

2006年第9期 总第9期
- 儒学与都市文明的对话 2006-05-23
- 城市中的礼与乐 2006-05-23
- 国学 2006-01-24
- 与大师面对面 2006-01-24

2006年第8期 总第8期
- 谈玄说无 2006-05-09

2006年第7期 总第7期
- 道家哲学是中国哲学的根基吗？ 2006-04-18
- 吾爱吾师 吾尤爱真理 2006-04-18
- 经部之尚书 2006-04-18
- 五千年中国学术史 2006-04-18
- 国学家藏 2006-04-18
- 修河江畔古分宁 陈氏五杰垂后世 2006-04-18

2006年第6期 总第6期（本期改至周三刊出）
- 国学的当代意义 2006-04-05

- 经部之诗经 2006-04-05
- 国学与少年 2006-04-05
- 风正一帆悬 2006-04-05
- 说"诗" 2006-04-05
- 北大乾元国学教室开通短信版 2006-04-05

2006年第5期 总第5期
- 二零零六年部分高校国学方阵 2006-03-21

2006年第4期 总第4期
- 《切韵研究史稿》序 2006-02-21
- 四库 2006-02-21
- 中国人从"和"而来 2006-02-21
- 说"文"谈"字" 2006-02-21
- 废纸堆里捡出佛经 2006-02-21

2006年第3期 总第3期
- 儒家、道家与日神、酒神 2006-02-07

2006年第2期 总第2期
- 儒道对话：如果没有道家 2006-01-24
- 研究国学须从认字始 2006-01-24
- 人大国学院面向海内外招贤纳士 2006-01-24
- 学界重估浙东实学精神 2006-01-24
- 安徽大学成立中国传统文化研究院 2006-01-24
- 川师大"国学讲坛"连讲八场 2006-01-24

2006年第1期 总第1期
- 致读者 2006-01-10
- 国学与二十一世纪 2006-01-10
- 中国式生命 2006-01-10
- 在记忆浅层底下 2006-01-10
- 清代袖珍版《五经全注》（图） 2006-01-10
- 港台地区学界关注国学 2006-01-10
- 《国学研究》推出第16卷 2006-01-10